Die Erstreckung der Zuständigkeiten der EuGVO auf Drittstaatensachverhalte

Schriften zum internationalen Privat- und Verfahrensrecht

Herausgegeben von Rainer Hausmann
und Astrid Stadler

Band 16

PL ACADEMIC RESEARCH

Daniela Bidell

Die Erstreckung der Zuständigkeiten der EuGVO auf Drittstaatensachverhalte

Unter besonderer Berücksichtigung des Kommissionsvorschlags KOM (2010) 748 endg.

PL ACADEMIC RESEARCH

Bibliografische Information der Deutschen Nationalbibliothek
Die Deutsche Nationalbibliothek verzeichnet diese Publikation in der Deutschen Nationalbibliografie; detaillierte bibliografische Daten sind im Internet über http://dnb.d-nb.de abrufbar.

Zugl.: Konstanz, Univ., Diss., 2013
Tag der mündlichen Prüfung: 20.11.13
Referent: Prof. Dr. Rainer Hausmann
Referentin: Prof. Dr. Astrid Stadler

D 352
ISSN 1862-099X
ISBN 978-3-631-64706-6 (Print)
E-ISBN 978-3-653-04306-8 (E-Book)
DOI 10.3726/978-3-653-04306-8

PL Academic Research ist ein Imprint der Peter Lang GmbH.

Peter Lang – Frankfurt am Main · Bern · Bruxelles · New York · Oxford · Warszawa · Wien

Dieses Buch erscheint in einer Herausgeberreihe bei PL Academic Research und wurde vor Erscheinen peer reviewed.

www.peterlang.com

Vorwort

Die vorliegende Arbeit wurde im Wintersemester 2013/14 vom Fachbereich Rechtswissenschaft der Universität Konstanz als Dissertation angenommen.

Besonderer Dank gilt meinem Doktorvater, Herrn Prof. Dr. Rainer Hausmann, für die freundliche Betreuung meiner Dissertation, deren Thema er auch angeregt hat.

Weiter danke ich Frau Prof. Dr. Astrid Stadler für die zügige Erstellung des Zweitgutachtens.

Beiden Referenten danke ich auch für die Aufnahme meiner Arbeit in die vorliegende Reihe.

Herzlich bedanke ich mich ferner bei meiner Familie für die anhaltende Unterstützung in jederlei Hinsicht. Mein Dank für die Hilfe bei der Übersetzung fremdsprachiger Texte gilt Sandra Darwiche, Cassandra Matilde Fernandes, Heli Haataja und Erika Nygren.

Berlin, den 12.01.2014 Daniela Bidell

Inhalt

Abkürzungsverzeichnis

a. A.	andere Ansicht
AB	Ausschussbericht
ABl.	Amtsblatt
Abs.	Absatz
A. C.	Law Reports, Appeal Cases
AEUV	Vertrag über die Arbeitsweise der Europäischen Union
a. F.	alte Fassung
Alt.	Alternative
ArbG	Arbeitsgericht
ArbGG	Arbeitsgerichtsgesetz
Art.	Artikel
Az.	Aktenzeichen
BaföG	Bundesausbildungsförderungsgesetz
BAG	Bundesarbeitsgericht
BerDGV	Berichte der Deutschen Gesellschaft für Völkerrecht
BGBl.	Bundesgesetzblatt
BGH	Bundesgerichtshof
BGHZ	Entscheidungen des Bundesgerichtshofs in Zivilsachen
BlgNR	Beilage(-n) zu den Stenographischen Protokollen des Nationalrates
BRAK	Bundesrechtsanwaltskammer
BRD	Bundesrepublik Deutschland
Brüssel I (-VO)/ EuGVO	Verordnung (EG) Nr. 44/2001 des Rates über die gerichtliche Zuständigkeit und die Anerkennung und Vollstreckung von Entscheidungen in Zivil- und Handelssachen
BVerfGE	Entscheidungssammlung des Bundesverfassungsgerichts
bzw.	beziehungsweise

Cass. civ.	Cour de cassation, Chambre civile
CC	Code Civil
C.L.C.	Commercial Law Cases
CMLR	The Common Market Law Review
Col. Law Rev.	Columbia Law Review
CPO	Civilprozessordnung
CSES	Centre for Strategy & Evaluation Services
d.	des
DB	Der Betrieb
d. h.	das heißt
Ders.	Derselbe
Dez.	Dezember
Dok. Nr.	Dokument Nummer
DR	Décisions et rapports de la Commission européenne des Droits de l'homme
Ds. BR	Drucksache des Bundesrates
Dt. Richterbund	Deutscher Richterbund
DWiR	Deutsche Zeitschrift für Wirtschaftsrecht
DZWiR	Deutsche Zeitschrift für Wirtschaftsrecht
EG	Europäische Gemeinschaft
EGBGB	Einführungsgesetz zum Bürgerlichen Gesetzbuch
EGMR	Europäischer Gerichtshof für Menschenrechte
EGRC	Charta der Grundrechte der Europäischen Union
EGV	Vertrag der Europäischen Gemeinschaften
Einl.	Einleitung
EMLR	Elsa Malta Law Review
EMRK	Europäische Menschenrechtskonvention
endg.	endgültig
EU	Europäische Union
EuBeweisVO	Verordnung (EG) Nr. 1206/2001 des Rates über die Zusammenarbeit zwischen den Gerichten der Mitgliedstaaten auf dem Gebiet der Beweisaufnahme In Zivil- oder Handelssachen
EuEheVO	Verordnung (EG) Nr. 2201/2003 des Rates über die Zuständigkeit und die Anerkennung und

	Vollstreckung von Entscheidungen in Ehesachen und in Verfahren Betreffend die elterliche Verantwortung und zur Aufhebung der Verordnung (EG) Nr. 1347/2000
EuErbVO	Verordnung (EU) Nr. 650/2012 des Europäischen Parlaments und des Rates über die Zuständigkeit, das anzuwendende Recht, die Anerkennung und Vollstreckung von Entscheidungen und die Annahme und Vollstreckung öffentlicher Urkunden in Erbsachen sowie zur Einführung eines Europäischen Nachlasszeugnisses
EuGH	Europäischer Gerichtshof
EuGVO-E	Vorschlag der Europäischen Kommission für eine Verordnung des Europäischen Parlaments und des Rates über die gerichtliche Zuständigkeit und die Anerkennung und Vollstreckung von Entscheidungen in Zivil- und Handelssachen (KOM (2010)748 endg.)
EuGVÜ/GVÜ	Brüsseler EWG-Übereinkommen über die gerichtliche Zuständigkeit und die Vollstreckung gerichtlicher Entscheidungen in Zivil- und Handelssachen
EuInsVO	Verordnung (EG) Nr. 1346/2000 des Rates über Insolvenzverfahren
EuLF	The European Legal Forum
EuMVVO	Verordnung (EG) Nr. 1896/2006 des Europäischen Parlaments und des Rates zur Einführung eines Europäischen Mahnverfahrens
EuR	Europarecht
EuUntVO	Verordnung (EG) Nr. 4/2009 des Rates vom 18. Dezember 2008 über die Zuständigkeit, das anwendbare Recht, die Anerkennung und Vollstreckung von Entscheidungen und die Zusammenarbeit in Unterhaltssachen
EUV	Vertrag über die Europäische Union
EuVTVO	Verordnung (EG) Nr. 807/2004 des Europäischen Parlaments und des Rates zur Einführung eines

	Europäischen Vollstreckungstitels für unbestrittene Forderungen
EuZPR	Europäisches Zivilprozessrecht
EuZW	Europäische Zeitschrift für Wirtschaftsrecht
EvBl.	Evidenzblatt der Rechtsmittelentscheidungen, seit 1946 abgedruckt in der ÖJZ
EWG	Europäische Wirtschaftsgemeinschaft
EWHC	England & Wales High Court
f./ff.	und folgende Seite(n)
Fam	Family division
FamRZ	Zeitschrift für das gesamte Familienrecht
Feb.	Februar
FernUSG	Gesetz zum Schutz der Teilnehmer am Fernunterricht
F.L.R.	Family Law Reports
Fn.	Fußnote
Frankfurt a. M.	Frankfurt am Main
FS	Festschrift
Gedip	Groupe européen de droit international privé
GG	Grundgesetz
ggf.	gegebenenfalls
GIUNF	Sammlung von zivilrechtlichen Entscheidungen des k. k. Obersten Gerichtshofes (Österreich)
GP	Gesetzgebungsperiode
Harv. Law Rev.	Harvard Law Review
Hk-ZPO	Handkommentar ZPO
HProrogÜbk	Haager Prorogationsübereinkommen vom 30. Juni 2005
Hrsg.	Herausgeber
HUntStProt	Haager Protokoll vom 23. November 2007 über das auf Unterhaltspflichten anzuwendende Recht
ICJ	International Court of Justice
ICLQ	International and Comparative Law Quarterly
i. d. F.	in der Fassung
i. e. S.	im engeren Sinne
IGH	Internationaler Gerichtshof
I.L.Pr.	International Litigation Procedure
IPR	Internationales Privatrecht

IPRax	Praxis des Internationalen Privat- und Verfahrensrechts
IPRspr.	Die deutsche Rechtsprechung auf dem Gebiete des Internationalen Privatrechts
Int'l. Law.	The International Lawyer
IPRE	Österreichische Entscheidungen zum internationalen Privat- und Verfahrensrecht
i. S.	im Sinne
i. S. d.	im Sinne des
i. S. v.	im Sinne von
i. V. m.	in Verbindung mit
i. w. S.	im weiteren Sinne
IZVR	Internationale(s/n) Zivilverfahrensrecht(s)
Jan.	Januar
JBl.	Juristische Blätter
JN	Jurisdiktionsnorm
jurisPK	juris Praxiskommentar
JUSTCIV	Justizielle Zusammenarbeit in Zivilsachen
JZ	Juristen-Zeitung
k. k. OGH	kaiserlich-königlicher Oberster Gerichtshof (Österreich)
Kap.	Kapitel
KOM	Europäische Kommission für Menschenrechte
LAG	Landesarbeitsgericht
LG	Landgericht
lit.	littera
LugÜ	Luganer Übereinkommen über die gerichtliche Zuständigkeit und die Vollstreckung gerichtlicher Entscheidungen in Zivil- und Handelssachen
MDR	Monatsschrift für Deutsches Recht
Mio.	Millionen
MJ	Maastricht Journal of European and Comparative Law
MüKO	Münchener Kommentar
m. w. N.	mit weiteren Nachweisen
NJW	Neue Juristische Wochenschrift
NJW-RR	Neue Juristische Wochenschrift Rechtsprechungs-Report Zivilrecht

Nr.	Nummer
NVwZ	Neue Zeitschrift für Verwaltungsrecht
NZA	Neue Zeitschrift für Arbeitsrecht
NZA-RR	Neue Zeitschrift für Arbeitsrecht Rechtsprechungs-Report Arbeitsrecht
ÖJZ	Österreichische Juristen-Zeitung
OGH	Oberster Gerichtshof (Österreich)
OLG	Oberlandesgericht
OLGR	OLG-Report
RabelsZ	Rabels Zeitschrift für ausländisches und internationales Privatrecht
RdC	Recueil des Cours
Rev. crit. int. privé	Revue critique de droit international privé
RFSR	Raum der Freiheit, der Sicherheit und des Rechts
Riv. dir. int.	Rivista di diritto internazionale
RIW	Recht der internationalen Wirtschaft
RGZ	Entscheidungen des Reichsgerichts in Zivilsachen
Rn.	Randnummer
Rom I-VO	Verordnung (EG) Nr. 593/2008 des Europäischen Parlaments und des Rates über das auf vertragliche Schuldverhältnisse anzuwendende Recht
Rom II-VO	Verordnung (EG) Nr. 864/2007 des Europäischen Parlaments und des Rates über das auf außervertragliche Schuldverhältnisse anzuwendende Recht
Rom III-VO	Verordnung (EU) Nr. 1259/2010 des Rates zur Durchführung einer verstärkten Zusammenarbeit im Bereich des auf die Ehescheidung und Trennung ohne Auflösung des Ehebandes anzuwendenden Rechts
Rs.	Rechtssache
Rspr.	Rechtsprechung
S.	Seite; bei Paragrafen- und Artikelangaben: Satz
s.	siehe
Sept.	September
SGB	Sozialgesetzbuch

SZ	Entscheidungen des österreichischen Obersten Gerichtshofes in Zivil- (und Justizverwaltungs-) sachen
u. a.	unter anderem; bei Urteilen: und andere
UK	United Kingdom
v.	vom
v. a.	vor allem
verb. Rs.	verbundene Rechtssachen
Verf.	Verfasserin
VersR	Versicherungsrecht
vgl.	vergleiche
VO	Verordnung
Vol.	Volume
Vorb.	Vorbemerkung
WGN	Wertgrenzennovelle
WL	Westlaw
WM	Wertpapier-Mitteilungen
WuB	Entscheidungssammlung zum Wirtschafts- und Bankrecht
WVK	Wiener Übereinkommen über das Recht der Verträge vom 23. Mai 1969
z. B.	zum Beispiel
ZBl.	Zentralblatt für die juristische Praxis
ZEuP	Zeitschrift für Europäisches Privatrecht
ZfRV	Zeitschrift für Rechtsvergleichung, Internationales Privatrecht und
zit.	Europarecht zitiert
ZÖR	Österreichische Zeitschrift für öffentliches Recht und Völkerrecht
ZPO	Zivilprozessordnung
ZVglRWiss	Zeitschrift für Vergleichende Rechtswissenschaft
ZZP	Zeitschrift für Zivilprozess

Einleitung

Die Frage nach der Möglichkeit einer Erstreckung der EuGVO[1] bzw. des EuGVÜ[2] im Bereich der internationalen Zuständigkeit auf Drittstaatensachverhalte beschäftigt die Literatur seit jeher.[3] Aus Sicht der Drittstaaten wurde das EuGVÜ auf Grund der nach Art. 4 EuGVÜ gegen Drittstaatenbewohner anwendbaren exorbitanten Gerichtsstände kritisch beurteilt.[4] In der deutschen Rechtswissenschaft wurde ebenfalls auf die Diskriminierungsproblematik hingewiesen.[5] Allerdings wird auch angemerkt, dass es aus Gründen des Zwecks der EWG mehr oder minder auf der Hand gelegen habe, dass Diskriminierungen im Bereich der internationalen Zuständigkeit nur zwischen den Mitgliedstaaten der EWG beseitigt worden seien, nicht auch gegenüber Drittstaaten.[6] Mit Blick auf die fortschreitende Integration des europäischen Raumes lässt sich festhalten, dass auch der Raum der Freiheit, der Sicherheit und des Rechts nur für die Bewohner der Mitgliedstaaten geschaffen werden soll. Es hat sich insofern in Fragen der Ungleichbehandlung nichts Neues ergeben. Es erscheint nach wie vor nicht zwingend, dass diese gegenüber Drittstaatenbewohnern komplett beseitigt werden müsste, sofern die Vorschriften der EuGVO nicht gegen europäisches Gemeinschaftsrecht verstoßen.

Schlosser merkte in Bezug auf die unter dem EuGVÜ bestehende Restzuständigkeit an, dass besondere Vorschriften gegenüber Drittstaatenbewohnern notwendig, die exorbitanten Zuständigkeiten in ihrer konkreten

---

1 VO (EG) Nr. 44/2001, ABl. EG 2001 Nr. L 12, S. 1 ff.; vgl. *Jayme/Hausmann*, Nr. 160.

2 Brüsseler EWG-Übereinkommen über die gerichtliche Zuständigkeit und die Vollstreckung gerichtlicher Entscheidungen in Zivil- und Handelssachen i. d. F. des 4. Beitrittsübereinkommens vom 29. November 1996, BGBl. 1998 II, S. 1411.

3 S. schon zum EuGVÜ *Basedow*, Handbuch d. IZVR I, S. 99 (180), Rn. 169; *Grolimund*, S. 270 f., Rn. 741 ff.; *Kropholler*, FS Ferid, S. 239 (246 f.). Von Seite der Drittstaaten s. *von Mehren*, RdC, S. 9 (101); *Kruger*, S. 397, Rn. 8.07 ff.

4 *Nadelmann*, Col. Law Rev. 1967, S. 995/1001 ff.; *Ders.*, Harv. Law Rev. 1968/II, S. 1282 (1288); *Carl*, Int'l. Law. 1974, S. 446; *von Mehren*, RdC, S. 9 (100 f.).

5 Z. B. *Grolimund*, S. 270, Rn. 741.

6 *Schlosser*, FS Kralik, S. 287 (294).

Ausformung jedoch teilweise „übertrieben" seien.[7] Hingegen sei ein Vermögensgerichtsstand, der eine Wertrelation in der Weise verlange, dass der Wert des Streitgegenstandes in etwa erreicht werde, oder der eine Beziehung zum Streitgegenstand aufweise, durchaus denkbar.[8] Dass ein besonderer Gerichtsstand für Drittstaatenfälle bei einer Vereinheitlichung der Restzuständigkeit vorgesehen werden sollte, wird auch in der oben angeführten deutschen Literatur fast einhellig angenommen. Eine vollständige Angleichung der Zuständigkeit in Unions- und Drittstaatensachverhalten fordert – soweit ersichtlich – nur *Grolimund*. Eine subsidiäre Vermögenszuständigkeit könne nach ihm jedoch in solchen Fällen aufgenommen werden, in denen sonst weder in einem EU-Mitgliedstaat, noch in einem Drittstaat eine Zuständigkeit mit Streitgegenstandsnähe eröffnet sei.[9]

Nachdem die Frage einer möglichen Erstreckung der EuGVO bzw. des EuGVÜ nun länger in der Literatur erwogen worden ist, hat sich neuerdings auch die Europäische Kommission mit dieser Thematik befasst und einen Verordnungsentwurf vorgelegt, der eine vollständige Vereinheitlichung der Zuständigkeit in Drittstaatenfällen vorsieht.[10] Im Europäischen Parlament stieß die Idee eines Wegfalls der Restzuständigkeit der Mitgliedstaaten nicht auf positive Resonanz[11]. Der Rat der EU hat die durch die Kommission vorgesehenen Änderungen der Verordnung in seinem Vorschlag[12] weitestgehend zurückgenommen. Der Vorschlag des Rates ist mit Blick auf die Zuständigkeit in Drittstaatensachverhalten schließlich in die endgültige Neufassung der EuGVO[13] eingegangen. Im Wesentlichen verbleibt es damit bei der Restzuständigkeit der einzelnen Mitgliedstaaten.

Die vorliegende Arbeit beschäftigt sich mit der Frage der Gebotenheit einer Ausdehnung der EuGVO auf Drittstaatenfälle und mit Vor- und Nachteilen einer solchen. Zentral sollen die beiden im Kommissionsvorschlag vom 14.12.2010[14]

---

7 *Schlosser*, FS Kralik, S. 287 (295) in Bezug auf Art. 14 des französischen Code Civil und den noch uneingeschränkten Vermögensgerichtsstand in Deutschland.

8 *Schlosser*, FS Kralik, S. 287 (296).

9 *Grolimund*, S. 271, Rn. 743.

10 KOM (2010) 748 endg.

11 Entschließung des Europäischen Parlaments vom 07.09.2010, P7_TA(2010)0304, S. 8, Rn. 15.

12 Rat der Europäischen Union, Dok. Nr. 10609/12 ADD 1.

13 Verordnung (EU) Nr. 1215/2012, ABl. EU 2012 Nr. L 351, S. 1 ff.

14 KOM (2010) 748 endg.

vorgesehenen Zuständigkeiten, die nur für Drittstaatenfälle gelten sollten[15], behandelt werden.

Im ersten Kapitel befasst sich die Arbeit mit der Kompetenz der EU zum Erlass vereinheitlichter Regelungen zur internationalen Zuständigkeit und mit der Frage nach einer rechtlichen Notwendigkeit der Erstreckung der Verordnung auf Drittstaatensachverhalte. Im Wesentlichen geht es hierbei vor allem um die Diskriminierungsproblematik von Personen mit Wohnsitz in- bzw. außerhalb der EU. In den anschließenden beiden Kapiteln wird eine Auslegung der Art. 25 und 26 EuGVO-E[16] vorgenommen, welche insbesondere im Hinblick auf die im letzten Kapitel vorgenommene Bewertung des Kommissionsvorschlags und der eigenen Stellungnahme zu einer Vereinheitlichung der Restzuständigkeit eine wichtige Rolle spielen.

Zur Definition sei darauf verwiesen, dass Drittstaatensachverhalte bzw. Drittstaatenfälle im Folgenden all jene Fallkonstellationen bezeichnen, in denen der Beklagte seinen Wohnsitz oder Sitz nicht in einem Staat der EU hat. Es ist also Dänemark ausgenommen, für welches die EuGVO gemäß dem 22. Protokoll (Art. 1) zum Lissabonner Vertrag nicht gilt.

---

15 Art. 25 und 26 des Kommissionsvorschlags.

16 Die Artikel des Kommissionsentwurfs KOM (2010) 748 endg. werden in der vorliegenden Abhandlung mit der Bezeichnung EuGVO-E abgekürzt. Die Abkürzung EuGVO gilt hingegen für die Verordnung (EG) Nr. 44/2001. Abgedruckt ist der Kommissionsvorschlag in *Jayme/Hausmann*, Nr. 160 b.

Kapitel 1

A. Kompetenz der EU zur Aufstellung von Zuständigkeitsvorschriften bezüglich der Regelung von Rechtsstreitigkeiten in Drittstaatenangelegenheiten im Rahmen der EuGVO

Die Kompetenz der EG zum Erlass der Brüssel-I Verordnung unter Art. 65 EGV ist teilweise in Frage gestellt worden.[17] Nach dem Vertrag von Lissabon findet sich die Nachfolgevorschrift im jetzigen Art. 81 AEUV. Es soll nun untersucht werden, ob der EU die Kompetenz zur Regelung der internationalen Zuständigkeit in Drittstaatenfällen nach diesem Artikel, der in seinem Wortlaut teilweise weiter gefasst ist als Art. 65 EGV, zusteht. Die Kommission hat den Revisionsentwurf auf Art. 81 Abs. 2 lit. a, c und e AEUV gestützt,[18] wobei Art. 81 Abs. 1 AEUV wohl noch mit heranzuziehen ist, da dieser mit dem grenzüberscheitenden Bezug ebenfalls eine Kompetenzausübungsvoraussetzung enthält[19]. Es sollen nun die Voraussetzungen des Art. 81 Abs. 1 und 2 AEUV dargestellt werden.

---

17 *Jayme/Kohler*, IPRax 2000, S. 454 (458) mit Blick auf Art. 61 lit. c EGV, m. w. N; *Kohler* ist ferner der Ansicht, dass die Brüssel I-VO auf Art. 95 gestützt hätte werden müssen, s. Europäischer Justizraum, S. 17 f.; allgemein s. auch *Schack*, ZEuP 1999, S. 805 (807 f.).

18 KOM (2010) 748 endg., S. 13.

19 Nach Calliess/Ruffert-*Rossi*, Art. 81 AEUV, Rn. 4 enthält Abs. 1 der Vorschrift einen Auftrag an die Union, während allein Abs. 2 Kompetenztitel enthalte, Rn. 7. Streinz-*Leible*, Art. 81 AEUV, Rn. 1 und 4 scheint hingegen ebenfalls Art. 81 als Ganzes als Kompetenzvorschrift anzusehen.

I. Der grenzüberschreitende Bezug nach Art. 81 Abs. 1 AEUV

Wie auch schon Art. 65 EGV fordert Art. 81 Abs. 1 AEUV einen grenzüberschreitenden Bezug. Ob ein solcher in Fällen vorliegt, in denen nur ein Mitgliedstaat und ein Drittstaat beteiligt sind, hängt davon ab, wie weit oder eng man den Begriff des grenzüberschreitenden Bezuges fasst. Da bei einer Regelung der Zuständigkeit in Drittstaatensachverhalten nicht zwingend ein Anknüpfungspunkt zu einem zweiten Mitgliedstaat gegeben wäre, ist zu fragen, ob für den grenzüberschreitenden Bezug ausreichend ist, wenn ein solcher zwischen einem Mitgliedstaat und einem Drittstaat besteht. Das Verständnis des grenzüberschreitenden Bezuges ist dabei in Art. 65 EGV und in Art. 81 AEUV das gleiche. Es ist nicht ersichtlich, warum es durch den Wegfall des Binnenmarktbezuges eine andere Bedeutung erhalten haben soll.

In seiner Rechtsprechung hat der EuGH die EuGVO im Hinblick auf die Zuständigkeit so ausgelegt, dass nicht zwingend ein Bezugspunkt zu einem zweiten Mitgliedstaat bestehen muss.[20] Dies setzt freilich voraus, dass der Gerichtshof davon ausgeht, der EU komme die entsprechende Kompetenz zu.

Es wird nun kurz darauf eingegangen, wie der grenzüberschreitende Bezug in der Literatur verstanden wird, bevor eine Stellungnahme erfolgt.

1. Der grenzüberschreitende Bezug in der Literatur

Teilweise wird in der Literatur ein Bezug zu einem zweiten Mitgliedstaat gefordert.[21] In diesem Fall könnte die Zuständigkeit in Drittstaatenfällen nur insofern geregelt werden, als zusätzlich noch ein Berührungspunkt zu einem zweiten Mitgliedstaat gegeben ist. Beispielsweise könnte Art. 5 Nr. 3 EuGVO auf solche Fälle erstreckt werden, bei denen ein Unfall zwischen einem EU-Staatsangehörigen und einem Drittstaatenangehörigen vorliegt, wenn der Unfall in einem anderen

---

20 EuGH C-281/02 (*Owusu*), Rn. 34. Der Gerichtshof bezieht seine Ausführungen hier auf das Funktionieren des Binnenmarktes. Wenn er jedoch die Kompetenzausübungsvoraussetzung des Binnenmarktes so weit fasst, dass auch Sachverhalte erfasst sind, die einen Bezug zu nur einem Mitgliedstaat aufweisen, und im Ergebnis die Anwendbarkeit des Art. 2 EuGVO bejaht (s. Rn. 35 des Urteils), setzt dies denklogisch voraus, dass in diesen Fällen auch ein hinreichender grenzüberschreitender Bezug gegeben ist, da die Anwendbarkeit des Art. 2 sonst an dieser Voraussetzung hätte scheitern müssen.

21 Lenz/Borchardt-*Hoppe*, Art. 81 AEUV, Rn. 2.

Mitgliedstaat als dem erfolgte, in dem der EU-Staatsangehörige seinen Wohnsitz hat. Andererseits könnte der Fall, dass ein Deutscher in Deutschland mit einem Drittstaatenangehörigen einen Unfall hat, nicht geregelt werden.

Nach einer anderen Ansicht ist der grenzüberschreitende Bezug weit zu verstehen, so dass auch Fälle erfasst werden, die einen Bezug zu nur einem Mitgliedstaat und wenigstens einem Drittstaat aufweisen.[22] Demnach könnte auch der Fall nach der EuGVO geregelt werden, in dem ein Deutscher in Deutschland mit einem Drittstaatenangehörigen einen Unfall hat.

Schließlich könnte man die grenzüberschreitenden Bezüge sehr weit verstehen und auch solche Fälle erfasst sehen, die lediglich potenziell grenzüberschreitend sind, was auf alle Fälle zutrifft, da eine Vollstreckung im Ausland in jedem Verfahren erforderlich werden könnte, auch wenn es zunächst rein national war. In der Literatur wird gefordert, dass zumindest typischerweise ein grenzüberschreitender Bezug gegeben sein müsse[23], da das Erfordernis der grenzüberschreitenden Bezüge sonst keine Funktion hätte und ein Verstoß gegen den Grundsatz der begrenzten Einzelermächtigung und gegen das Subsidiaritätsprinzip möglich seien[24].

2. Vorschlag zum Verständnis des grenzüberschreitenden Bezuges

Es ist aus dem Wortlaut des Art. 81 AEUV nichts ersichtlich, woraus sich ableiten ließe, es müssten Bezüge zu mehr als einem Mitgliedstaat bestehen. Letzten Endes empfiehlt sich daher eine am Regelungsgehalt der Vorschrift ausgelegte Interpretation. Es ist damit für die Auslegung des grenzüberschreitenden Bezuges der Zweck dieser Kompetenzausübungsvoraussetzung zu Grunde zu legen. Dieser wird darin gesehen, die sich aus den unterschiedlichen Regelungen der Mitgliedstaaten resultierenden Verfahrenshindernisse zu beseitigen[25] und den Zugang zum Recht zu erleichtern[26]. Er gibt jedoch keine Kompetenz, das Zivilprozessrecht der Mitgliedstaaten

---

22 Vgl. noch Lenz/Borchardt-*Bergmann*, Art. 65 EGV, Rn. 3; Streinz-*Leible*, Art. 81 AEUV, Rn. 9; *Leible/Staudinger*, EuLF 2000/01, S. 225 (229), da sich eine Beschränkung auf reine Binnensachverhalte allenfalls aus dem Binnenmarktbezug ergeben könne. Für dieses Verständnis wohl auch Calliess/Ruffert-*Rossi*, Art. 81 AEUV, Rn. 10–12. Jedenfalls sei der grenzüberschreitende Bezug weit zu verstehen, Rn. 12.

23 *Hess*, EuZPR, S. 35, Rn. 12.

24 *Hess*, EuZPR, S. 35, Rn. 12.

25 Calliess/Ruffert-*Rossi*, Art. 65 EGV, Rn. 7. In der Neuauflage des Kommentars ist diesbezüglich keine Stellungnahme enthalten. Streinz-*Leible*, Art. 81 AEUV, Rn. 7; *Leible*, RFSR, S. 55 (61).

26 Streinz-*Leible*, Art. 81 AEUV, Rn. 7; *Leible*, RFSR, S. 55 (61 f.).

um der Vereinheitlichung selbst Willen zu vereinheitlichen.[27,28] Hieraus ergibt sich, dass auch bei Beteiligung nur eines Mitgliedstaates ein grenzüberschreitender Bezug gegeben sein kann, denn die Vereinheitlichung der Restzuständigkeit im Rahmen der EuGVO würde nach dem derzeitigen Kommissionsvorschlag, wie von der Kommission in ihrem Revisionsentwurf zu Eingangs dargestellt[29], zu einem verbesserten Zugang zum Recht führen. Eine Verbesserung wäre insoweit gegeben, als derzeit nicht in allen Mitgliedstaaten ein Gerichtsstand eröffnet ist, selbst wenn zwingendes Unionsrecht in Frage steht, oder wenn durch kein anderes Gericht ein faires Verfahren garantiert wird. Der Revisionsentwurf der Kommission erfüllt damit im Hinblick auf eine vereinheitlichte Regelung der Restzuständigkeit den grenzüberschreitenden Bezug nach Art. 81 Abs. 1 AEUV, da er den Zugang zum Recht erleichtert.[30] Ferner findet dadurch keine Vereinheitlichung des Zivilprozesses im Ganzen, beispielsweise im Sinne einer europäischen ZPO, statt. Folglich ist eine Erleichterung des Zugangs zum Recht auch dann gegeben, wenn Bezüge zu nur einem Mitgliedstaat und einem Drittstaat bestehen. Verfahrenshindernisse, welche aus den unterschiedlichen Regelungen der Mitgliedstaaten entstehen, werden hierdurch freilich nicht beseitigt. Denn das Prozessrecht eines zweiten Mitgliedstaates ist in diesen Fällen nicht berührt. Es ist aber davon auszugehen, dass auch bereits die Erleichterung des Zugangs zum Recht für sich alleine ausreichend ist, da auch hier jedenfalls die Kompetenz nicht so weit ausgedehnt wird, dass das Prozessrecht um seiner selbst willen vereinheitlicht wird.

Somit ist nicht erforderlich, dass ein Bezug zu zwei Mitgliedstaaten besteht, da der Zugang zum Recht bei fehlender Vereinheitlichung auch dann erschwert sein kann, wenn neben einem Mitgliedstaat nur ein Drittstaat an der Rechtsstreitigkeit beteiligt ist und der grenzüberschreitende Bezug auch seine Schutzfunktion, dass keine Vereinheitlichung um ihrer selbst willen erfolgen soll, nicht verliert. Das Tatbestandsmerkmal

---

27 Dass Art. 65 EGV diesbezüglich keine Kompetenz gab s. Calliess/Ruffert-*Rossi*, Art. 65 EGV, Rn. 7; Streinz-*Leible*, Art. 65 EGV, Rn. 22.

28 In diese Richtung gehen jedoch die Ausführungen von *Hess* in Grabitz/Hilf/Nettesheim, Art. 81 AEUV, Rn. 28, wenn er schreibt, der EuGH habe „die allgemeine Vereinheitlichung der Prozessrechte der Mitgliedstaaten als zulässigen Regelungszweck angesehen". Freilich ist die Passage vor dem Hintergrund des zitierten Urteils *Owusu* zu lesen, so dass es nicht um eine Vereinheitlichung des Prozessrechts um seiner selbst willen geht, da der EuGH in dem genannten Urteil davon ausgeht, dass der Rechtsakt zum Ziel hat, „Hemmnisse für das Funktionieren des Binnenmarktes [...] zu beseitigen", EuGH C-281/02 (*Owusu*), Rn. 34.

29 KOM (2010) 748, S. 3, 7 f.

30 S. dazu ausführlich unten, Kap. 4, S. 252 f.

des grenzüberschreitenden Bezuges wäre demnach bei einer einheitlichen Regelung der Zuständigkeit in Drittstaatenfällen im Rahmen der EuGVO erfüllt. Allgemein setzt damit Art. 81 Abs. 1 AEUV keinen Bezug zu zwei Mitgliedstaaten voraus.

II. Der Binnenmarktbezug nach Art. 81 Abs. 2 AEUV/ Beschränkung der Kompetenz durch den Raum der Freiheit, der Sicherheit und des Rechts

1. Entfallen des zwingenden Binnenmarktbezuges durch den Lissabonner Vertrag

Das Erfordernis des Binnenmarktbezuges hat durch den Lissabonner Vertrag eine Änderung erfahren. Während Maßnahmen nach Art. 65 EGV noch für das reibungslose Funktionieren des Binnenmarktes erforderlich sein mussten, ist dies nach dem Wortlaut des Art. 81 Abs. 2 AEUV nicht mehr zwingend.

Ob die Kompetenzvorschrift des Art. 81 daher über das Erfordernis nach einem grenzüberschreitenden Bezug hinaus weiter eingeschränkt wird, beurteilt sich damit danach, wie der Raum der Freiheit, der Sicherheit und des Rechts[31], welcher als Kompetenzausübungsvoraussetzung noch in Frage käme, zu verstehen ist. Art. 81 AEUV fällt nämlich unter diesen Titel. Es bedarf dabei auch einer Klärung, wie sich der RFSR zum Binnenmarktkonzept verhält.

a) Der Raum der Freiheit, der Sicherheit und des Rechts und sein Verhältnis zum Binnenmarktkonzept

Teilweise wurde in Bezug auf den EGV angenommen, dass der RFSR zwar ein vom Binnenmarktkonzept zu unterscheidendes Konstrukt sei, jedoch keinen „übergreifenden Leitgedanken" umfasse, welcher über das Binnenmarktkonzept hinausreiche.[32] Dies ist eine logische Folge der „funktionalen Integrationstheorie"[33], da sich der RFSR zur Funktionsfähigkeit des Binnenmarktes herausgebildet hat und Bereiche in die Integration mit einbezieht, die dem Binnenmarkt nicht direkt unterfallen, jedoch für sein Funktionieren mit einbezogen werden müssen[34].

31 Im Folgenden RFSR.

32 *Müller-Graff*, RFSR, S. 11 (20).

33 Zum Inhalt dieser Theorie s. *Müller-Graff*, RFSR, S. 11 (16 f.). Auch *Hess*, EuZPR, S. 4, Rn. 3.

34 Nach Streinz-*Weiß/Satzger*, Art. 67 AEUV, Rn. 6 war Grund für die Herausbildung des RFSR dessen Bedeutung für die Grundfreiheiten, v. a. die Personenverkehrsfreiheiten.

Folglich diente der RFSR im Rahmen des EGV dem Funktionieren des Binnenmarktes, so dass sein Leitgedankte mit dem des Binnenmarktes identisch war, nämlich einen Raum ohne Binnengrenzen zu gewährleisten, in dem der freie Verkehr von Waren, Personen, Dienstleistungen und Kapital gewährleistet ist.

Seit dem Vertrag von Lissabon wird man dem RFSR allerdings eine eigenständige Bedeutung zuerkennen müssen, da anderenfalls die neuerdings getrennte Aufführung der beiden Ziele in Art. 3 EUV wenig Sinn machen würde. Nach der Literatur hat sich der RFSR vom Binnenmarkt „emanzipert".[35] Auf Grund der Entstehung des RFSR aus dem Binnenmarktkonzept ist davon auszugehen, dass er seit seiner Loslösung von diesem eine über den Binnenmarkt hinausreichende Integration schaffen soll. Vorgeschlagen wurde die Schaffung eines „rechtlich befriedete[n] unionale[n] Freiheitsraum[s]"[36]. Dieser Vorschlag trifft die Umschreibung des Raumes in Art. 3 Abs. 2 EUV. Ihm ist daher zuzustimmen. Die beiden Räume stehen freilich auf Grund der Entwicklung des RFSR aus dem Binnenmarktkonzept nicht völlig getrennt nebeneinander; Überschneidungen sind denkbar. Zu fragen bleibt damit, welche Bedeutung dieses Verständnis des RFSR für die Kompetenz des Art. 81 AEUV hat.

b) Der Raum der Freiheit, der Sicherheit und des Rechts als Kompetenzausübungsschranke des Art. 81 AEUV?

Da der RFSR nach den Änderungen durch den Vertrag von Lissabon damit eine eigenständige Zielbestimmung der Union neben dem Binnenmarktkonzept darstellt, erscheint es unproblematisch, dass die Kompetenznorm des Art. 81 AEUV neben dem grenzüberschreitenden Bezug keine weiteren Voraussetzung für die Ausübung der Kompetenz aufstellt, da sie jedenfalls zur Erfüllung eines Unionsziels übertragen wurde.[37] Problematisch ist hingegen, dass dieses Ziel konturenlos

35 So Calliess/Ruffert-*Weiß/Satzger*, Art. 67 AEUV, Rn. 11.

36 So *Müller-Graff*, RFSR, S. 11 (20), der durch den Verfassungsvertrag ein neues Verständnis des RFSR für möglich hält. Da sich diesbezüglich auch unter dem Lissabonner Vertrag keine Änderungen ergeben haben, wird das gleiche für diesen gelten müssen. Zu einer inhaltlichen Umreißung des RFSR s. auch Streinz-*Weiß/Satzger*, Art. 67 AEUV, Rn. 26.

37 Nach *Israël*, MJ 2000, S. 81 (89 f.) war in Bezug auf Art. 65 EGV die Bezugnahme auf den Binnenmarkt notwendig, da der EG nur zur Verwirklichung bestimmter Ziele Kompetenzen übertragen würden. Ein Fehlen des Binnenmarktbezuges hätte daher problematisch sein können, da der RFSR unter dem EGV noch keine eigene Zielbestimmung darstellte. Nach dem Vertrag von Lissabon handelt es sich bei dem RFSR jedoch um ein selbstständiges Ziel (s. Art. 3 Abs. 2 EUV), welches nach der hier vertretenen

und damit als Kompetenzbeschränkung ungeeignet erscheint. Zu Recht weist die Literatur darauf hin, dass nicht ohne weiteres verständlich sei, was von dem RFSR erfasst werden soll, da die Begriffe für sich zu unbestimmt seien.[38] Der Inhalt dieses Raumes erschließe sich erst durch die in Titel V AEUV enthaltenen Maßnahmen.[39] Dies führt dazu, dass der RFSR, anders als der Binnenmarkt, zur Kompetenzbegrenzung gänzlich ungeeignet ist, da er nicht die Kompetenzen beschränken kann, durch die er erst definiert wird.

c) Andere Möglichkeit der Beschränkung der Kompetenznorm

In der Literatur wurde wegen der begrifflichen Unbestimmtheit des RFSR vorgeschlagen, die Kompetenzbegrenzung statt im Tatbestand der Kompetenzvorschrift bei der Kompetenzausübung zu suchen.[40] Dies wäre möglicherweise dann nicht erforderlich, wenn die Vorschrift des Art. 81 AEUV schon in der Weise hinreichend beschränkt wäre, dass die in Abs. 2 aufgelisteten Maßnahmenfelder, anders als unter dem EGV, abschließend sind.[41] Eine solche Lesart der Vorschrift führt auch nicht zu einer Verringerung der auf die EU übertragenen Kompetenzen und verletzt daher den acquis communautaire nicht.[42] Trotz des abschließenden Wortlauts der Vorschrift wird jedoch teilweise angenommen, dass die Aufzählung in Abs. 2 nur beispielhaft sei.[43] Gegen ein solches Verständnis spricht jedoch die geänderte Wortwahl im Verhältnis zu Art. 65 EG.[44] Auch der Entwurf des Verfassungskonvents vom

---

Auffassung zugleich einen vom Binnenmarktkonzept unterscheidbaren Leitgedanken enthält. Anzumerken ist jedoch, dass es auch unter dem EGV Kompetenztitel gab, welche nicht von einem Funktionieren des Binnenmarktes abhingen, s. *Müller Graff*, FS Jayme, S. 1323, (1328). Hierauf ist jedoch nicht näher einzugehen, da der RFSR jedenfalls eine hinreichende Begrenzung im Sinne einer Zielvorgabe darstellt.

38 *Müller-Graff*, RFSR, S. 11 (14); Streinz-*Weiß/Satzger*, Art. 67 AEUV, Rn. 25.

39 *Müller-Graff*, RFSR, S. 11 (14), der sich allerdings noch auf den RFSR unter dem EGV bezogen hat. Die Ausführungen behalten jedoch auch unter dem AEUV ihre Gültigkeit. In Art. 67 AEUV wird eine Umschreibung wesentlicher inhaltlicher Elemente des RFSR gesehen, s. Calliess/Ruffert-*Suhr*, Art. 67 AEUV, Rn. 2; Streinz-*Weiß/Satzger*, Art. 67 AEUV, Rn. 1.

40 So *Müller-Graff*, FS Jayme, S.1323 (1335).

41 Für dieses Verständnis Calliess/Ruffert-*Rossi*, Art. 81 AEUV, Rn. 7; Geiger/Khan/Kotzur-*Kotzur*, Art. 81 AEUV, Rn. 6; Lenz/Borchardt-*Hoppe*, Art. 81 AEUV, Rn. 3; Streinz-*Leible*, Art. 81 AEUV, Rn. 19.

42 S. dazu, dass eine Erweiterung statt einer Verengung der Kompetenzen erfolgt ist Calliess/Ruffert-*Rossi*, Art. 81 AEUV, Rn. 7.

43 Grabitz/Hilf/Nettesheim-*Hess*, Art. 81 AEUV, Rn. 38.

44 S. auch Calliess/Ruffert-*Rossi*, Art. 81 AEUV, Rn. 7.

18.07.2003 enthielt eine Formulierung, die die Beispielhaftigkeit der Aufzählung aufrecht erhielt[45], welche jedoch bereits im nicht in Kraft getretenen Verfassungsvertrag entfiel[46]. Es ist nicht davon auszugehen, dass die Streichung rein zufällig erfolgte. Auch entspricht eine solche Auslegung besser dem Prinzip der begrenzten Einzelermächtigung, da der Kompetenztitel sonst zu konturenlos würde.

Da der Maßnahmenkatalog in Art. 81 demnach abschließend ist, ist die Kompetenz hinreichend beschränkt.

2. Rechtliche Bedeutung des Art. 81 Abs. 2 AEUV

a) Art. 81 Abs. 2 AEUV als eigene Kompetenzausübungsvoraussetzung

Fraglich ist damit, welche rechtliche Bedeutung dem Zusatz „insbesondere wenn dies für das reibungslose Funktionieren des Binnenmarktes erforderlich ist", zukommt. In der neueren Kommentarliteratur wird er teilweise als Regelbeispiel angesehen.[47] Die Begriffswahl erscheint hingegen unglücklich, da die Bezeichnung Regelbeispiel schon nach ihrem Wortlaut besagt, dass das Vorliegen der in dem Beispiel angeführten Voraussetzungen in der Regel eine bestimmte Rechtsfolge hat. Hier ist aber bei Erfüllung der übrigen Voraussetzungen des Art. 81 AEUV die Kompetenz zwingend gegeben, nicht nur in der Regel. *Leible* sieht in dem Binnenmarktbezug allgemein ein Beispiel für ein zulässiges Ziel zum Erlass einer Maßnahme.[48] Diese Bezeichnung erscheint passender, allerdings ist die Verfolgung eines weiteren Ziels neben dem des RFSR nicht zwingend notwendig.

b) Bedeutung des Binnenmarktbezuges für eine Vereinheitlichung der Restzuständigkeit

Für den in Frage stehenden Fall der einheitlichen Regelung der Restzuständigkeit in der EuGVO spielt der Binnenmarktbezug nach den oben gemachten Ausführungen keine Rolle, da er jedenfalls nicht mehr zwingend gefordert wird. Es muss daher nicht gesondert festgestellt werden, ob eine Einbeziehung von Drittstaatensachverhalten hinsichtlich der Zuständigkeit für das reibungslose Funktionieren des Binnenmarktes erforderlich ist. Auch der RFSR begrenzt die Kompetenz nach den oben gemachten Ausführungen nicht.

---

45 Art. III-170 Abs. 2 des Entwurfs.

46 Art. III-269 Abs. 2 des Verfassungsvertrages.

47 So Calliess/Ruffert-*Rossi*, Art. 81 AEUV, Rn. 13; Lenz/Borchardt-*Hoppe*, Art. 81 AEUV, Rn. 3.

48 Streinz-*Leible*, Art. 81 AEUV, Rn. 11.

III. Abgrenzung des Art. 81 AEUV zu den Art. 114, 115 AEUV

Unter Geltung des EGV wurde häufig die Frage aufgeworfen, wie sich die Kompetenz aus Art. 65 EGV zu denen der Art. 94, 95 verhält, da diese ebenfalls eine Binnenmarktkompetenz regelten. Zum Teil wurde Art. 65 EGV als bloße Ergänzungsnorm zu Art. 94 EGV angesehen[49], andere wollten ihm als lex specialis den Vorrang einräumen[50].

Nachdem in Art. 81 AEUV nunmehr der Binnenmarktbezug keine zwingende Kompetenzausübungsvoraussetzung mehr bildet, kann Art. 81 AEUV keine bloße Ergänzungsfunktion zum jetzigen Art. 114 AEUV zukommen, da die Kompetenz über die Sicherstellung des Funktionierens des Binnenmarktes hinausreicht.[51] Art. 81 AEUV verfolgt zwar mit dem RFSR primär ein anderes Ziel als die Art. 114, 115 AEUV, doch stellt er dennoch eine Spezialregelung gegenüber diesen dar.[52] Dies ergibt sich daraus, dass der Binnenmarktbezug in Art. 81 AEUV jedenfalls noch erwähnt wird, obgleich ihm keine wesentliche rechtliche Bedeutung mehr zukommt. Wie bereits festgestellt, ergeben sich beim RFSR und dem Binnenmarkt nämlich Überschneidungen. Die Vorschrift des Art. 81 AEUV kann in bestimmten Fällen der Verwirklichung beider Ziele des EUV dienen und bezieht sich damit auch nach wie vor auf den Binnenmarkt. Art. 81 AEUV geht den Art. 114, 115 AEUV daher auch für den Fall, dass diese vorliegend als Kompetenzgrundlage in Betracht gezogen werden können, vor.

IV. Ergebnis

Eine Erstreckung der EuGVO auf Drittstaatensachverhalte bzw. die Schaffung neuer Zuständigkeiten auf diesem Gebiet kann damit auf Art. 81 Abs. 1, 2 lit.

---

49 So *Basedow*, CMLR 2000, 687 (697); *Israël*, MJ 2000, S. 81 (93).

50 So Streinz-*Leible*, Art. 65 EGV, Rn. 30; Schwarze-*Graßhof*, Art. 65 EGV, Rn. 23, sofern der freie Personenverkehr betroffen ist; *Leible/Staudinger*, EuLF 2000/01, S. 225 (233).

51 S. hierzu auch Grabitz/Hilf/Nettesheim-*Hess*, Art. 81 AEUV, Rn. 37.

52 S. Streinz-*Leible*, Art. 81 AEUV, Rn. 52, der der Ansicht ist, durch den Wegfall des Erfordernisses der Förderung des Binnenmarktes habe sich die Stellung des Art. 81 AEUV als lex specialis gegenüber Art. 114 AEUV noch stärker herausgebildet. S. auch Calliess/Ruffert-*Kahl*, Art. 114 AEUV, Rn. 9 sowie Art. 115 AEUV, Rn. 11.

a, c und e AEUV gestützt werden, sofern der Subsidiaritäts-[53] und Verhältnismäßigkeitsgrundsatz gewahrt sind (Art. 5 Abs. 1, 3 und 4 EUV). In der Literatur wird hinsichtlich des Subsidiaritätsprinzips eine Orientierung an den Leitlinien des Europäischen Rates von Edinburgh nahegelegt, um feststellen zu können, ob eine Regelung auf mitgliedstaatlicher Ebene nicht ausreichend bzw. auf Ebene der Union besser zu verwirklichen wäre.[54,55] Abzustellen ist insofern auf Abs. 2 ii) der Leitlinien, der es für maßgebend ansieht, ob „die zur Prüfung vorliegende Frage […] transnationale Aspekte [hat], die durch Maßnahmen der Mitgliedstaaten nicht zufriedenstellend geregelt werden können". Dieses Kriterium ist vorliegend erfüllt, da ein einheitlicher Zugang zu Gericht in Drittstaatenfällen nur durch eine Regelung auf Unionsebene zweckmäßig erreicht werden kann. Dies schon deshalb, da bei einer Regelung auf nationaler Ebene, sofern eine solche überhaupt denkbar ist, wegen Fehlens eines übergeordneten Gerichts wie des EuGHs keine einheitliche Auslegung etwaiger Gerichtsstände gewährleistet ist. Die Kommission erläutert insofern in ihrem Revisionsentwurf zur EuGVO zu Recht, dass gleiche Bedingungen hinsichtlich des Zugangs nur durch eine unionsrechtliche Regelung geschaffen werden können[56]. Aus dem gleichen Grund sind die Ziele eines einheitlichen Zugangs aller Unionsbürger zu den Gerichten der Mitgliedstaaten in Drittstaatensachverhalten auf Unionsebene auch besser zu verwirklichen, da eine Regelung auf Ebene der Mitgliedstaaten keine echte Alternative darstellt.

Hinsichtlich der Verhältnismäßigkeit[57] ist festzustellen, dass eine Regelung durch Verordnung erforderlich ist, da das Ziel eines möglichst einheitlichen Zugangs durch andere Rechtsetzungsformen, wie etwa eine Richtlinie, nicht

---

53 Vorliegend handelt es sich nicht um eine ausschließliche Zuständigkeit der Union (s. zur Abgrenzung zwischen ausschließlicher und geteilter Zuständigkeit Art. 3 f. AEUV), so dass die angestrebten Ziele nicht auch durch die Mitgliedstaaten ausreichend erreicht werden können dürften (Art. 5 Abs. 3 EUV).

54 S. Calliess/Ruffert-*Calliess*, Art. 5 EUV, Rn. 33. Auch Geiger/Khan/Kotzur-*Geiger*, Art. 5 EUV, Rn. 13.

55 Zur Beantwortung der Frage, ob ein Handeln auf Unionsebene besser zur Erreichung der Ziele geeignet ist, ist nunmehr Art. 5 des Protokolls über die Anwendung der Grundsätze der Subsidiarität und der Verhältnismäßigkeit (2007) (Protokoll Nr. 2) heranzuziehen, s. Calliess/Ruffert-*Calliess*, Art. 5 EUV, Rn. 40; Geiger/Khan/Kotzur-*Geiger*, Art. 5 EUV, Rn. 14.

56 KOM (2010) endg., S. 11.

57 S. zu deren Inhalt z. B. Calliess/Ruffert-*Calliess*, Art. 5 EUV, Rn. 44 ff., Geiger/Khan/Kotzur-*Geiger*, Art. 5 EUV, Rn. 17 ff.

ebenso wirksam erreicht werden kann. Auch von der Regelungstiefe ist eine vollständige Vereinheitlichung der Restzuständigkeit verhältnismäßig, da ein Weiterbestehen der nationalen Vorschriften dem Ziel, einheitliche Zugangsvoraussetzungen zu schaffen, gerade entgegenstehen würde.

Der Union kommt damit eine Kompetenz zur Vereinheitlichung der bestehenden Restzuständigkeit der Mitgliedstaaten nach Art. 81 Abs. 1, 2 lit. a, c und e AEUV zu.

B. Rechtliche Notwendigkeit einer Änderung der EuGVO

Die Revision der EuGVO in Bezug auf Drittstaaten könnte rechtlich geboten sein, wenn die derzeitige Regelung der Restzuständigkeit, also Art. 4 EuGVO, gegen primäres Gemeinschaftsrecht verstößt. Ein Verstoß kommt dabei in mehrerlei Hinsicht gegen das Diskriminierungsverbot des Art. 18 AEUV oder die Diskriminierungsverbote der EGRC in Betracht. Möglich ist dabei zunächst ein Verstoß wegen des Anknüpfens an den Wohnsitz des Beklagten in Bezug auf die Anwendbarkeit der Verordnung.

Daneben ist unter anderem auf Grund der Art. 14 und 15 des französischen Code Civil ein Verstoß des Art. 4 EuGVO gegen Art. 18 AEUV denkbar, da diese Zuständigkeiten nur denjenigen EU-Staatsangehörigen offen stehen, die in Frankreich einen Wohnsitz haben.

Maßgebend ist dabei auch, ob ein eventuell gegebener Verstoß durch die EU selbst oder nur durch die Mitgliedstaaten erfolgt, da nur in ersterem Fall ein Handeln der Union angezeigt ist.

I. Diskriminierung von in Drittstaaten wohnenden EU-Staatsangehörigen wegen Anknüpfens an den Wohnsitz gemäß Art. 3, 4 EuGVO

Die Anwendbarkeit der einheitlichen Zuständigkeitsvorschriften der EuGVO hängt grundsätzlich davon ab, ob der Beklagte seinen Wohnsitz in einem Mitgliedstaat hat oder nicht (Art. 3 und 4 EuGVO). Ausnahmen bestehen nur bei der ausschließlichen Zuständigkeit und bei Gerichtsstandvereinbarungen. Da im Übrigen Beklagte mit Wohnsitz in einem Drittstaat, auch wenn sie Staatsangehörige eines Mitgliedstaats sind, an den für sie häufig ungünstigeren, teilweise exorbitanten, nationalen Gerichtsständen verklagt werden können, stellt sich die Frage, ob hierdurch eine ungerechtfertigte Diskriminierung nach Art. 18 Abs. 1 AEUV[58] vorliegt.

1. Ungleichbehandlung im Anwendungsbereich der Verträge

Die Ungleichbehandlung müsste gemäß Art. 18 Abs. 1 AEUV im Anwendungsbereich der Verträge liegen. Wann dies der Fall ist, ist nicht abschließend geklärt. Nach dem EuGH ist eine „gemeinschaftsrechtlich geregelte Situation"[59] oder ein Fall, der „Berührungspunkte mit irgendeinem der Sachverhalte aufweis[t], auf die das Gemeinschaftsrecht abstellt"[60], erforderlich. Der vorliegende Sachverhalt ist schon alleine deshalb an Art. 18 AEUV zu prüfen, da es darum geht, die Vereinbarkeit einer Verordnung mit dem europäischen Primärrecht zu untersuchen. Das Sekundärrecht muss mit dem gesamten Primärrecht vereinbar sein, also auch mit Art. 18 Abs. 1 AEUV.[61] Einer gesonderten Feststellung, ob die Ungleichbehandlung im Anwendungsbereich der Verträge liegt, bedarf es daher nicht mehr.[62]

2. Anwendbarkeit des Art. 18 Abs. 1 AEUV auf den vorliegenden Sachverhalt

a) Abgrenzung des Art. 18 AEUV von den anderen Diskriminierungsverboten des AEUV

In der Literatur wird angemerkt, dass über die Art und Weise der Abgrenzung zwischen Art. 18 AEUV und den Grundfreiheiten noch keine Einigkeit herrscht.[63]

---

58 Die Vorschrift gilt auch für Personen, die ihren Wohnsitz nicht im Unionsgebiet haben, wenn sie die Staatsangehörigkeit eines Mitgliedstaates besitzen. Dies gilt auch dann, wenn sie daneben Angehörige eines Drittstaates sind, s. Grabitz/Hilf/Nettesheim-*von Bogdandy*, Art. 18 AEUV, Rn. 31. Allgemein, dass alle Unionsbürger nach Art. 18 AEUV berechtigt sind, s. Calliess/Ruffert-*Epiney*, Art. 18 AEUV, Rn. 45; Geiger/Khan/Kotzur-*Geiger*, Art. 18 AEUV, Rn. 5.

59 EuGH 186/87 (*Cowan*), Rn. 10.

60 EuGH Rs. 35 und 36/82 (*Morson*), Rn. 16.

61 Dass auch Sekundärrecht an Art. 18 AEUV zu prüfen ist, s. Streinz-*Streinz*, Art. 18 AEUV, Rn. 42.

62 Demgemäß wird die Voraussetzung, dass die Ungleichbehandlung im Rahmen der Verträge liegen müsse, vom EuGH in derartigen Fällen auch gar nicht angesprochen, s. EuGH C-309/89 (*Codorniu*); C-73/90 (*Spanien/Rat*); Rs. 167/88 (*AGPB*); 106/83 (*Sermide*).

63 S. Grabitz/Hilf/Nettesheim, Art. 18 AEUV, Rn. 59.

Es wird vertreten, dass Art. 18 Abs. 1 AEUV auf solche Bestimmungen anwendbar sei, die nicht gezielt gegen eine bestimmte Grundfreiheit gerichtet, sondern nur allgemein geeignet seien, die Grundfreiheiten zu behindern.[64] Dagegen müsse für die Anwendbarkeit der Grundfreiheit selbst ein spezifischer Bezug zwischen der Ausübung der Freiheit und der Diskriminierung bestehen.[65] Die Prüfung, ob Art. 18 Abs. 1 AEUV oder die Grundfreiheiten anwendbar sind, erfolgt damit in zwei Schritten. Zunächst ist zu untersuchen, ob die Regelung gezielt gegen eine bestimmte Grundfreiheit gerichtet ist. Ist dies nicht der Fall, ist in einem zweiten Schritt festzustellen, ob zwischen der Ausübung einer der Grundfreiheiten und der Diskriminierung ein spezifischer Zusammenhang besteht. Nur, wenn beide Fragen zu verneinen sind, kann das allgemeine Diskriminierungsverbot des Art. 18 Abs. 1 AEUV herangezogen werden.

b) Ergebnis für die EuGVO im hier vorliegenden Zusammenhang

In Bezug auf die EuGVO ist festzustellen, dass die Vorschriften der Art. 3, 4 EuGVO sich nicht gegen eine bestimmte Grundfreiheit richten. Da es vorliegend auch nicht um einen konkreten Fall geht, bei dem eine der Grundfreiheiten

---

64 Streinz-*Streinz*, Art. 18 AEUV, Rn. 14.

65 So Grabitz/Hilf/Nettesheim-*von Bogdandy*, Art. 18 AEUV, Rn 60. Als Beispiel für einen solchen spezifischen Bezug führt er den Fall *Hubbard* an (s. Art. 18 AEUV, Rn. 60). Hier hat ein englischer Anwalt in Deutschland als Testamentsvollstrecker auf Auskehr von Vermögensgegenständen geklagt, woraufhin von ihm eine Prozesskostensicherheit nach § 110 Abs. 1 Satz 1 ZPO a. F. verlangt wurde (EuGH C-20/92 (*Hubbard*), Rn. 3). Dies hat der EuGH als Verletzung der Dienstleistungsfreiheit angesehen, da der Anwalt in Ausübung seines Berufes handelte (EuGH C-20/92 (*Hubbard*), Rn. 15). Gegenteiliges Beispiel ist die Klage zweier Eheleute aus England, die gegen eine deutsche GmbH auf Bezahlung gelieferter Waren klagten. In diesem Fall verlangte die Beklagte Prozesskostensicherheit nach § 110 Abs. 1 ZPO a. F. (EuGH C-323/95 (*Hayes*), Rn. 2 f.). Nach dem EuGH sei § 110 Abs. 1 ZPO a. F. geeignet, die wirtschaftliche Betätigung nicht in Deutschland ansässiger Wirtschaftsteilnehmer zu beeinträchtigen, ohne dass die Vorschrift jedoch gezielt die wirtschaftliche Betätigung regle (EuGH C-323/95 (*Hayes*), Rn. 14). Wegen ihrer Auswirkungen auf die Grundfreiheiten sei die Norm daher an – damals – Art. 6 Abs. 1 EGV zu prüfen, ohne dass auf die Grundfreiheiten selbst abzustellen sei (EuGH C-323/95 (*Hayes*), Rn. 16). Ob die Vorschrift daher selber gezielt gegen eine Grundfreiheit gerichtet ist oder nicht, spielt für die Abgrenzung insofern keine Rolle, als es, auch wenn dies nicht der Fall sein sollte, auf die Umstände des Einzelfalles ankommt (s. *Frenz*, Band I, S. 1099, Rn. 2911 unter Rückgriff auf die eben angeführten Entscheidungen).

ausgeübt wurde, sind die Regelungen der Art. 3, 4 EuGVO an der allgemeinen Vorschrift des Art. 18 Abs. 1 AEUV zu prüfen.

3. Vorliegen einer Diskriminierung wegen der Staatsangehörigkeit

a) Diskriminierung bei Annahme eines einheitlich bestimmten Wohnsitzbegriffes

Eine Diskriminierung auf Grund der Staatsangehörigkeit liegt dann vor, wenn vergleichbare Sachverhalte aus Gründen der Staatsangehörigkeit unterschiedlich oder unterschiedliche Sachverhalte gleich behandelt werden.[66] In der hier relevanten Konstellation werden Drittstaatenbewohnern aus der EU anderen Zuständigkeitsregeln über die internationale Zuständigkeit unterworfen als Personen mit Wohnsitz in einem Mitgliedstaat. Das Anknüpfen an den Wohnsitz stellt grundsätzlich ein geeignetes Kriterium für eine indirekte Diskriminierung auf Grund der Staatsangehörigkeit dar.[67] Unter diesem Gesichtspunkt der Anwendbarkeit der Verordnung könnte auch ein in der EuGVO einheitlich bestimmter Wohnsitz gegen das Diskriminierungsverbot des Art. 18 Abs. 1 AEUV verstoßen, da Personen mit Wohnsitz in einem Drittstaat, die Staatsangehörige eines EU-Mitgliedstaates sind, weiter an den exorbitanten Gerichtsständen verklagt werden können.

aa) Vergleichbarkeit der Sachverhalte

Damit eine rechtlich relevante Ungleichbehandlung vorliegen kann, ist es erforderlich, dass die Sachverhalte vergleichbar sind. Der EuGH hat hierzu entschieden, dass bei Herstellern, die einmal außerhalb und einmal innerhalb der EU ihren Sitz haben, keine Vergleichbarkeit gegeben sei.[68] Er hat dies nicht näher begründet[69], es scheint jedoch alleine der Umstand ausreichend zu sein, dass der Sitz in einem Fall außerhalb, im anderen Fall innerhalb der EU lag.

---

66 EuGH C-309/89 (*Codorniu*), Rn. 26; EuGH 106/83 (*Sermide*), Rn. 1; zum Diskriminierungsbegriff allgemein Streinz-*Streinz*, Art. 18 AEUV, Rn. 45.

67 EuGH C-350/96 (*Clear Car Autoservices GmbH*), Rn. 29, 30; C-29/95 (*Pastoors*), Rn. 17; Calliess/Ruffert-*Epiney*, Art. 18 AEUV, Rn. 12; Lenz/Borchardt-*Lenz*, Art. 18 AEUV, Rn. 5; Geiger/Khan/Kotzur-*Khan*, Art. 18 AEUV, Rn. 9; Streinz-*Streinz*, Art. 18 AEUV, Rn. 55.

68 EuGH, C-479/04 (*Laserdisken*), Rn. 69.

69 Nach Ansicht des EuGH seien die Sachverhalte „zweifellos“ nicht vergleichbar, da sich die Hersteller nicht in einer vergleichbaren Lage befinden, s. C-479/04 (*Laserdisken*), Rn. 69.

Weitere sachliche Kriterien für die Unterscheidung sind nicht ersichtlich. Würde man dies auf die EuGVO übertragen, lägen in Bezug auf die Drittstaatenangehörigen mit Wohnsitz außerhalb der EU und den Personen mit Wohnsitz innerhalb der EU ebenfalls keine vergleichbaren Sachverhalte vor. Eine Unterscheidung auf Grund des Wohnsitzes erscheint dann möglich, wenn die unionsrechtliche Maßnahme wie in dem Urteil des EuGH gerade im Hinblick auf den Binnenmarkt erlassen wurde, da nach dem Ziel des Rechtsgebers dann nur dieser gefördert werden soll, was zwangsläufig eine Schlechterstellung von Drittstaatenbewohnern zur Folge haben kann.[70] Ansonsten läge bei Maßnahmen im Hinblick auf dem Binnenmarkt stets eine Ungleichbehandlung von Personen mit Wohnsitz in einem Drittstaat vor, welche gerechtfertigt sein müsste. Wegen der Rechtsgemeinschaft, die nur im Rahmen der EU besteht[71], führen daher Maßnahmen, welche auf den Binnenmarkt abzielen, grundsätzlich nicht zu einer Ungleichbehandlung von vergleichbaren Sachverhalten[72]. Mit Blick auf die EuGVO haben etwa die Mitgliedstaaten untereinander darauf verzichtet, Beklagte anderer EU-Mitgliedstaaten an exorbitanten Foren vor Gericht zu ziehen. Eine solche Übereinkunft war auf Grund der Rechtsgemeinschaft möglich. Bezüglich Drittstaaten ist hingegen festzustellen, dass diese weiterhin gegenüber Personen mit Wohnsitz in einem EU-Staat ihre exorbitanten Zuständigkeitsregelungen zur Anwendung bringen, da eine Rechtsgemeinschaft zu diesen nicht besteht. Eine Vergleichbarkeit der Sachverhalte ist damit nicht gegeben. Ferner ist der Unionsgesetzgeber auf Grund des Grundsatzes der begrenzten Einzelermächtigung und der Subsidiarität gehalten, Maßnahmen nur insoweit zu treffen, als es die ihm übertragene Kompetenz zulässt. Auch wenn Art. 65 EGV es jedoch zugelassen hätte, die Vorschriften der EuGVO auf Drittstaatenbewohner zu erstrecken, ist von einer Verschiedenheit der Sachverhalte auszugehen, da das Ziel, auf dessen Grundlage die Verordnung erlassen wurde, nicht auch zugunsten von Drittstaatenbewohnern wirkt. Jedenfalls bei Kompetenzen, die eine Förderung des Binnenmarktes vorsehen, kann daher die Tatsache, ob der Wohnsitz innerhalb oder außerhalb der Union liegt, dazu

---

70 Dies deckt sich mit den Ausführungen bei *Schlosser*, FS Kralik, S. 287 (294), dass es naheliegend gewesen sei, dass Ungleichbehandlungen nur zwischen den Unionsbewohnern beseitigt wurden. Die Rechtmäßigkeit eines solchen Vorgehens wird von ihm auch gar nicht angezweifelt.

71 S. dazu auch Kap. 4, S. 238.

72 Auf Grund der jeweils geregelten Materie kann dies natürlich auch einmal anders beurteilt werden.

führen, dass die in Frage stehenden Sachverhalte nicht vergleichbar sind.[73] Da die Vorschriften der EuGVO auf eine Kompetenz (Art. 65 EGV) gestützt sind, welche an den Binnenmarkt anknüpft, und das Funktionieren des Binnenmarktes als ein Ziel der Verordnung definiert wird[74], begründet daher der Wohnsitz ein Kriterium, welches zu einer Unterschiedlichkeit der Sachverhalte führt[75]. Dies gilt auch unter Art. 81 AEUV noch, da auch der RFSR sich nur zugunsten von Unionsbewohnern auswirkt und ferner der Binnenmarkt weiterhin als Ziel in Frage kommt. Bewohner von Drittstaaten befinden sich demnach im Hinblick auf die EuGVO nicht in der gleichen oder einer vergleichbaren Lage wie Bewohner der EU.

bb) Ergebnis

Eine Ungleichbehandlung liegt damit schon deshalb nicht vor, da zwischen Beklagten mit und Beklagten ohne Wohnsitz in der EU keine Vergleichbarkeit gegeben ist. Drittstaatenbewohner mit der Staatsangehörigkeit eines EU-Mitgliedstaates sind im Hinblick auf den Binnenmarkt – wenn überhaupt – wesentlich geringer betroffen als Personen mit Wohnsitz in einem Mitgliedstaat. Der Binnenmarkt ist aber ein wesentliches Ziel der Verordnung.

Ferner ist auch zu bedenken, dass die Mitgliedstaaten die Regelungen der EuGVO im Hinblick auf die bestehende Rechtsgemeinschaft innerhalb der EU erlassen haben. Anders ließe sich der Verzicht auf die exorbitanten Zuständigkeiten nicht erklären.

Dass der persönliche Anwendungsbereich der Verordnung danach differenziert, ob der Beklagte seinen Wohnsitz in einem Mitglied- oder einem Drittstaat hat, stellt demnach keine Diskriminierung gegenüber Drittstaatenbewohnern mit Staatsangehörigkeit eines EU-Staates dar.

---

73 Auch die in dem Urteil EuGH, C-479/04 (*Laserdisken*), in Frage stehende Richtlinie wurde auf Kompetenzen gestützt, die an den Binnenmarkt anknüpfen (Art. 47 Abs. 2; 55; 95 EGV, s. ABl. der EU, L 167/10). Die Erwägungsgründe führen entsprechend an, dass der Binnenmarkt durch die Regelungen der Richtlinie gefördert werde, s. Erwägungsgründe 1, 2 und 3.

74 S. Erwägungsgrund 2.

75 Auch unter der neuen Kompetenzvorschrift des Art. 81 AEUV erscheint es demnach zulässig, nur die Zuständigkeit für das Unionsgebiet einheitlich zu regeln, ohne dass hieraus eine Diskriminierung entsteht, da auch der RFSR nur für die Unionsbürger besteht, was dazu führt, dass auch hier ein Wohnsitz außerhalb der EU zu einem nicht vergleichbaren Sachverhalt mit einem Wohnsitz in EU führt.

b) Ungleichbehandlung wegen uneinheitlicher Auslegung des Wohnsitzbegriffes

aa) Verweis auf das nationale Recht durch Art. 59 EuGVO

Die Verordnung überlässt die Bestimmung des Wohnsitzes dem mitgliedstaatlichen Recht (Art. 59 EuGVO), was aus Diskriminierungsgesichtspunkten problematisch sein könnte. Art. 59 EuGVO führt jedoch nicht direkt zu einer Ungleichbehandlung, da die Vorschrift nicht ausschließlich auf das nationale Recht des angerufenen Gerichts abstellt. Jede Partei kann beispielsweise geltend machen, statt im Gerichtsstaat im Mitgliedstaat X ihren Wohnsitz zu haben, so dass dessen Recht über den Wohnsitz anwendbar ist. Eine Ungleichbehandlung kann jedoch insofern auftreten, als dass A, der einen bestimmten Bezug zu Mitgliedstaat B hat, nach dem Recht dieses Staates seinen Wohnsitz in B und damit in der EU hat, während C, der den gleichen Bezug zu Mitgliedstaat D aufweist, nach dessen Recht seinen Wohnsitz in einem Drittstaat hat. Fraglich ist, ob dies eine rechtlich verbotene Diskriminierung durch die EuGVO darstellt. Zu beachten ist dabei, dass eine Ungleichbehandlung, die lediglich aus den Unterschieden der nationalen Rechtsordnungen resultiert, keine Diskriminierung nach Art. 18 Abs. 1 AEUV darstellt.[76] Problematisch ist allerdings, ob dies auch dann gilt, wenn wie hier durch eine Verordnung auf die Anwendbarkeit der nationalen Vorschriften verwiesen wird, so dass im Grunde die Verordnung selbst die Ungleichbehandlung zulässt. Ein ähnliches Problem ergibt sich auch unter Art. 7 EuEheVO[77], da dieser zur Folge hat, dass Ehegatten, die beide außerhalb der EU wohnen, sich nur dann in der EU scheiden lassen können, wenn das nationale Recht wenigstens eines Ehegatten einen Gerichtsstand – der in diesen Fällen zumeist an die Staatsangehörigkeit anknüpft – zur Verfügung stellt.[78] *Nuyts* ist bezüglich letzterer Regelung der Ansicht, dass sie keine verbotene Diskriminierung nach dem EU-Recht begründe, da die Ungleichbehandlung allein aus dem nationalen Recht resultiere.[79]

76 Calliess/Ruffert-*Epiney*, Art. 18 AEUV, Rn. 10, mit zahlreichen Nachweisen der einschlägigen Rechtsprechung des EuGH. Diese soll daher hier nicht einzeln wiedergegeben werden. Dass in diesen Fällen keine Diskriminierung in Betracht kommt, s. auch Grabitz/Hilf/Nettesheim-*von Bogdandy*, Art. 18 AEUV, Rn. 53; Lenz/Borchardt-*Lenz*, Art. 18 AEUV, Rn. 4; Streinz-*Streinz*, Art. 18 AEUV, Rn. 49.

77 VO (EG) Nr. 2201/2003, ABl. EU 2003 Nr. L 338, S. 1 ff.; vgl. *Jayme/Hausmann*, Nr. 162.

78 S. zu dieser Problematik *Nuyts*, Studie 2007, S. 149 f.

79 *Nuyts*, Studie 2007, S. 150, Rn. 197, noch in Bezug auf das EG-Recht.

bb) Ungleichbehandlung durch nur einen Hoheitsträger?

Maßgebend ist letzten Endes, ob die Ungleichbehandlung auf *einen* Hoheitsträger, hier die EU, zurückzuführen ist.[80] Dies ist dann nicht der Fall, wenn beispielsweise durch eine Richtlinie nur eine Teilharmonisierung eines bestimmten Rechtsgebiets erfolgt ist, so dass ein Anwendungsbereich für das nationale Recht verbleibt.[81] Mit Blick auf die EuGVO geht es jedoch nicht um eine Teilharmonisierung. Vielmehr geht es um die Frage der Auslegung der Verordnung, da der Begriff des Wohnsitzes in Art. 2 EuGVO auf Grund der Regelung des Art. 59 EuGVO nicht einheitlich bestimmt wird.[82] Begriffe in Verordnungen müssen jedoch unabhängig von der Rechtsprechung des EuGH zur EuGVO im Besonderen[83] vor dem Hintergrund des Diskriminierungsverbotes[84] einheitlich und damit verordnungsautonom ausgelegt werden.

Die Ungleichbehandlung wird daher nicht erst durch das Nebeneinander der nationalen Rechtsvorschriften, sondern durch Art. 59 EuGVO selbst bewirkt, auch wenn er für sich zunächst für alle Beteiligten einheitlich formuliert ist. Sie ist damit auf nur einen Hoheitsträger, die EU, zurückzuführen, weshalb eine Ungleichbehandlung vorliegt, die hinsichtlich Art. 18 AEUV relevant ist.

---

80 Dass die Zurückführung auf einen Hoheitsträger maßgebend für das Vorliegen einer Diskriminierung ist s. Calliess/Ruffert-*Epiney*, Art. 18 AEUV, Rn. 10; Streinz-*Streinz*, Art. 18 AEUV, Rn. 49.

81 S. zum Bereich der Mehrwertsteuer die Schlussanträge der Generalanwältin *Kokott*, C-97/09, Rn. 40.

82 Insofern ist die Problemstellung unter Art. 7 EuEheVO nicht ganz vergleichbar, da es in diesem Fall nicht um die Auslegung eines Begriffes der Verordnung geht. Wie die Ungleichbehandlung im Rahmen dieser Verordnung zu beurteilen ist, ist hier nicht weiter nachzugehen.

83 S. zur Gebotenheit einer einheitlichen Auslegung EuGH 29/76 (*LTU*), Rn. 3, damals noch in Bezug auf das EuGVÜ.

84 Dass bei der Auslegung von Begriffen im Rahmen von Unionsrecht der Gleichheitssatz zu beachten ist und daher grundsätzlich eine autonome Begriffsbestimmung zu erfolgen hat, wenn nicht ausdrücklich auf das nationale Recht verwiesen wird, wird vom EuGH mehrfach betont, s. EuGH C-327/82 (*Ekro BV Vee- en Vleeshandel*), Rn. 11; C- 321/02 (*Finanzamt Rendsburg*), Rn. 28; 195/06 (*Kommunikationsbehörde Austria*), Rn. 24; C-98/07 (*Nordania Finans A/S und BG Factoring A/S*); C- 523/07 (*A*), Rn. 34; C-497/10 (*Mercredi*), Rn. 45. Auch wenn wie im vorliegenden Fall ein Verweis auf das nationale Recht erfolgt, darf durch diesen jedoch kein Verstoß gegen den Gleichheitssatz gegeben sein. Verweise in das nationale Recht bedürfen damit bei Auslegungsfragen immer einer Rechtfertigung.

Ob die EU im vorliegenden Fall die Auslegung des Wohnsitzbegriffes den Mitgliedstaaten überlassen durfte, ist eine Frage der Rechtfertigung.

cc) Diskriminierung auf Grund der Staatsangehörigkeit im Rahmen des Art. 59 EuGVO?

Fraglich ist an dieser Stelle, ob es sich bei der Ungleichbehandlung durch Art. 59 EuGVO um eine Diskriminierung auf Grund der Staatsangehörigkeit handeln kann. Vorliegend wird zwar die Anwendbarkeit der Verordnung für *alle* Beteiligten am Wohnsitz festgemacht. Dies führt jedoch mangels einer einheitlichen Definition des Wohnsitzes durch die Verordnung dazu, dass der Beklagtengerichtsstand des Art. 2 EuGVO je nach Mitgliedstaat eher einen engen oder weiten Anwendungsbereich hat.[85] Da der Wohnsitz grundsätzlich ein Anknüpfungskriterium für eine indirekte Diskriminierung darstellt[86], behandelt die Verordnung durch Verweisung auf die Wohnsitzregelung in Mitgliedstaat X daher alle Unionsbürger ungleich, die nicht die Staatsangehörigkeit des Mitgliedstaates X besitzen. Das gleiche gilt für alle übrigen Mitgliedstaaten. Es liegt daher eine Ungleichbehandlung auf Grund der Staatsangehörigkeit vor.[87] Hiervon betroffen sind dabei zum einen alle Bewohner der EU-Mitgliedstaaten, da ihre Gerichtspflicht auf Grund der unterschiedlichen Wohnsitzregelungen nicht für alle Personen gleich weit gefasst ist. Zum anderen werden aber auch diejenigen Staatsangehörigen von EU-Mitgliedstaaten ungleich behandelt, die ihren Wohnsitz wegen der Regelungsunterschiede gar nicht mehr in der EU haben.

Die Sachverhalte sind auch vergleichbar, da es in allen Fällen um die Gerichtspflicht des jeweiligen Beklagten geht, die an den Wohnsitz angeknüpft wird. Eine indirekte Diskriminierung auf Grund der Staatsangehörigkeit ist damit gegeben.

---

85 S. Geimer/Schütze-*Geimer*, Art. 2 EuGVO, Rn. 25 f. und Art. 59 EuGVO, Rn. 6.

86 S. EuGH C-209/03 (*Bidar*), Rn. 51 ff.; Calliess/Ruffert-*Epiney*, Art. 18 AEUV, Rn. 12; Streinz-*Streinz*, Art. 18 AEUV, Rn. 55.

87 Geimer/Schütze-*Geimer* zieht eher die Möglichkeit einer Verletzung des allgemeinen Gleichheitssatzes in Erwägung, s. Art. 2 EuGVO, Rn. 27. Dies wohl deshalb, weil er auf die unterschiedliche Gerichtspflichtigkeit der EU-Bewohner abstellt. Diese entsteht jedoch durch das Anknüpfen an den Wohnsitz, wodurch indirekt an die Staatsangehörigkeit angeknüpft wird.

dd) Vorliegen objektiver Umstände für das Anknüpfen an den Wohnsitz unter Verweisung auf die nationalen Rechtsvorschriften

Die unterschiedliche Behandlung ist im Rahmen des Art. 18 Abs. 1 AEUV bei der nur indirekten Diskriminierung nach ganz überwiegender Meinung einer Rechtfertigung zugänglich.[88] Im Folgenden wird nicht darauf eingegangen, ob die Einschränkung für das Vorliegen einer rechtswidrigen Diskriminierung bei einer indirekten Ungleichbehandlung auf Grund der Staatsangehörigkeit auf der Ebene der Rechtfertigung[89] oder auf Tatbestandsebene[90] erfolgt. Es steht jedenfalls fest, dass bei einer indirekten Ungleichbehandlung das Vorliegen objektiver Umstände sowie der Verhältnismäßigkeit eine rechtswidrige Diskriminierung ausschließt.

Zu untersuchen ist damit, ob für den Verweis auf die nationalen Rechtsvorschriften ein objektiver Grund besteht. Dabei ist zu bedenken, dass der Verweis in das nationale Recht noch unter dem EuGVÜ festgesetzt wurde. Ein Argument für die Anwendung der nationalen Rechtsvorschriften war, dass eine einheitliche Begriffsbestimmung „den Rahmen des Übereinkommens sprengen [würde]".[91] Dazu ist festzustellen, dass unter der EuGVO grundsätzlich alle Begriffe autonom ausgelegt werden.[92] Weshalb inzwischen – anders als noch im Rahmen des EuGVÜ – bei Gesellschaften der Wohnsitz einheitlich bestimmt wird, bei natürlichen Personen jedoch nicht, ist nicht ersichtlich. Auch besteht kein Grund für eine am nationalen Recht ausgerichtete Auslegung wie bei Art. 22 Nr. 2 EuGVO in Bezug auf bestimmte gesellschaftsrechtliche Rechtsfragen. Hinsichtlich natürlicher Personen entstehen im Rahmen der Verordnung nämlich keine komplizierten, auf die Person bezogene rechtliche Fragen, über die ein Richter nicht nach

---

88 EuGH C-147/03 (*Kommission/Österreich*), Rn. 48; C-398/92 (*Mund & Fenster*), Rn. 17; C-29/95 (*Pastoors*), Rn. 19; Streinz-*Streinz*, Art. 18 AEUV, Rn. 58; Ehlers-*Kingreen*, S. 440, Rn. 24; *Frenz*, Band I, S. 1108, Rn. 2938.

89 Für diese Lösung u. a. Calliess/Ruffert-*Epiney*, Art. 18 AEUV, Rn. 41; Streinz-*Streinz*, Art. 18 AEUV, Rn. 60.

90 Zur Möglichkeit eines solchen Verständnisses s. Schwarze-*Holoubek*, Art. 12 EGV, Rn. 58, so dass bei Vorliegen eines objektiven Kriteriums schon tatbestandlich keine Diskriminierung gegeben ist.

91 Jenard-Bericht, ABl. EG 1979 Nr. C 59/15.

92 Geimer/Schütze-*Geimer*, Art. 1, Rn. 2. Allerdings wurde auch bereits das EuGVÜ autonom ausgelegt, s. EuGH C-266/01 (*TIARD SA*), Rn. 20; EuGH C-172/91 (*Sonntag*), Rn. 18, beide bezüglich Art. 1 EuGVÜ.

ihm nicht vertrauten Recht entscheiden müssen sollte.[93] Weshalb eine autonome Bestimmung des Wohnsitzes den Rahmen der EuGVO sprengen sollte, ist daher nicht ersichtlich. Dieses Argument ist jedenfalls seit Überführung des EuGVÜ in sekundäres Unionsrecht nicht mehr geeignet, objektive Umstände für eine Ungleichbehandlung zu begründen.

Ferner wurde bei den Vorarbeiten zum EuGVÜ vorgebracht, dass eine einheitliche Bestimmung des Wohnsitzes im Rahmen des Vertrages zu unterschiedlichen Definitionen führen könne.[94] Hierzu ist zu bemerken, dass es sich bei der EuGVO nicht mehr um ein internationales Abkommen, sondern um sekundäres Gemeinschaftsrecht handelt. Dieses ist – ebenso wie es allerdings das EuGVÜ bereits war[95] – einer einheitlichen Auslegung durch den EuGH zugänglich. Es wäre daher schon nach dem EuGVÜ möglich gewesen, unterschiedliche Definitionen des Wohnsitzbegriffes durch Vorlage an den EuGH zu vermeiden. Ein Problem bestünde lediglich dann, wenn das entscheidende Gericht dem EuGH die Auslegungsfrage nicht vorlegt. Dies ist dann jedoch ein Fehler des Gerichts. Man hätte auch, wie es bei neueren Verordnungen zum europäischen Zivilverfahrensrecht der Fall ist, in der Verordnung selbst eine Begriffsbestimmung aufnehmen können.[96,97] Ferner ist zu beachten, dass ein Verweis auf die nationalen Rechtsordnungen gezwungenermaßen zu einer uneinheitlichen Auslegung des Wohnsitzes führt. Ein Vorteil der Verweisung auf das nationale Recht ist daher nicht ersichtlich.

Schließlich wurde angemerkt, eine Bestimmung des Wohnsitzes im Übereinkommen berge das Risiko, durch die Entwicklung des nationalen Rechts obsolet zu werden.[98] Sollte dies tatsächlich der Fall sein, wäre es jedoch möglich, die Verordnung entsprechend anzupassen. Da anders als unter dem EuGVÜ auch kein Ratifizierungsprozess stattfinden würde, wäre eine einheitliche Änderung auch in verhältnismäßig kurzer Zeit möglich, sofern die Mitgliedstaaten eine entsprechende Einigung

---

93 Zum Grund und zur Berechtigung des Verweises auf das nationale Recht im Rahmen des Art. 22 Abs. 2 EuGVO s. *Hausmann*, EuLF 2000/01, S. 40 (43).

94 Jenard-Bericht, ABl. EG 1979 Nr. C 59/15.

95 S. hierzu Geimer/Schütze-*Geimer*, Einl. EuGVO, Rn. 180 ff.

96 Dass es nach den neueren Verordnungen nicht unüblich ist, Begriffsbestimmungen mit aufzunehmen, s. z. B. Art. 4 EuVTVO (VO (EG) Nr. 805/2004, ABl. EU 2004 Nr. L 143, S. 15 ff.; vgl. *Jayme/Hausmann*, Nr. 184) und Art. 5 EuMVVO (VO (EG) Nr. 1896/2006, ABl. EU 2006 Nr. L 399, S. 1 ff.; vgl. *Jayme/Hausmann*, Nr. 185).

97 Zu den Gründen, warum eine solche Begriffsbestimmung nicht erfolgt ist, s. im nächsten Absatz.

98 Jenard-Bericht, ABl. EG 1979 Nr. C 59/15.

treffen. Ist dies nicht der Fall, wird man den Begriff nicht als obsolet ansehen können, da es kaum zu verstehen wäre, wenn die Mitgliedstaaten eine Änderung auf Ebene der EuGVO ablehnen, obgleich sich der Wohnsitzbegriff in ihrem nationalen Recht weiterentwickelt hat. Jedenfalls ist eine Änderung der Verordnung leichter bzw. schneller möglich, als es bei Geltung des EuGVÜ der Fall war.

Es bestehen somit keine objektiven Umstände, die den Verweis des Art. 59 EuGVO auf das nationale Recht rechtfertigen.

ee) Ergebnis

Die Vorschrift des Art. 59 EuGVO diskriminiert damit Unionsbürger indirekt auf Grund ihrer Staatsagehörigkeit und verstößt gegen Art. 18 Abs. 1 AEUV.

II. Diskriminierung von Drittstaatenangehörigen[99] wegen Anknüpfens an den Wohnsitz im Rahmen des Art. 3, 4 EuGVO

Eine Diskriminierung kommt auch gegenüber Staatsangehörigen von Drittstaaten in Betracht, da gegenüber diesen, sofern sie keinen Wohnsitz in der EU haben, gemäß Art. 4 EuGVO weiter die nationalen Zuständigkeitsvorschriften anwendbar sind. Die Ungleichbehandlung beruht daher gegenüber Drittstaatenangehörigen indirekt auf der Staatsangehörigkeit, da Staatsangehörige von Drittstaaten wesentlich seltener ihren Wohnsitz in der EU haben werden.

1. Einschlägige Regelung im Hinblick auf die Ungleichbehandlung

Art. 18 AEUV ist für den Binnenmarkt grundlegend und dient der Integration.[100] Die Vorschrift ist daher wegen ihres Sinnes und Zwecks grundsätzlich[101] nicht auf Drittstaatenangehörige anwendbar, obgleich sie vom Wortlaut her nicht auf Unionsbürger beschränkt ist.[102] Da Art. 21 Abs. 2 EGRC mit Art. 18 AEUV

---

99 Auf Grund des oben angeführten Anwendungsbereichs des Art. 18 AEUV (Kap. 1, S. 44, Fn. 58) dürfen diese im vorliegenden Zusammenhang nicht zugleich auch Staatsangehörige eines Mitgliedstaates der EU sein.

100 Streinz-*Streinz*, Art. 81 AEUV, Rn. 11.

101 Zu den hier nicht relevanten Ausnahmen s. etwa Calliess/Ruffert-*Epiney*, Art. 18 AEUV, Rn. 45; Grabitz/Hilf/Nettesheim-*von Bogdandy*, Art. 18 AEUV, Rn. 32; Geiger/Khan/Kotzur-*Geiger*, Art. 18 AEUV, Rn. 5.

102 *Frenz*, IV, S. 988 f., Rn. 3303 f.

weitgehend identisch formuliert ist, ist er gemäß Art. 52 Abs. 2 EGRC dahingehend auszulegen, dass auch er auf den vorliegenden Fall nicht anwendbar ist, da er den Schutzbereich des Art. 18 AEUV teilt.[103] Nicht eindeutig ist, ob Drittstaatenangehörige in Bezug auf Diskriminierungen auf Grund der Staatsangehörigkeit von Art. 21 Abs. 1 EGRC erfasst werden, welcher nicht abschließend formuliert ist.[104] In der Literatur wird als Gegenargument aufgeführt, dass Art. 21 Abs. 1 anders als seine Vorlage Art. 14 EMRK die nationale Herkunft nicht mit aufführe.[105] Auch sprechen die speziellen Regelungen der Art. 21 Abs. 2 und Art. 15 Abs. 3 dagegen, die Staatsangehörigkeit als erfasst anzusehen.[106] Jedenfalls können diese Fälle jedoch auf das allgemeine Diskriminierungsverbot des Art. 20 EGRC gestützt werden[107], welcher den vom EuGH in seiner Rechtsprechung anerkannten allgemeinen Gleichheitssatz umschreibt[108].

2. Vorliegen einer Diskriminierung unter Art. 20 EGRC

Drittstaatenangehörige mit Wohnsitz in einem Drittstaat werden im Rahmen der EuGVO im Verhältnis zu Drittstaatenangehörigen und Staatsangehörigen der EU mit Wohnsitz in der EU ungleich behandelt, da für sie die einheitlichen Gerichtsstände der Verordnung nicht gelten. Wie oben[109] ist jedoch festzuhalten, dass die beiden vorliegenden Sachverhalte nicht vergleichbar sind.

Dass allerdings eine Diskriminierung dadurch besteht, dass im Rahmen der Verordnung der Wohnsitz nicht einheitlich definiert wird, wurde in Bezug auf Unionsbürger mit Wohnsitz in einem Drittstaat bereits festgestellt.[110] Es gilt hier nichts anderes.

---

103 *Jarass*, Art. 21 EGRC, Rn. 27 und 36; *Frenz*, IV, S. 987, Rn. 3297; allgemein, dass Art. 21 Abs. 2 EGRC ebenso wie Art. 18 AEUV auszulegen ist, s. Calliess/Ruffert-*Rossi/Kingreen*, Art. 21 EGRC, Rn. 11; Schwarze-*Graser*, Art. 21 EGRC, Rn. 1; Streinz-*Streinz*, Art. 21 EGRC, Rn. 3.

104 *Jarass*, Art. 21 EGRC, Rn. 23; *Frenz*, IV, S. 982, Rn. 3284.

105 *Jarass*, Art. 21 EGRC, Rn. 23; *Frenz*, IV, S. 982, Rn. 3285.

106 *Jarass*, Art. 21 EGRC, Rn. 23; *Frenz*, IV, S. 982, Rn. 3285, nur in Bezug auf Art. 21 Abs. 2.

107 *Jarass*, Art. 21 EGRC, Rn. 23; dass Art. 20 EGRC auch Drittstaatenangehörige in seinem Schutzbereich erfasst, s. Calliess/Ruffert-*Rossi*, Art. 20 EGRC, Rn. 4; *Jarass*, Art. 20 EGRC, Rn. 6; Schwarze-*Graser*, Art. 20 EGRC, Rn. 7.

108 Schwarze-*Graser*, Art. 20 EGRC, Rn. 1; *Frenz*, IV, S. 948, Rn. 3174.

109 Kap. 1, S. 46 ff.

110 Kap. 1, S. 49 ff.

III. Diskriminierung auf Grund von Art. 4 EuGVO i. V. m. Art. 14 CC[111] gegenüber nicht in Frankreich wohnenden EU-Staatsangehörigen und Drittstaatenangehörigen mit Wohnsitz in der EU

Wie bereits erwähnt, steht die Zuständigkeiten des Art. 14 CC nur Personen mit einem Wohnsitz in Frankreich offen. Dies könnte gegenüber EU-Staatsangehörigen mit einem Wohnsitz in einem anderen Mitgliedstaat oder außerhalb der EU sowie gegenüber Drittstaatenangehörigen mit Wohnsitz in der EU eine indirekte Diskriminierung nach Art. 18 AEUV bzw. Art. 20 EGRC darstellen. Im Hinblick auf die Frage nach einer rechtlichen Notwendigkeit der Revision der Verordnung auf Grund bestehender Rechtsverstöße wäre es jedoch erforderlich, dass durch einen etwaigen Verstoß des Art. 14 CC auch zugleich ein Verstoß durch Art. 4 EuGVO vorliegt. Ist dies nicht der Fall, liegt die Verantwortlichkeit allein bei Frankreich, so dass die EU nicht zwingend zum Handeln aufgefordert ist. Es ist daher zunächst zu untersuchen, wie sich Art. 4 EuGVO zu den nationalen Gerichtsständen verhält.

1. Denkbare Fälle der Diskriminierung

Im Rahmen des Art. 4 Abs. 1 EuGVO sind zwei Möglichkeiten einer Ungleichbehandlung und damit einer Diskriminierung denkbar, die im Folgenden dargestellt werden. Für die Diskussion einer Ungleichbehandlung im Rahmen des Art. 4 EuGVO ist es zunächst angezeigt, den genauen Regelungsgehalt der Vorschrift zu untersuchen.

2. Rechtsnatur des Art. 4 Abs. 1 EuGVO und Gegenstand der Rechtmäßigkeitsprüfung

In der Literatur wurde die Frage aufgeworfen, ob Art. 4 EuGVO lediglich eine deklaratorische Vorschrift darstellt, die auf die nationalen Zuständigkeitsvorschriften der Mitgliedstaaten verweist[112], oder ob er die nationalen Vorschriften

111 Es existieren in der EU auch in anderen Ländern Gerichtsstände, die an die Staatsangehörigkeit des Klägers anknüpfen, s. *Nuyts*, Studie 2007, S. 59, Rn. 75: Luxemburg, Bulgarien, Tschechien, Finnland, Malta und Slowenien, teilweise mit weiteren Einschränkungen. Da Art. 14 des französischen CC jedoch die bekannteste Staatsangehörigkeitszuständigkeit ist, wird im Folgenden beispielhaft nur auf diese abgestellt.

112 *Grolimund*, S. 83, Rn. 194.

in den Verordnungstext inkorporiert und damit vergemeinschaftet[113]. Für eine Inkorporation der Zuständigkeiten in den Verordnungstext wurde unter anderem angeführt, dass Art. 4 Abs. 2 die Verfügbarkeit der nationalen Zuständigkeiten auf alle Personen mit Wohnsitz in dem entsprechenden Staat ausdehne.[114] Andere verstehen die Regelung des Art. 4 Abs. 2 in die entgegengesetzte Richtung. Sie integriere sich in das nationale Recht der Mitgliedstaaten.[115]

Der EuGH hat die Frage dahingehend beantwortet, dass Art. 4 Abs. 1 EuGVO nicht nur deklaratorisch zu verstehen sei, sondern die Drittstaatenfälle konstitutiv regle, da dies dem Ziel der Verordnung, Kompetenzkonflikte zu vermeiden, entspreche.[116]

Sollte Art. 4 Abs. 1 EuGVO konstitutiv zu verstehen sein, könnte er eine materielle Inkorporationsnorm darstellen oder eine reine Verweisungs-, also Kollisionsnorm[117]. Wäre er eine materielle Inkorporationsnorm, so müsste man bei der Frage nach der Rechtswidrigkeit der bestehenden Restzuständigkeitsvorschriften nicht allein auf Art. 4 Abs. 1 EuGVO, sondern auch auf die jeweiligen Regelungen der nationalen Rechte abstellen, die dann aus dem nationalen Recht herausgehoben und im Anwendungsbereich der Verordnung in die Unionsebene integriert würden. Dass es sich bei Art. 4 Abs. 1 EuGVO jedoch nicht um eine Norm handelt, die die nationalen Vorschriften materiell in die EuGVO inkorporiert, ist bereits seinem Wortlaut eindeutig zu entnehmen. Es kann sich daher nur um eine prozessrechtliche Kollisionsnorm handeln, die auf das jeweils anwendbare Recht bezüglich der Bestimmung der Zuständigkeit verweist. Sieht man Art. 4 Abs. 1 EuGVO als konstitutive kollisionsrechtliche Regelung an, so kann man in Art. 4 Abs. 2 EuGVO eine

---

113 So *Nuyts*, Studie 2007, S. 113, Rn. 144; *Kruger*, S. 33, Rn. 1.57, S. 81, Rn. 2.57 und S. 297, Rn. 5.103; wohl auch Rauscher-*Mankowski*, Art. 4 EuGVO, Rn. 1. Die Ausführungen sind allerdings widersprüchlich, da *Mankowski* zunächst ausführt, Art. 4 Abs. 1 „[enthalte] keine positive Gerichtsstandsregel, sondern [erkläre] die Unanwendbarkeit des gemeinschaftsrechtlichen Gerichtsstandsregimes“, später aber die Behauptung aufstellt, dass Art. 4 Abs. 1 „zu einer Quasi-Vergemeinschaftung der nationalen exorbitanten Gerichtsstände als Teil des Gesamtsystems [führe]“. Für eine konstitutive Regelung sprechen auch seine Ausführungen unter Rn. 2a, da der Zweck des Art. 4 Abs. 1 EuGVO nach ihm darin bestehe, dafür zu sorgen, dass die Regeln über die Rechtshängigkeit und der Anerkennung auch in diesen Fällen zur Anwendung kommen.

114 *Nuyts*, Studie 2007, S. 113, Rn. 144.

115 *Mayer/Heuzé*, S. 217, Rn. 299.

116 EuGH, Gutachten 1/03, Rn. 148.

117 Zur Verwendung des Begriffes „Kollisionsnorm“ s. *Heldrich*, S. 97 ff.

ordre public-Klausel sehen[118], da er in Bezug auf die Staatsangehörigkeitszuständigkeiten[119] einen offensichtlichen Verstoß gegen Art. 12 EGV bzw. jetzt Art. 18 AEUV[120] beseitigt[121].

Es ergibt sich damit folgendes Bild: Ist Art. 4 Abs. 1 EuGVO deklaratorisch zu verstehen, so ist die Rechtsmäßigkeit dieser Vorschrift alleine an Art. 4 Abs. 1 EuGVO selbst zu prüfen.

Stellt Art. 4 Abs. 1 EuGVO hingegen eine konstitutive Regelung dar, gilt hinsichtlich der Rechtswidrigkeitsprüfung in dem hier vorliegenden Zusammenhang, in dem lediglich das Handlungsbedürfnis durch die Unionsorgane untersucht wird, dass ebenfalls allein Art. 4 Abs. 1 EuGVO zu untersuchen ist, da die Organe für die nationalen Vorschriften keine Verantwortung tragen.

Damit ist unabhängig davon, ob eine konstitutive oder lediglich deklaratorische Regelung vorliegt, allein Art. 4 Abs. 1 EuGVO auf seine Rechtmäßigkeit zu überprüfen.

Die Unterscheidung zwischen deklaratorischer und konstitutiver Norm ist an dieser Stelle insofern von Bedeutung, als fraglich ist, ob eine Regelung, hier Art. 4 Abs. 1 EuGVO, welche lediglich deklaratorisch auf die Anwendbarkeit gegebenenfalls rechtswidriger Normen verweist, deshalb selbst rechtswidrig sein kann bzw. ob sich ein Unterschied ergibt, wenn die Verweisung konstitutiv ist. Freilich ist noch nicht untersucht worden, ob diverse Zuständigkeiten, auf die Art. 4 Abs. 1 EuGVO verweist, tatsächlich rechtswidrig sind. Dies muss jedoch an dieser Stelle auch nicht näher beleuchtet werden, da zunächst geklärt werden soll, ob die Unterscheidung zwischen deklaratorischer und konstitutiver

---

118 Gemeint ist hier eine kollisionsrechtliche ordre-public Klausel, wie sie sonst bei Regelungen des IPR vorkommt, s. hierzu *Völker*, S. 56 f.

119 Nur bei diesen führt die Vorschrift des Art. 4 Abs. 2 EuGVO zu einer Änderung des Regelungsgehalts, s. Geimer/Schütze-*Geimer*, Art. 4, Rn. 6; *Schlosser*, Art. 4 EuGVO, Rn. 2.

120 Dass das Diskriminierungsverbot zum europäischen ordre public gehört s. *Völker*, S. 297 f. m. w. N. Er bezieht sich dabei auf die ordre public-Klausel in Art. 27 Nr. 1 EuGVÜ.

121 Nach Rauscher-*Mankowski*, geht Art. 4 Abs. 2 EuGVO weiter, als nach Art. 12 EGV geboten, da er auch Drittstaatenangehörige mit Wohnsitz in den entsprechenden EU-Staaten mit Staatsangehörigen dieses Staates gleichstellt. Dies ist zutreffend, ändert jedoch nichts daran, dass man in der Regelung eine Vorschrift zur Wahrung des ordre public sehen kann. Im Übrigen kann für die Position von Drittstaatenangehörigen auf das allgemeine Diskriminierungsverbot zurückgegriffen werden, welches nunmehr in Art. 20 EGRC normiert ist, s. Kap. 1, S. 54 f.

Regelung im Rahmen des Art. 4 Abs. 1 EuGVO bezüglich dessen Rechtmäßigkeit überhaupt eine Rolle spielt.

a) Art. 4 Abs. 1 als deklaratorische Regelung

Stellt Art. 4 Abs. 1 eine deklaratorische Norm dar, so schreibt er lediglich den Anwendungsbereich der Verordnung fest, die auch ohne die Vorschrift nur für Streitigkeiten gegen Beklagte mit Wohnsitz in einem Mitgliedstaat herangezogen werden könnte. Dies ergibt sich aus Art. 2 Abs. 1 EuGVO.

In diesem Fall schafft die Regelung selbst keine Ungleichbehandlung auf Grund der unterschiedlichen Gerichtsstände, sondern erhält nur die bestehende Rechtslage aufrecht. Ein Verstoß kann unter diesen Umständen nur dann angenommen werden, wenn die EU eine Regelungspflicht treffen würde und die Verweisung auf das nationale Recht mit der dadurch entstehenden Ungleichbehandlung nicht gerechtfertigt wäre, das Fehlen einer konstitutiven Regelung also ein unrechtmäßiges Unterlassen darstellen würde. In diesem Zusammenhang ist davon auszugehen, dass Art. 65 i. V. m. Art. 61 EGV[122] nicht nur eine Kompetenz zur Regelung bereithielt, sondern die EG auch verpflichtet hat, entsprechende Regelungen zu erlassen. Der Wortlaut der beiden Vorschriften spricht nämlich nicht nur für die Einräumung der Möglichkeit einer Regelung, sondern zugleich von einer Pflicht. In der Literatur wird insofern von einem „Handlungsauftrag" gesprochen.[123] Die Vorschrift müsste natürlich die Vereinheitlichung der Zuständigkeitsregelungen in Drittstaatenfällen überhaupt gestatten. Auch bei Bestehen einer solchen Kompetenz kann aus dem Regelungsauftrag des Art. 65 i. V. m. Art. 61 EGV jedoch keine Pflicht abgeleitet werden, die entsprechenden Vorschriften unmittelbar oder zu einem bestimmten Zeitpunkt zu erlassen. Vielmehr ist davon auszugehen, dass die Gesetzgebungsorgane selber darüber entscheiden können, wann sie welche Regelungen zum Aufbau des RFSR gemäß Art. 61 EGV treffen wollen. Dies ergibt sich auch durch den Wortlaut des Art. 61 EGV, der in seinem lit. a vorsieht, dass bestimmte Maßnahmen innerhalb eines Zeitraums von 5 Jahren nach Inkrafttreten des Vertrages getroffen werden müssen. Hierunter fallen die Maßnahmen nach Art. 65 EGV jedoch nicht. Da die Vereinheitlichung

---

122 Teilweise werden die beiden Normen gemeinsam als Kompetenzgrundlage herangezogen, s. Calliess/Ruffert-*Rossi*, Art. 65 EGV, Rn. 1; Schwarze-*Graßhof*, Art. 65 EGV, Rn. 3; teilweise wird Art. 65 nicht als Kompetenzzuweisung, sondern nur als Kompetenzausfüllung angesehen, Streinz-*Leible*, Art. 65 EGV, Rn. 3. Die genaue Einordnung des Art. 65 EGV ist hier ohne Bedeutung.

123 Calliess/Ruffert-*Rossi*, Art. 65 EGV, Rn. 8.

der Gerichtsstände in Drittstaatenfällen für das reibungslose Funktionieren des Binnenmarktes – wenn überhaupt – nur von untergeordneter Bedeutung ist[124,125],

124 In C-281/02 (*Owusu*), Rn. 34 verweist der EuGH darauf, dass die Zuständigkeiten des EuGVÜ auch in Fällen angewendet werden könnten, in denen ein hinreichender Bezug zum Funktionieren des Binnenmarktes nicht gegeben sei, da es ausreiche, dass die Vorschriften über die Kompetenzkonflikte und die Anerkennung und Vollstreckung zum Ziel hätten, das Funktionieren des Binnenmarktes zu fördern. Dies könnte man auf die Kompetenz bezogen so verstehen, dass nach Ansicht des EuGH die Zuständigkeitsvorschriften der EuGVO den Binnenmarktbezug des Art. 65 EGV nicht erfüllen müssen, da sie sonst in derartigen Fällen auch nicht anwendbar sein dürften. Dies steht jedoch der Interpretation, dass für eine Vergemeinschaftung der nationalen Zuständigkeitsvorschriften ein Binnenmarktbezug erforderlich ist, nicht entgegen, da sich die Ausführungen des EuGH auf das EuGVÜ bezogen, welches auf Art. 220 EGV gestützt und ein völkerrechtlicher Vertrag zwischen den Mitgliedstaaten und kein Rechtsetzungsakt der EG war. Die Gemeinschaftskompetenz des Art. 65 EGV muss aber entsprechend der für die Kompetenzen der Gemeinschaft geltenden Regeln ausgelegt werden und unterscheidet sich damit von Art. 220 EGV. Eine Vergemeinschaftung der Zuständigkeit kommt nach Art. 65 EGV nur in Betracht, wenn entweder die Vereinheitlichung der Zuständigkeit direkt für das Funktionieren des Binnenmarktes erforderlich ist, oder jedenfalls eine Mitregelung der Zuständigkeit für die Vereinheitlichung der Anerkennung und Vollstreckung notwendig war. Der Ansicht, dass im Hinblick auf jede einzelne Norm der EuGVO ein Binnenmarktbezug gegeben sein muss, ist wohl auch *Calliess*, Verbraucherverträge, S. 123, da er die Notwendigkeit des Binnenmarktbezuges betont und diesen in Drittstaatenfällen anhand einiger Zuständigkeitsregelungen der EuGVO (Art. 15, 23 EuGVO) überprüft.

125 Noch nicht geklärt ist damit die Frage, ob die Voraussetzung, dass die auf Art. 65 EGV gestützten Maßnahmen für das reibungslose Funktionieren des Binnenmarktes erforderlich sein müssen, auch dann erfüllt sein kann, wenn ein Bezug zu nur einem Mitgliedstaat und einem Drittstaat gegeben ist, was auch von der sachlichen Reichweite des Binnenmarktbezuges im Rahmen des Art. 65 EGV abhängt. Teilweise wurde die Vorschrift auf Grund ihrer systematischen Stellung so verstanden, dass sie nur den freien Personenverkehr erfasse (so *Basedow*, CMLR 2000, 687 (697); *Israël*, MJ 2000, 81 (98 f.), hauptsächlich im Hinblick auf die Interpretation des Art. 65 EGV im Verhältnis zu Art. 95 EGV), andere verstanden den Binnenmarktbezug vollumfänglich (*Wannemacher*, S. 42 f.). In der Literatur wird die Frage, ob der Binnenmarktbezug auch dann gegeben sein kann, wenn ein Bezug zu nur einem Mitgliedstaat besteht, teilweise bejaht (*Basedow*, Systemwechsel, S. 19 (39–42); *Leible/Staudinger*, EuLF 2000/01, S. 225 (230), von anderen abgelehnt (*Remien*, CMLR 2000, S. 53 (65); *von Hoffmann*, S. 19 Rn. 26, abgeschwächt auf S. 34 Rn. 35, wo er die Kompetenz nicht mehr ablehnt, jedoch anzweifelt). Diese Ausführungen beziehen sich überwiegend auf die Zulässigkeit der Vereinheitlichung des Kollisionsrechts. Letzten Endes wird man darauf abstellen müssen, ob die konkrete Maßnahme geeignet ist, zumindest

erscheint es unproblematisch, dass die EG zunächst nur die Fälle geregelt hat, in denen sich der Wohnsitz des Beklagten in einem Mitgliedstaat befindet. Ihr dürfte insofern ein weites Ermessen zustehen, wie sie den Aufbau des RFSR vornehmen möchte. Da keine materielle Inkorporation vorliegt und auch keine Pflicht der EG

---

mittelbare Beeinträchtigungen der Grundfreiheiten oder mögliche Wettbewerbsverzerrungen zu beseitigen, so dass nicht einheitlich beantwortet werden kann, ob der Binnenmarktbezug auch solche Fälle umfasst, die Bezüge zu nur einem Mitgliedstaat und einem Drittstaat haben.

In Bezug auf eine Regelung der Zuständigkeit in Drittstaatenfällen unter der EuGVO wäre demnach zu fragen, ob eine solche geeignet ist, das reibungslose Funktionieren des Binnenmarktes zu fördern. In der Umfrage der *CSES* wurde ein Einfluss auf das reibungslose Funktionieren des Binnenmarktes von den Befragten eher abgelehnt, s. Studie 2010, S. 78. Im Hinblick auf eine vereinheitlichte Zuständigkeitsregelung ist dazu festzustellen, dass jedenfalls eine mittelbare Berührung mit der Niederlassungsfreiheit in Betracht kommt. Es wäre nämlich möglich, dass sich insbesondere größere Gesellschaften, welche häufiger Geschäfte mit Personen aus Drittstaaten tätigen, eher in solchen Ländern niederlassen, die gegenüber Drittstaatenbewohnern großzügige Zuständigkeiten vorsehen. Freilich ist davon auszugehen, dass derartige Gesellschaften in der Regel Gerichtsstandvereinbarungen oder Schiedsklauseln verwenden werden, so dass sich das Problem in der Praxis eher weniger stellt. Auch haben Unternehmer aus Drittstaaten die Frage, ob Zuständigkeitsvorschriften bei der Wahl des Standortes des Unternehmens eine Rolle spielen, im Allgemeinen verneint (*CSES*, Studie 2010, S. 77. Maßgebend seien unter anderem eher steuerrechtliche Fragen), was auf Gesellschaften innerhalb der EU übertragbar sein dürfte. Dennoch besteht die Möglichkeit, dass in einzelnen Fällen die unterschiedlichen Zuständigkeitsvorschriften der Mitgliedstaaten die Wahl der Niederlassung beeinflussen können. Auch die Arbeitnehmerfreizügigkeit wird durch die Zuständigkeitsvorschriften gegenüber Drittstaaten berührt, da nicht in allen Mitgliedstaaten besondere Zuständigkeiten zum Schutz der Arbeitnehmer bestehen (s. hierzu *Nuyts*, Studie 2007, S. 43–46, Rn. 57 ff.), was die Entscheidung, in ein bestimmtes Land zu ziehen, um dort eine Arbeit aufzunehmen, beeinflussen könnte. Zwar sind Arbeitnehmer auch durch die Vorschrift des Art. 18 Abs. 2 EuGVO bei Klagen gegen ihren Arbeitgeber geschützt, auch wenn dieser keinen Wohnsitz innerhalb der EU hat, es treten jedoch dennoch Fälle auf, in denen dieser Schutz nicht ausreichend ist, da nur bestimmte Sachverhalte von dieser Vorschrift erfasst werden (es sind Fälle aus der Rechtsprechung bekannt, in denen Gerichte europäischer Mitgliedstaaten ihre Zuständigkeit auf Grund einer Gerichtstandvereinbarung zu Gunsten eines Drittstaatengerichts verneint haben, s. *Nuyts*, Studie 2007, S. 87, Rn. 115). Jedenfalls sofern man für das Vorliegen des Binnenmarktbezuges keine unmittelbare Gefährdung der Grundfreiheiten fordert, erscheint dies ausreichend, um den Binnenmarktbezug im Hinblick auf eine Regelung der Zuständigkeit in Drittstaatenfällen zu bejahen.

besteht, die Zuständigkeiten in Drittstaatensachverhalten zu vereinheitlichen, ist Art. 4 Abs. 1 EuGVO damit unter der Annahme, dass es sich um eine deklaratorische Regelung handelt, nicht rechtswidrig. Dies gilt sowohl im Hinblick darauf, dass einzelne Zuständigkeiten des nationalen Rechts gegen Art. 12 EGV, jetzt Art. 18 AEUV, verstoßen könnten[126], als auch darauf, dass durch das Bestehen verschiedener Zuständigkeiten in den einzelnen Mitgliedstaaten eine Ungleichbehandlung der Unionsbürger hervorgerufen wird.

Stellt Art. 4 Abs. 1 EGV eine deklaratorische Regelung dar, so kommt damit ein Verstoß gegen den Gleichbehandlungsgrundsatz nicht in Betracht.

b) Art. 4 Abs. 1 EuGVO als konstitutive Regelung

Beinhaltet Art. 4 Abs. 1 EuGVO eine konstitutive Regelung, so kann sich seine Rechtswidrigkeit daraus ergeben, dass er auf nationale Vorschriften verweist, die gegebenenfalls in ihrer Anwendung gegen Unionsrecht verstoßen. Vergleicht man die Sachlage mit der des IPR, ist festzustellen, dass auch bei der Anwendung des durch eine deutsche Kollisionsnorm berufenen ausländischen Rechts ein Grundrechtsverstoß vorliegen kann[127]. Dies führt allerdings nicht zur Nichtigkeit der Kollisionsnorm, sondern zur Nichtanwendung des berufenen Rechts, soweit es den Grundrechtsverstoß verursacht.[128] Gleiches gilt im Rahmen der Rom I-VO[129] (Art. 21) bzw. der Rom II-VO[130] (Art. 26), wobei die Unvereinbarkeit hier offensichtlich sein muss.

---

126 Dem wurde hinsichtlich der Gerichtsstände, die wie in Frankreich unmittelbar auf die Staatsangehörigkeit des Klägers anknüpfen, damit begegnet, dass sich auch Personen mit Wohnsitz in dem entsprechenden Staat auf sie berufen können (Art. 4 Abs. 2 EuGVO). In der Literatur wurde allerdings angenommen, dass Zuständigkeiten, welche nur indirekt an die Staatsangehörigkeit anknüpfen, wie § 23 S. 1 1. Alt. ZPO, durch Forderung nach einem Inlandsbezug einen Verstoß gegen Art. 12 EGV begründen können, s. *Bittighofer*, S. 196. Diese Ungleichbehandlung kann Art. 4 Abs. 2 EuGVO seiner Meinung nach nicht verhindern. *Koch* merkt an, dass eine unmittelbare Diskriminierung ausscheide, da die Rechtsprechung auf dieses Kriterium nicht direkt abstelle, IPRax 1997, S. 229 (231). Ob die Ungleichbehandlung unmittelbar oder mittelbar erfolgt, ist jedoch nicht maßgebend. In jedem Fall liegt durch das Anknüpfen an die Staatsangehörigkeit eine Ungleichbehandlung vor.

127 Dass das Ergebnis der Anwendung des ausländischen berufenen Rechts an den Grundrechten zu messen ist, s. grundlegend BVerfGE 31, S. 58 (75).

128 BVerfGE 31, S. 58 (73–75).

129 VO (EG) Nr. 593/2008, ABl. EU 2008 Nr. L 177, S. 6 ff.; vgl. *Jayme/Hausmann*, Nr. 80.

130 VO (EG) Nr. 864/2007, ABl. EU 2007 Nr. L 199, S. 40 ff.; vgl. *Jayme/Hausmann*, Nr. 101.

Im Rahmen des IPR wäre es allerdings auch nicht tragbar, eine Kollisionsnorm für rechtswidrig zu erklären, weil sie auf ein Recht verweist, welches in seiner Anwendung zu einem nicht hinnehmbaren Ergebnis führt. Da man keinen Überblick über sämtliche Rechtsordnungen der Welt haben kann, welche sich zudem ändern können, kann es immer vorkommen, dass die Anwendung solcher Normen im Ergebnis nach inländischem Recht nicht akzeptabel ist.[131] Die Abfassung rechtmäßiger kollisionsrechtlicher Regeln wäre damit nicht möglich. Daher wird bei der Beantwortung der Frage, ob eine Kollisionsnorm des IPR selbst rechtswidrig ist, nicht geprüft, welche Folgen die Anwendung eines ausländischen Rechts haben kann, da die Regeln an sich wertneutral sind.[132] Es findet jedoch insbesondere eine Prüfung dahingehend statt, ob die Auswahl der Anknüpfungspunkte rechtmäßig ist.[133] Da die Vorschrift des Art. 4 Abs. 1 EuGVO keine Anknüpfungsmomente beinhaltet und es nicht rechtswidrig ist, dass jeder Staat sein eigenes prozessuales Recht anzuwenden hat[134], ist alleine maßgebend, ob durch den Verweis ein Verstoß gegen den ordre public vorliegen kann und inwiefern dies für die Rechtmäßigkeit des Art. 4 Abs. 1 EuGVO eine Rolle spielt.

In der EU besteht die Besonderheit, dass bei Erlass der EuGVO bekannt war, dass in den Mitgliedstaaten Gerichtsstände vorgesehen waren, die unmittelbar zu einer Ungleichbehandlung anderer Unionsbürger führen, da sie auf die Staatsangehörigkeit des Klägers abstellen. Es erscheint insofern angezeigt zu verlangen, dass bei einem konstitutiven Verweis durch Art. 4 Abs. 1 EuGVO der ordre public des Gemeinschaftsrechts soweit wie möglich sichergestellt sein muss, damit die mögliche Rechtswidrigkeit der Zuständigkeitsvorschriften einiger Mitgliedstaaten nicht zu einer Rechtswidrigkeit des Art. 4 Abs. 1 EuGVO selbst führt. Denn die einzelnen anwendbaren Rechte waren hier im Unterschied zum IPR überschaubar. Der bestehenden Ungleichbehandlung wurde mit Art. 4 Abs. 2 EuGVO entgegengetreten. Der Verordnungsgeber ging davon aus, dass diese Regelung bestehende Diskriminierungen hinreichend beseitigt hat. Durch Art. 4 Abs. 2 EuGVO wurden jedoch nicht alle Ungleichbehandlungen aufgehoben, die sich aus der Anwendbarkeit der nationalen Gerichtsstände ergaben und noch immer ergeben. Zum einen liegt in Gerichtsständen wie Art. 14 des

131 S. hierzu BVerfGE 31, S. 58 (73).

132 BVerfGE 31, S. 58 (71). S. zur Wertneutralität der Kollisionsnormen auch *Brödermann/Iversen*, S. 394, Rn. 892; *Anton*, S. 776, Rn. 563.

133 S. BVerfGE 31, S. 58 (73).

134 Dass jeder Staat sein jeweils eigenes Zuständigkeitsrecht heranzieht, entspricht der gängigen Praxis und ist daher nicht zu beanstanden.

französischen Code Civil nach wie vor eine unterschiedliche Behandlung, da sich französische Staatsangehörige unabhängig von ihrem Wohnsitz auf die Vorschrift berufen können, während dies für andere Unionsbewohner nicht gilt.[135] Zum anderen bestehen Zuständigkeiten wie § 23 S. 1 1. Alt. ZPO, die ebenfalls das Kriterium der Staatsangehörigkeit heranziehen, auch wenn sie es nicht als zwingende Voraussetzung zur Eröffnung der Zuständigkeit vorsehen. Dies führt zu Ungleichbehandlungen, die möglicherweise nicht gerechtfertigt sind. Problematisch im letzten Fall ist, dass hinsichtlich § 23 S. 1 1. Alt. ZPO zum Zeitpunkt der Abfassung des Art. 4 Abs. 1 EuGVÜ ein hinreichender Inlandsbezug, in dessen Rahmen auf die Staatsangehörigkeit abgestellt wird, noch nicht verlangt wurde. Zum Zeitpunkt des Abschlusses des EuGVÜ verursachte § 23 S. 1 1. Alt. ZPO damit keine Ungleichbehandlung zwischen den Unionsbürgern. Bei Erlass der EuGVO hingegen schon. Dennoch kann auf Grund der Vorhersehbarkeit möglicher Ungleichbehandlungen nicht davon ausgegangen werden, dass Art. 4 Abs. 1 EuGVO selbst rechtswidrig ist, da er – ebenso wie andere Kollisionsnormen – wertneutral ist. Er verliert seine Neutralität nicht dadurch, dass möglicherweise auftretende Ungleichbehandlungen vorhersehbar waren. Auch stellt Art. 4 Abs. 2 EuGVO in ausreichender Weise sicher, dass bei der Zuständigkeit die Staatsangehörigkeit des in der EU wohnhaften Klägers keine Rolle spielt. Wenn nun eine nationale Vorschrift nicht zwingend, sondern nur im Einzelfall auf die Staatsangehörigkeit des Klägers abstellt, wie dies im Rahmen des § 23 S. 1 1. Alt. ZPO der Fall ist, so wird damit verhindert, dass sich alle EU-Bürger auf diese Zuständigkeit wie Inländer berufen können. Die Vorschrift verstößt damit in dieser Hinsicht gegen primäres EU-Recht[136]. Gemäß dem Anwendungsvorrang des Unionsrechts[137] darf daher bei der Bestimmung, ob ein hinreichender Inlandsbezug vorliegt, nicht auf die Staatsangehörigkeit des Klägers abgestellt werden. Sofern die Gerichte dieses Kriterium dennoch heranziehen, ist dies unionsrechtswidrig. Der Schutz des Art. 4 Abs. 2 EuGVO ist damit insofern aber gerade ausreichend, denn er verhindert hinsichtlich der vor

---

135 Ferner wurde angemerkt, dass sich Personen ohne Wohnsitz in Frankreich gar nicht auf diese Zuständigkeit berufen können, so dass auch insofern eine Ungleichbehandlung vorliege, s. Hess/Pfeiffer/Schlosser-*Pfeiffer*, S. 76 f., Rn. 159.

136 S. zur fehlenden Rechtfertigung der Ungleichbehandlung hinsichtlich des Kriteriums der Staatsangehörigkeit unten, Kap. 2, S. 127 ff.

137 S. zu diesem *Streinz*, S. 92, Rn. 259. Auf den Streitstand zwischen Geltungs- und Anwendungsvorrang (s. hierzu *Streinz*, S. 77, Rn. 220 ff.) soll hier nicht eingegangen werden. Jedenfalls sprechen die besseren Gründe für die Theorie des Anwendungsvorrangs, s. *Streinz*, S. 77, Rn. 220.

Abschluss des EuGVÜ bestehenden Zuständigkeiten, dass nach der Staatsangehörigkeit differenziert wird und insofern ein Verstoß gegen das unionsrechtliche Diskriminierungsverbot vorliegt. Später aufgestellte oder abgeänderte Zuständigkeiten, die auf die Staatsangehörigkeit abstellen, ohne Art. 4 Abs. 2 EuGVO zu unterfallen, stellen wegen der Umgehung des Zwecks des Art. 4 Abs. 2 EuGVO auch einen Verstoß gegen den Grundsatz der loyalen Zusammenarbeit i. S. d. Art. 4 Abs. 3 EUV (zuvor Art. 10 EGV) dar.[138]

Mit Blick auf Art. 14 CC ist festzustellen, dass der Gemeinschaftsgesetzgeber mit Art. 4 Abs. 2 EuGVO alles getan hat, um die Ungleichbehandlung zu reduzieren. Dass er die Vorschrift nicht auf alle Unionsbewohner ausgedehnt hat, sondern nur auf solche mit Wohnsitz in Frankreich, lässt sich mit der völkerrechtlichen Courtoisie rechtfertigen.[139] Da auch keine Regelungspflicht des Gemeinschaftsgesetzgebers bestand und die im Fall einer konstitutiven Verweisung in Art. 4 Abs. 1 EuGVO enthaltene Regelung aus Gründen der Subsidiarität nicht zu beanstanden ist, ist die Vorschrift des Art. 4 Abs. 1 EuGVO insgesamt als rechtmäßig anzusehen.

Eine Rechtswidrigkeit aus Gründen der Ungleichbehandlung wegen der in den einzelnen Mitgliedstaaten unterschiedlichen Gerichtsstände scheidet mangels Regelungspflicht der EG ebenfalls aus.

c) Ergebnis

Abschließend ist damit festzuhalten, dass die Regelung des Art. 4 Abs. 1 EuGVO aus rechtlicher Sicht keine Probleme aufwirft. Sie gibt daher insofern keinen Anlass zur Änderung. Dies gilt unabhängig davon, ob die Vorschrift deklaratorischer oder konstitutiver Natur ist, weshalb diese Frage hier auch nicht beantwortet werden muss.

Hingegen stellt Art. 4 Abs. 2 EuGVO eine konstitutive Regelung dar, da er teilweise in die bestehenden nationalen Gerichtsstände eingreift und diese abändert. Es ist daher für ein solche Regelung die Kompetenz der EG erforderlich. Maßgebend

---

138 S. zu diesem Grundsatz z. B. Grabitz/Hilf/Nettesheim-*von Bogdandy/Schill*, Art. 4 EUV, Rn. 63 und 67. Eine Umgehung muss dabei nicht zwangsläufig durch völkerrechtichen Vertrag erfolgen. Die Ausführungen beziehen sich ferner auf das Verhältnis zwischen der Union und den Mitgliedstaaten. Sie lassen sich jedoch auch auf das Verhältnis zwischen den Mitgliedstaaten unter sich übertragen, welches mit Blick auf Art. 4 Abs. 2 EuGVÜ noch maßgebend war. Dass Art. 4 Abs. 3 EUV auch für dasVerhältnis zwischen den Mitgliedstaaten Bedeutung erlangt, s. z. B. Calliess/Ruffert-*Kahl*, Art. 4 EUV, Rn. 41.

139 S. zur internationalen Courtoisie als Kriterium der Rechtfertigung Kap. 2, S. 129 ff.

war im Hinblick auf die bestehende EuGVO die Vorschrift des Art. 65 EGV, unter dem die Kompetenz zu einer konstitutiven Regelung in Drittstaatenfällen fraglich scheint.[140] Jedenfalls bei einem Neuerlass der Verordnung wäre eine Beibehaltung der Regelung jedoch unproblematisch, da nach Art. 81 AEUV eine Kompetenz der EU gegeben ist[141].

Da zumindest unter dem Lissabonner Vertrag Art. 4 Abs. 2 EuGVO als konstitutive Vorschrift erlassen werden könnte, soll auf die Frage, ob dies unter Art. 65 EGV nicht der Fall war und Art. 4 Abs. 2 EuGVO daher gegen Primärrecht verstößt, nicht weiter eingegangen werden. Die Feststellung der Rechtswidrigkeit würde nämlich, anders als bei einer Rechtswidrigkeit des Art. 4 Abs. 1 EuGVO, vorliegend nicht für eine Erstreckung der Verordnung auf Drittstaatensachverhalte sprechen, welche im Rahmen dieser Arbeit untersucht werden soll.

IV. Zusammenfassung zur Diskriminierungsproblematik

Es lässt sich abschließend feststellen, dass eine rechtliche Notwendigkeit zur Änderung der Regelung der internationalen Zuständigkeit mit Blick auf Drittstaatensachverhalte nicht besteht, da im Ergebnis keine Diskriminierungen vorliegen.

Hingegen stellt die Tatsache, dass die Anwendbarkeit der Verordnung vom Wohnsitz des Beklagten abhängt und dieser nach Art. 59 EuGVO nach den nationalen Rechten zu bestimmten ist, einen Primärrechtsverstoß dar. Dieser spielt für die Frage, ob die Zuständigkeitsvorschriften der Verordnung auf Drittstaatensachverhalte erstreckt werden sollten, jedoch nur eine untergeordnete Rolle. Zwar würden bei einer Beibehaltung der Vorschrift mögliche Auswirkungen der Diskriminierung dadurch gemindert, dass die exorbitanten Zuständigkeiten nach Art. 4 EuGVO generell nicht mehr zur Anwendung gebracht werden könnten. Geht man aber davon aus, dass in erster Linie die bestehende Diskriminierung zu beseitigen ist, so spricht die Diskriminierung durch Art. 59 EuGVO nicht für eine Ausweitung der Zuständigkeitsvorschriften der Verordnung. Wird der Wohnsitz einheitlich definiert und bleibt die Verordnung im Übrigen unverändert, so sind alle rechtlichen Probleme behoben, ohne dass eine Erstreckung der Zuständigkeitsvorschriften erfolgen müsste.

---

140 S. aber oben, Kap. 1, S. 60 f., Fn. 125.

141 S. Kap. 1, S. 41 f.

C. Rechtliche Fragen und Probleme, die die EuGVO derzeit aufwirft und die für eine Revision der EuGVO sprechen, ohne diese zwingend zu fordern

Im Grünbuch der Europäischen Kommission zur Revision der EuGVO hat diese bereits angemerkt, dass durch das Bestehen unterschiedlicher nationaler Zuständigkeitsvorschriften im Rahmen des Art. 4 Abs. 1 EuGVO nicht gewährleistet sei, dass zwingendes EU-Recht in allen Fällen Anwendung finde[142]. Dies wurde auch in der Begründung zum Revisionsentwurf erneut aufgegriffen und beispielhaft auf Verbraucher, Arbeitnehmer und Handelsvertreter bezogen.[143] Im Folgenden soll zunächst herausgearbeitet werden, welche zwingenden EU-Vorschriften vorliegend in Betracht kommen, und inwiefern die gegenwärtige Zuständigkeitsregelung bei ihrer Durchsetzung Probleme aufwirft, wobei insbesondere auf die Relevanz einer Vereinheitlichung für Deutschland eingegangen wird.

I. Zwingendes EU-Recht für Arbeitnehmer, Verbraucher und Handelsvertreter

In Verbrauchersachen kommen insbesondere die Richtlinie über Teilzeitnutzungsrechte an Immobilien[144], die Produkthaftungsrichtlinie[145], die Richtlinie über missbräuchliche Klauseln in Verbraucherverträgen[146], die Fernabsatzrichtlinie[147], die Verbraucherkreditrichtlinie[148] und die Verbrauchsgüterkaufrichtlinie[149] in Betracht.

142 KOM(2009) 175 endg., S. 3.

143 KOM(2010) 748 endg., S. 3 f.

144 Richtlinie 2008/122/EG, ABl. EU 2009 Nr. L 33, S. 10 ff.; vgl. *Jayme/Hausmann*, Nr. 87.

145 Richtlinie 85/374/EWG, ABl. EG 1985 Nr. L 210, S. 29 ff.

146 Richtlinie 93/13/EWG, ABl. EG 1993 Nr. L 95, S. 29 ff.

147 Richtlinie 97/7/EG, ABl. EG 1997 Nr. L 144, S. 19 ff.

148 Richtlinie 2008/48/EG, ABl. EU 2008 Nr. L 133, S. 66 ff.; vgl. *Jayme/Hausmann*, Nr. 86.

149 Richtlinie 1999/44/EG, ABl. EG 1999 Nr. L 171, S. 12 ff.

Im Bereich des Arbeitnehmerschutzes sind diverse Arbeitnehmerschutzrichtlinien[150] sowie Antidiskriminierungsrichtlinien[151] erlassen worden.

Für Handelsvertreter besteht die Richtlinie 86/653/EWG[152].

II. Verbrauchersachen

1. Felder, die vom Anwendungsbereich der Verordnung abgedeckt sind

Drittstaatenfälle in Verbrauchersachen werden gemäß Art. 15 Abs. 2 von der EuGVO nur teilweise erfasst. Danach ist erforderlich, dass der Vertragspartner des Verbrauchers eine Niederlassung im Hoheitsgebiet eines Mitgliedstaates hat. Ferner muss die Streitigkeit aus dem Betrieb[153] der Niederlassung[154] stammen. Der Anwendungsbereich ist also entsprechend eingeschränkt. *Leible* hält die sich ergebenden Lücken für „bedenklich".[155] Daneben können gemäß Art. 4 Abs. 1

---

150 Z. B. die Richtlinie 2008/94/EG zum Schutz bei Zahlungsunfähigkeit des Arbeitgebers, ABl. EU 2008 Nr. L 283, S. 36 ff. oder die Richtlinie 2001/23/EG zum Schutz bei Betriebsübergang, ABl. EG 2001 Nr. L 82, S. 16 ff.

151 S. die Richtlinien 2000/43/EG, ABl. EG 2000 Nr. L 180, S. 22 ff.; 2000/78/EG, ABl. EG 2000 Nr. L 303, S. 16 ff. und 2002/73/EG, ABl. EG 2002 Nr. L 269, S. 15 ff.

152 ABl. EG 1986 Nr. L 382, S. 17 ff.

153 Welche Streitigkeiten genau darunter fallen, ergibt sich aus EuGH Rs. 33/78 (*Somafer*), Rn. 13, wobei nach Rauscher-*Staudinger*, Art. 15 EuGVO, Rn. 19 schon der Anschein der Betriebsbezogenheit ausreichend ist.

154 Nach EuGH Rs. 33/78 (*Somafer*), Rn. 12, ist eine Niederlassung ein „Mittelpunkt geschäftlicher Tätigkeit […], der auf Dauer als Außenstelle eines Stammhauses hervortritt, eine Geschäftsführung hat und sachlich so ausgestattet ist, da[ss] er in der Weise Geschäfte mit Dritten betreiben kann, da[ss] diese, obgleich sie wissen, da[ss] möglicherweise ein Rechtsverhältnis mit dem im Ausland ansässigen Stammhaus begründet wird, sich nicht unmittelbar an dieses zu wenden brauchen, sondern Geschäfte an dem Mittelpunkt geschäftlicher Tätigkeit abschließen können, der dessen Außenstelle ist." Dabei ist ausreichend, wenn ein zurechenbarer Rechtsschein einer Niederlassung erweckt wurde, s. EuGH Rs. 218/86 (*SAR Schotte GmbH*), Rn. 14–17 bezüglich Art. 5 Nr. 5 EuGVO; dass dies auch für Art. 15 Abs. 2 gelten müsse, s. BGH IPRspr. 2007, Nr. 139, S. 392; OLG Celle, OLGR Celle 2007, S. 618 f. Dieser müsse allerdings von der Beklagten erweckt worden sein, nicht von der in der Gemeinschaft ansässigen „Niederlassung", s. OLG Koblenz, IPRspr. 2005, Nr. 94 b, S. 234–239. Ein entsprechender Rechtsschein bestehe auch dann, wenn die in der Gemeinschaft ansässige „Niederlassung" tatsächlich die Mutter sei, s. LG Bad Kreuznach, IPRspr. 2005, Nr. 94 a, S. 234–237.

155 Rauscher-*Leible*, Art. 5 EuGVO, Rn. 100; auch *Rauscher*, IPR, S. 421, Rn. 1894.

EuGVO auch die Art. 22 und 23 EuGVO zu einem Gerichtsstand innerhalb der Gemeinschaft führen, wobei ein Fall nach Art. 23 eher selten vorkommen dürfte. Ein drittstaatlicher Unternehmer wird in der Regel keinen Gerichtsstand in der EU vereinbaren, sondern in seinem eigenen Land. Unter Art. 22 Abs. 1 EuGVO können im Rahmen von Verbrauchersachen insbesondere Time-Sharing Verträge fallen, sofern neben der Wohnungsvermietung keine weiteren Leistungen durch den Unternehmer erbracht werden[156].

2. Schwierigkeiten bei der Durchsetzung der zwingenden EU-Vorschriften

Nuyts hat in seinem Bericht zur Restzuständigkeit untersucht, inwiefern in den Mitgliedstaaten Zuständigkeitsvorschriften bestehen, welche die Durchsetzung des zwingenden EU-Rechts gewährleisten und inwieweit das Fehlen der internationalen Zuständigkeit zu Fällen geführt hat, in denen die Gerichte eines EU-Mitgliedstaates ihre Zuständigkeit ablehnen mussten.

Im Hinblick auf Verbrauchersachen stellt er dazu fest, dass die knappe Mehrheit der Mitgliedstaaten Gerichtsstände zum Schutz von Verbrauchern kennt[157], wobei diese teilweise sogar weiter reichen als unter der EuGVO, da nicht immer eine Beschränkung auf bestimmte Fallgruppen wie unter Art. 15 Abs. 1 lit. a-c EuGVO erfolge[158]. Dennoch gebe es in zehn Ländern keine allgemeine Zuständigkeit für Verbrauchersachen[159], wohl aber in Einzelfällen Gerichtsstände zum Schutz einer bestimmten Form von Verbraucherverträgen oder zur Geltendmachung bestimmter Ansprüche des Verbrauchers[160].

Nuyts führt aus, dass es nur wenig Rechtsprechung zu Fällen gebe, in denen die Zuständigkeit mitgliedstaatlicher Gerichte abgelehnt wurde, führt aber ein Beispiel aus Deutschland auf.[161] Nach den Berichten der einzelnen Mitgliedstaaten wurde nur in Deutschland die Zuständigkeit in

156 S. zu dieser Einschränkung BGH NJW 1992, 3158 (3159); OLG Frankfurt IPRspr. 2007, Nr. 144, 407–409; unalexK-*Borrás/Hausmann*, Art. 22 EuGVO, Rn. 31 ff.

157 *Nuyts*, Studie 2007, S. 40, Rn. 54.

158 *Nuyts*, Studie 2007, S. 41, Rn. 54.

159 *Nuyts*, Studie 2007, S. 40, Rn. 54, wobei in der Tabelle auf S. 43, Rn. 56 nur neun Mitgliedstaaten aufgeführt sind.

160 In Deutschland gibt es einen Gerichtsstand für Haustürgeschäfte, in Rumänien einen für Ansprüche aus Produkthaftung, s. *Nuyts*, Studie 2007, S. 43, Fn. 56 und 57.

161 *Nuyts*, Studie 2007, S. 86, Rn. 114. Es handelt sich hierbei um eine Entscheidung des OLG München, abgedruckt in NJW-RR 1993, S. 701 ff.

Verbrauchersachen in einem Fall abgelehnt. Teilweise wurde auch angemerkt, dass wegen des erst kurz vor der Befragung erfolgten Beitritts zur EG keine Informationen vorliegen.[162]

3. Relevanz einer Vereinheitlichung für Deutschland

Für deutsche Verbraucher stellt sich die Rechtslage unter der ZPO derzeit so dar, dass ein besonderer Gerichtsstand für Verbrauchersachen gemäß Art. 29c ZPO nur bei Haustürgeschäften besteht[163]. *Nuyts* führt in seinem Bericht einen Fall an, bei dem die Zuständigkeit deutscher Gerichte im Hinblick auf einen in Deutschland klagenden Verbraucher gegen einen in den USA ansässigen Beklagten abgelehnt wurde.[164] Ob der Fall heute noch ebenso entschieden würde, ist allerdings fraglich.[165] Es existieren jedoch auch Fälle in der Rechtsprechung, in denen die internationale Zuständigkeit abgelehnt wurde, weil die Niederlassung gemäß Art. 15 Abs. 2 EuGVO vor Befassung des Gerichts bereits aufgelöst und im Handelsregister gelöscht wurde[166], weil keine Niederlassung nach Art. 15 Abs. 2 EuGVO und auch kein entsprechender Rechtschein bestand[167], oder weil zwischen den

162 So der Bericht für Bulgarien, S. 11, Frage 22.

163 Ein weiterer Gerichtsstand für Verbrauchersachen besteht außerhalb der ZPO nach § 26 FernUSG.

164 *Nuyts*, Studie 2007, S. 86, Rn. 114.

165 Das Gericht hatte in diesem Fall seine internationale Zuständigkeit abgelehnt, da es die Zuständigkeit aus Art. 13 Abs. 2 des Brüsseler Übereinkommens für nicht gegeben hielt, weil sich die in diesem Fall vorhandene Niederlassung, ebenso wie der Kläger, in Deutschland befand, und der Sachverhalt daher rein national war. Diese Ansicht wurde zu Recht u. a. von Geimer/Schütze-*Geimer*, Art. 15 EuGVO, Rn. 15, abgelehnt, da sie ein „unsinniges Ergebnis" hervorruft. Für eine Anwendbarkeit, wenn sich der Kläger und die Niederlassung im gleichen Mitgliedstaat befinden, spricht sich auch Rauscher-*Staudinger*, Art. 15 EuGVO, Rn. 19, aus.

166 BGH, IPRspr. 2007, Nr. 128, S. 354–363; a. A. diesbezüglich Rauscher, IPR, S. 421, Rn. 1893, da der Zeitpunkt des Vertragsschlusses maßgebend sei. Die Ausnahme vom Prinzip des Art. 3 Abs. 1 EuGVO ergebe sich wegen des durch den Vertragsschluss mit der in der Gemeinschaft ansässigen Niederlassung, weshalb der Zeitpunkt der Klageerhebung unerheblich sei. Entgegen der Ansicht des BGH wäre wohl jedenfalls eine Vorlage an den EuGH geboten gewesen.

167 OLG Koblenz, IPRspr. 2005, Nr. 94 b, S. 234–239.

Vertragsparteien eine wirksame Gerichtsstandvereinbarung zu Gunsten der Gerichte eines Drittstaates geschlossen worden war[168].

Hieraus ist ersichtlich, dass es für in Deutschland wohnhafte Verbraucher nicht nur ein rein theoretisches Problem darstellt, dass die EuGVO keine umfassenden Verbrauchergerichtsstände in Drittstaatenfällen bereithält und damit zwingendes Verbraucherschutzrecht der Union möglicherweise keine Anwendung findet[169]. Die deutsche ZPO sieht weder einen umfassenden Verbrauchergerichtsstand, noch einen zwar auf bestimmte Fälle beschränkten, aber durch Abs. 1 lit. c relativ umfassenden Gerichtsstand wie Art. 15 EuGVO vor. Fälle des § 29c ZPO, der alleine bei Haustürgeschäften einen Gerichtsstand am Wohnsitz des Verbrauchers vorsieht, kommen zwar bei Verbraucherverträgen zwischen einem in einem Drittstaat ansässigen Unternehmen und einem in Deutschland wohnhaften Verbraucher auch in der Praxis vor[170], die Vorschrift ist jedoch in ihrem Anwendungsbereich wesentlich enger als die des Art. 15 EuGVO. Auch sind deutsche Verbraucher nicht vor dem Abschluss von Gerichtsstandsklauseln zu Gunsten von Drittstaatengerichten geschützt, wie es bei der überwiegenden Anzahl der anderen Mitgliedstaaten[171] oder bei einer Anwendbarkeit der EuGVO (Art. 17) der Fall ist.

Es ist anzumerken, dass bei einer allseitigen Geltung der EuGVO in den oben genannten Fällen zum Teil ein Gerichtsstand in der EU gegeben gewesen wäre. Im Fall des BGH wäre der Verbrauchergerichtsstand nach Art. 15 Abs. 1 lit. c EuGVO eröffnet gewesen, da das in den USA ansässige Finanzinstitut seine Tätigkeit durch die Münchener Repräsentanz der zu ihrer Unternehmensgruppe gehörenden Londoner Bank zumindest auf Deutschland ausgerichtet hatte.[172]

---

168 OLG Frankfurt, Urteil v. 23.11.2006, Az. 16 U 2/06, Rn. 28 f. (Juris). Ohne die bestehende Gerichtsstandvereinbarung wäre eine Zuständigkeit nach Art. 23 S. 1 1. Alt. ZPO in Betracht gekommen (Rn. 47).

169 Dass die Gerichte eines Drittstaates zur Entscheidung berufen sind, schließt die Anwendbarkeit des zwingenden EU-Rechts durch diese jedoch nicht automatisch aus, da deren Regeln über das internationale Privatrecht auf das deutsche Sachrecht verweisen könnten.

170 S. z. B. zu einem in der Türkei geschlossenen Teppichkauf LG Tübingen, NJW 2005, S. 1513.

171 *Nuyts*, Studie 2007, S. 43, Rn. 56 (Tabelle).

172 Es ist hier unproblematisch, dass diese Repräsentanz zum Zeitpunkt der Klageerhebung bereits aufgelöst und aus dem Handelsregister gelöscht war, da es im Rahmen des Art. 15 Abs. I lit. c auf den Zeitpunkt des Vertragsschlusses ankommt, s. Geimer/Schütze-*Geimer*, Art. 16 EuGVO, Rn. 6.

Gleiches gilt im Ergebnis für die von *Nuyts* zitierte Entscheidung.[173] Art. 15 Abs. 2 EuGVO wäre in diesem Fall nicht anwendbar, da keine Niederlassung der beklagten Partei mit Sitz in New York in Deutschland gegeben war.[174] Auch war es nach dem OLG München für eine Werbung i. S. d. Art. 13 Nr. 3 lit. b EuGVÜ nicht ausreichend, dass der Vermittler Vordrucke der beklagten Partei bereithielt und dieser laufend Kunden vermittelt hat.[175] Unter Art. 15 Abs. 1 lit. c EuGVO verdient dieser Sachverhalt jedoch eine andere Wertung, da das „Ausrichten" weit zu verstehen ist. Demgemäß ist es als genügend anzusehen, wenn sich die Gesellschaft des Vermittlers bediente und dadurch regelmäßig Kunden vermittelt wurden.[176] In den beiden anderen oben angeführten Fällen wäre allerdings auch bei Geltung der EuGVO kein Gerichtsstand im Land des Verbrauchers gegeben gewesen. Bezüglich des Sachverhalts im Urteil des OLG Koblenz ist festzuhalten, dass zwischen der Gesellschaft mit Sitz in New York und dem Kläger kein Vertrag zustande gekommen ist.[177] Art. 15 Abs. 1 EuGVO wäre insofern nicht anwendbar gewesen.[178] Auch der Frankfurter Fall wäre nicht durch Art. 15 Abs. 1 lit. c EuGVO erfasst worden, da die beklagte Bank zwar in einer Anzeige für sich geworben hat, diese Werbung jedoch bei Vertragsschluss vier Jahre zurücklag, so dass das Gericht zu Recht eine Kausalität zwischen der Werbung und dem Vertragsschluss abgelehnt hat[179]. Nach Art. 15 Abs. 1 lit. c EuGVO wird jedoch das Vorliegen einer solchen Kausalität ganz überwiegend verlangt.[180]

---

173 OLG München, NJW-RR 1993, S. 701 ff.

174 S. die Ausführungen des Urteils NJW-RR 1993, S. 701 (702 f.). Das Urteil bezog sich allerdings noch auf Art. 13 EuGVÜ.

175 S. OLG München NJW-RR 1993, S. 701 (703).

176 S. dafür, dass es ausreichend ist, wenn sich eine Gesellschaft zur Anbahnung von Geschäftsbeziehungen einer anderen Gesellschaft bedient, mit der sie in einer Vertragsbeziehung steht OLG Dresden, IPRax 2006, S. 44 (46). Nach dessen Ausführungen soll es auch auf eine Vertretungsmacht nicht ankommen.

177 OLG Koblenz, IPRspr. 2005, Nr. 94 b, S. 234 (237).

178 OLG Koblenz, IPRspr. 2005, Nr. 94 b, S. 234 (237 ff.).

179 OLG Frankfurt, Urteil v. 23.11.2006, Az. 16 U 2/06, Rn. 39–41 (Juris).

180 S. Geimer/Schütze-*Geimer*, Art. 15 EuGVO, Rn. 38; Rauscher-*Staudinger*, Art. 15 EuGVO, Rn. 18; *Schlosser*, Art. 15 EuGVO, Rn. 8; Staudinger-*Hausmann*, IntVertrVerfR, Rn. 139 a. Der EuGH hat diese Frage noch nicht entschieden, obgleich sie ihm bereits zur Vorabentscheidung vorgelegt worden ist, s. EuGH C-89/91 (*Shearson Lehmann Hutton*), Rn. 7, Vorlagefrage 2. Das Gericht ging auf die gestellte Frage nicht ein, da bereits keine Verbrauchersache vorlag.

Eine Vereinheitlichung der Gerichtsstandregeln der EuGVO in Verbrauchersachen hätte daher für Deutschland dennoch durchaus eine praktische Relevanz, obgleich festzuhalten ist, dass sich in einigen Fällen, in denen die Zuständigkeit deutscher Gerichte in Verbrauchersachen abgelehnt wurde, für den Verbraucher bei Geltung der EuGVO in Drittstaatensachverhalten nichts ändern würde.

III. Arbeitnehmersachen

1. Felder, die vom Anwendungsbereich der Verordnung abgedeckt sind

Die Verordnung enthält für Drittstaatenfälle in ihrem Art. 18 Abs. 2 eine dem Verbraucherschutz entsprechende Regelung. Auch aus Art. 22 und 23 EuGVO kann sich die Zuständigkeit der mitgliedstaatlichen Gerichte ergeben. Art. 22 EuGVO spielt in Arbeitnehmersachen jedoch wohl keine Rolle.

2. Schwierigkeiten bei der Durchsetzung der zwingenden EU-Vorschriften

Im Zusammenhang mit Arbeitnehmersachen stellt *Nuyts* fest, dass die überwiegende Anzahl der Mitgliedstaaten, und mehr als in Verbrauchersachen, eine besondere Zuständigkeit für solche Angelegenheiten kenne.[181] Zumeist werde die Zuständigkeit dabei auf den Ort gestützt, an dem der Arbeitnehmer für gewöhnlich seine Arbeit verrichte.[182]

Auch in Arbeitssachen gebe es allerdings Rechtsprechung der mitgliedstaatlichen Gerichte, dass diese ihre internationale Zuständigkeit ablehnten, weil entweder gar kein Gerichtsstand gegeben sei, oder weil eine Gerichtsstandvereinbarung zugunsten von Drittstaatengerichten bestehe.[183] Es ist anzumerken, dass diesbezüglich in mehr Mitgliedstaaten schon die internationale Zuständigkeit abgelehnt wurde, als dies in Verbrauchersachen der Fall ist.[184] In Deutschland selbst wird keine einschlägige Rechtsprechung diesbezüglich genannt.

---

181 *Nuyts*, Studie 2007, S. 43, Rn. 57.
182 *Nuyts*, Studie 2007, S. 44, Rn. 57.
183 *Nuyts*, Studie 2007, S. 87, Rn. 115.
184 *Nuyts* führt in seiner Studie die Länder Frankreich, Italien, Spanien und Schweden an, S. 87, Rn. 115.

3. Relevanz einer Vereinheitlichung für Deutschland

a) Zuständigkeiten nach der ZPO

Ist die internationale Zuständigkeit in Arbeitssachen nicht anderweitig geregelt, bestimmt sie sich in Deutschland nach den Vorschriften über die örtliche Zuständigkeit.[185]

In Deutschland bestand bis zum 1. April 2008 kein besonderer Gerichtsstand für Arbeitnehmer. Die Anwendung des § 29 ZPO hat jedoch nach der Rechtsprechung des BAG, jedenfalls bei Anwendbarkeit des deutschen Sachrechts[186], in der Regel zu einem Gerichtsstand im Inland geführt[187], da der Erfüllungsort bei Arbeitsverträgen einheitlich zu bestimmen[188] und somit grundsätzlich an dem Ort belegen war, an dem der Arbeitnehmer seine Arbeitsleistung zu erbringen hatte[189]. Diese Auslegung des § 29 ZPO wurde jedoch von der Literatur nicht einheitlich vorgenommen.[190]

War der Erfüllungsort nach § 29 ZPO nicht in Deutschland belegen, kam daneben vor allem auch eine Zuständigkeit nach § 23 S. 1 1. Alt. ZPO[191], § 21 ZPO[192] oder § 17 ZPO in Betracht. Insgesamt ist kaum Rechtsprechung aufzufinden, in der die Arbeitsgerichte in Drittstaatenfällen ihre internationale Zuständigkeit abgelehnt haben.[193]

---

185 S. BAG, NZA 1997, S. 1182; NZA 2003, S. 339 (340); NZA 2005, S. 297; LAG Hessen, NZA-RR 2000, S.401; LAG München, Urteil v. 03.04.2003, Az. 2 Sa 579/02 (Beck online).

186 Für die Maßgeblichkeit des materiellen Rechts zur Bestimmung des Erfüllungsortes s. BAG, NZA 1997, S. 1182; NZA 2005, S. 297 (298); ArbG Kiel, Beschluss v. 09.11.2005, Az. 1 Ca 755 b/05 (Beck online); *Geimer*, IZPR, S. 525, Rn. 1482.

187 LAG Hamm, Urteil v. 08.11.2001, Az. 17 Sa 1278/01, Rn. 569 (Juris).

188 BAG, NZA 2005, S. 297 (299); s. auch ArbG Regensburg, NZA 1995, S. 96.

189 BAG, NZA 2005, S. 297 (299); NZA 2003, 339 (340). S. hierzu auch Staudinger-*Hausmann*, IntVertrVerfR, Rn. 173.

190 Gegen einen einheitlichen Gerichtsstand des Erfüllungsortes z. B. *Krasshöfer-Pidde/Molkenbur*, NZA 1988, S. 236 (237 f.).

191 Für eine Annahme der deutschen internationalen Zuständigkeit auf Grund des § 23 S. 1 1. Alt. ZPO z. B. LAG Hessen NZA-RR 2000, S. 401.

192 LAG Hamm, Urteil v. 05.09.2007, Az. 8 Sa 1273/06, Rn. 30 (Juris).

193 Das BAG hat einmal die internationale Zuständigkeit in einem Fall abgelehnt, in dem die beteiligten Parteien eine türkische AG und ein türkischer Staatsangehöriger, der zeitweilig in Deutschland arbeitete, waren, s. NZA 1997, 1182 ff.

b) Der besondere Gerichtsstand des Arbeitsortes gemäß § 48 Abs. 1a ArbGG

Seit April 2008 findet sich ein besonderer Gerichtsstand des Arbeitsortes in § 48 Abs. 1a ArbGG, dessen erster Satz vom Wortlaut her weitgehend mit Art. 19 Nr. 2 lit. a EuGVO übereinstimmt, jedoch wohl auch für Klagen des Arbeitgebers gilt[194]. In der Literatur wird daher vertreten, dass für die Auslegung des „gewöhnlichen Arbeitsortes" die Rechtsprechung des EuGH zur EuGVO zu Grunde gelegt werden könne.[195] Inhaltlich stimmt der Begriff des „gewöhnlichen Arbeitsortes" des § 48 Abs. 1a S. 1 ArbGG jedoch nicht mit dem des Art. 19 Nr. 2 lit. a EuGVO überein:

Der weitgehend identische Wortlaut von § 48 Abs. 1a S. 1 ArbGG und Art. 19 Nr. 2 lit. a EuGVO darf bei der Auslegung nicht in die Irre führen. Während nämlich § 48 Abs. 1a S. 1 ArbGG erfordert, dass die Arbeit tatsächlich jedenfalls überwiegend innerhalb eines Gerichtsbezirkes erbracht wird, nicht nur von diesem ausgehend, und Klagen von Außendienstmitarbeitern nach der Gesetzesbegründung damit üblicherweise unter Satz 2 fallen, da in diesen Fällen ein Schwerpunkt der Tätigkeit nicht ermittelt werden kann[196], werden diese Fälle bereits von Art. 19 Nr. 2 lit. a EuGVO erfasst[197]. Der „gewöhnliche Arbeitsort"

194 Natter/Gross-*Pfitzer*, § 48 ArbGG, Rn. 21; Schwab/Weth-*Walker*, § 48 ArbGG, Rn. 116; *Bergwitz*, NZA 2008, S. 443 (446); *Domröse*, DB 2008, S. 1626 (1631).

195 Bader-*Bader*, § 48 ArbGG, Rn. 93; *Bergwitz*, NZA 2008, S. 443; *Domröse*, DB 2008, S. 1626 (1627) unter Einbeziehung des Art. 5 Abs. 1 EuGVÜ; dass zu erwarten sei, dass die Auslegung des § 48 Abs. 1a ArbGG unter Berücksichtigung der Rechtsprechung des EuGH zum LugÜ erfolgen wird, s. *Francken/Natter/Rieker*, NZA 2008, S. 377 (378). Andere schlagen eine Heranziehung des Art. 30 Abs. 2 EGBGB vor, s. *Reinhard/Böggemann*, NJW 2008, S. 1263 (1265). Diese Vorschrift wurde allerdings zwischenzeitlich aufgehoben.

196 Ds. BR 820/07, S. 32. Vgl. auch Bader-*Bader*, § 48 ArbGG, Rn. 93c; Schwab/Weth-*Walker*, § 48 ArbGG, Rn. 119.

197 S. die Rechtsprechung des EuGH zur Auslegung des Art. 5 Nr. 1 EuGVÜ, in der er unter Berücksichtigung, welcher Ort mit dem Rechtsstreit die engste Verknüpfung aufweist, und dass dem Arbeitnehmer als der sozial schwächeren Partei hinreichend Schutz zu gewähren sei, den „[Ort], an dem der Arbeitnehmer seine Arbeit gewöhnlich verrichtet" dahingehend auslegt, dass dies der Ort sei, „den der Arbeitnehmer als tatsächlichen Mittelpunkt seiner Berufstätigkeit gewählt hat oder an dem oder von dem aus er den wesentlichen Teil seiner Verpflichtungen gegenüber seinem Arbeitgeber tatsächlich erfüllt", s. EuGH C-383/95 (*Rutten*), Rn. 22 f; C-125/92 (*Mulox IBC*), Rn. 24; ähnlich C-37/00 (*Weber*), Rn. 44–50: könne der Mittelpunkt der Arbeit nicht durch das Vorhandensein eines Büros festgestellt werden, sei darauf abzustellen, an welchem Ort „der Arbeitnehmer den größten Teil seiner Arbeitszeit für

des Art. 19 Nr. 2 lit. a EuGVO ist dementsprechend weiter als der des § 48 Abs. 1a S. 1 ArbGG, da er auch den „gewöhnlichen Arbeitsort" i. S. d. § 48 Abs. 1a S. 2 ArbGG mit umfasst.

Satz 2 des § 48 Abs. 1a ArbGG führt nach der Rechtsprechung unter Berufung auf die Gesetzesbegründung nicht zu einem generellen Wohnsitzgerichtsstand des Arbeitnehmers. Der Wohnsitz sei nur dann maßgebend, wenn dem Arbeitnehmer ein bestimmter Bezirk zugewiesen sei, und der Arbeitnehmer von seinem Wohnort aus tätig werde[198], nicht jedoch, wenn sich der Arbeitnehmer auf Grund einer Vielzahl einzelner weisungsgebundener Entsendungen vom Wohnort aus zum Einsatzort begebe[199]. Maßgeblich sei in diesen Fällen der Betriebssitz als Ort der Ausübung des Direktionsrechts.[200] Ob diese Fälle unter § 48 Abs. 1a ArbGG zu fassen sind, ist allerdings fraglich. Zum einen widerspräche ein solches Verständnis einer an Art. 19 Abs. 1 lit. a EuGVO ausgerichteten Auslegung, da dieser solche Fälle gerade nicht erfasst.[201] Sie stünde auch im Widerspruch zum Wortlaut der Vorschrift, da die Arbeit mangels Anwesenheit des Arbeitnehmers am Betriebssitz gerade nicht tatsächlich von diesem aus erbracht wird. Vielmehr ist ein konkreter Arbeitsort in diesen Fällen überhaupt nicht feststellbar. Der Verweis auf das

---

den Arbeitgeber geleistet hat" (Rn. 50). Gefolgt von ArbG Karlsruhe, Beschluss v. 12.02.2007, Az. 11 Ca 250/06, Rn. 27 (Juris): Die Rechtsprechung des EuGH sei auf Art. 19 Nr. 2 lit. a EuGVO zu übertragen. Für eine Übertragung der Rechtsprechung ist auch das BAG, s. das Urteil v. 27.02.2011, Az. 2 AZR 646/09, Rn. 21 (Juris); Implizit auch Geimer/Schütze-*Geimer*, Art. 19 EuGVO, Rn. 9.

198 ArbG Stendal, Beschluss v. 24.03.2010, Az. 1 Ca 165/10, Rn. 22 (Juris); teilweise wird vertreten, dass die Verfügbarkeit einer gewissen Arbeitsorganisation in der Wohnung erforderlich sei. Die Zurverfügungstellung eines Laptops und eines Mobiltelefons sei für die Annahme eines home-office nicht ausreichend, auch wenn der Arbeitnehmer von seiner Wohnung aus Planungen unternehme und Telefonate führe, s. ArbG Mannheim, Beschluss v. 05.10.2009, Az. 9 Ca 334/09, Rn. 12 f. (Juris); a. A. wohl LAG Hessen, Beschluss v. 26.08.2008, Az. 4 Ta 308/08, Rn. 5 (Juris) und ArbG Oldenburg, NZA 2010, 527 f.: es sei ausreichend, wenn in gewissen Umfang Leistungen erbracht werden. Auch Nebentätigkeiten, wie die Planung der Reisetätigkeit sei ausreichend.

199 ArbG Stendal, Beschluss v. 24.03.2010, Az. 1 Ca 165/10, Rn. 22 (Juris) unter Berufung auf ein Urteil des BAG, abgedruckt in NJW-RR 1988, S. 482 (484).

200 ArbG Stendal, Beschluss v. 24.03.2010, Az. 1 Ca 165/10, Rn. 22 f. (Juris); für die Maßgeblichkeit des Betriebssitzes auch *Bergwitz*, NZA 2008, S. 443 (444); *Domröse*, DB 2008, S. 1626 (1630).

201 LAG Köln, Urteil v. 14.01.2010, Az. 7 Sa 834/09, Rn. 33 (Juris), in Bezug auf einen Fernverkehrfahrer; Rauscher-*Mankowski*, Art. 19 EuGVO, Rn. 16, der diese Fälle unter Nr. 2 lit. b fasst.

Direktionsrecht führt zu einer Bestimmung des Arbeitsortes auf Grund wertender Kriterien. Nach der Gesetzesbegründung ist gerade irrelevant, „ob und von wo aus Arbeitsanweisungen erteilt werden".[202] Dem steht auch nicht entgegen, dass unter § 29 ZPO in solchen Fällen vom BAG ein einheitlicher Erfüllungsort am Betriebssitz angenommen wurde.[203] Die Bestimmung des Erfüllungsortes erfolgte hier auf Grund von § 269 BGB. Dieser verlangt nach seinem Wortlaut „[...] aus den Umständen, insbesondere aus der Natur des Schuldverhältnisses" jedoch gerade auch die Berücksichtigung wertender Kriterien. Ferner ist § 48 Abs. 1a ArbGG vor allem zu Gunsten solcher Arbeitnehmer gedacht, die für gewöhnlich ihrer Arbeit an einem anderen Ort als dem der Niederlassung oder des Firmensitzes nachgehen.[204] Stellt man nun im Rahmen des Satzes 2 auf den Betriebssitz ab, spielt diese Zielsetzung, wenn überhaupt, nur eine untergeordnete Rolle. Auch entsteht dadurch die zusätzliche Problematik, dass für den Arbeitnehmer diese Auslegung kaum einen Vorteil bringt, da er den Arbeitgeber auch bisher gemäß § 17 ZPO am Ort der Niederlassung, die mit dem des Betriebssitzes zusammenfallen kann[205], verklagen konnte. Ferner kommt am Betriebssitz auch der Gerichtsstand des § 23 S. 1 1. Alt. ZPO in Betracht. Der Arbeitgeber, für den die Vorschrift auch gilt, hätte nun die Möglichkeit, am Ort seines Betriebssitzes gegen den Arbeitnehmer zu klagen, was § 48 Abs. 1a S. 1 ArbGG insofern zu einem Klägergerichtsstand machen würde.[206] Der Gesetzesbegründung, die hier allerdings nicht ganz eindeutig ist, kann ferner

---

202 BR-Ds. Nr. 820/07, S. 31 f. Diese Ausführungen sind, wie sich aus dem Kontext entnehmen lässt, auf den ganzen § 48 Abs. 1a ArbGG, nicht nur auf dessen Satz 1 zu beziehen. Der letzte Absatz der Ausführungen zu § 48 geht nur noch einmal speziell auf Satz 2 ein.

203 BAG, Urteil v. 06.01.1998, Az. 5 AS 24/97, Rn. 10 (Juris).

204 BR-Ds. 820/07, S. 31. S. auch Schwab/Weth-*Walker*, § 48 ArbGG, Rn. 116.

205 Nach *Trenner*, S. 156 sei dies sogar meistens der Fall, wobei er die Begrifflichkeiten anders verwendet. Den Betrieb bezeichnet er als „die einstellende Niederlassung", den Ort der Niederlassung nach dem Verständnis des deutschen Rechts hingegen als „Betriebssitz".

206 Diese Problematik wurde auch in der Entscheidung des EuGH Rs. 32/88 (*Six Constructions Ltd*), Rn. 13–15 im Hinblick auf Art. 5 Nr. 1 EuGVÜ aufgeworfen. Der Gerichtshof hat ein solches Verständnis der Vorschrift (Art. 5 Nr. 1 EuGVÜ) abgelehnt (Rn. 14). Da die Gesetzesbegründung zu § 48 Abs. 1a ArbGG auf die Nachfolgervorschrift des Art. 5 Nr. 1 EuGVÜ verweist, was eine – soweit sinnvoll – parallele Auslegung der Vorschriften nahelegt, spricht diese Entscheidung ebenfalls gegen die Interpretation, dass bei Nichtfeststellbarkeit eines Arbeitsortes auf den Betriebssitz des Arbeitgebers abzustellen ist.

entnommen werden, dass solche Fälle gar nicht unter § 48 Abs. 1a ArbGG fallen sollen.[207]

Andere stellen im Rahmen des Satzes 2 dagegen generell auf den Ort ab, von dem aus der Arbeitnehmer die Arbeitsleistung erbringt.[208] Dies erscheint aus den oben genannten Gründen naheliegender. Welcher Ort dies ist, müsste dann im konkreten Einzelfall ermittelt werden. Ein allgemeines Abstellen auf den Betriebssitz des Arbeitgebers, wenn sich kein Arbeitsort ermitteln lässt, ist daher abzulehnen. Derartige Fälle fallen damit erst gar nicht in den Anwendungsbereich des § 48 Abs. 1a ArbGG.

Abschließend ist festzuhalten, dass trotz des fast identischen Wortlautes des § 48 Nr. 1a S. 1 ArbGG und des Art. 19 Nr. 2 lit. a EuGVO die Rechtsprechung des EuGH bezüglich der EuGVO bzw. des EuGVÜ nicht gänzlich übertragen werden kann, da nach dieser Art. 19 Nr. 2 lit. a EuGVO so weit auszulegen ist, dass er bereits Fälle erfasst, die im Rahmen des § 48 Nr. 1a ArbGG erst von dessen Satz 2 erfasst werden. Insoweit ist festzustellen, dass die Regelungen des § 48 Abs. 1a S. 1 und S. 2 ArbGG zusammengenommen der inhaltlichen Reichweite des Art. 19 Nr. 2 lit. a EuGVO, wie sie sich aus der Rechtsprechung des EuGH zu Art. 5 Nr. 1 EuGVÜ ergibt, entsprechen.[209]

---

207 S. die Formulierung in BR-Ds. 820/07, S. 32: „Kein Arbeitsort ist gegeben, wenn sich z. B. ein Montagearbeiter oder ein Kraftfahrer im Rahmen einer Vielzahl einzelner weisungsgebundener Entsendungen vom Wohnort aus zum jeweiligen Einsatzort begibt." Man kann dies so verstehen, dass in diesen Fällen entweder am Wohnort kein Arbeitsort oder generell kein Arbeitsort i. S. d. § 48 Abs. 1a ArbGG gegeben ist. Da in der Gesetzesbegründung zunächst allgemein ausgeführt wird, dass irrelevant sei, von wo aus Arbeitsanweisungen ergehen, bei der Begründung der Literatur, dass der Betriebssitz maßgebend sei, jedoch hauptsächlich darauf abgestellt wird, dass dies der Ort sei, von dem aus Weisungen erteilt werden, ist davon auszugehen, dass in diesen Fällen eher gar kein Arbeitsort i. S. der Vorschrift bestehen soll. Jedenfalls kann der Gerichtsstand nicht mit dem Direktionsrecht des Arbeitgebers begründet werden.

208 S. LAG München, Beschluss v. 08.02.2010, Az. 1 SHa 4/10, Rn. 18 (Juris). Bei Flugpersonal sei der konkrete Einsatzort maßgebend, nicht der Wohnort.

209 Dies kann man auch der Gesetzesbegründung (BR DS. 820/07, S. 31) entnehmen. Dort wird aufgeführt, dass die Formulierung des § 48 Abs. 1a ArbGG Art. 19 Nr. 2 lit. a EuGVO entspreche. Gemeint ist damit wohl nicht, dass sich die Formulierungen des § 48 Abs. 1a S. 1 ArbGG und des Art. 19 Nr. 2 lit. a EuGVO entsprechen, da sich die Gesetzesbegründung auf den ganzen § 48 Abs. 1a bezieht und nicht nur auf dessen Satz 1. Auch hätte man sonst zur Klarstellung des Bezugsobjektes „die Formulierung entspricht *der des* Art. 19 Nummer 2 Buchst. a" schreiben müssen. Durch die

Eine Regelung wie die des Art. 19 Nr. 2 lit. b EuGVO ist hingegen in § 48 Abs. 1a ArbGG nicht enthalten. Der Anwendungsbereich dieser Vorschrift ist allerdings eher gering, erfasst jedoch gerade die Fälle, dass ein Arbeitnehmer auf Grund weisungebundener Entsendungen an unterschiedlichen Orten tätig wird.[210]

aa) Vorgeschlagene Auslegung für § 48 Abs. 1a ArbGG

Auf Grund der obigen Ausführungen wird vorgeschlagen, den § 48 Abs. 1a ArbGG dahingehend auszulegen, dass er insgesamt der Reichweite des Art. 19 Nr. 2 lit. a EuGVO entspricht. Im Rahmen des Satzes 1 ist zur Ermittlung des gewöhnlichen Arbeitsortes der Gesetzesbegründung folgend[211] zunächst auf den tatsächlichen Arbeitsort abzustellen. Wird der Arbeitnehmer gewöhnlich nicht nur an einem Ort tätig, so ist der überwiegende Arbeitsort maßgebend. Ist auch ein überwiegender Arbeitsort nicht feststellbar, so findet Satz 2 Anwendung, sofern ein Ort ermittelt werden kann, von dem aus der Arbeitnehmer gewöhnlich seine Arbeit verrichtet oder zuletzt verrichtet hat. Wird der Arbeitnehmer nicht von einem bestimmten Ort, der nicht zwangsläufig sein Wohnort sein muss, tätig, sondern handelt er auf Grund einer Vielzahl einzelner Weisungen, so ist auch die Ermittlung eines gewöhnlichen Arbeitsortes nach Satz 2 nicht möglich. Ausweislich der Gesetzesbegründung darf zur Feststellung eines solchen nämlich nicht auf das Direktionsrecht des Arbeitgebers abgestellt werden, was zum Arbeitsort des Betriebssitzes führen würde. Dass § 48 Abs. 1a ArbGG in solchen Fällen keine Anwendung findet, ist verhältnismäßig unproblematisch, da der Arbeitnehmer den Arbeitgeber in diesen Fällen wie bisher auch nach den Vorschriften der ZPO verklagen kann.

bb) Bedeutung der Auslegung des § 48 Abs. 1a ArbGG für eine Notwendigkeit der Erstreckung der Zuständigkeitsvorschriften der EuGVO in Deutschland

Damit ist festzustellen, dass § 48 Abs. 1a ArbGG in seinem Geltungsbereich[212] die Fälle erfasst, die unter Art. 19 Nr. 1 lit. a EuGVO fallen. Dass Art. 19 Nr. 2

Feststellung, „die Formulierung entspricht Art. 19 Nummer 2 Buchst. a)“ sollte wohl eher eine inhaltliche Entsprechung des gesamten § 48 Abs. 1a ArbGG mit Art. 19 Nr. 2 lit. a EuGVO zum Ausdruck gebracht werden.

210 Für Fälle, die unter diese Vorschrift gefasst werden können, s. Rauscher-*Mankowski*, Art. 19 EuGVO, Rn. 16.

211 BR-Ds. 820/07, S. 32.

212 Dieser ist auf bestimmte Streitigkeiten nach § 2 ArbGG eingeschränkt.

lit. b nicht übernommen wurde, dürfte nicht zu Zuständigkeitslücken in den von § 48 Abs. 1a ArbGG nicht erfassten Fällen führen, in denen der Arbeitnehmer auf Grund vieler Einzelweisungen tätig wird. Liegt der Betriebssitz des Arbeitgebers in Deutschland, kann der Arbeitnehmer ohnehin in Deutschland klagen. Liegt der Betriebssitz, der in der Regel mit der Niederlassung, die den Arbeitnehmer eingestellt hat, identisch sein dürfte, im Ausland, in den hier relevanten Fällen also in einem Drittstaat, macht dies für die Anwendbarkeit zwingenden Gemeinschaftsrechts keinen Unterschied zu der Regelung der EuGVO. Denn auch, wenn man Art. 19 Nr. 2 lit. b EuGVO auf Drittstaatenfälle erstrecken würde, wäre in diesem Fall ein Gerichtsstand nur in dem entsprechenden Drittstaat eröffnet, sofern dieser nach seinem Recht einen solchen zur Verfügung stellt. Eine Ausnahme besteht allerdings dann, wenn der Betriebssitz bei Klageerhebung nicht mehr besteht. Auch in diesen Fällen wäre der Gerichtsstand des Art. 19 Nr. 2 lit. b EuGVO gegeben. Ein Fall, dass dieser Unterschied zum deutschen Recht zu einer Ablehnung der internationalen Zuständigkeit deutscher Gerichte geführt hat, war nicht zu ermitteln.

Neben der Frage, ob das deutsche Recht überhaupt einen Gerichtsstand zur Verfügung stellt, ergibt sich weiter die Frage, ob dieser zu Gunsten von Drittstaatengerichten derogiert werden kann. Dies ist für den Fall, dass der Arbeitgeber in einem Drittstaat wohnt, nach § 38 Abs. 2 ZPO möglich, da er seinen allgemeinen Gerichtsstand dann nicht im Inland hat. Eine Einschränkung der Zulässigkeit einer Gerichtsstandvereinbarung wie unter Art. 21 EuGVO existiert hingegen nicht. Es ist jedoch nicht ersichtlich, dass eine Gerichtsstandvereinbarung einmal zu einer Ablehnung der deutschen internationalen Zuständigkeit der Arbeitsgerichte geführt hat.

IV. Handelsvertreterangelegenheiten

Im Hinblick auf das relevante zwingende EU-Recht, welches auf Grund unzureichender Zuständigkeitsvorschriften im nationalen Recht möglicherweise keine Anwendung findet, wurde auch auf Handelsvertretersachen hingewiesen. Das hierzu maßgebende EU-Recht findet sich in Richtlinie 86/653/EWG. Diese bezieht sich in ihrem Anwendungsbereich nur auf selbstständige Handelsvertreter.[213]

213 Welche Handelsvertreter genau unter die Richtlinie fallen, ergibt sich aus deren Art. 1 Abs. 2 und 3 und Art. 2.

1. Felder, die vom Anwendungsbereich der Verordnung abgedeckt sind

Selbstständige Handelsvertreter sind in aller Regel keine Arbeitnehmer i. S. der EuGVO, weshalb die Arbeitnehmerschutzvorschriften auf sie keine Anwendung finden.[214] Auf Art. 18 Abs. 2 EuGVO kann somit nicht zurückgegriffen werden, stattdessen gelten die allgemeinen Zuständigkeitsvorschriften. Für Klagen selbstständiger Handelsvertreter gegen einen Vertragspartner mit Sitz in einem Drittstaat findet die Verordnung nur nach Art. 4 EuGVO Anwendung, obgleich ihm Ansprüche aus dem anwendbaren nationalen Recht, welches auf Grund der Richtlinie erlassen wurde, zustehen können (Auskunfts-, Provisions- oder Ausgleichsansprüche). Anderes gilt wiederum bei Anwendbarkeit der Art. 22 und 23 EuGVO, wobei Art. 22 keine Rolle spielten dürfte.

2. Schwierigkeiten bei der Durchsetzung zwingender EU-Vorschriften

Spezielle Zuständigkeitsvorschriften in Handelsvertreterangelegenheiten sind nach dem Bericht von *Nuyts* nur in drei Mitgliedstaaten existent.[215] In diesen besteht ein Klägergerichtsstand zu Gunsten des Handelsvertreters in Form einer Wohnsitzzuständigkeit.[216] *Nuyts* wirft die Frage auf, ob die Richtlinie gebieten könnte, dass in Fällen der Derogation eines mitgliedstaatlichen und Prorogation eines drittstaatlichen Gerichts die Derogation für unwirksam erachtet wird.[217] Dies setzt aber jedenfalls voraus, dass zunächst überhaupt die Zuständigkeit eines mitgliedstaatlichen Gerichts gegeben ist. Es können sich daher im Bereich der selbstständigen Handelsvertreter größere Zuständigkeitslücken ergeben.

3. Relevanz einer Vereinheitlichung für Deutschland

In Deutschland kann sich die Zuständigkeit gegen Vertragspartner selbstständiger Handelsvertreter in der hier relevanten Konstellation vor allem aus § 23 S. 1 Abs. 1 oder § 29 ZPO ergeben, sofern deren Voraussetzungen erfüllt sind.

---

214 S. Rauscher-*Mankowski*, Art. 18 EuGVO, Rn. 8 m. w. N. und Geimer/Schütze-*Geimer*, Art. 18 EuGVO, Rn. 19.

215 *Nuyts*, Studie 2007, S. 49, Rn. 62: Niederlande, Spanien und Belgien.

216 *Nuyts*, Studie 2007, S. 49, Rn. 62.

217 *Nuyts*, Studie 2007, S. 50, Rn. 63 unter Bezugnahme auf das Urteil des EuGH in der Rechtssache *Ingmar* (C-381/98), nach dem die Vorschriften der Art. 17 und 18 der Richtlinie 86/653/EG international zwingendes Recht und damit Eingriffsnormen darstellen, die auch bei der Wahl eines drittstaatlichen Rechts anzuwenden sind.

Bei Anwendbarkeit des deutschen Sachrechts ergibt sich hinsichtlich der Ansprüche des Handelsvertreters auf Auskunft, Provisions- oder Ausgleichszahlung allerdings ein Erfüllungsort am Sitz des Vertragspartners des Handelsvertreters.[218] Nach § 29 ZPO ist dann kein Gerichtsstand in Deutschland gegeben.

Die Frage nach der Möglichkeit einer Derogation bei Bestehen eines inländischen Gerichtsstandes wurde dahingehend beantwortet, dass auf Grund der *Ingmar*-Entscheidung des EuGH im deutschen Recht aus der zwingenden Rechtsnatur der Vorschriften der Richtlinie ein Derogationsverbot folge.[219] Auch hier ist freilich Voraussetzung für einen inländischen Gerichtsstand, dass ein solcher ohne Berücksichtigung der Derogation überhaupt eröffnet ist. Dass dies einmal nicht der Fall ist, da der Erfüllungsort für die Ansprüche des Handelsvertreters regelmäßig in einem Drittstaat belegen ist, ist nicht unwahrscheinlich. Einschlägige Rechtsprechung, nach der in einem Drittstaatensachverhalt ein deutsches Gericht seine internationale Zuständigkeit abgelehnt hat, war jedoch nicht auszumachen. Ein größeres Problem scheint daher in der Praxis diesbezüglich nicht zu bestehen. In einem Fall hat der BGH die deutsche internationale Zuständigkeit unter Heranziehung der deutschen Gerichtsstandregeln abgelehnt, wobei der Sitz des Vertragspartners jedoch in Portugal belegen war, als dieses noch nicht Mitgliedstaat des EuGVÜ war.[220] Der Fall ist für die vorliegende Frage daher nicht relevant, da Portugal Mitglied der EU ist und damit die entsprechenden Regelungen zum Schutz von Handelsvertretern anwenden wird. Ein Drittstaatensachverhalt ist daher nicht gegeben.

V. Zusammenfassung

Abschließend lässt sich festhalten, dass in Deutschland die internationale Zuständigkeit in Arbeitssachen – anders als in Verbrauchersachen – von den Gerichten fast durchgängig angenommen wurde. Jedenfalls lassen sich kaum andere Entscheidungen finden. Auf Europa insgesamt bezogen wird jedoch am häufigsten die Zuständigkeit bei Streitigkeiten in Arbeitssachen abgelehnt. Ein Regelungsbedarf auf europäischer Ebene erscheint hier daher dringender als in Verbraucherangelegenheiten, obgleich auch in diesen die internationale Zuständigkeit in einigen

---

218 BGH, MDR 1988, 376; s. auch die Vorinstanz OLG Karlsruhe, IPRspr. 1987, Nr. 121a; S. 287 (288 f.); OLG Düsseldorf, NJW 1974, S. 2185 (2187).

219 OLG München, IPRax 2007, S. 322 (323 f.).

220 BGH, MDR 1988, S. 376 f. Die Entscheidung erging 1987, Portugal ist aber erst 1989 Vertragspartei des EuGVÜ geworden.

Fällen mit der Konsequenz verneint wurde, dass die Anwendung zwingender europäische Vorschriften in diesem Bereich nicht sichergestellt ist. In Arbeitssachen wurde die Zuständigkeit teilweise selbst dann nicht angenommen, wenn der Arbeitnehmer seine Arbeitsleistungen in dem entsprechenden Mitgliedstaat erbracht hat.[221]

Bezüglich Angelegenheiten in Handelsvertretersachen ist festzustellen, dass die europäischen Gerichte ihre Zuständigkeit ablehnen, sofern kein Gerichtsstand eröffnet ist, auch wenn dies möglicherweise zur Versagung des durch die Handelsvertreterrichtlinie gewährten Schutzes führt.[222] Während ferner in den meisten Mitgliedstaaten nach der Studie von *Nuyts* die Derogation eines einschlägigen Gerichtsstandes zu Gunsten eines drittstaatlichen Gerichts möglich ist[223], ist dies in Deutschland jedenfalls nach der Rechtsprechung des OLG München nicht der Fall[224], obgleich das Verbot einer solchen Derogation nicht ausdrücklich normiert ist. Wie dies auch für Deutschland zutrifft, wird von *Nuyts* allgemein angemerkt, dass die Versagung des Schutzes zwingenden EU-Rechts derzeit eher ein theoretisches Problem erscheint, obwohl derartige Fälle in der Praxis durchaus vorkommen könnten.[225]

221 *Nuyts*, Studie 2007, S. 87, Rn. 115.

222 *Nuyts*, Studie 2007, S. 88, Rn. 116.

223 *Nuyts*, Studie 2007, S. 88, Rn. 116.

224 Auch in den Niederlanden ist eine Derogation in diesen Fällen unwirksam, s. *Nuyts*, Studie 2007, S. 89, Rn. 117.

225 *Nuyts*, Studie 2007, S. 88, Rn. 117.

Kapitel 2

A. Vorbemerkung

Nach dem Kommissionsentwurf vom 14.12.2010[226] stellt sich die Regelung der Zuständigkeit in Drittstaatenfällen wie folgt dar:

Gemäß Art. 2 Abs. 4 EuGVO-E können Beklagte mit Wohnsitz in einem Drittstaat nur nach den Zuständigkeitsvorschriften der Verordnung verklagt werden. Die nationale Restzuständigkeit entfällt somit ganz. Sollte sich aus den Zuständigkeitsvorschriften der Artikel 2 bis 24, welche auch für Beklagte mit Wohnsitz in einem Mitgliedstaat anwendbar sind, keine Zuständigkeit ergeben, so kommt Art. 25 EuGVO-E in Drittstaatenfällen nach seinem Wortlaut als subsidiäre Zuständigkeit in Frage. Ergibt sich auch nach Art. 25 EuGVO-E keine Zuständigkeit und ist somit nach der Verordnung in Drittstaatenfällen gar kein Gericht international zuständig, findet die Notzuständigkeit des Art. 26 EuGVO-E Anwendung, sofern die darin aufgestellten Voraussetzungen erfüllt sind.

Da die Artikel 2 bis 24 lediglich die Zuständigkeitsvorschriften erfassen, die bisher ohnehin schon für die Fälle galten, dass der Beklagte seinen Wohnsitz in einem Mitgliedstaat hat, wird auf sie in diesem Kapitel nicht näher eingegangen. Im Folgenden soll jedoch die Auslegung der für Drittstaatenfälle neu vorgeschlagenen Artikel untersucht werden.

B. Die subsidiäre Zuständigkeit nach Art. 25 EuGVO-E

Die subsidiäre Zuständigkeit nach Art. 25 EuGVO-E eröffnet einen Gerichtsstand des Vermögens. Die Vorschrift lautet wie folgt:

Soweit sich aus den Artikeln 2 bis 24 keine Zuständigkeit eines mitgliedstaatlichen Gerichts ergibt, sind die Gerichte des Mitgliedstaats zuständig, in dem sich Vermögen des Beklagten befindet, sofern

226 KOM (2010) 748 endg.

a) der Wert des Vermögens nicht in einem unangemessenen Verhältnis zur Höhe der Forderung steht und
b) die Streitigkeit einen ausreichenden Bezug zu dem Mitgliedstaat des angerufenen Gerichts aufweist.

Es ist festzustellen, dass die Kommission mit dieser Vorschrift nicht den Vorschlägen der Literatur[227] oder der Studie von *Nuyts*[228] gefolgt ist. Letzterer hat sich für einen Vermögensgerichtsstand ausgesprochen, welcher nur für Klagen gelten solle, die sich auf das entsprechende Vermögen beziehen. In ihrem Grünbuch hatte sich die Kommission seiner Ansicht noch angeschlossen[229]. Nach dem Grünbuch war damit noch entsprechend dem Vorschlag von *Nuyts* ein Gerichtsstand vorgesehen, welcher an den Gerichtsstand des Streitgegenstandes erinnert[230],

---

227 *Grolimund*, spricht sich für eine subsidiäre Vermögenszuständigkeit in den Fällen aus, in denen der Kläger nachweisen könne, dass ihm ein streitgegenstandsnaher Gerichtszugang generell nicht möglich sei, S. 271, Rn. 743; *Kropholler* zieht einen Gerichtsstand des Vermögens in Erwägung, der auf Klagen beschränkt sein soll, bei denen der Wert des Vermögens die Klageforderung deckt, FS Ferid, S. 239 (247). Am ehesten entspricht Art. 25 EuGVO-E dem von *Basedow*, Handbuch d. IZVR I, S. 99 (180), Rn. 169, gemachten Vorschlag. Er spricht sich für ein einheitliches forum actoris aus, wobei er anmerkt, dass es schwierig sein könne, sich über das Anknüpfungskriterium zu einigen. Im Folgenden führt er jedoch aus, dass ein solcher Gerichtsstand durch eine gewisse Verbundenheit des Beklagten mit einem EU Mitgliedstaat, sei diese auch nur finanzieller Art, sowie durch die Aussicht des Klägers, einen „nennenswerten Teil" seiner Forderung beitreiben zu können, gerechtfertigt sei. Dies erinnert durchaus an den Vermögensgerichtsstand, der sich jetzt in Art. 25 des Kommissionsvorschlags wiederfindet. Die finanzielle Verbundenheit besteht hier durch die Belegenheit von Vermögen des Beklagten in einem Mitgliedstaat. Ob auch der Gedanke einer nennenswerten Befriedigungsmöglichkeit aus diesem Vermögen eine Rolle spielt, wird noch zu klären sein, s. die Ausführungen in Kap. 2, S. 94 ff.

228 *Nuyts*, Studie 2007, S. 138, Rn. 177.

229 KOM (2009) 175 endg., S. 4. Der Europäische Wirtschafts- und Sozialausschuss hielt den Vorschlag der Kommission in ihrem Grünbuch für eine angemessene Lösung, ABl. EU, C 255/48 (50), 4.5. Dagegen sprach sich der deutsche Bundesrat eher für einen weniger beschränkten Vermögensgerichtsstand aus, wobei dieser insbesondere dann gegeben sein sollte, wenn das Vermögen zugleich Streitgegenstand sei, Ds. BR 440/09, S. 3.

230 Auf Grund der von *Nuyts* genannten Beispiele (Wiedererlangung des Eigentums oder des Besitzes, s. Studie 2007, S. 138, Rn. 177) ist unklar, ob nur solche Ansprüche erfasst sein sollten, die sich auf ein dingliches Recht an einer Sache beziehen. Wegen der vorangehenden allgemeinen Beschreibung des vorgeschlagenen Gerichtsstands ist dies wohl eher nicht anzunehmen, so dass auch Forderungen von dem Vorschlag umfasst waren.

und der auch nicht auf das Vermögen des Beklagten beschränkt sein sollte. Der weitreichende Wortlaut der jetzt im Kommissionsvorschlag enthaltenen Vorschrift und insbesondere die allgemein formulierte Tatbestandsvoraussetzung, dass die Streitigkeit einen ausreichenden Bezug zu dem Mitgliedstaat des angerufenen Gerichts aufweisen müsse (lit. b), stellen jedoch klar, dass das Vermögen nicht selbst Gegenstand des Rechtsstreits sein muss. Dafür hat es sich aber um Vermögen des Beklagten zu handeln.

Im Folgenden soll die Reichweite des Art. 25 EuGVO-E untersucht werden, wobei zu prüfen sein wird, was unter dem „unangemessenen Verhältnis“ (lit. a) und dem „ausreichenden Bezug“ (lit. b), welche kumulativ vorliegen müssen, zu verstehen ist. Ferner ist vorab der Begriff des Vermögens zu klären.

Da Art. 25 EuGVO-E nach dem Vorschlag der Kommission Ähnlichkeiten zu dem Vermögensgerichtsstand des § 23 S. 1 1. Alt. ZPO aufweist und auch Österreich in § 99 JN einen Vermögensgerichtsstand kennt, welcher sich seit der Zivilgesetznovelle von 1983 inhaltlich von § 23 S. 1 1. Alt. ZPO unterscheidet[231], jedoch nach dessen Vorbild entstanden ist[232], sollen im Folgenden zunächst diese Vermögensgerichtsstände[233], soweit zur Auslegung der genannten Tatbestandsmerkmale hilfreich, vorgestellt werden. Anschließend soll untersucht werden, inwieweit deren Verständnis auf die EuGVO-E übertragen werden kann.

I. Der Vermögensbegriff des Art. 25 EuGVO-E

1. Der Begriff des Vermögens in § 23 S. 1 1. Alt. ZPO und § 99 JN

Vorab ist festzuhalten, dass sich die folgenden Ausführungen zu den Vermögensbegriffen der beiden Gerichtsstände im Wesentlichen auf den heutigen Stand von Literatur und Rechtsprechung zu deren Auslegung beziehen. Hingegen soll nicht die historische Entwicklung zur Veränderung des Verständnisses des

---

231 Durch Anfügung des Zusatzes „[d]er Wert des im Inland befindlichen Vermögens darf jedoch nicht unverhältnismäßig geringer sein als der Wert des Streitgegenstandes“, s. zur Neufassung des § 99 Abs. 1JN BGBl. 1983/135.

232 S. die Ausführungen bei *Kleinstück*, S. 79.

233 Es existieren in der EU auch in weiteren Ländern Vermögensgerichtsstände, s. die Übersicht bei *Nuyts*, Studie 2007, S. 62, Rn. 80 und die Beschreibungen zu den einzelnen Ländern in der Studie des *CSES* aus dem Jahr 2010, Appendix D. Die beiden Studien sind dabei bei der Nennung der Länder, welche einen Vermögensgerichtsstand bereithalten, nicht ganz deckungsgleich.

Vermögenbegriffes nochmals nachgezeichnet werden.[234] Ältere Entscheidungen mit abweichender Interpretation des Vermögensbegriffes werden jedoch in den Fußnoten mit angeführt.

a) § 23 S. 1 1. Alt. ZPO

In Deutschland fällt die Auslegung des Begriffes „Vermögen" in § 23 S. 1 1. Alt ZPO nicht einheitlich aus. In der Literatur werden Begriffe wie „juristischer Vermögensbegriff"[235], „vollstreckungsrechtlicher Vermögensbegriff"[236] und „wirtschaftlicher Vermögensbegriff"[237] verwendet. Nach der Rechtsprechung des BGH

---

234 Zu diesen s. bezüglich des deutschen Vermögensgerichtsstandes die Darstellungen bei *Kleinstück*, S. 88 ff.

235 S. zu diesem die Ausführungen bei Wieczorek/Schütze-*Hausmann*, § 23 ZPO, Rn. 13, der jedoch im Ergebnis einen vollstreckungsrechtlichen Vermögensbegriff vertritt. S. inhaltlich zum juristischen Vermögensbegriff auch Stein/Jonas-*Roth*, § 23 ZPO, Rn. 13. Im Ergebnis wird der juristische Vermögensbegriff von Baumbach/Lauterbach-*Hartmann* vertreten, der eine einschränkende Auslegung des Vermögensbegriffes mit Ausnahme von Vermögensstücken, welche völkerrechtliche Immunität genießen, generell ablehnt. Zur völkerrechtlichen Immunität s. § 23 ZPO, Rn. 15.

236 Nach diesem zählen nur diejenigen Gegenstände zum Vermögen, in die eine Vollstreckung möglich ist. Vertreten wird der vollstreckungsrechtliche Vermögensbegriff von Zöller-*Vollkommer*, § 23 ZPO, Rn. 7a. Nach dem Verständnis dieses Vermögensbegriffes fallen unpfändbare oder geringwertige sowie solche Gegenstände, deren Wert die Kosten der Zwangsvollstreckung voraussichtlich nicht überschreiten, nicht unter den Vermögensbegriff des § 23 ZPO. Ferner darf der Wert des Vermögensgegenstandes nicht unverhältnismäßig geringer als der Streitgegenstandswert sein. S. zu allem Zöller-*Vollkommer*, § 23 ZPO, Rn. 7.; ähnlich auch Wieczorek/Schütze-*Hausmann*, § 23 ZPO, Rn. 21, der einen „Gerichtsstand des Vollstreckungszugriffs" vertritt. Er verfährt aber wohl bei der Forderung nach einer Relation zwischen Vermögens- und Streitgegenstandswert etwas großzügiger, da eine solche zugunsten der Rechtssicherheit nicht generell zu fordern sei. Lediglich bei einem extremen Auseinanderfallen der beiden Werte liege ein Vermögen i. S. d. § 23 S. 1 ZPO nicht vor, s. Wieczorek/Schütze-*Hausmann*, § 23 ZPO, Rn. 22.

237 Nach diesem wird u. a. gefordert, dass der Gegenstandswert die Vollstreckungskosten übersteigen müsse. Er dürfte inhaltlich dem „vollstreckungsrechtlichen Vermögensbegriff" entsprechen, da auch dieser diese Voraussetzung aufstellt, s. Kap. 2, S. 88, Fn. 236, und der „wirtschaftliche Vermögensbegriff" ebenfalls davon ausgeht, dass es sich bei § 23 ZPO um einen „Gerichtsstand des Vollstreckungszugriffs" handelt, s. Stein/Jonas-*Roth*, § 23 ZPO, Rn. 21. Man sieht hier, dass die unterschiedliche Bezeichnung der Vermögensbegriffe teilweise nicht recht weiterführt, sondern die zusätzliche Frage aufwirft, was genau unter welchem Vermögensbegriff gefordert wird. Eine einheitliche Herausarbeitung des genauen Inhalts der einzelnen Vermögensbegriffe

war Vermögen i. S. d. § 23 S. 1 1. Alt. ZPO lange Zeit „jeder Gegenstand mit einem wenn auch nur geringen Geldwert"[238], wobei dem Vermögen jedoch ein selbstständiger Verkehrswert zukommen musste[239]. Letztere Voraussetzung, die auch heute noch gefordert wird, hat zur Folge, dass ein Affektionsinteresse des Beklagten kein Vermögen darstellt, da diesem kein Verkehrswert zukommt.[240] Ferner fallen nach überwiegender Meinung alle übrigen wirtschaftlich praktisch wertlosen Gegenstände nicht unter den Vermögensbegriff, auch wenn sie für den Beklagten einen Wert besitzen.[241] Keinen Verkehrswert haben darüber hinaus Gegenstände, die mit der Person des Beklagten untrennbar zusammenhängen, wie zum Beispiel Kleidung oder Reiseutensilien.[242]

---

dürfte kaum möglich sein, da die einzelnen Autoren, obwohl sie teilweise die gleiche Terminologie verwenden und im Groben den gleichen Gedankengang verfolgen, im Detail in ihren Ausführungen voneinander abweichen. Der „wirtschaftliche Vermögensbegriff" wird angenommen von Stein/Jonas-*Roth*, § 23 ZPO, Rn. 15; *Lüke*, ZZP 1992, S. 321 (325); dagegen, dass die Kosten der Zwangsvollstreckung überschritten werden müssten: MüKO-*Patzina*, § 23 ZPO, Rn. 8, da hieraus eine Rechtsunsicherheit folgen würde; Musielak-*Heinrich*, § 23 ZPO, Rn. 8; Prütting/Gehrlein-*Lange*, § 23 ZPO, Rn. 3; *Wollenschläger*, IPRax 2001, S. 320 (321 f.) auf Grund der historischen Entwicklung des Vermögensgerichtsstandes und des Grundsatzes der Trennung von Erkenntnis- und Zwangsvollstreckungsverfahren; implizit auch *Munz*, IPRax 1996, S. 89 (90), der anmerkt, dass es kaum möglich sei, den tatsächlich realisierbaren Vermögenswert festzustellen.

238 BGHZ 115, S. 90 (93), unter Verweis auf die seit dem Reichsgericht bestehende Rechtsprechung; auch noch BGH, MDR 1997, S. 496.

239 Implizit BGH NJW 1989, S. 1431. So auch die Literatur: Musielak-*Heinrich*, § 23 ZPO, Rn. 7; Stein/Jonas-*Roth*, § 23 ZPO, Rn. 16; Thomas/Putzo-*Hüßtege*, § 23 ZPO, Rn. 6; Wieczorek/Schütze-*Hausmann*, § 23 ZPO, Rn. 19; a. A. noch RGZ 51, S. 163 (165 f.).

240 Musielak-*Heinrich*, § 23 ZPO, Rn. 7; Stein/Jonas-*Roth*, § 23 ZPO, Rn. 16; Wieczorek/Schütze-*Hausmann*, § 23 ZPO, Rn. 19.

241 Zum Beispiel ein benutztes Handelsbuch, s. Stein/Jonas-*Roth*, § 23 ZPO, Rn. 16; Wieczorek/Schütze-*Hausmann*, § 23 ZPO, Rn. 19; a. A. Baumbach/Lauterbach-*Hartmann*, § 23 ZPO, Rn. 15.

242 Wieczorek/Schütze-*Hausmann*, § 23 ZPO, Rn. 19, da sonst gegebenenfalls schon der bloße Aufenthalt einer Person den Gerichtsstand begründe; ebenso Baumbach/Lauterbach-*Hartmann*, § 23 ZPO, Rn. 17, der in Erwägung zieht, dass bei umfassendem Gepäck etwas anderes gelten könnte; a. A. Stein/Jonas-*Roth*, § 23 ZPO, Rn. 16: es liege ein Verkehrswert vor, sofern die Kosten der Zwangsvollstreckung durch den Vermögenswert voraussichtlich überschritten werden, zum Beispiel bei wertvollem Schmuck. Bei Kleidungsstücken sei dies jedoch nicht zu erwarten.

Fraglich ist, ob zwar nicht wertlose oder nur für den Beklagten werthaltige, aber nur ganz geringwertige Gegenstände ein Vermögen i. S. d. § 23 S. 1 1. Alt. ZPO darstellen. Der BGH hat diese Frage offen gelassen. Ausreichend sei nach der bisherigen Rechtsprechung auch ein nur geringer Geldwert.[243] Nach der neueren Rechtsprechung[244] und Teilen der Literatur[245] müssen die Gegenstände jedoch jedenfalls einen Überschuss über die Kosten der Zwangsvollstreckung erwarten lassen, so dass die Rechtsprechung sich von ihrer Ansicht, dass „jeder Gegenstand mit einem wenn auch nur geringen Geldwert" ein Vermögen darstelle, wohl langsam abwendet. Sofern man nämlich einen Überschuss über die Kosten der Zwangsvollstreckung fordert, dürften Gegenstände mit nur ganz geringem Geldwert aus dem Vermögensbegriff herausfallen, da diese die Kosten regelmäßig nicht abdecken und erst recht nicht überschreiten werden.

Ob die Gegenstände pfändbar sein müssen, ist nicht abschließend geklärt.[246]

b) § 99 JN

In Österreich gelten als Vermögen i. S. d. § 99 JN „Güter, die […] eine Verfügungsmacht gewähren, somit alle wirtschaftlich verwertbaren Güter und Rechte"[247].

---

243 S. BGHZ 115, S. 90 (93). Nach OLG München, IPRax 1993, S. 237 (239), reicht ein nur geringwertiges Vermögen zur Begründung des Gerichtsstands nicht aus. Auch nach der arbeitsgerichtlichen Rechtsprechung darf das Vermögen nicht nur geringwertig sein, eine Büroausstattung sei jedoch ausreichend, BAG, RIW 2008, S. 644 (645); implizit auch LAG Hessen, IPRspr. 2008, Nr. 47, S. 139 (140): der Beklagte verfüge „über nicht nur geringwertiges Vermögen, sowie Urteil v. 24.11.2008, Az. 17 Sa 682/07, Rn. 42 (Juris).

244 BGH, Urteil v. 22.09.2005, Az. IX ZR 1/05 (Juris). Angedeutet schon in NJW 1997, S. 325 (326); auch OLG Dresden, NJW-RR 2007, S. 1145 (1146): ein Vermögen liege schon dann nicht vor, wenn lediglich die Vollstreckungskosten abgedeckt wären.

245 Stein/Jonas-*Roth*, § 23 ZPO, Rn. 15.

246 Dafür Stein/Jonas-*Roth*, § 23 ZPO, Rn. 21; Wieczorek/Schütze-*Hausmann*, § 23 ZPO, Rn. 21, als logische Konsequenz des von ihm vertretenen vollstreckungsrechtlichen Verständnisses des Gerichtsstandes; dagegen RGZ 4, S. 408 (409); 6, S. 400 (403); 75, S. 414 (415 f.); OLG Karlsruhe, IPRspr. 1973, Nr. 130, S. 373; OLG Düsseldorf, IPRspr. 2006, Nr. 110, S. 230 (234); Musielak-*Heinrich*, § 23 ZPO, Rn. 8, der eine Trennung von Erkenntnis- und Vollstreckungsverfahren fordert; ebenso Prütting/Gehrlein-*Lange*, § 23, Rn. 3; Hk-ZPO-*Bendtsen*, § 23 ZPO, Rn. 5, obgleich dieser feststellt, dass das Vermögen vollstreckungsrechtlich zu verstehen sei; *Schütze*, DZWiR 1991, S. 241; *Wollenschläger*, IPRax 2001, S. 320 (322).

247 OGH, Urteil v. 24.04.1997, Az. 6 Ob 78/97g; Urteil v. 18.12.1995, Az. 4 Ob 596/95; SZ 68/118; SZ 51/155; implizit auch OGH, EvBl. 1991/183: Gegenstände, die nur für

Es muss sich ferner wenigstens um ein Vermögen im üblichen Sprachgebrauch handeln, so dass ganz geringwertige Güter oder Rechte nicht ausreichen, auch wenn der Streitwert gering ist.[248] Auch hier ist umstritten, ob eine Pfändbarkeit der Güter und Rechte gegeben sein muss.[249] Darauf, ob die Kosten der Zwangsvollstreckung überschritten werden, kommt es wohl jedoch nicht an. Das OLG Wien, welches in einem Urteil auf die Pfändbarkeit und damit auf Aspekte der Vollstreckbarkeit abstellt, stellt nur fest, dass die Prozesskosten zumindest gedeckt werden müssten.[250] Es spricht hingegen nicht von einem Überschreiten des Vermögenswertes

---

den Beklagten einen Wert haben, seien kein Vermögen i. S. d. § 99 JN; s. auch JBl. 1974, S. 269; Fasching-*Simotta*, § 99 JN, Rn. 20; *Rechberger*, § 99 JN, Rn. 5.

248 OGH, Urteil v. 06.06.1991, Az. 8 Ob 559/91, EvBl. 1991/ 182; ähnlich schon EvBl. 1984/133; der OGH setzt damit die Rechtsprechung fort, die schon vor Einfügung des § 99 Abs. 1 Satz 2 JN bestand, s. OGH, JBl. 1974, S. 269: nach Verkehrssitte und Sprachgebrauch müsse es sich noch um einen Vermögensbestandteil handeln, was nicht der Fall sei, wenn sich der Vermögenswert objektiv der Nullwertgrenze annähere, wie dies bei alten, wertlosen Lehrbüchern der Fall sei. Allgemein, dass ein ganz geringwertiges Vermögen nicht ausreichend sei, OGH SZ 7/296; ZBl. 1927/86; a. A. noch ZBl. 1918/163 in Bezug auf ein Bankguthaben von 30 Kronen und 7 Heller; k. k. OGH, GIUNF 1907/3897, mit der Ausnahme, dass es sich wegen § 67 JN nicht um Vermögen handeln dürfe, welches mit der Person des Beklagten zusammenhinge, wie z. B. Kleider, Reiseutensilien oder Bargeld, wenn dieses für die Deckung notwendiger Lebensbedürfnisse diene. Noch weitergehend k. k. OGH, GIUNF 1901/1670, der die Entscheidung der Vorinstanz aufhob: auch ein Reisekoffer sei Vermögen i. S. d. § 99 JN.

249 Dagegen k. k. OGH, GIUNF 1901/1670: es sei unerheblich, ob das Vermögen der Zwangsvollstreckung unterworfen sei; k. k. OGH, GIUNF 1913/6603; ZBl. 1918/163 (auf die Beschaffenheit des Vermögens komme es nicht an); ZBl. 1937/438; dafür jedoch OLG Wien, IPRE 3/185 und EvBl. 1988/76 unter Berufung auf den Zweck des neu eingeführten § 99 Abs. 1 Satz 2 JN, da die Wertrelation zwischen Vermögen und Streitgegenstand bezwecke, dass das Vermögen zumindest zur Begleichung der Prozesskosten ausreiche. Dafür sei jedoch auch entscheidend, ob das Vermögen überhaupt der Exekution zugänglich sei. A. A. auch nach der Reform: Fasching-*Simotta*, § 99 JN, Rn. 27, da anderenfalls durch die sonst auftretenden Fragen des Pfändungsschutzes schwierig festzustellen sei, ob der Gerichtsstand des § 99 JN gegeben sei oder nicht; dem schließt sich *Rechberger*, § 99 JN, Rn. 5, an. Für Vermögen, welches auf Grund völkerrechtlicher Immunität nicht pfändbar ist, sei nach beiden Autoren jedoch eine Ausnahme zu machen.

250 OLG Wien, IPRE 3/185; EvBl. 1988/76. Unklar bleibt dabei, ob unter die Prozesskosten auch die Kosten der Zwangsvollstreckung fallen sollen. Dies ist nicht anzunehmen, s. die Ausführungen in der nachfolgenden Fußnote.

der Prozess- oder Vollstreckungskosten.[251] Der OGH hat weitergehender als das OLG Wien entschieden, dass alleine auf die Relation von Vermögens- und Streitwert abzustellen sei, da in § 99 JN nicht einmal angedeutet werde, dass die Kosten der Rechtsverfolgung bei der Bestimmung, ob ein Vermögen gegeben sei, eine Rolle spielen.[252] Nach diesen Entscheidungen kann es auch nicht darauf ankommen, ob die Kosten der Zwangsvollstreckung überschritten werden, da diese zu den Rechtsverfolgungskosten gehören.

Die österreichische Formulierung des Vermögens ist insofern präziser als die deutsche, als sie sich vom Wortlaut her nicht nur auf „Gegenstände“ bezieht. Wesentlicher Unterschied zum deutschen Vermögensgerichtsstand ist, dass § 99 Abs. 1 JN auf eine Wertrelation zwischen Vermögen und Streitgegenstand abstellt. Dies ist ihm mit Art. 25 EuGVO-E gemeinsam. Abschließend ist zu beobachten, dass sich sowohl in Deutschland, wie auch in Österreich das Verständnis des Vermögensbegriffes tendenziell in Richtung eines vollstreckungsrechtliche Aspekte berücksichtigenden Begriffes entwickelt, wobei diese Entwicklung in Deutschland wohl stärker ausgeprägt ist. Dies könnte mit der bereits bestehenden Beschränkung des österreichischen Vermögensgerichtsstandes durch dessen § 99 Abs. 1 Satz 2 JN zusammenhängen.

---

251 Das Gericht argumentiert damit, dass die Pfändbarkeit deshalb verlangt werden müsse, weil der Gläubiger sich sonst wirtschaftlich in der gleichen Position befinde wie ein Gläubiger, dessen Schuldner gar kein Vermögen im Inland besitze, IPRE 3/185; EvBl. 1988/76. Tatsächlich befindet sich jedoch auch ein Gläubiger, dessen Schuldner ein die Prozesskosten deckendes Vermögen besitzt, hinsichtlich der Befriedigungsmöglichkeit seiner Forderung in der gleichen Situation wie ein Gläubiger mit Schuldner ganz ohne Vermögen im Gerichtsstaat. Er erhält nämlich unter Umständen ebenfalls keine Befriedigung aus dem Urteil. Der einzige Vorteil für den Gläubiger besteht darin, dass er nicht zusätzlich die Kosten des Prozesses tragen muss, wenn er obsiegt, da diese Kosten aus dem im Gerichtsstaat belegenen Vermögen beigetrieben werden können. Dem Gericht kommt es daher nicht darauf an, dass der Gläubiger seinen Anspruch aus dem Urteil befriedigen kann, sondern dass er zumindest in irgendeiner Weise besser gestellt sein muss, als ein Gläubiger, dessen Schuldner gar kein Vermögen im Gerichtsstaat besitzt. Das Gericht fordert damit jedenfalls kein Vermögen, welches die Kosten der Zwangsvollstreckung wertmäßig übersteigt.

252 EvBl. 1984/133; dem folgend EvBl. 1991/182; a. A. OGH, Urteil v. 11.05.1994, Az. 7 Ob 523/94: die Voraussetzung, dass der Vermögenswert nicht unverhältnismäßig geringer als der Streitwert sein darf, führe nach dem Bericht des Justizausschusses dazu, dass ein Vermögen nur dann gegeben sei, wenn ein erheblicher Teil der Forderung des Gläubigers mit ihm befriedigt werden könne.

2. Bedeutung für den Vermögensbegriff des Art. 25 EuGVO-E

a) *Vorbemerkungen*

Der EuGH legt die Begriffe der Verordnung grundsätzlich autonom aus.[253] Dennoch erscheint es im vorliegenden Fall angebracht, auf die dem Art. 25 EuGVO-E ähnlichen mitgliedstaatlichen Vorschriften abzustellen und von diesen ausgehend zu untersuchen, wie Art. 25 EuGVO-E zu verstehen sein könnte, da die Verordnung auch bei einer autonomen Auslegung auf Grund der ähnlichen Formulierung zwangsläufig ähnliche Fragen wie das nationale Recht der Mitgliedstaaten aufwerfen wird.

Dabei ist ein Heranziehen der im deutschen Recht vertretenen Vermögensbegriffe im Rahmen der Verordnung auf Grund der Schwierigkeit, sie in klare Kategorien einzuteilen, nicht angebracht. Es handelt sich dabei auch nur um Begrifflichkeiten. Im Groben kann man aber zwischen der Ansicht, die für die Begründung des Gerichtsstands Elemente der Vollstreckung für unerheblich hält und der Ansicht, die auf Grund der Entstehungsgeschichte Aspekte der Vollstreckung mit berücksichtigen will, unterscheiden. Es wird daher für die EuGVO-E insbesondere zu untersuchen sein, ob im Rahmen des Art. 25 EuGVO-E die Auslegung des Vermögensbegriffes auch an einer Befriedigungsmöglichkeit des Gläubigers auszurichten ist, oder ob bei der Bestimmung, ob Vermögen vorliegt, auf Elemente der Vollstreckung nicht abzustellen ist. Dabei kann sich das Ergebnis freilich von dem unter der deutschen oder österreichischen Rechtsordnung unterscheiden, da im Rahmen der Verordnung gegebenenfalls Umstände zu berücksichtigen sind, denen im nationalen Recht keine Bedeutung zukommt. Die im Folgenden gemachten Ausführungen lassen daher auch keine Rückschlüsse zu, welche Ansicht in den nationalen Rechtsordnungen vorzugswürdig erscheint. Zu dieser Frage wird hier keine Stellung genommen, da dies für die Auslegung der EuGVO-E nicht von Relevanz ist.

Der Vermögensgerichtsstand des Art. 25 EuGVO-E unterscheidet sich von dem des deutschen Rechts in § 23 S. 1 1. Alt. ZPO zunächst insofern, als im deutschen Recht der Gerichtsstand nicht ausdrücklich beschränkt ist, so dass

253 Allgemein zur EuGVO: EuGH, C-167/08 (*Draka NK Cables u. a.*), Rn. 19: „die Bestimmungen der Verordnung Nr. 44/2001 [sind] nach ständiger Rechtsprechung autonom unter Berücksichtigung ihrer Systematik und ihrer Zielsetzungen auszulegen“; C-372/07 (*Hassett/South Eastern Health Board*), Rn. 17; C-103/05 (*Reisch Montage AG*), Rn. 29; C-167/00 (*Verein für Konsumenteninformation/Henkel*), Rn. 35, noch in Bezug auf Art. 5 Nr. 1 und 3 EuGVÜ.

man eine einschränkende Auslegung des Vermögensbegriffes zur Begrenzung des Gerichtsstandes vornehmen will und das Vorliegen von Vermögen von der Beschaffenheit des Gegenstandes abhängig macht[254]. Die Notwendigkeit einer solchen einschränkenden Auslegung ergibt sich unter Art. 25 EuGVO-E nicht unmittelbar, da der Gerichtsstand schon nach dessen lit. a auf Grund des Vermögenswertes eingeschränkt wird. Der Gerichtsstand des Art. 25 EuGVO-E wird damit durch ein weiteres Tatbestandsmerkmal begrenzt, während im Rahmen des § 23 S. 1 1. Alt. ZPO eine Beschränkung der Zuständigkeit über eine einschränkende Auslegung des Tatbestandsmerkmals „Vermögen" erfolgt. Insgesamt ist Art. 25 EuGVO-E damit enger als § 23 S. 1 1. Alt. ZPO, da selbst ein der Vollstreckung zugänglicher Vermögenswert von beispielsweise 100.000,00 Euro den Gerichtsstand nicht zwingend begründen muss, dies in Deutschland jedoch regelmäßig der Fall sein wird. Trotz der damit bereits bestehenden Begrenzung des Gerichtsstands im Rahmen des Art. 25 EuGVO-E könnte jedoch eine zusätzlich einschränkende Auslegung des Begriffes „Vermögen" geboten sein. Auch in Österreich, dessen Vermögensgerichtsstand die gleiche Beschränkung wie Art. 25 lit. a EuGVO-E enthält, wurden Einschränkungen im Rahmen des Vermögensbegriffes vorgenommen.

Im Folgenden soll versucht werden, einen Vermögensbegriff für Art. 25 EuGVO-E zu entwickeln, wobei wegen der bereits vorhandenen Schranken im Tatbestand zunächst von einem weiten Begriffsverständnis ausgegangen und untersucht wird, ob die Schranken, wie sie für das nationale Recht in Deutschland und Österreich vorgeschlagen oder von der Rechtsprechung bereits angewandt werden, zusätzlich in Art. 25 EuGVO-E hineinzulesen sind. Im Ausgangspunkt gelten als Vermögen damit in Anlehnung an den österreichischen Vermögensbegriff alle Güter und Rechte des Beklagten.

b) Mögliche Einschränkungen des Vermögensbegriffs unter Art. 25 EuGVO-E

aa) Die Güter und Rechte überschreiten in ihrem Wert die Vollstreckungskosten nicht bzw. decken die Prozesskosten nicht

(1) Systematik des Art. 25 EuGVO-E

Ob vollstreckungsrechtliche Aspekte, wie ein Nichtüberschreiten der Vollstreckungskosten durch den Wert der vorhandenen Güter und Rechte den Vermögensbegriff des Art. 25 EuGVO-E einschränken können, ist mangels Anhaltspunkte

254 S. die Ausführungen in Kap. 2, S. 88 ff.

im Wortlaut der Vorschrift zunächst anhand der Systematik der Norm selbst zu untersuchen.

Art. 25 lit. a EuGVO-E stellt auf den Wert des Vermögens im Verhältnis zur Höhe der Forderung ab. Der Zweck dieser Einschränkung könnte der Interpretation des Vermögensbegriffes dienen, da der Wert des Vermögens von dem Verständnis des Vermögensbegriffs abhängt. Was nicht als Vermögen i. S. der Vorschrift qualifiziert wird, geht nicht in die Berechnung nach Art. 25 lit. a EuGVO-E ein.

Zum einen könnte man annehmen, dass lit. a eine gewisse Befriedigungsmöglichkeit des Gläubigers im Auge hat, wie es der Bericht des Justizausschusses für § 99 Abs. 1 Satz 2 JN angenommen hat[255]. Dies könnte dafür sprechen, den Vermögensbegriff dahingehend einschränkend zu interpretieren, dass Güter und Rechte, welche in ihrem Wert die Kosten der Zwangsvollstreckung nicht übersteigen, nicht unter den Vermögensbegriff des Art. 25 EuGVO-E fallen, da sie zu keiner Befriedigung des Gläubigers führen können.

Gleiches würde gelten, wenn man wie das OLG Wien für die gleichlautende Regelung im österreichischen Recht zwar keine Befriedigungsmöglichkeit des Gläubigers verlangen würde, jedoch davon ausginge, dass zumindest die Abdeckung der Prozesskosten sichergestellt werden soll.

Ferner könnte es auch, wie nach Ansicht des OGH zu § 99 JN, allein auf die Relation von Streit- und Vermögenswert ankommen. Der Zweck des Art. 25 lit. a EuGVO-E könnte in diesem Fall darin liegen, eine gewisse Interessenabwägung zwischen den Parteien vorzunehmen, wobei dem Beklagten erst dann zugemutet wird, in dem entsprechenden Mitgliedstaat verklagt zu werden, wenn seine Vermögenswerte in diesem Staat im Verhältnis zur Klageforderung nicht in einem unangemessenen Verhältnis stehen. Der Gläubiger wird dabei nicht nur ein Interesse daran haben, dass seine Entscheidung auch direkt im Urteilsstaat vollstreckbar ist, obgleich dies einen wesentlicher Punkt darstellen wird, sondern auch daran, dass er möglichst einfach ein Urteil erlangt. Sofern der Wert des Vermögens zu einer Vollstreckung nicht ausreicht, erschöpft sich das Interesse des Gläubigers in der Erstreitung eines Urteils. Dieses kann er anschließend im gesamten Unionsgebiet volltrecken lassen, sofern der Gläubiger in irgendeinem Mitgliedstaat Vermögen in der Gegenwart besitzt oder in Zukunft besitzen wird[256]. Zwar hätte

255 AB 1337 BlgNR 15.GP, 6. Z. B. zitiert in OGH 7 Ob 523/94.

256 S. das Argument von *Wollenschläger*, IPRax 2001, S. 320 (322) im Rahmen der allgemeinen Diskussion zu § 23 S. 1 1. Alt. ZPO, ob vollstreckungsrechtliche Elemente bei der Bestimmung des Vermögens eine Rolle spielen sollten.

der Gläubiger bei bereits vorhandenem Vermögen in einem anderen Mitgliedstaat möglicherweise auch direkt in diesem klagen können, doch ist dies durch die weitere Einschränkung des ausreichenden Bezuges zu einem Mitgliedstaat in lit. b nicht gewährleistet.

Alle diese Möglichkeiten kommen als Zweck des Art. 25 lit. a EuGVO-E in Frage. Dabei ist zu berücksichtigen, dass es unerheblich ist, ob das Vermögen die Vollstreckungskosten überschreitet, wenn der Schuldner nach Ergehen des Urteils freiwillig zahlt. Auch wenn man lit. a daher den Zweck zu Grunde legt, dass er ein Interesse des Gläubigers an dem Urteil in der Weise fordert, dass er sich aus ihm zu einem bestimmten Prozentsatz befriedigen kann, muss dies daher nicht zwangsläufig zu einer Einschränkung des Vermögensbegriffes in der Hinsicht führen, dass die Kosten der Zwangsvollstreckung durch den Wert der vorhandenen Güter und Rechte überschritten werden müssen. Etwas anderes würde natürlich gelten, wenn man den Zweck der Vorschrift darin sähe, dass zumindest die Prozesskosten abgedeckt sein sollen und dies nicht der Fall wäre, da Prozesskosten immer anfallen.

Da der Zweck der Vorschrift des Art. 25 lit. a EuGVO-E damit nicht eindeutig zu ermitteln ist, und daher zu einer systematischen Interpretation des Vermögensbegriffes nicht als sichere Grundlage herangezogen werden kann, ist auf die Systematik der EuGVO-E im Übrigen abzustellen.

Würde man im Rahmen der Verordnung fordern, dass der Vermögenswert die Kosten der Vollstreckung übersteigen oder die Prozesskosten zumindest decken muss, würde dies zu einer uneinheitlichen Anwendung der Verordnung führen, da die Prozess- und Vollstreckungskosten in den einzelnen Mitgliedstaaten unterschiedlich hoch sind. Bei einer Qualifikation nach der lex causae, die im Rahmen der Verordnung nur selten vorkommt[257], führen die inzwischen anwendbaren Rom-Verordnungen im Bereich der von diesen geregelten Materien in der Regel zu einer einheitlicheren Auslegung der EuGVO als bei einer Qualifikation nach der lex fori, da in jedem Mitgliedstaat auf das gleiche Sachrecht verwiesen wird[258]. Demgegenüber hätte ein Rückgriff auf die lex fori, wie dies bei den Prozess- oder Vollstreckungskosten der Fall wäre, regelmäßig eine unterschiedliche Anwendung zur Folge. Sind die Prozess- oder Vollstreckungskosten gering, wäre der Begriff des Vermögens eher

257 Beispielsweise noch bei der Bestimmung des Erfüllungsortes nach Art. 5 Nr. 1 lit. a, s. hierzu Geimer/Schütze-*Geimer*, Art. 5 EuGVO, Rn. 93.

258 Die Verordnungen sehen, sofern sich das anwendbare Recht nach ihnen bestimmt, eine Sachnormverweisung vor, s. Art. 20 Rom I-VO und Art. 24 Rom II-VO.

erfüllt, als wenn diese höher sind. Auch die Eröffnung anderer Gerichtsstände der Verordnung hängt zwar von der jeweiligen lex fori ab, beispielsweise Art. 5 Nr. 4 EuGVO, da das Strafgericht nach seinem nationalen Recht auch über zivilrechtliche Ansprüche entscheiden können muss. Anders als bei dem geplanten Art. 25 EuGVO-E resultiert dies jedoch daraus, dass die Verordnung im Rahmen der Zuständigkeit keine Verfahrensvorschriften aufstellt und es daher notwendig ist, dass die nationalen Rechtsordnungen Regelungen bereithalten, die das in der Zuständigkeitsvorschrift vorgesehene Verfahren regeln. Bei Art. 25 liegt dies anders, da es hier nur um die Auslegung eines Tatbestandsmerkmals geht. Der Vermögensbegriff würde bei einem Abstellen auf die Prozess- oder Vollstreckungskosten zwar nicht in Gänze nach der lex fori ausgelegt, jedoch durch diese beeinflusst. Eine solche Einflussnahme der lex fori auf die Auslegung von Tatbestandsmerkmalen der Zuständigkeitsvorschriften wäre jedoch im Rahmen der Verordnung eher ungewöhnlich, wenn diese Auslegung nicht aus verfahrensrechtlichen Gründen herrührt. Die Verordnung stellt auch in Art. 25 EuGVO-E von ihrem Wortlaut her nur auf Umstände ab, die für alle Mitgliedstaaten einheitlich festgestellt werden können. Es kommt nach ihrem Wortlaut nicht auf eine Deckung der Prozesskosten oder eine Überschreitung der Zwangsvollstreckungskosten an. Die Auslegung kann damit nach dem Wortlaut der Vorschrift problemlos so erfolgen, dass eine einheitliche Anwendung der Verordnung gewährleistet ist. Ferner stellt die EuGVO auch im Übrigen nicht darauf ab, ob Urteile innerhalb der Union vollstreckt werden können. Freilich wird eine Vollstreckbarkeit in der Regel wegen des Wohnsitzes des Beklagten in der EU gegeben sein. Ausnahmen ergeben sich bei Art. 23 EuGVO, sowie ggf. unter Art. 22 Nr. 1 EuGVO, wenn es um Klagen bezüglich der Mieter oder Pacht geht. Ein Überschuss über die Kosten der Zwangsvollstreckung oder eine Deckung der Prozesskosten erscheint daher jedenfalls nicht zwingend geboten.

Die Systematik spricht somit insgesamt eher dagegen, dass der Wert der Güter und Rechte des Beklagten die Prozesskosten decken oder die Zwangsvollstreckungskosten übersteigen muss.

(2) Telos

Für die Bestimmung, ob Art. 25 EuGVO-E nur einschlägig sein soll, wenn die Güter und Rechte wertmäßig die Kosten der Zwangsvollstreckung überschreiten oder die Prozesskosten decken, ist ferner auch maßgebend, welche Funktion der Art. 25 EuGVO-E im Gefüge der Verordnung erfüllen soll. Nach der Verordnungsbegründung dient die Vermögenszuständigkeit dazu, einen Ausgleich für den fehlenden Wohnsitz der beklagten Partei in der EU zu schaffen.[259] Daraus könnte man ableiten, dass neben der Zuständigkeit auch eine Vollstreckungsmöglichkeit gegeben werden soll, da Parteien mit Wohnsitz in der EU in der Regel auch Vermögen innerhalb der Union besitzen werden. In der Verordnungsbegründung wird auch darauf verwiesen, dass die Vermögenszuständigkeit den Vorteil biete, dass eine nach ihr erlassene Entscheidung auch gleich in dem entscheidenden Staat vollstreckt werden könne.[260] Jedoch stellt Art. 2 EuGVO, für dessen Nichtanwendbarkeit hier durch Art. 25 EuGVO-E ein Ausgleich geschaffen werden soll, nicht auf die Vollstreckbarkeit des Urteils ab, so dass sich allein auf Grund der Wahrscheinlichkeit, dass sich Vermögen am Ort des Wohnsitzes befindet, nicht ableiten lässt, dass dies eine Voraussetzung im Rahmen des Art. 25 EuGVO-E sein soll. Aus den Erwägungsgründen lassen sich keine weiteren Anhaltspunkte entnehmen. Fraglich ist damit, ob die Tatsache, dass, wie in der Verordnungsbegründung ausgeführt, die Vollstreckbarkeit der Entscheidung in dem entscheidenden Staat einen Vorteil bietet, zugleich bedeutet, dass der Gerichtsstand nicht eröffnet sein soll, wenn höchstens die Kosten der Vollstreckung durch das Vermögen abgedeckt wären.[261] Dagegen spricht, dass die Vollstreckbarkeit nicht ausdrücklich als Ziel des Art. 25 EuGVO-E benannt wird, sondern nur als ein sich aus ihm ergebender Vorteil, der möglicherweise nicht in jedem Fall gegeben sein muss. Allerdings geht die Verordnungsbegründung nach ihrem Wortlaut stets von einer Vollstreckbarkeit aus. Der Zusatz, dass die Vermögenszuständigkeit den Vorteil habe, dass das Urteil im gleichen Mitgliedstaat vollstreckt werden könne, könnte jedoch auch nur zur Begründung dienen, warum man sich für den Gerichtsstand der Vermögensbelegenheit und nicht für einen anderen Gerichtsstand entschieden hat.[262] Der Vermögensgerichtsstand bietet zumindest eine höhere Wahrscheinlichkeit der Vollstreckbarkeit der Entscheidung im Entscheidungsstaat. Art. 25 EuGVO-E geht daher von seiner Zielsetzung eher dahin, in erster Linie eine Zuständigkeit gegen Drittstaatenbewohner zu eröffnen, ohne konkret auf die Vollstreckbarkeit eines ergehenden Urteils abzustellen. Die Vollstreckbarkeit ist somit jedenfalls nicht klar als Ziel der Verordnung auszumachen.

259 KOM (2010) 748 endg., S. 9.

260 KOM (2010) 748 endg., S. 9.

261 Eine bloße Deckung der Prozesskosten würde dann ohnehin nicht ausreichen.

262 Hierfür spricht, dass die Kommission in ihrem Grünbuch auch einen Gerichtsstand in Erwägung gezogen hat, der an die Ausübung einer Tätigkeit anknüpfte, KOM (2009) 175 endg., S. 4.

(3) Historie

Die Tatsache, dass die Kommission zunächst einen Gerichtsstand erwogen hatte, welcher mit dem Vermögen zusammenhängt, und einen angemessenen Ausgleich zwischen der Eröffnung eines Gerichtsstandes in der Union und der völkerrechtlichen Courtoisie anstrebte[263], könnte dafür sprechen, dass die Vorschrift auf Fälle beschränkt sein soll, in denen in das die Zuständigkeit begründende Vermögen auch vollstreckt werden kann, da in diesem Fall der völkerrechtlichen Courtoisie größere Bedeutung beigemessen wird. Der Kläger hat hier ein erhöhtes Interesse an der Eröffnung einer Zuständigkeit, da er sich aus dem Urteil gegebenenfalls gleich befriedigen kann. Dennoch sprechen diese Erwägungen der Kommission nicht für eine andere Auslegung der Zielsetzung des Art. 25 EuGVO-e in der Art, dass ein Vollstreckungsgerichtsstand gegeben sein sollte, da es sein könnte, dass die Kommission davon ausging, dass durch die Einschränkungen des Art. 25 lit. a und b EuGVO-E der völkerrechtlichen Courtoisie hinreichend Gewicht beigemessen wurde.

Zweck der vereinheitlichten Neuregelung der Zuständigkeit in Drittstaatenfällen insgesamt war es hingegen nach der Kommission gerade, den Zugang zu den Gerichten zu vereinheitlichen, um für in der Union wohnhafte Personen und ansässige Unternehmen ein einheitliches Maß an Rechtsschutz zu schaffen.[264] Diesem Ziel liefe es zuwider, wenn man bei der Auslegung des Art. 25 EuGVO-E auf Kriterien abstellt, die wiederum zu einer unterschiedlichen Behandlung der Unionsbewohner führen würden. Zwar besteht nach der Verordnung in jedem Land eine Vermögenszuständigkeit, so dass man argumentieren könnte, dass der Zugang zu Gericht deshalb unionsweit gleich ist. Geht man jedoch davon aus, dass der Beklagte Drittstaatenbewohner D sowohl in Mitgliedstaat A, als auch in Mitgliedstaat B Vermögen im Wert von 300 Euro besitzt und diese in Staat A die Kosten der Zwangsvollstreckung übersteigen würden, in Land B jedoch nicht, da die Kosten hier höher sind, so würde ein Bewohner des Staates A besser gestellt als einer des Staates B, da Art. 25 lit. b EuGVO-E die weitere Voraussetzung aufstellt, dass neben der Vermögensbelegenheit ein ausreichender Bezug zu dem Mitgliedstaat gegeben sein muss, dessen Gericht angerufen ist. Dieser Bezug[265] wird nämlich bei den Bewohnern des Staates A in diesem eher gegeben sein als durch einen Bewohner des Staates B. Insofern führt die Anforderung, dass die

263 KOM (2009) 175 endg., S. 4.

264 KOM (2010) 748 endg., S. 3 f.

265 S. zu den in Betracht kommenden Kriterien zur Ausfüllung des ausreichenden Bezuges Kap. 2, S. 123 ff.

Voraussetzungen der lit. a und b kumulativ erfüllt sein müssen, zu einer Benachteiligung derjenigen Unionsbürger, die in einem Staat mit höheren Prozess- oder Zwangsvollstreckungskosten wohnen, da diese sich auf das gesamte Unionsgebiet bezogen seltener erfolgreich auf die Vermögenszuständigkeit berufen könnten.

Entwicklungstechnisch ist ferner zu beobachten, dass die Tendenz der Verordnung insgesamt in Richtung einer möglichst einheitlichen Anwendung geht. So wurden, anders als noch unter dem EuGVÜ, der Wohnsitz juristischer Personen (Art. 60 EuGVO) und die Frage, wann ein Gericht im Rahmen der Rechtshängigkeitsregelungen als das zuerst angerufene gilt (Art. 30 EuGVO), durch die Verordnung selbst geregelt, statt den Rückgriff auf die lex fori beizubehalten. Würde man im Rahmen des Art. 25 EuGVO-E nun auf Kriterien abstellen, für die ein Rückgriff auf die lex fori notwendig ist, widerspräche dies der Entwicklung der Verordnung hin zu einem möglichst einheitlich anwendbaren Rechtsinstrument.[266]

Die historische Auslegung spricht daher ebenfalls eher gegen eine Berücksichtigung der Frage, ob das Vermögen die Prozesskosten deckt bzw. die Zwangsvollstreckungskosten überschreitet.

(4) Ergebnis

Eine Beschränkung des Vermögensbegriffes auf Fälle, in denen der Wert der Güter und Rechte die Vollstreckungskosten übersteigt, wird im Hinblick auf sämtliche Auslegungsabschnitte abgelehnt. Die Vorschrift des Art. 25 lit. a EuGVO-E muss nicht zwingend so verstanden werden, dass sie eine auf die Vollstreckung bezogene Auslegung gebietet, wie auch ein Vergleich mit der Literatur zu der praktisch gleichen Regelung in § 99 Abs. 1 Satz 2 JN zeigt. Die Umstände, die für eine vollstreckungsrechtlich orientierte Auslegung sprechen, werden nämlich durch die Systematik der Verordnung als Ganzes und die Tatsache, dass Art. 25 EuGVO-E nicht eindeutig der Zweck einer Befriedigung im Urteilsstaat zugeschrieben werden kann, zurückgedrängt.

---

266 Auch der EuGH berief sich im Hinblick auf Art. 16 Nr. 1 EuGVÜ darauf, dass „[i]m Interesse möglichst weitgehender Gleichheit und Einheitlichkeit der sich für die Vertragsstaaten und die betroffenen Personen aus dem Übereinkommen ergebenden Rechte und Pflichten“ die Frage, wann eine Klage ein dingliches Recht an einer unbeweglichen Sache zum Gegenstand habe, autonom zu bestimmen sei, s. EuGH, C-115/88 (*Reichert I*), Rn. 8. Soweit möglich, sind die Zuständigkeitsvorschriften danach so auszulegen, dass sie für alle Kläger und Beklagten die gleiche Wirkung entfalten. Dies ist auch aus Diskriminierungsgesichtspunkten geboten, s. z. B. im Hinblick auf die EuEheVO EuGH C-497/10 (*Mercredi*), Rn. 45.

bb) Die Güter und Rechte sind unpfändbar

Unter Art. 25 EuGVO-E müssen hier weitgehend die gleichen Überlegungen gelten wie zu der Frage, ob ein Vermögen auch dann gegeben ist, wenn der Wert der Güter und Rechte den Wert der Vollstreckungskosten nicht übersteigt. Welche Güter und Rechte pfändbar sind, hängt von den nationalen Rechtsordnungen ab. Um den Unionsbewohnern einen einheitlichen Rechtsschutz zu gewährleisten, ist nicht auf Kriterien abzustellen, deren Erfüllung von der lex fori abhängt.

Fraglich ist, ob in Fällen völkerrechtlicher Immunität eine Ausnahme zu machen ist. Dies erscheint zunächst inkonsequent, wenn man davon ausgeht, dass die Vollstreckbarkeit des Urteils nicht Ziel der Vorschrift ist. Sie ist jedoch nach den oben gemachten Ausführungen[267] auch nicht völlig unerheblich, sondern wird durch andere, vorrangig zu berücksichtigende Gründe zurückgedrängt, die vor allem in einer einheitlichen Anwendung der Verordnung liegen. Da sich jedoch in Fällen völkerrechtlicher Immunität die Pfändbarkeit nach den allgemeinen Regeln des Völkerrechts richtet[268], und sich damit für die Mitgliedstaaten zumindest nach gleichen Grundsätzen bestimmen lässt, erscheint es vorzugswürdig, die Unpfändbarkeit zu berücksichtigen und nicht in das Vermögen mit einzubeziehen.

Auf die Pfändbarkeit des Vermögens kommt es damit im Rahmen des Art. 25 EuGVO-E grundsätzlich nicht an. Eine Ausnahme bildet Vermögen, welches auf Grund völkerrechtlicher Immunität unpfändbar ist.

cc) Wirtschaftliche Verwertbarkeit der Güter und Rechte/eigener Verkehrswert

Für die Forderung eines eigenständigen Verkehrswertes der Güter und Rechte auch im Rahmen der Verordnung spricht, dass bei einem Fehlen der wirtschaftlichen Verwertbarkeit der tatsächliche Wert der Sache oder des Rechts in den meisten Fällen nicht feststellbar ist. Wie hoch man einen gegebenenfalls vorhandenen Affektions- oder Gebrauchswert für den Beklagten ansetzt, dürfte in den einzelnen Mitgliedstaaten unterschiedlich gehandhabt werden und ist generell ein Stück weit beliebig. Dies würde zu Unterschieden in der Anwendbarkeit der Vorschrift führen, da sich kein klarer Wert bestimmen ließe, der im Rahmen des lit. a in Relation zu dem Wert der Forderung gesetzt werden könnte. Zu Gunsten der Rechtssicherheit und einer einheitlichen Anwendung der Vorschrift können Werte, die

---

267 Kap. 2, S. 97 f.

268 Allgemein zur Vollstreckungsimmunität s. *Schack*, S. 66 f., Rn. 178 ff.; *Herdegen*, S. 290, Rn. 8.

nur für den Beklagten bestehen, daher nicht dem Vermögen zugerechnet werden. Insbesondere, wenn man lit. a den Zweck beimessen wollte, dass er ein gewisses Interesse des Klägers an der Befriedigung fordert, könnte dieser nicht erfüllt werden, da der dem Vermögensgegenstand beigemessene Wert nicht tatsächlich, sondern nur für den Beklagten besteht. Dieses Interesse könnte hier, anders als bei der Frage nach der Pfändbarkeit der Güter und Rechte oder nach dem Überschreiten ihres Wertes der Vollstreckungskosten oder der Deckung der Prozesskosten, berücksichtigt werden, da es einer einheitlichen Anwendbarkeit der Verordnung nicht entgegensteht.

Ferner wurde gegen die Erfassung von Gegenständen, die der Beklagte bei sich führt, in Österreich vorgebracht, dass der Gerichtsstand des § 67 JN, der einen Aufenthaltsgerichtsstand begründet, bedeutungslos würde, wenn man auch Vermögensgegenstände, die mit der Person des Beklagten zusammenhängen, als Vermögen i. S. d. § 99 JN ansehen würde.[269] Anders als in Österreich ist ein Gerichtsstand des einfachen Aufenthalts im Rahmen der Verordnung nicht vorgesehen. Wie in Deutschland kann man jedoch anführen, dass ein solcher, obwohl nicht als eigener Gerichtsstand normiert, begründet würde, wenn Gegenstände, die mit der Person des Beklagten zusammenhängen, unter den Vermögensbegriff fielen. Derartige Güter stellen demnach kein Vermögen i. S. d. Art. 25 EuGVO-E dar.

Das Vermögen i. S. d. Art. 25 EuGVO-E muss damit wirtschaftlich verwertbar sein und erfasst nicht solche Güter, die sich von der Person des Beklagten nicht trennen lassen oder für diesen nur einen Affektions- oder Gebrauchswert haben.

Einen Unterfall dieser Gruppe bilden ganz geringwertige Güter und Rechte, die sich nicht auf Grund des Aufenthalts des Beklagten im Inland befinden und von der Person des Beklagten getrennt werden können. Sie decken sich mit den Gütern und Rechten, für die in Österreich gefordert wird, dass ein Vermögen im „üblichen Sprachgebrauch" bestehen müsse, so dass ganz geringwertige Sachen

269 OGH SZ 7/296; k. k. OGH, GIUNF 1907/3897, ohne dass hier jedoch die Begründung angeführt wird. § 99 JN wäre bei einem Verständnis, welches auch von einer Person mitgeführte Gegenstände unter den Vermögensbegriff fasst, noch weitergehender als § 67 JN, da dieser zum Zeitpunkt des Ergehens der Entscheidungen den Aufenthalt einer Person nur dann zur Begründung der Zuständigkeit ausreichen ließ, wenn diese weder im Inland, noch im Ausland einen Wohnsitz hatte (damaliger Wortlaut der Vorschrift abgedruckt z. B. in *Schauer*, § 67 JN und *Neumann*, § 67 JN). Nach dem heutigen Wortlaut des § 67 JN darf die Person neben dem Wohnsitz auch keinen gewöhnlichen Aufenthalt haben.

nie ein Vermögen begründen.[270] Diesen fehle auf Grund ihrer Geringwertigkeit die wirtschaftliche Verwertbarkeit, sofern sich ihr Wert der Nullwertgrenze nähere.[271]

Gegen die Erfassung solchen Vermögens könnte das der Verordnung zugrunde liegende Prinzip der Rechtssicherheit sprechen, welches fordert, dass ein „normal informierter Beklagter vernünftigerweise vorhersehen [können muss]", welche Gerichtsstände gegen ihn eröffnet sein können[272]. Hätte beispielsweise A, der im Mitgliedstaat X seinen Wohnsitz hat, gegen B mit Wohnsitz in einem Drittstaat eine Forderung in Höhe von 1,00 Euro und B gegen C, der ebenfalls im Mitgliedstaat X wohnt, einen Anspruch auf 30 Cent, könnten die Voraussetzungen des Art. 25 EuGVO-E gegebenenfalls erfüllt sein, obgleich man im gewöhnlichen Sprachgebrauch einen Wert von 30 Cent nicht als Vermögen ansehen wird. Solche Fälle dürften in der Praxis kaum eine Rolle spielen.[273] Es soll jedoch dennoch die auf Grund von Art. 25 lit. a EuGVO-E eher theoretische Frage, ob auch ganz geringwertige Güter und Rechte von der Vorschrift erfasst sind, beantwortet werden. In dem genannten Beispiel könnte ein „normal informierter Beklagter" die Eröffnung des Gerichtsstandes möglicherweise nicht vorhersehen. Sofern nicht einmal Vermögen im normalen Sprachgebrauch vorhanden ist, und davon wird man bei 30 Cent nicht ausgehen können, erscheint eine Eröffnung des Gerichtsstandes aus Gründen der Vorhersehbarkeit problematisch. Insbesondere als auch im Hinblick auf die Vermögensgerichtsstände der nationalen Rechte eine solche Geringwertigkeit eine Zuständigkeit regelmäßig nicht eröffnet. Dies gilt selbst für den

270 EvBl. 1991/182; verkürzt EvBl. 1984/133. In beiden Entscheidungen wurde eine solche Geringwertigkeit nicht angenommen. Die Werte betrugen 36.500 Schilling bzw. 60.000 Schilling. In JBl. 1974, S. 269 wurde die Frage, ob ein Vermögen vorliegt, offen gelassen, da der Wert der in Frage stehenden in Österreich zurückgelassenen Lehrbücher in der Vorinstanz nicht festgestellt worden war.

271 OGH, JBl. 1974, S. 269.

272 EuGH, C-26/91 (*Handte*), Rn. 18. Zur Übertragbarkeit dieses Erfordernisses auf Art. 25 EuGVO-E vgl. Kap. 2, S. 120 f.

273 In den Fällen, in denen die Rechtsprechung tatsächlich darüber zu entscheiden hatte, ob auch Vermögenswerte, welche sich der Nullwertgrenze annähern, ein Vermögen i. S. d. § 99 JN darstellen, waren die Klageforderungen höher, da zum Zeitpunkt des Ergehens der Entscheidungen eine angemessene Relation zwischen Streit- und Gegenstandswert noch nicht gefordert war, s. z. B. OGH, JBl. 1974, S. 269 (6.000 Schilling). In den Entscheidungen EvBl. 1984/133 und EvBl. 1991/182, in denen die Regelung des § 99 Abs. 1 Satz 2 JN bereits galt, hat der OGH zwar angesprochen, dass es sich bei den in Frage kommenden Gütern und Rechten zumindest um ein Vermögen im üblichen Sprachgebrauch handeln müsse, doch wurde diese Voraussetzung in beiden Fällen problemlos bejaht.

österreichischen Gerichtsstand, obwohl dieser im Allgemeinen auf eine Relation von Vermögens- und Forderungswert abstellt.[274] Aus Gründen der Rechtssicherheit ist daher abzulehnen, dass auch ganz geringwertige Vermögensgegenstände den Gerichtsstand des Art. 25 EuGVO-E eröffnen.

dd) Beschränkung auf bewegliches Vermögen

Im Kommissionsvorschlag wird in der Verordnungsbegründung davon gesprochen, dass der Gerichtsstand des Art. 25 EuGVO-E nur an bewegliches Vermögen anknüpfe.[275] Diese Einschränkung findet sich im Wortlaut des Verordnungsvorschlags jedoch nicht wieder. Es stellt sich daher die Frage, ob diese Beschränkung im Rahmen der Verordnung besteht oder nicht. Eine Beschränkung auf bewegliche Vermögensgüter wäre jedenfalls dann faktisch gegeben, wenn die Klage bereits unter Art. 22 Nr. 1 EuGVO-E fällt, welcher gemäß Art. 4 Abs. 2 EuGVO-E auf Drittstaatenbewohner Anwendung findet, und eine ausschließliche Zuständigkeit normiert.[276] Danach fallen jedenfalls die von *Nuyts* genannten Beispiele, dass sich die Klage auf Herausgabe des Eigentums oder des Besitzes[277] beziehen könne, bei unbeweglichen Gegenständen[278] unter Art. 22 Nr. 1 EuGVO-E. Darüber hinaus erscheint eine Beschränkung des Art. 25 EuGVO-E auf bewegliches Vermögen jedoch weder aus systematischen, noch aus teleologischen Gründen geboten. Da

---

274 S. oben Kap. 2, S. 90 ff.

275 KOM (2010) 748 endg., S. 9 für die deutsche Fassung: „bewegliches Vermögen" COM (2010) 748 final, S. 8 für die französische Fassung: „biens mobiliers"; S. 8 für die englische Fassung: „moveable assets"; COM (2010) 748, S. 8 für die italienische Fassung: „beni mobili".

276 Auch nach der gegenwärtigen Fassung der EuGVO ist Art. 22 Nr. 1 gegenüber Drittstaatenbewohnern anzuwenden, s. Art. 4 Abs. 1. Nach dem EuGH gilt dies auch dann, wenn der Sachverhalt im Übrigen keinen weiteren Bezug zu einem Mitgliedstaat aufweist, sich der Gegenstand also im gleichen Staat befindet, wie die klagende Partei, EuGH C-343/04 (*Land Oberösterreich*), Rn. 21.

277 Der Begriff des dinglichen Rechts ist im Rahmen der EuGVO autonom zu bestimmen, EuGH C-115/88 (*Reichert I*), Rn. 8; Geimer-Schütze-*Geimer*, Art. 22 EuGVO, Rn. 49; *Schlosser*, Art. 22 EuGVO, Rn. 4. Klagen, mit welchen das Eigentum herausverlangt wird, fallen aber jedenfalls unter Art. 22 Nr. 1, s. Geimer/Schütze-*Geimer*, Art. 22 EuGVO, Rn. 53.

278 Ob dieser Begriff autonom auszulegen ist, wird in der Literatur nicht einheitliche beurteilt. Dafür: Geimer/Schütze-*Geimer*, Art. 22 EuGVO, Rn. 42; Staudinger-*Hausmann*, IntVertrVerfR, § 43; dagegen: Rauscher-*Mankowski*, Art. 22 EuGVO, Rn. 5; *Schlosser*, Art. 22 EuGVO, Rn. 2. Der EuGH spricht sich für eine autonome Qualifikation aus, C-115/88 (*Reichert I*), Rn. 8.

sie auch im Wortlaut der Vorschrift letzten Endes keinen Eingang gefunden hat, ist eine Beschränkung auf bewegliches Vermögen nicht anzunehmen.

ee) Beschränkung auf Sachwerte

In der Literatur wurde in Bezug auf die englische Fassung des Verordnungsentwurfs die Frage aufgeworfen, ob sich die dort verwendete Bezeichnung "property" nur auf Sachwerte, oder auch auf Immaterialgüter beziehe.[279] In der Verordnungsbegründung wurde zwar der neutralere Begriff "assets" verwendet[280], doch wurde dort auch erwähnt, dass die Güter und Rechte beweglich sein müssten, was keinen Eingang in die Verordnung gefunden hat und soeben abgelehnt wurde. Der Begriff "property" an sich kann dabei jedenfalls auch Immaterialgüterrechte umfassen.[281] Es ist daher kein konkreter Anlass ersichtlich, den Wert von Immaterialgütern aus dem Vermögensbegriff auszuklammern. Mithin bezieht sich Art. 25 EuGVO-E nicht nur auf Sachvermögen.

ff) Ergebnis

Im Ergebnis fallen unter den Vermögensbegriff des Art. 25 EuGVO-E damit alle beweglichen und unbeweglichen Güter und Rechte, die wirtschaftlich verwertbar sind, ohne dass es darauf ankommt, ob diese in ihrem Wert die Prozesskosten decken, die Kosten der Zwangsvollstreckung übersteigen oder pfändbar sind, mit Ausnahme derjenigen Güter und Rechte, deren Unpfändbarkeit sich aus völkerrechtlicher Immunität ergibt.

II. Kein unangemessenes Verhältnis zwischen dem Wert des Vermögens und der Höhe der Forderung, Art. 25 lit. a EuGVO-E

Auch in Deutschland und Österreich wird dem Wert des Vermögens im Verhältnis zu der Höhe der Forderung jedenfalls teilweise eine Bedeutung zugemessen. Die in den nationalen Rechten angestellten Überlegungen sollen im Folgenden dargestellt werden, um anschließend ihre Nutzbarkeit im Rahmen der Verordnung zu untersuchen.

279 *Magnus/Mankowski*, ZVglRWiss 2011, S. 252 (268).
280 COM (2010) 748 final, S. 8.
281 S. *Burke*, S. 1447.

1. Relation zwischen Vermögens- und Streitwert im Rahmen des § 23 S. 1 1. Alt. ZPO

Anders als unter dem geplanten Art. 25 EuGVO-E wird der Wert des Vermögens im Rahmen des § 23 S. 1 1. Alt. ZPO mangels Vorliegens einer dem Art. 25 lit. a EuGVO-E entsprechenden Tatbestandsvoraussetzung ausschließlich unter dem Gesichtspunkt diskutiert, ob überhaupt ein Vermögen des Beklagten gegeben ist.

In seiner Grundsatzentscheidung vom 02.07.1991 hat der BGH keine Stellung dazu genommen, ob das Verhältnis des Vermögenswertes zur Höhe des Streitwertes eine Rolle spielt[282]. Vereinzelt wird in der Rechtsprechung eine gewisse Relation gegenüber dem Streitwert gefordert[283]. Diese fällt allerdings so aus, dass der Gegenstandswert, um nicht mehr als Vermögen angesehen zu werden, gegenüber dem Streitwert „extrem gering“ sein müsse und nicht zu erwarten sei, dass nach Begleichung der Kosten der Zwangsvollstreckung noch Vermögen vorhanden sei.[284] Letzten Endes stellt das Gericht daher nicht allein auf die Relation von Streit- und Gegenstandswert ab, sondern zusätzlich auf die Frage, ob der Wert des Vermögens die Zwangsvollstreckungskosten übersteigt. Nach dem Wortlaut der Entscheidung müssen diese Voraussetzungen kumulativ vorliegen.

In der Literatur wurde vorgeschlagen, das Vorliegen von Vermögen durch einen Vergleich des Gegenstandswerts mit dem Streitwert zu bestimmen.[285] Jedenfalls bei einer extremen Differenz sei das Bestehen eines Vermögens abzulehnen.[286] Allerdings wird teilweise ausdrücklich abgelehnt, die Bestimmung, ob Vermögen gegeben ist, durch einen generellen Vergleich des Wertes des Streitgegenstandes mit dem des Gegenstandswertes festzustellen, da dies der Rechtsklarheit

---

282 BGHZ 115, S. 90 (93), mit Verweis auf die Rechtsprechung des RGZ; offen gelassen auch von dem späteren Urteil BGH, NJW 1997, S. 325 (326). Eine Grenze werde durch den Missbrauch des § 23 S. 1 1. Alt. ZPO gezogen, welcher vorliege, wenn bei dem angerufenen Gericht kein Urteil ergehen könne, welches zu einer Befriedigung des Klägers führen könne, s. NJW 1997, S. 325 (326); in BGH, Urteil v. 22.09.2005, Az. IX ZR 1/05, Rn. 4 (Juris), beruft sich das Gericht darauf, dass es auch in seiner Entscheidung BGHZ 115, S. 90 ff. das Erfordernis einer bestimmten Relation zwischen Vermögens- und Streitwert verneint habe (obwohl es die Frage dort offen gelassen hatte).

283 OLG Celle, NJW 1999, S. 3722.

284 OLG Celle, NJW 1999, S. 3722.

285 Zöller-*Vollkommer*, § 23 ZPO, Rn. 7.

286 Wieczorek/Schütze-*Hausmann*, § 23 ZPO, Rn. 22; *Lüke*, ZZP 1992, S. 321 (325); ähnlich Prütting/Gehrlein-*Lange*, § 23 ZPO, Rn. 3 („krasse[r] Widerspruch“).

zuwiderliefe.[287] Andere sind der Meinung, dass § 23 S. 1 1. Alt. ZPO nur eröffnet sein sollte, wenn der Klaganspruch mit dem vorhandenen Vermögen vollständig befriedigt werden könne.[288]

Anders als in der Verordnung nun ausdrücklich vorgesehen, wurde daneben auch vorgeschlagen, das Vorliegen eines Vermögens nicht durch einen Vergleich des Wertes mit dem Wert des Streitgegenstandes zu bestimmen, sondern eine absolute Grenze zu bilden, ab wann ein Vermögen vorliegt, da bei sehr hohen Streitwerten sonst kein Vermögen gegeben sei, obwohl durchaus beträchtliche Vermögenswerte vorhanden seien.[289]

Insgesamt lässt sich festhalten, dass die Rechtslage in Deutschland bezüglich des Wertes des Vermögens für die Auslegung des Art. 25 lit. a EuGVO-E nicht weiterhelfen kann, da die Relation zwischen dem Wert des Vermögensgegenstandes und dem Streitgegenstand entweder überhaupt nicht als maßgebende Begrenzung des § 23 S. 1 1. Alt. ZPO angesehen wird, oder, soweit dies in der Literatur vereinzelt doch der Fall ist, nur dann angenommen wird, wenn die Werte in extremer Weise auseinanderfallen.

2. Relation zwischen Vermögens-und Streitwert im Rahmen des § 99 JN

Anders als beim deutschen Vermögensgerichtsstand findet sich seit 1983 in § 99 Abs. 1 Satz 2 JN eine ausdrückliche Regelung die bestimmt, dass der Wert des im Inland befindlichen Vermögens nicht unverhältnismäßig geringer sein dürfe als der Wert des Streitgegenstandes. Die Formulierung entspricht trotz des nicht vollständig identischen Wortlauts der Einschränkung des „unangemessenen Verhältnisses“ in Art. 25 lit. a EuGVO-E; der OGH hat bisweilen selbst davon gesprochen, dass der Wert des Vermögens in einem angemessenen Verhältnis zum Streitwert stehen müsse[290]. In der Rechtsprechung hat sich bezüglich der Wertrelation herausentwickelt, dass das Vermögen etwa 20% des Streitgegenstandes betragen müsse.[291] Allerdings stelle auch dies keinen starren Wert dar, sondern belasse, wie sich aus der Formulierung „etwa“ ergebe, dem Gericht

287 Wieczorek/Schütze-*Hausmann*, § 23 ZPO, Rn. 22.

288 *Kropholler*, ZfRV 1982, S. 1 (8); ablehnend *Geimer*, JZ 1984, S. 979 (980); *Schütze*, DWiR 1991, S. 239 (241).

289 *Schack*, FS Nakamura, S. 491 (512).

290 SZ 68/118.

291 OGH, Urteil v. 13.03.1996, Az. 3 Ob 514/94, dort als jetzt einheitliche Rechtsprechung bezeichnet; SZ 68/118; Urteil v. 06.06.1991, Az. 8 Ob 559/91.

einen gewissen Ermessensspielraum.[292] Dabei sei der Judikatur entnehmbar, dass eine Relation von 10 % nicht mehr ausreiche und daher der Wert wenigstens zwischen 10 und 20 % liegen müsse[293]. Die Annahme eines angemessenen Verhältnisses wird nach dieser Rechtsprechung umso eher erfolgen, je näher der Wert von 20 % erreicht wird.[294] In einem Urteil des OGH wurde daher eine angemessene Relation in einem Fall bejaht, in dem der Streitwert 2.811.078,00 Schilling und der Vermögenswert 500.000,00 Schilling, mithin knapp 18 % des Streitwertes betrug.[295] Diese Entscheidung wirft die Frage auf, welche Kriterien eine Rolle spielen, wenn von der 20%-Wertgrenze abgewichen wird. Möglicherweise könnte darauf abgestellt werden, dass das Vermögen in dem vorliegenden Fall ein nicht besonders geringes und der Streitwert recht hoch war, so dass auch bei 18 % eine Eröffnung des Gerichtsstandes geboten erschien. Dagegen könnten allerdings die Ausführungen des OGH sprechen, dass § 99 JN keine absolute Wertgrenze aufstelle, sondern es stets nur auf die Relation von Streit- und Vermögenswert ankomme.[296] Diese Aussage spricht allerdings nicht gegen die Annahme, dass bei sehr hohen Vermögen das Auseinanderfallen von Vermögens- und Streitwert größer sein kann, als bei geringeren Vermögenswerten, da auch bei Abstufungen des geforderten Prozentsatzes nur auf die Relation der beiden Werte zueinander abgestellt, und keine absolute Grenze eingeführt wird. Im Übrigen ist anzumerken, dass die zuletzt genannte Aussage von einem anderen Senat als demjenigen stammt, der von der 20%-Grenze abgewichen ist. Insofern könnte zur Begründung des Abweichens von der 20%-Marke darauf abgestellt werden, dass es sich um ein relativ hohes, wenn auch nicht extrem hohes[297], Vermögen gehandelt hat. Die Annahme des Gerichtsstandes bei einem Vermögenswert von 18 % des Streitwertes, ohne Nennung eines Grundes, weshalb von der 20 %-Wertgrenze abgewichen wird, außer dass deren Formulierung mit „etwa 20 %" keine starre Grenze bestimme, zeigt jedoch dennoch die Schwierigkeit, sich auf Grund sachlicher Kriterien auf einen bestimmten Wert zu einigen, so dass es letztlich – in Österreich in einem beschränkten Rahmen

292 OGH, Urteil v. 11.05.1994, Az. 7 Ob 523/94.

293 OGH, Urteil v. 11.05.1994, Az. 7 Ob 523/94.

294 Das Gericht führte in seinem Urteil aus, dass das Vermögen die 20%-Grenze beinahe erreiche und von der 10%-Grenze weit entfernt sei, s. OGH, Urteil v. 11.05.1994, Az. 7 Ob 523/94.

295 OGH, Urteil v. 11.05.1994, Az. 7 Ob 523/94.

296 So festgestellt von OGH, Urteil v. 25.06.1996, Az. 4 Ob 2127/96i.

297 *Rechberger* ist der Ansicht, dass bei extrem hohen Vermögens- oder Streitwerten die Wertgrenze großzügiger gehandhabt werden sollte, § 99 JN, Rn. 8.

– vom Gefühl des erkennenden Gerichts abhängt, welchen Betrag es noch nicht als unverhältnismäßig geringer als den Wert des Streitgegenstandes ansieht. Der Entscheidung lässt sich entnehmen, dass eine Grenzwertbestimmung im Rahmen der Verhältnismäßigkeit ohne klare Angabe eines festen Grenzwertes am Ende immer in gewissem Maße beliebig ist.[298]

3. Schlussfolgerung für Art. 25 lit. a EuGVO-E

Da sich in Österreich die 20%-Grenze etabliert hat, erscheint es angebracht, auf diese zurückzugreifen, da ohnehin nicht objektiv bestimmt werden kann, wann eine angemessene Relation zwischen dem Wert der Forderung und dem Vermögenswert gegeben ist. Die 20%-Grenze ist insofern zumindest auf weitgehende Akzeptanz gestoßen.[299]

Fraglich ist, ob diese Wertgrenze starr oder flexibel gehandhabt werden sollte. Gegen eine starre Wertgrenze spricht, dass der Schuldner durch einen größeren Vermögenswert in einem entsprechenden Land eine stärkere Verbindung zu diesem zum Ausdruck bringt, sei es aus persönlichen oder wirtschaftlichen Gründen, so dass eine Eröffnung des Gerichtsstands eher gerechtfertigt erscheint als bei einem Schuldner, bei dem die Verbindung geringer ist. Dennoch sollte die Wertgrenze zu Gunsten der Rechtssicherheit starr sein. Wollte man für sehr hohe Forderungen eine Ausnahme zulassen und einen geringeren Prozentsatz für die Relation fordern, müsste wiederum bestimmt werden, ab wann eine Forderung als sehr hoch angesehen werden kann. Auch dies ließe sich nicht objektiv bestimmen. Im Übrigen kann ein Kläger, welcher eine eher geringe Forderung geltend macht, aber weniger vermögend ist als ein Kläger, der eine sehr hohe Forderung einklagt, ein ebenso großes Interesse an der Befriedigung seines Anspruchs haben, wie der zuletzt genannte. Das Interesse des Klägers an der Rechtsverfolgung steigt damit nicht automatisch mit der Höhe seiner Forderung. Es wäre daher unbillig, Personen, die einen höheren Betrag mit ihrer Klage geltend machen, im Rahmen des Art. 25 lit. a EuGVO-E vorteilhafter zu behandeln als andere Kläger.

---

298 In einer etwas später ergangenen Entscheidung lehnte der OGH bei einem Vermögenswert von 16% des Streitwertes ein angemessenes Verhältnis ab, obgleich das Gericht ebenfalls erwähnt, dass es ausreiche, wenn sich der Vermögenswert der 20%-Grenze annähere, OGH, SZ 68/118.

299 Dass diese Wertgrenze im Rahmen des Art. 25 lit. a EuGVO-E herangezogen werden könnte, s. auch *Magnus/Mankowski*, ZVglRWiss. 2011, S. 252 (267).

4. Bestimmung des Werts der Forderung

In der Literatur wurde die Frage aufgeworfen, was genau in den Wert der Forderung einzufließen hat, also ob auch Zinsen und Kosten erfasst sind.[300] Vorab ist festzuhalten, dass eine, wie auch sonst im Rahmen der EuGVO übliche, verordnungsautonome Bestimmung zu erfolgen hat. Anderenfalls käme es zu einer nicht erforderlichen Ungleichbehandlung der Unionsbürger.

Ferner erscheint es angemessen, dem Wert der Forderung die Summe zu Grunde zu legen, deren Zahlung der Kläger mit seiner Klage beantragt. Dies schließt auch Zinsen oder die Erstattung von bereits angefallenen außergerichtlichen Rechtsverfolgungskosten mit ein, sofern solche verlangt werden. Hierfür spricht, dass die 20 %-Grenze ein gewisses Interesse des Klägers absichern soll, gerade in diesem Staat zu klagen. Wenn jedoch Zinsen und Kosten nicht mit in den Wert der Forderung einberechnet würden, würde sich das Interesse entsprechend verringern. Auf die voraussichtlichen Kosten der weiteren Rechtsverfolgung ist hingegen nicht abzustellen, da die Rechtssicherheit hierunter leiden würde.[301] Die Wertrelation muss, da der Kläger keinen Einfluss darauf hat, wann das Urteil ergeht und die Zinsen dadurch die Relation verändern können, zu dem Zeitpunkt festgesetzt werden, zu dem das Gericht angerufen worden ist.[302] Es kann hierfür auf Art. 33 EuGVO-E entsprechend abgestellt werden.

III. Der ausreichende Bezug zum Mitgliedstaat des angerufenen Gerichts

Zur Ermittlung eines möglichen Verständnisses dieser Tatbestandsvoraussetzung soll wiederum zunächst auf vergleichbare Begriffe in den Vermögensgerichtsständen der §§ 23 S. 1 1. Alt. ZPO und 99 JN eingegangen werden. Im Anschluss wird eine Übertragbarkeit etwaiger gefundener Kriterien, die diesen unbestimmten Begriff ausfüllen könnten, untersucht.

---

300 S. *Magnus/Manknowski*, ZVglRWiss. 2011, S. 252 (267).

301 Diese werden auch im österreichischen Recht nicht berücksichtigt, s. OGH, Urteil v. 06.06.1991, Az. 8 Ob 559/91, Urteil v. 31.01.1990, Az. 2 Ob 508/90.

302 Im österreichischen Recht ist für die Bestimmung der Wertrelation der Zeitpunkt der Anhägigmachung der Klage ausschlaggebend, s. OGH, Urteil v. 11.05.1994, Az. 7 Ob 523/94 m. w. N.

1. Der „hinreichende Inlandsbezug“ als Voraussetzung des Vermögensgerichtsstands im deutschen Recht (§ 23 S. 1 1. Alt. ZPO)

In seiner Grundsatzentscheidung vom 02.07.1991[303] forderte der BGH für die Annahme der internationalen Zuständigkeit deutscher Gerichte auf Grund dieses Gerichtsstands einen „hinreichenden Inlandsbezug“ und folgte damit der Ansicht der Vorinstanz[304]. Die Auslegung dieser Voraussetzung durch die Rechtsprechung lässt allerdings bis heute keine klaren Konturen erkennen,[305] denn in der Rechtsprechung wird zur Begründung des hinreichenden Inlandsbezuges in der Regel nicht nur auf ein Kriterium, sondern auf alle in dem konkreten Fall als relevant in Betracht kommenden Umstände abgestellt[306], so dass nicht feststellbar ist, ob auch einzelne dieser Kriterien bei ihrem Vorliegen ausreichen würden[307]. Die zitierte Rechtsprechung zieht dabei des Öfteren den Wohnsitz oder die Staatsangehörigkeit der Parteien heran. Vereinzelt wird auch nur auf ein einzelnes Kriterium abgestellt, zum Beispiel auf die Unterhaltung eines Bankkontos in Deutschland,

---

303 BGHZ 115, S. 90–99.

304 OLG Stuttgart, RIW 1990, S. 829 (830).

305 Aus den Ausführungen des OLG Stuttgart lässt sich entnehmen, dass sich ein weitergehender Inlandsbezug aus der Person des Klägers oder aus dem Sachverhalt ergeben könne, s. RIW 1990, S. 829 (830).

306 BGH, VersR 2000, S. 239 stellt auf die deutsche Staatsangehörigkeit des beklagten Schuldners ab und dass dieser Grundpfandrechte nach deutschem Recht übertragen habe; BGH, IPRax 1997, S. 173: Wohnsitz des Klägers in Deutschland, Vertrag über Repräsentanz in Deutschland abgeschlossen und Zahlungen über das Konto der Beklagten in Deutschland vorgenommen; ebenso der Inlandsbezug bei BGH, IPRax 1998, S. 470 (472); OLG Saarland, EuZW 2009, S. 710: Antragsgegner in Deutschland tätig und deutscher Staatsangehöriger, Gewährung eines Darlehens an eine in Deutschland ansässige Firma deutschen Rechts; OLG Frankfurt, NJW-RR 1993, S. 305: deutscher Staatsangehöriger mit Wohnsitz in Deutschland; LAG Hessen, Urteil v. 24.11.2008, Az. 17 Sa 682/07, Rn. 42 (Juris): Kläger mit deutscher Staatsangehörigkeit und Wohnsitz in Deutschland, unterliegt der deutschen Sozialversicherung und beginnt und beendet seine Einsätze in Deutschland.

307 Für den Wohnsitz und den gewöhnlichen Aufenthalt wurde dies vom BGH ausdrücklich offen gelassen, BGHZ 115, S. 90 (99); ebenfalls in Bezug auf den Wohnsitz offen gelassen von OLG Frankfurt, NJW-RR 1993, S. 305 (306) und OLG Frankfurt, NJW-RR 1996, S. 186. Bei letzterer Entscheidung hielt das Gericht das Vorliegend eines hinreichenden Inlandsbezuges jedoch trotz Wohnsitzes des Klägers in Deutschland für „durchaus zweifelhaft“.

auf das der streitgegenständliche Betrag überwiesen wurde[308] oder etwa die Staatsangehörigkeit des Beklagten[309]. In der Arbeitsgerichtsbarkeit wird als ausreichendes Kriterium der Ort der Erbringung der Arbeitsleistung angesehen.[310,311] Einige Gerichte haben auch angemerkt, dass der „hinreichende Inlandsbezug" nur im Einzelfall festgestellt werden könne, wobei sie bei der näheren Ausführung auf einzelne Fallgruppen verweisen, so dass wohl nicht Einzelfallentscheidungen unter Gesamtbetrachtung aller relevanten Umstände gemeint waren.[312]

In der Literatur untersuchte noch vor Ergehen des Urteils des BGH *Schumann* mögliche Beschränkungen des § 23 S. 1 1. Alt. ZPO, die später von der Rechtsprechung zur Ausfüllung des hinreichenden Inlandsbezuges herangezogen wurden. Im Rahmen dieser Untersuchung gelangte er zu dem Ergebnis, dass die Anwendbarkeit der Vorschrift auf inländische Kläger beschränkt sei[313] und machte anschließend einige Ausnahmen von diesem Grundsatz, in denen seiner Ansicht nach auch Kläger mit Wohnsitz im Ausland sich auf § 23 S. 1 1. Alt. ZPO berufen könnten.[314] Es ist anzumerken, dass *Schumann* dabei auf die Kriterien einzeln abstellte, anstatt wie die Rechtsprechung eine Gesamtschau vorzunehmen.

In Folge des BGH-Urteils vom 01.07.1991 wurden von der Literatur als Kriterien, die einen hinreichenden Inlandsbezug begründeten, unter anderem der Wohnsitz oder der gewöhnliche Aufenthalt des Klägers oder des Beklagten

---

308 BGH, Urteil v. 19.05.2009, Az. IX ZR 39/06, Rn. 14 (Juris).

309 BGH, NJW-RR 1993, S. 5.

310 LAG Köln, IPRspr. 2001, Nr. 134, S. 280: wenn das Arbeitsverhältnis ausschließlich in diesem Land vollzogen wurde; ArbG Bielefeld, Urteil v. 13.08.2003, Az. 3 Ca 2328/03, Rn. 40, 41 (Juris): abgestellt wurde hier auf die Hauptleistungspflichten.

311 Dies dürfte jedoch in Rahmen der Verordnung auf Grund der Art. 18 ff. EuGVO-E kaum eine Rolle spielen, da Art. 19 Nr. 2 a EuGVO-E bereits auf den Ort der Erbringung der Arbeitsleistung abstellt.

312 OLG Düsseldorf IPRspr. 2006, Nr. 110, S. 230 (236); OLG Rostock IPRspr. 1999, Nr. 132, S. 312 (316).

313 Nicht jedoch auf Kläger mit deutscher Staatsangehörigkeit, s. FS Liebman, S. 839 (863 f.).

314 *Schumann*, FS Liebman, S. 839 (864 ff.). Ausnahmen bestünden, wenn eine Rechts- oder Beweisnähe gegeben sei bzw. allgemein, wenn der Kläger ein berechtigtes Interesse daran habe, vor deutschen Gerichten zu klagen (S. 867 f.), wenn ansonsten Rechtsverweigerung drohte, oder wenn eine Vollstreckbarkeit in das in Deutschland belegene Vermögen mangels Anerkennung des ausländischen Urteils nicht möglich ist (S. 686). Es ist festzustellen, dass die letzten beiden Fälle im Rahmen der EuGVO-E von der Notzuständigkeit des Art. 26 EuGVO-E erfasst werden.

in Deutschland genannt.[315] Ebenso sei ausreichend, wenn die Vermögensbelegenheit auf einer „bewu[ss]ten Investitionsentscheidung“ des Beklagten beruhe, oder wenn eine besondere Rechts- oder Beweisnähe, beispielsweise wegen der Anwendbarkeit deutschen Sachrechts[316], sowie bei streitgegenstandsbezogenen Kriterien[317] gegeben sei. Problematisch erscheint im deutschen Recht hingegen die Vermögensbelegenheit als Kriterium für die Annahme eines „hinreichenden Inlandsbezuges“.[318] Nach dem Leitsatz des BGH ist nämlich der hinreichende Inlandsbezug gerade *neben* der Belegenheit des Vermögens zu fordern.[319] Ob hingegen die Staatsangehörigkeit ausreicht, wird unterschiedlich beantwortet.[320]

Als nicht ausreichende Kriterien für einen hinreichenden Inlandsbezug wurden in der Rechtsprechung unter anderem der Ursprung des streitigen Rechtsverhältnisses im Inland durch die Vermittlertätigkeit eines deutschen Staatsangehörigen[321], der nur gelegentliche Umschlag von Waren, wenn keine ständige Geschäftsbeziehung besteht und die geschäftliche Tätigkeit nicht mit dem zu entscheidenden Rechtsstreit in Verbindung steht[322], die Verpflichtung der Erfüllung einer Kaufpreisschuld im Inland[323] oder eine nur vorübergehende Arbeitstätigkeit des Klägers im Inland[324] angesehen, wenn der Sachverhalt im Übrigen keinen Bezug zu der Bundesrepublik Deutschland aufweist.

Es lässt sich damit festhalten, dass sich, wie eingangs festgestellt, für den deutschen „hinreichenden Inlandsbezug“ nach wie vor keine klaren Kriterien ausmachen lassen, bei deren Vorliegen die Voraussetzung in jedem Fall gegeben ist. Die Gerichte nehmen in der Regel eher eine Art Gesamtschau unter Berücksichtigung aller Umstände des Einzelfalles vor. Es stellt sich daher

---

315 *Schack*, FS Nakamura, S. 491 (509); MüKo-*Patzina*, § 23 ZPO, Rn. 15, Staudinger-*Hausmann*, IntVertrVerfR, Rn. 224 und *Mark/Ziegenhain*, NJW 1992, S. 3062 (3064), die ihre Ausführungen allerdings nur auf den Kläger beziehen. Im Hinblick auf einen inländischen Wohnsitz des Beklagten ist natürlich bereits die Zuständigkeit nach § 13 ZPO gegeben, so dass § 23 S.1 1. Alt. ZPO ohnehin nicht herangezogen werden muss.

316 *Mark/Ziegenhain*, NJW 1992, S. 3062 (3065).

317 S. hierzu die Aufzählung bei *Schack*, FS Nakamura, S. 491 (510). Auch Auswirkungen auf den inländischen Markt seien ausreichend.

318 Dafür aber *Schack*, FS Nakamura, S. 491 (509 und 511 f.).

319 BGHZ 115, S. 90.

320 Dafür MüKo-*Patzina*, § 23 ZPO, Rn. 15; dagegen Staudinger-*Hausmann*, IntVertrVerfR, Rn. 224.

321 OLG Düsseldorf, IPRspr. 2006, Nr. 110, S. 230 (237).

322 OLG Rostock, IPRspr. 1999, Nr. 132, S. 312 (316 f.).

323 OLG Frankfurt, Urteil v. 24.10.1996, Az. 1 U 242/94, Rn. 4 (Juris).

324 LAG Hamburg, Urteil v. 05.01.1995, Az. 2 Sa 50/94 (Juris).

die Frage, ob es überhaupt möglich ist, wie von der oben genannten Literatur vorgebracht, auf einzelne Kriterien abzustellen[325], oder ob generell eine Abwägung des Gerichts stattzufinden hat, ob ein hinreichender Inlandsbezug gegeben ist. Dies würde bedeuten, dass eine klare Konturierung der Voraussetzung nicht möglich ist. So wurde auch in der Literatur bereits angemerkt, dass die Forderung nach einem hinreichenden Inlandsbezug möglicherweise die forum non conveniens-Lehre des angloamerikanischen Rechts in das deutsche Recht eingeführt habe.[326]

2. Die „zusätzliche Inlandsbeziehung" als Voraussetzung der Annahme des Vermögensgerichtsstands im österreichischen Recht unter Geltung der Indikationentheorie (§ 99 JN)

Wie auch im deutschen Recht nennt der österreichische Gerichtsstand des Vermögens (§ 99 JN) neben der Vermögensbelegenheit eine hinreichende Inlandsbeziehung nicht als Tatbestandsvoraussetzung. Vor Einführung des § 27a JN durch die WGN von 1997[327] galt jedoch in der Rechtsprechung und überwiegend in der Literatur die Indikationentheorie. Diese verlangte neben dem Vorliegen einer örtlichen Zuständigkeit des österreichischen Gerichts das Bestehen einer „ausreichenden inländischen Nahebeziehung" zur Begründung der internationalen Zuständigkeit. Eine solche Nahebeziehung wurde nach Ansicht der Rechtsprechung in der Regel bereits durch das Vorliegen der Tatbestandsvoraussetzungen eines Gerichtsstandes hergestellt, eben indiziert.[328] Bei einigen Gerichtsständen – so auch bei § 99 JN – musste diese jedoch zusätzlich neben dem Vorliegen des Gerichtsstandes festgestellt werden,[329] da auf Grund der unterschiedlichen

325 *Schütze*, DWiR 1991, S. 239 (242), hält die Kriterien, die für den hinreichenden Inlandsbezug vorgeschlagen wurden, für untauglich.

326 *Fischer*, RIW 1992, S. 57; *Fricke*, IPRax 1991, S. 159 (161); *Geimer*, NJW 1991, S. 3072 (3074); *Schütze*, DWiR 1991, S. 239 (240); *Thode*, WuB VII A § 23 ZPO 2.91, S. 1485 f; *Bittighofer*, S. 207; begrüßt wurde dies aus völkerrechtlicher Sicht von *Ziegenhain*, da die Gerichtsbarkeit eines Staates „nur unter Einbeziehung sämtlicher für den Einzelfall relevanten Inlandsbezüge beurteilt werden [könne]", S. 223.

327 BGBl. 1997/140.

328 OGH, Urteil v. 18.05.1989, Az. 7 Ob 544/89; SZ 68/118; SZ 68/19; Urteil v. 17.03.1993, Az. 7 Ob 509/93; JBl. 1983, S. 541 (544).

329 OGH, Urteil v. 03.12.1997, Az. 7 Ob 269/97b; Urteil v. 24.04.1997, Az. 6 Ob 78/97g; Urteil v. 27.02.1996, Az. 4 Ob 512/96; Urteil v. 13.06.1995, Az. 4 Ob 50/95;

Regelungszwecke nicht alle Anknüpfungskriterien der Gerichtsstände über die örtliche Zuständigkeit auf die internationale Zuständigkeit übertragen werden könnten.[330] Die daher im Rahmen des § 99 JN geforderte zusätzliche Inlandsbeziehung ist mit dem „hinreichenden Inlandsbezug" des deutschen Rechts vergleichbar. Zwar ist anzumerken, dass eine solche seit der Einführung des § 27a JN, der die Indikationentheorie zu Gunsten der Theorie von der Doppelfunktionalität der örtlichen Zuständigkeitsvorschriften aufgab,[331] nicht mehr gefordert werden kann;[332] zur Feststellung, welche Kriterien im Rahmen des Vermögensgerichtsstandes einen hinreichenden Inlandsbezug begründen können, scheint jedoch ein Rückgriff auf die Rechtsprechung zur Indikationentheorie angebracht, da die dort geforderte zusätzliche Inlandsbeziehung funktional mit dem von Art. 25 EuGVO aufgestellten Tatbestandsmerkmal des „ausreichenden Bezug[s] zu [einem] Mitgliedstaat" vergleichbar ist.

Aus der Rechtsprechung des OGH lassen sich dabei jedoch ebenso wie in Deutschland keine klare Kriterien entnehmen, die eine hinreichende Inlandsbeziehung herstellen. Diese muss jedenfalls durch den Streitgegenstand oder die Parteien begründet sein, wobei es auf die „Ortsgebundenheit der Parteien"

OGH, Urteil v. 22.09.1994, 2 Ob 566/94; Urteil v. 17.03.1993, Az. 7 Ob 509/93; SZ 65/141; Urteil v. 06.06.1991, 8 Ob 559/91. Die „ausreichenden inländischen Nahebeziehung" wird hier erst durch eine „zusätzlichen Inlandsbeziehung des Streitgegenstandes oder der Parteien" hergestellt s. z. B. OGH, Urteil v. 22.09.1994, Az. 2 Ob 566/94; Urteil v. 13.03.1996, Az. 3 Ob 514/94. A. A. noch OGH, Urteil v. 18.05.1989, Az. 7 Ob 544/89; SZ 60/164; auch OLG Wien, IPRE 3/185.

330 SZ 65/141.

331 Fasching-*Matscher*, § 27a JN, Rn. 5; *Rechberger*, § 27a JN, Rn. 3. Nach *Heiss/Mayr*, IPRax 1999, S. 305 (306), Fn. 8, könne man nicht von der Theorie der Doppelfunktionalität sprechen, da durch die Möglichkeit der Ordination auch in anderen Fällen als bei Vorliegen einer örtlichen Zuständigkeit ein österreichisches Gericht international zuständig sein könne. Dennoch scheint m. E. nichts dagegen zu sprechen, die Vorschriften über die örtliche Zuständigkeit als doppelfunktional zu begreifen, da sie bei ihrem Vorliegen auch die internationale Zuständigkeit begründen, und insofern von Doppelfunktionalität zu sprechen. Neben den doppelfunktionalen Gerichtsständen besteht aber eben noch die Möglichkeit einer Ordination.

332 S. auch Fasching-*Simotta*, § 99 JN, Rn. 95; der OGH weist in seinem Urteil v. 14.12.2000, Az. 7 Ob 276/00i darauf hin, dass die Indikationentheorie nicht mehr gelte und unterlässt im Folgenden, auf eine zusätzliche Inlandsbeziehung einzugehen. Allerdings waren in dem Fall schon die Voraussetzungen des § 99 JN nicht gegeben.

bzw. „die Ortsbezogenheit des Streitgegenstandes" ankomme.[333] Die so begründete Inlandsbeziehung genüge jedoch nur dann zur Annahme der internationalen Zuständigkeit, wenn sich aus ihr ein „vernünftiges Interesse" der klagenden Partei ergebe, im Inland zu klagen.[334]

Die Inlandsbeziehung wurde unter anderem damit begründet, dass der Kläger österreichischer Staatsangehöriger sei und/oder seinen Wohnsitz in Österreich habe.[335] Ferner könne das Vermögen eine Inlandsbeziehung begründen, wenn es „von einer solchen Art und einem solchen Umfang [sei], da[ss] es eine im Inland ausgeübte Verwaltung erforder[e]", da dies als „teilweise „Ansässigkeit" des Beklagten in vermögensrechtlichen Belangen" angesehen werden könne.[336] Daneben bestehen, wie auch in Deutschland, Entscheidungen, die an mehrere Kriterien kumulativ anknüpfen.[337] Insgesamt kann festgehalten werden, dass die Annahme des Bestehens einer zusätzlichen Inlandsbeziehung, ebenso wie das Vorliegen eines hinreichenden Inlandsbezuges in Deutschland, letzten Endes von einer Ermessensentscheidung des Gerichts abhängt. Soweit ersichtlich wurde jedoch, anders als in Deutschland, der Wohnsitz als alleiniges und ausreichendes Kriterium für die Annahme einer Inlandsbeziehung bereits bestätigt.[338]

---

333 OGH, Urteil v. 03.12.1997, Az. 7 Ob 269/97b; Urteil v. 13.06.1995, Az. 4 Ob 50/95; SZ 65/141.

334 OGH, Urteil v. 27.02.1996, Az. 4 Ob 512/96; dem folgend OGH Urteil v. 03.12.1997, Az. 7 Ob 269/97b.

335 OGH, Urteil v. 13.06.1995, Az. 4 Ob 50/95, wobei nicht ganz klar wird, ob das Gericht auf beide Kriterien kumulativ abstellt. Nach OGH, Urteil v. 24.04.1997, Az. 6 Ob 78/97g, ist alleine der Wohnsitz des Klägers ausreichend. Das Gericht stellt zwar zusätzlich noch auf andere Umstände ab, stellte aber vorab fest, dass „[d]er Wohnsitz des Klägers in Österreich […] die geforderte Nahebeziehung [schaffe]".

336 OGH, Urteil v. 17.03.1993, Az. 7 Ob 509/93; SZ 65/141.

337 In OGH, Urteil v. 18.12.1995, Az. 4 Ob 596/95, hatte der Kläger seinen Wohnsitz in Österreich und wurde für die Beklagte dort als Handelsvertreterin tätig.

In einem Urteil des OGH vom 14.12.1999, Az. 10 Ob 187/99v, war der Beklagte der Schuld einer Gesellschaft mit Sitz in Österreich beigetreten und war an einer österreichischen GmbH beteiligt.

Nach OGH, SZ 68/118, ist eine Inlandsbeziehung dann gegeben, wenn die Klage auf ein von der beklagten Partei in Österreich erfülltes Rechtsgeschäft gestützt ist und wenn sich die geltend gemachten Ansprüche aus einer Handelsvertretertätigkeit ergeben, welche durch die Inlandsrepräsentanz der Beklagten erbracht wurde.

338 OGH, Urteil v. 24.04.1997, Az. 6 Ob 78/97g, wobei das Gericht, wie auch in anderen seiner Entscheidungen (z. B. Urteil v. 13.06.1995, Az. 4 Ob 50/95) betont, dass der Gerichtsstand gerade dazu gedacht gewesen sei, Inländern eine Klagemöglichkeit zu eröffnen, wenn die beklagte Partei keinen anderen Gerichtsstand in Österreich habe.

Abgelehnt wurde eine ausreichende Inlandsbeziehung hingegen in einem Fall, in dem die Beklagte, eine österreichische in Deutschland wohnhafte Staatsangehörige, gegenüber der in Deutschland ansässigen Klägerin für ihre in Österreich wohnende Tochter eine Bürgschaft gegeben hatte. Ein vernünftiges Interesse an der Prozessführung in Österreich sei nicht gegeben, da die österreichische Staatsangehörigkeit und die Besuche der Beklagten bei ihrer Tochter in Österreich nicht von Belang seien. Auch habe die Beklagte kein Interesse, das Verfahren in Österreich zu führen. Ein schutzwürdiges Interesse der Klägerin an einer Prozessführung in Österreich sei ebenfalls nicht zu erkennen.[339] Es kann damit festgehalten werden, dass nach dieser Entscheidung die Staatsangehörigkeit der Beklagten allein nicht zur Begründung einer ausreichenden Inlandsbeziehung genügt.

Nicht ausreichend sei ferner die Benutzung einer Mietwohnung als Ferienwohnung, wenn diese nur unregelmäßig zu Ferienzwecken genutzt werde und wenn der Mieter nicht die Absicht habe, an dem Ort „bleibenden Aufenthalt zu nehmen".[340] Diese Entscheidung ist so zu verstehen, dass auch der nur vorübergehende Aufenthalt im Rahmen des § 99 JN kein geeignetes Kriterium ist, um eine ausreichende Inlandsbeziehung zu begründen.

3. Folgerungen für die Auslegung des „ausreichenden Bezugs zu einem Mitgliedstaat" i. S. d. Art. 25 EuGVO-E

a) Ausfüllen des Merkmals des „ausreichenden Bezuges" durch einzelne, feste Kriterien oder durch Gesamtbetrachtung, gegebenenfalls i. S. der forum non conveniens-Lehre?

Nach den oben gemachten Ausführungen zu den Rechten der einzelnen Mitgliedstaaten stellt sich die Frage, ob die Möglichkeit besteht, zur Ausfüllung des Tatbestandsmerkmals des ausreichenden Bezuges einzelne Kriterien herauszuarbeiten, bei deren Vorliegen der Bezug stets anzunehmen ist, oder ob, wie vor allem in der deutschen Rechtsprechung, eine Gesamtschau aller in Betracht kommenden Kriterien für den Inlandsbezug zu erfolgen hat, was zwingend zu Einzelfallentscheidungen führt, da einzelne Kriterien gerade nie sicher einen Inlandsbezug begründen. In diesem Fall wäre zusätzlich fraglich, ob es sich bei den Einzelfallentscheidungen um Entscheidungen i. S. der forum non conveniens-Lehre handelt, wie dies in der deutschen Literatur immer wieder angeführt

339 OGH, Urteil v. 27.02.1996, Az. 4 Ob 512/96.

340 SZ 65/141.

wurde[341]. Auf die zuletzt aufgeworfene Frage soll zuerst eingegangen und von ihr ausgehend entwickelt werden, welche Lösung im Rahmen der EuGVO-E als vorzugswürdig erscheint.

aa) Einführung der forum non conveniens-Lehre als Folge einer Abwägung aller in Betracht kommenden Kriterien?

Vor allem in der deutschen, aber auch in der österreichischen Literatur wurde angemerkt, dass die Forderung nach einem ausreichenden Inlandsbezug die forum non conveniens-Lehre in die jeweilige Rechtsordnung eingeführt habe.[342] Ob dies zutrifft, ist deshalb entscheidend, da der EuGH im Rahmen der EuGVO die Anwendbarkeit der in der EU von englischen Gerichten angewandten forum non conveniens-Lehre abgelehnt hat.[343] Im Rahmen der Verordnung müsste daher gegebenenfalls die Auslegung des ausreichenden Bezuges so erfolgen, dass auf bestimmte, feste Kriterien abzustellen ist.

Die grundlegende Voraussetzung der forum non conveniens-Doktrin ist, dass ein deutlich besser geeignetes und tatsächlich international zuständiges Forum vorhanden ist, welches im Hinblick auf die Interessen der Parteien und i. S. der Gerechtigkeit vorzugswürdig erscheint.[344] Während auf der ersten Stufe der Beklagte zu beweisen hat, dass ein besser geeignetes Forum besteht[345], ist es auf der zweiten Stufe Sache des Klägers, Gründe anzuführen, weshalb trotz des Bestehens eines anderen Forums das Gericht sein Verfahren nicht aussetzen sollte.[346,347] Es ist daher festzustellen, dass insofern beim Vorgehen zur Ermittlung eines ausreichenden Bezuges im Rahmen des Art. 25 EuGVO-E

---

341 S. Kap. 2, S. 114.

342 S. für die deutsche Literatur Kap. 2, S. 114, für die Österreichische Literatur z. B. *Matscher*, JBl. 1996, S. 277 (282 f.).

343 EuGH, C-281/02 (*Owusu*), Rn. 46, wobei dem Fall ein Sachverhalt zu Grunde lag, in dem beide Parteien ihren Wohnsitz in einem EU-Staat hatten. Zu der Frage, ob es eine Rolle spielt, wenn der Beklagte wie in Drittstaatenfällen seinen Wohnsitz nicht in einem EU-Mitgliedstaat hat, s. Kap. 2, S. 121.

344 Grundsatzurteil des House of Lords, (*Spiliada Maritime Corporation*), A.C. 1987, S. 460 (476); auch Queen's Bench Division, (*Bristow Helicopters Ltd*), 2 C.L.C. 2005, S. 856 (864).

345 S. hierzu ausführlich *König*, S. 40 ff.

346 House of Lords, (*Spiliada Maritime Corporation*), A.C. 1987, S. 460 (476); näher ausgeführt bei *Ceshire, North & Fawcett*, S. 428–439.

347 S. auch zum Ganzen die Ausführungen bei *König*, S. 36 f. Zur zweiten Stufe ausführlich die Erläuterungen auf S. 61 ff.

auch bei Vornahme einer Gesamtschau insofern keine Vergleichbarkeit mit der forum non conveniens-Lehre gegeben ist, als bei der Ermittlung des Inlandsbezuges nicht darauf abgestellt wird, ob ein anderes Forum existiert, in dem der Fall verhandelt werden kann. Auch begründet der Inlandsbezug erst die internationale Zuständigkeit nach den genannten Vorschriften, während im englischen Recht eine Zuständigkeit bereits besteht, das Gericht jedoch auf Grund der forum non conveniens-Doktrin seine Gerichtsgewalt nicht ausübt. Eine Vergleichbarkeit ist allerdings dahingehend gegeben, dass bei der Frage, ob ein deutlich besser geeignetes Forum besteht, das Gericht auf Faktoren abstellt, die den Fall mit einem Land verbinden, insofern also nach einem Inlandsbezug zu dem entsprechenden Land sucht. Hierzu zieht das Gericht im Rahmen der forum non conveniens-Lehre die gleichen Kriterien[348] heran wie bei der Frage, ob es seine internationale Zuständigkeit auf Grund des forum conveniens annimmt.[349] Eine Vergleichbarkeit mit dem ausreichenden Bezug nach Art. 25 EuGVO-E besteht, auch im Hinblick auf die Beweislastverteilung, eher mit der forum conveniens-Lehre als mit der forum non conveniens-Lehre.[350] Ein Abstellen auf die Gesamtheit aller in dem jeweiligen Fall in Betracht kommenden Kriterien würde damit die Einführung von Elementen der forum conveniens-Lehre in die EuGVO-E bedeuten. Ein Unterschied würde immer noch deshalb bestehen, als nach der forum conveniens-Lehre England das deutlich am besten geeignetste Forum sein müsste, während Art. 25 EuGVO-E mit einem „ausreichenden Bezug" weniger verlangt, da er für die Begründung der Zuständigkeit keinen Vergleich mit international zuständigen

---

348 Diese reichen weiter als die zur Begründung des hinreichenden Inlandsbezugs vorgeschlagenen Kriterien und umfassen neben der Verfügbarkeit von Zeugen, dem materiell anwendbaren Recht, dem Aufenthalt der Parteien oder dem Ort, an dem sie ihren Geschäften nachgehen, s. House of Lords, (*Spiliada Maritime Corporation*), A.C. 1987, S. 460 (478) u. a. auch, wie weit das Verfahren fortgeschritten ist, s. Queen's Bench Division, (*Bristow Helicopters Ltd*), 2 C.L.C. 2005, S. 856 (866). Dabei kommt den einzelnen Kriterien kein bestimmter Stellenwert im Rahmen der Abwägung zu, da die Gewichtigkeit eines Kriteriums von dem jeweiligen zu verhandelnden Fall abhängt, s. die Ausführungen bei *König*, S. 37 f.

349 *Ceshire, North & Fawcett*, S. 431; *König*, S. 36.

350 Zu den wesentlichen Unterschieden zwischen forum conveniens und forum non conveniens s. House of Lords, (*Spiliada Maritime Corporation*); A.C. 1987, S. 460 (480 f.): im Fall des forum conveniens trifft den Kläger die Beweislast; der Kläger muss das Gericht davon überzeugen, die Zustellung im Ausland zuzulassen, s. auch *König*, S. 36, Fn. 88 und S. 31; die nach der forum conveniens-Lehre angenommene Zuständigkeit kann nach dem soeben zitierten Urteil zudem exorbitant sein.

Gerichten anderer Staaten fordert[351]. Da jedoch in beiden Fällen wie auch bei der forum non conveniens-Lehre eine Abwägung aller in Betracht kommenden Umstände erfolgen würde, wären bei einer Gesamtschau Einzelfallentscheidungen die Folge. Derartige nach Art. 25 lit. b EuGVO-E ergehende Einzelfallentscheidungen könnten daher problematisch sein.

bb) Einzelfallentscheidungen im Rahmen des Art. 25 EuGVO-E als Verstoß gegen die Zielsetzungen der Verordnung?

Wie gezeigt, führt eine Abwägung aller Umstände im Rahmen des Art. 25 lit. b EuGVO-E nicht zu einer Einführung der forum non conveniens-Lehre in die Verordnung.[352] Es würden jedoch Elemente der forum conveniens-Lehre des englischen Rechts übernommen, die in der Verordnung ebenso unerwünscht sein könnten. Damit ist die Übertragbarkeit der in der *Owusu*-Entscheidung genannten Gründe für eine Ablehnung der Anwendbarkeit der forum non conveniens-Doktrin im Rahmen der Verordnung auf mögliche Einzelfallentscheidungen nach Art. 25 lit. b zu untersuchen. Der vom EuGH zuerst aufgeführte Grund, dass die Vorschriften der EuGVO zwingend seien[353], kann auf den vorliegenden Fall nicht übertragen werden, da es nicht darum geht, eine nach der Verordnung zugewiesene Zuständigkeit nicht auszuüben. Maßgebend könnte jedoch der vom EuGH in Rn. 38 des genannten Urteils erwähnte Grundsatz der Rechtssicherheit sein. Der EuGH geht zwar dabei davon aus, dass das Gericht, welches das vor ihm angestrengte Verfahren aussetzen will, bereits nach der Verordnung zuständig ist[354], während es vorliegend darum geht, die Zuständigkeit eines Gerichts überhaupt erst zu begründen. Der in der Rechtsprechung des EuGH für die Bedeutung des Grundsatzes der Rechtssicherheit vorgebrachte Grund, dass ein „normal informierter Beklagter vernünftigerweise vorhersehen [können muss]“, vor welchen Gerichten er verklagt werden kann[355], gilt jedoch gerade auch

351 Dass Art. 25 lit. b EuGVO-E weniger verlangt als die forum non conveniens-Lehre, s. im Ergebnis auch *Weber*, RabelsZ 2011, S. 619 (640).

352 Kap. 2, S. 118 ff.

353 EuGH, C-281/02 (*Owusu*), Rn. 37 im Hinblick auf Art. 2. Es ist jedoch auf Grund der vom EuGH in der Entscheidung im Folgenden genannten Gründen davon auszugehen, dass auch die übrigen Zuständigkeitsvorschriften der Verordnung zwingend sind, s. auch Sheriff Court Aberdeen (UK), Urteil v. 03.04.2009, Az. CA17/08, Rn. 59 f. (2009 WL 908173) und *König*, S. 149.

354 EuGH, C-281/02 (*Owusu*), Rn. 38.

355 EuGH, C-103/05 (*Reisch Montage AG*), Rn. 24 f.; C-281/02 (*Owusu*), Rn. 40; C-256/00 (*Besix SA*), Rn. 26; C-440/97 (*Groupe Concorde u. a.*), Rn. 23 f.; C-26/91 (*Handte & Co. GmbH*), Rn. 18 f.

in diesem Fall[356]. Zwar stellt der EuGH im Hinblick auf den Schutzzweck des EuGVÜ auf Beklagte ab, die innerhalb der Gemeinschaft ansässig sind[357,358], jedoch spricht in dem neuen Kommissionsentwurf zur EuGVO[359] Erwägungsgrund 12 nur allgemein davon, dass die Zuständigkeitsvorschriften in hohem Maße vorhersehbar sein sollten, ohne sich auf die Parteien des Verfahrens zu beziehen. Auch Beklagte aus Drittstaaten haben ein legitimes Interesse daran, vorhersehen zu können, in welchem Staat der EU sie verklagt werden können. Es ist daher auch unerheblich, dass die Entscheidung in der Sache *Owusu* nicht ausdrücklich zu der Frage Stellung genommen hat, ob die forum non conveniens-Lehre auch dann nicht anzuwenden ist, wenn das Gericht eines Nichtmitgliedstaats als das besser geeignete anzusehen und die Klage gegen einen Beklagten mit Wohnsitz in einem Drittstaat gerichtet ist.[360] Fraglich ist jedoch, ob der Grundsatz der Rechtssicherheit unter dem Kommissionsvorschlag ebenso streng zu verstehen ist wie unter der EuGVO und dem EuGVÜ, oder ob nun auch Ausnahmen gemacht werden dürfen. In Erwägungsgrund 12 wurde nämlich das Verb „müssen" durch „sollten" ersetzt. Auch wird in Erwägungsgrund 13, der auf die besonderen Zuständigkeiten eingeht, extra noch einmal angeführt, dass die in diesen Gerichtsständen vorhandenen engen Verbindungen zwischen dem Gericht und dem Rechtsstreit Rechtssicherheit schaffen sollen. Solche Ausführungen fehlen in Erwägungsgrund 17 ganz, der nur feststellt, dass eine subsidiäre Zuständigkeit vorzusehen sei. Diese muss nach dem Wortlaut des Erwägungsgrundes keine enge Verbindung zwischen Gericht und Rechtsstreit herstellen, wodurch die Rechtssicherheit nur in geringerem Maße gewährleistet ist. Dass diese Einschränkung der Geltung der Rechtssicherheit in Erwägungsgrund 17 notwendig war, ergibt sich schon durch das Bereithalten einer Notzuständigkeit in Drittstaatenfällen, welche nach ihrer Natur nur weniger bestimmt sein kann als die für den Regelfall geltenden Gerichtsstände. Aus den Erwägungsgründen lässt sich nicht eindeutig entnehmen, ob für die Gerichtsstände nach Art. 25 und 26 EuGVO-E

---

356 S. EuGH, C-26/91 (*Handte & Co. GmbH*) in Bezug auf Art. 5 Nr. 1 EuGVÜ. Der Gerichtsstand war vorliegend nicht eröffnet, da dies für den Beklagten nicht vorhersehbar gewesen wäre, Rn. 18 f. des Urteils.

357 EuGH, C-281/02 (*Owusu*), Rn. 39.

358 Der EuGH hat die Rechtsprechung hinsichtlich des Grundsatzes der Rechtssicherheit zum EuGVÜ für die EuGVO übernommen, s. EuGH, C-462/06 (*Glaxosmithcline and Laboratories Glaxosmithcline*), Rn. 33; C-103/05 (*Reisch Montage AG*), Rn. 24.

359 KOM (2010) 748 endg.

360 Dass dies durch das Urteil nicht entschieden worden sei s. Court of Appeal (Civil Division), Urteil v. 11.11.2009, Az. A3/2009/0423, Rn. 52 (2009 WL 3643882). Auch *König*, S. 150 f., mit Blick auf Art. 22 EuGVO und S. 155 hinsichtlich Art. 23 EuGVO.

ganz auf die Rechtssicherheit verzichtet werden soll, oder ob diese zumindest so weit wie möglich berücksichtigt werden sollte. Nach der Verordnung selbst ist daher nicht klar feststellbar, ob und inwieweit der Grundsatz der Rechtssicherheit auch im Fall des Art. 25 EuGVO-E gelten soll. Gegen die Ziele der Verordnung würde das Vornehmen von Gesamtabwägungen im Rahmen des Art. 25 lit. b EuGVO-E daher möglicherweise nicht verstoßen.

cc) Einzelfallentscheidungen im Rahmen des Art. 25 EuGVO-E als Verstoß gegen den Grundsatz der Rechtssicherheit als einem allgemeinen Grundsatz des Unionsrechts?

Der Grundsatz der Rechtssicherheit ist ein allgemeiner Grundsatz des Unionsrechts[361] und damit primäres Gemeinschaftsrecht[362]. Ferner verstößt die Anwendung von Gerichtsstandregelungen gegen einen Beklagten, der die Eröffnung der Zuständigkeit nicht vorhersehen konnte, gegen diesen Grundsatz[363], so dass die Vorhersehbarkeit, wo man vor Gericht gezogen werden kann, Bestandteil des Grundsatzes der Rechtssicherheit, und nicht nur eine unverbindliche Zielsetzung der Verordnung, ist. Da der Grundsatz ein allgemein gültiges Prinzip ist, muss er auch dann in dem bereits durch die Rechtsprechung entwickelten Umfang weiter gelten, wenn die Verordnung die Anforderungen an die Vorhersehbarkeit abschwächt. Anderenfalls könnte die Formulierung von Sekundärrecht über die Reichweite von Primärrecht entscheiden, wobei die Erwägungsgründe nicht einmal rechtlich bindend sind. Unklar ist allerdings, wie in diesem Zusammenhang eine neuere Entscheidung des EuGH zu verstehen ist, in der das Gericht feststellt, dass eine weite Auslegung des Art. 22 Nr. 2 EuGVO sowohl dem Ziel zuwiderliefe, ein hohes Maß an Vorhersehbarkeit der Eröffnung der Zuständigkeiten sicherzustellen, als auch dem Grundsatz der Rechtssicherheit.[364] Das Gericht scheint hier entgegen seiner früheren Rechtsprechung die Vorhersehbarkeit der Gerichtsstände nicht mehr als Bestandteil des Grundsatzes der Rechtssicherheit zu begreifen, sondern als ein von diesem unabhängiges Prinzip.[365]

---

361 Aus der neueren Rechtsprechung z. B. EuGH, C-230/09 (*Hauptzollamt Koblenz*), Rn. 74; C-201/10 (*Ze Fu Fleischhandel GmbH*), Rn. 30; auch *Fischer*, S. 54, Rn. 140 mit S. 59, Rn. 151.

362 S. zu der Einordnung der allgemeinen Rechtsgrundsätze als primäres Gemeinschaftsrecht z. B. *Streinz*, S. 155, Rn. 453.

363 EuGH, C-26/91 (*Handte & Co. GmbH*).

364 EuGH, C-144/10 (*Berliner Verkehrsbetriebe (BVG), Anstalt des öffentlichen Rechts*), Rn. 33.

365 Ähnlich auch der Generalanwalt Bot in seiner Stellungnahme zu der Rechtssache C-133/08 (Rn. 74). Es ging dabei um eine Vorschrift aus der Rom I-Verordnung. Der

Der Entscheidung sollte jedoch keine zu große Bedeutung beigemessen werden. In dem der Entscheidung zu Grunde liegenden Fall konnte ein Verstoß gegen den Grundsatz der Rechtssicherheit nämlich nur unter dem Gesichtspunkt einer zu weiten Auslegung der Zuständigkeitsvorschrift und damit in der Nichtvorhersehbarkeit der Eröffnung des Gerichtsstandes in Betracht kommen, so dass trotz der abweichenden Formulierung des EuGH seine Ausführungen darauf hinauslaufen, dass eine Nichtvorhersehbarkeit der Gerichtsstände gegen den Grundsatz der Rechtssicherheit verstößt.

Damit gilt, dass die Voraussetzung, dass die in Betracht kommenden Gerichtsstände vorhersehbar sein müssen, unabhängig von der Erwähnung in den Erwägungsgründen gilt, und dass die Erwägungsgründe die bereits bestehende Intensität der geforderten Rechtssicherheit auch nicht einschränken können. Es stellt sich somit die Frage nach dem Umfang der zu fordernden Rechtssicherheit im Rahmen der Zuständigkeiten. Die Vorschriften sind, wie festgestellt, im Allgemeinen so auszulegen, dass der Beklagte seine mögliche Gerichtspflichtigkeit vorhersehen kann. Im Rahmen von Art. 25 EuGVO-E ist dies deshalb schwierig, als die Vorschrift bereits nach ihrem Wortlaut recht unbestimmt ist. Sie ist jedoch zu Gunsten der Rechtssicherheit zumindest so auszulegen, dass dieser so weit wie möglich Rechnung getragen wird, was dafür spricht, anstatt eine Gesamtabwägung aller Umstände des Einzelfalles durchzuführen, einzelne Kriterien zu suchen, welche einen ausreichenden Inlandsbezug begründen.

b) Mögliche in Betracht kommende Kriterien zur Ausfüllung des „ausreichenden Bezuges"

aa) Staatsangehörigkeit

(1) Allgemeine Vor- und Nachteile des Kriteriums der Staatsangehörigkeit

Wie dargestellt, wurde in der Rechtsprechung zur Begründung der erforderlichen Beziehung zum Inland des Öfteren auf die Staatsangehörigkeit der Parteien abgestellt, wobei in Österreich die Staatsangehörigkeit der beklagten Partei für sich nicht als ausreichendes Kriterium angesehen wurde.[366] Das Kriterium hat den Vorteil, dass es klar definiert ist. Es ergibt sich aus ihm allerdings eine gewisse Ungleichbehandlung, die im Folgenden näher zu untersuchen ist.

Generalanwalt trennt in seinen Ausführungen die Rechtssicherheit und die Berechenbarkeit der Kollisionsnormen.

366 OGH, Urteil v. 27.02.1996, Az. 4 Ob 512/96; anders für Deutschland der BGH in NJW-RR 1993, S. 5.

(2) Problem der Diskriminierung

(a) Problemaufriss

Es ist fraglich, inwieweit es gerechtfertigt erscheint, die Anwendbarkeit des Art. 25 EuGVO-E von der Staatsangehörigkeit abhängig zu machen, da dies dazu führt, dass sich unter diesem Kriterium alle Angehörigen der Mitgliedstaaten nur in ihrem Heimatstaat auf Art. 25 EuGVO-E berufen können. Ein Anknüpfen an dieses Merkmal wurde daher im Rahmen des § 23 S. 1 1. Alt. ZPO mit der Begründung abgelehnt, dass es auf Grund einer möglicherweise gemeinschaftsrechtlich verbotenen Diskriminierung problematisch sein könnte.[367,368] Vorliegend muss allerdings beachtet werden, dass der Fall wegen der unionsrechtlich geregelten Materie anders gelagert ist. Während das deutsche Recht bei einer Verwendung des Kriteriums nur die deutschen Staatsangehörigen bevorzugen würde, behandelt Art. 25 EuGVO-E alle Angehörigen der Mitgliedstaaten insoweit gleich, als jeder Angehörige in seinem Staat das Kriterium erfüllt und damit jeder Person bei Belegenheit von Vermögen des Beklagten in seinem Heimatstaat ein Forum eröffnet wird. Eine unterschiedliche Behandlung erfolgt im Rahmen der Verordnung allerdings, wenn ein Angehöriger des Mitgliedstaates A vor Gerichten des Mitgliedstaates B klagen möchte, da sich nur in diesem Vermögen des Beklagten

---

367 Staudinger-*Hausmann*, IntVertrVerfR, Rn. 224; *Geimer*, NJW 1991, S. 3072 (3074). Bezüglich § 28 Abs. 1 Nr. 2 JN wird teilweise vertreten, dass es gegen Art. 12 EGV (jetzt Art. 18 AEUV) verstoße, dass eine Ordination dann zu erfolgen habe, wenn der Kläger die österreichische Staatsangehörigkeit besitze, s. *Rechberger/Simotta*, S. 31, Fn. 25; auch *Simotta*, FS Schütze, S. 831 (848 f.); an einer Vereinbarkeit mit Art. 12 EGV (jetzt Art. 18 AEUV) zweifelnd *Mayr*, JBl. 2001, S. 144 (159). Es stellt sich hier ein ähnliches Problem, wie wenn man im Rahmen des Art. 25 lit. b EuGVO-E die Staatsangehörigkeit allein als ausreichendes Kriterium für die Begründung eines ausreichenden Bezuges zu einem Mitgliedstaat ansieht. Ein Unterschied ergibt sich insofern, als das Vorliegen einer möglichen Diskriminierung im Rahmen des § 28 JN nicht von der Vergleichsgruppenbildung abhängt. Nach der europäischen Unterhaltsverordnung (ABl. EU, L 7/1) soll die Staatsangehörigkeit jedenfalls ein geeignetes Kriterium sein, um im Rahmen der dort geregelten Notzuständigkeit einen ausreichenden Bezug zu einem Mitgliedstaat herzustellen, s. Erwägungsgrund 16.

368 Der EFTA-Gerichtshof hat § 53 a Abs. 1 der liechtensteinischen Jurisdiktionsnorm für mit Art. 36 EWR-Abkommen unvereinbar erklärt, da die Vorschrift ausschließlich liechtensteinischen Staatsangehörigen das Recht verleiht, nicht im Ausland verklagt werden zu können, wenn eine Gerichtsstandsvereinbarung nicht öffentlich beurkundet wurde, Rs. E-13/11 (*Granville Establishment*), Rn. 54.

befindet und der Gerichtsstand des Art. 25 EuGVO-E daher in Mitgliedstaat A von vorne herein ausgeschlossen ist.

(b) Vergleichbarkeit der Fragestellung mit der unter Art. 3 Abs. 1 lit. a 6. Spiegelstrich EuEheVO

Zur Lösung des Problems ist vergleichend ein Blick auf Vorschriften anderer Verordnungen zu werfen, die im Rahmen der Zuständigkeit auf die Staatsangehörigkeit abstellen. In Betracht kommen hier Art. 3 Abs. 1 lit. a 6. Spiegelstrich EuEheVO und Art. 3 Abs. 1 lit. b EuEheVO. Da Art. 3 Abs. 1 lit. b EuEheVO eine Sonderkonstellation behandelt, wird auf ihn im Folgenden nicht eingegangen. Art. 3 Abs. 1 lit. a 6. Spiegelstrich EuEheVO wird von der überwiegenden Literaturmeinung auf Grund des Diskriminierungsverbotes des Art. 18 AEUV für europarechtswidrig gehalten.[369] Die Diskriminierung wird dabei auf den Umstand zurückgeführt, dass neben der Staatsangehörigkeit noch ein zweiter Anknüpfungspunkt zur Eröffnung des Gerichtsstandes besteht, welcher ein Zeitmoment enthält, das gegenüber Art. 3 Abs. 1 lit. a 5. Spiegelstrich EuEheVO verkürzt ist. Dennoch kann im Rahmen von Zuständigkeitsregelungen auch die Anknüpfung an die Staatsangehörigkeit alleine zu einer Diskriminierung führen, da sie stets die Angehörigen der anderen Mitgliedstaaten von der Regelung ausschließt. Im Rahmen des Art. 25 lit. b EuGVO-E würde sich dies so auswirken, dass es für Staatsangehörige des entsprechenden Mitgliedstaates einfacher ist als für Staatsangehörige anderer Mitgliedstaaten, in diesem Staat einen ausreichenden Bezug herzustellen, da ihnen ein Kriterium mehr zur Verfügung steht als den übrigen Unionsbürgern. Dies wirft die oben angesprochene Frage auf, ob eine solche Regelung deshalb primärrechtskonform ist, weil sie alle Unionsbürger insofern gleich behandelt, als jedem wenigstens ein Forum zur Verfügung gestellt wird. Diese Frage wird im Rahmen des Art. 3 Abs. 1 lit. a 6. Spiegelstrich EuEheVO von *Rauscher* bejaht.[370] Als Vergleichsgruppe sei auf die Unionsbürger in ihrer Gesamtheit abzustellen, nicht auf die Staatsangehörigen in einem bestimmten Staat, so dass die Regelung

369 Geimer/Schütze-*Geimer*, Art. 3 EuEheVO, Rn. 14; Thomas/Putzo-*Hüßtege*, Art. 3 EuEheVO, Rn. 9; Zöller-*Geimer*, Art. 3 EuEheVO, Rn. 6; *Dilger*, S. 303, Rn. 422 (Vorliegen einer Ungleichbehandlung) zusammen mit S. 309, Rn. 435 (keine Rechtfertigung); *Simotta*, FS Geimer, S. 1115 (1154); *Spellenberg*, FS Geimer, S. 1257 (1270); *Hau*, FamRZ 2000, S. 1333 (1336); *Hausmann*, EuLF 2000/01, S. 345 (352); *Helms*, FamRZ 2002, S. 1593 (1596); *Schack*, RabelsZ 2001, S. 613 (623); a. A. Rauscher-*Rauscher*, Art. 3 EuEheVO, Rn. 47; zweifelnd *Kohler*, NJW 2001, S. 10 (11).

370 Rauscher-*Rauscher*, Art. 3 EuEheVO, Rn. 47.

alle Unionsbürger gleich behandle. Würde man die Staatsangehörigkeit als Kriterium auf Grund von Art. 18 AEUV als unzulässig ansehen, würde man schon das Fortbestehen der einzelnen Staaten für europarechtswidrig erklären, obgleich keine europäische Staatsangehörigkeit existiere.[371] Dem tritt *Hau* entgegen, indem er als Vergleichsgruppe gerade nicht die Unionsbürger in ihrer Gesamtheit heranzieht, sondern auf die einzelnen Mitgliedstaaten abstellt.[372]

(c) Stellungnahme

Die Entscheidung der Frage, ob eine Diskriminierung vorliegt, hängt damit davon ab, welche Personengruppe man als geeignete Vergleichsgruppe heranzieht. Vorzugswürdig erscheint aus folgendem Grund ein Vergleich mit den Angehörigen des jeweils in Betracht kommenden Mitgliedstaates: Die EU hat zwar die Hoheitsgewalt, im Rahmen der ihr übertragenen Befugnisse Rechtsakte für das gesamte Gebiet der EU zu erlassen. Dieses Gebiet ist jedoch kein einheitliches Staatsgebiet, sondern zerfällt in die einzelnen Mitgliedstaaten, deren Existenz selbstverständlich nicht europarechtswidrig ist und auch durch die Annahme, dass ein Anknüpfen an die Staatsangehörigkeit gegen Primärrecht verstößt, nicht konsequenterweise für europarechtswidrig angesehen werden muss. Gerade dass jedoch – europarechtskonform – kein einheitliches Staatsgebiet besteht, muss von der EU bei Erlass von Rechtsakten berücksichtigt werden, da auf Grund der fortbestehenden Nationalstaaten auch ein einheitliches Anknüpfen an ein Kriterium, welches zu einer Benachteiligung der Unionsbürger in anderen Mitgliedstaaten führt, eine Diskriminierung darstellen kann. Der Unionsgesetzgeber darf nicht mit der Begründung, dass die Regelung einheitlich gelte, über Ungleichbehandlungen hinweggehen, die aus der legitimerweise fortbestehenden Individualität der Mitgliedstaaten resultieren. Folglich ist, da gerade kein einheitliches Staatsgebiet und keine europäische Staatsangehörigkeit bestehen, der Unionsgesetzgeber aber dennoch für das gesamte Unionsgebiet Rechtsakte erlassen kann, für die Frage, ob eine Diskriminierung vorliegt, zumindest auch auf die einzelnen Mitgliedstaaten abzustellen und zu fragen, ob ein Anknüpfen an die Staatsangehörigkeit in diesen zu einer Benachteiligung der anderen Unionsbürger führt. Dies ist im Rahmen des Art. 3 Abs. 1 lit. a 6. Spiegelstrich EuEheVO ebenso zu bejahen, wie bei einem Heranziehen des Kriteriums der Staatsangehörigkeit zur Begründung eines ausreichenden Bezuges im Rahmen des Art. 25 lit. b EuGVO-E. Ebenfalls liegt eine Ungleichbehandlung von

---

371 So Rauscher-*Rauscher*, Art. 3 EuEheVO, Rn. 47.
372 FamRZ 2000, S. 1333 (1336).

Drittstaatenangehörigen vor, die in der Union ihren Wohnsitz haben. Sie könnten das Kriterium der Staatsangehörigkeit im Rahmen des Art. 25 lit. b EuGVO-E nie erfüllen[373], sofern sie nicht eine doppelte Staatsangehörigkeit besitzen und zugleich einem Mitgliedstaat der Union angehören.

(d) Rechtfertigung der Ungleichbehandlung

Da damit beim Anknüpfen an das Kriterium der Staatsangehörigkeit eine Ungleichbehandlung gegeben wäre, stellt sich die Frage nach deren Rechtfertigung. Dies setzt voraus, dass eine direkte Ungleichbehandlung nach Art. 18 AEUV überhaupt der Rechtfertigung zugänglich ist. Der EuGH hat eine solche zwar im Ergebnis nie angenommen, die Möglichkeit einer Rechtfertigung jedoch zumindest nicht ausgeschlossen.[374] In der Literatur wird sie überwiegend angenommen.[375] Dafür spricht, dass auch die übrigen Diskriminierungsverbote eine Rechtfertigungsmöglichkeit vorsehen[376] und dass im Rahmen des Art. 18 AEUV das Anknüpfungskriterium für die Ungleichbehandlung stets, auch bei der nur mittelbaren Ungleichbehandlung, die Staatsangehörigkeit ist. Es bestehen jedoch keine Gründe, weshalb die mittelbare Ungleichbehandlung einer Rechtfertigung zugängig sein soll, die unmittelbare hingegen nicht.[377] Maßgebend ist alleine, ob

373 Abzustellen ist hier auf Art. 20 EGRC, da sich Drittstaatenangehörige nicht auf Art. 18 AEUV berufen können, s. Kap. 1, S. 54 f.

374 EuGH, C-164/07 (*Kokott*), Rn. 15; C-360/00 (*Ricordi*), Rn. 33; C-85/96 (*Sala*), Rn. 64; gegen die Möglichkeit einer Rechtfertigung wohl noch EuGH, Rs. 293/83 (*Gravier*), da der Gerichtshof hier noch eine Diskriminierung annahm (Rn. 26), ohne auf die vorgebrachten Rechtfertigungsgründe einzugehen.

375 Calliess/Ruffert-*Epiney*, Art. 18 AEUV, Rn. 41; Grabitz/Hilf/Nettesheim-*von Bogdandy*, Art. 18 AEUV, Rn. 23: die Zugänglichkeit einer Rechtfertigung beruhe auf der durch die Unionsbürgerschaft erfolgende Erweiterung des Anwendungsbereichs des Diskriminierungsverbotes; Streinz-*Streinz*, Art. 18 AEUV, Rn. 60.

376 S. Streinz-*Streinz*, Art. 18 AEUV, Rn. 60. Nach Grabitz/Hilf/Nettesheim-*von Bogdandy*, Art. 18 AEUV, Rn. 21, spricht die Tatsache, dass im Gegensatz zu den besonderen Diskriminierungsverboten in Art. 18 AEUV keine ausdrückliche Rechtfertigungsmöglichkeit vorgesehen ist, systematisch gegen eine solche Möglichkeit. Dazu ist anzumerken, dass dann auch bei einer indirekten Ungleichbehandlung, welche auf Grundlage des Art. 18 AEUV erfolgt, keine Rechtfertigung möglich sein dürfte, dies jedoch unbestritten der Fall ist.

377 Calliess/Ruffert-*Epiney*, Art. 18 AEUV, Rn. 41; Streinz-*Streinz*, Art. 18 AEUV, Rn. 60; a. A. Schwarze-*Holoubek*, Art. 12 EGV, Rn. 60, der die Einschränkung schon auf Tatbestandsebene vornehmen will, weil eine direkte Ungleichbehandlung auf Grund der Staatsangehörigkeit absolut verboten sei.

die Ungleichbehandlung zu einer Diskriminierung führt.[378] Dies ist in beiden Fällen nur dann anzunehmen, wenn keine Rechtfertigungsgründe für die Ungleichbehandlung bestehen. Freilich wird es bei einer direkten Differenzierung anhand der Staatsangehörigkeit sehr viel schwieriger sein, Gründe für eine Rechtfertigung zu finden.[379] Folglich ist auch die direkte Ungleichbehandlung einer Rechtfertigung zugänglich, so dass nach möglichen objektiven Gründen für die Ungleichbehandlung zu fragen ist.

Im Hinblick auf die an die Staatsangehörigkeit anknüpfenden Vorschriften der EuEheVO wurde das Vorliegen von Kriterien für eine Rechtfertigung bezweifelt[380] oder ganz abgelehnt[381]. Vorgeschlagen, im Ergebnis jedoch nicht angenommen, wurde eine Rechtfertigung auf Grund einer „wesenseigenen Zuständigkeit" eines Staates für seine Angehörigen.[382] Eine solche Annahme erscheint vor dem Hintergrund des Diskriminierungsverbotes höchst fraglich, da sie im Prinzip ohne sachlichen Grund direkt an die Staatsangehörigkeit anknüpft. Es müsste zumindest festgestellt werden, weshalb eine solche Wesenseigenheit bestehen soll, denn erst die der Wesenseigenheit zu Grunde liegenden Erwägungen könnten möglicherweise zu einer Rechtfertigung führen. Der bloße Hinweis auf die Wesenseigenheit als solche ist im Prinzip ein Verweis auf eine Leerformel mangels tatsächlicher Gründe, die in beliebigen Situationen herangezogen werden könnte. Die Tatsache, dass die meisten Prozessordnungen nicht mehr an die Staatsangehörigkeit anknüpfen, spricht zudem gegen eine Rechtfertigung durch die Wesenseigenheit, da diese offensichtlich nicht zu einer Verpflichtung für die betreffenden Staaten führt, eine Zuständigkeit für ihre Staatsangehörigen vorzusehen. Sofern ein Staat auf Grund einer wie auch immer gearteten Wesenseigenheit eine Zuständigkeit für seine Angehörigen lediglich vorsehen *kann*, wird diese Kompetenz durch Art. 18 AEUV jedoch gerade dahingehend eingeschränkt, dass die übrigen Unionsbürger

---

378 Nach Grabitz/Hilf/Nettesheim-*von Bogdandy*, Art. 18, Rn. 21, spricht das Wort „jede" gegen die Möglichkeit einer Rechtfertigung. Dies ist jedoch dann unproblematisch, wenn man unter einer Diskriminierung nur solche Ungleichbehandlungen versteht, die gerade nicht gerechtfertigt sind, also nur rechtswidrige Ungleichbehandlungen. Im Ergebnis spricht sich auch *von Bogdandy* ebenfalls für die Möglichkeit einer Rechtfertigung aus, Art. 18, Rn. 23.

379 Calliess/Ruffert-*Epiney*, Art. 18 AEUV, Rn. 41; Streinz-*Streinz*, Art. 18 AEUV, Rn. 60.

380 *Hausmann*, EuLF 2000/01, S. 345 (352).

381 *Hau*, FamRZ 2000, S. 1333 (1336).

382 *Hau*, FamRZ 2000, S. 1333 (1336).

gleich zu behandeln sind, so dass sie die Ungleichbehandlung vorliegend nicht zu rechtfertigen vermag.[383,384]

Auch das Argument einer erhöhten Rechtssicherheit[385] vermag nicht durchzugreifen, da im Rahmen des Art. 25 lit. b EuGVO-E zur Begründung des ausreichenden Bezuges zu einem Mitgliedstaat auch die anderen in Betracht kommenden Kriterien, wie der Wohnsitz oder der gewöhnlichen Aufenthalt nur in geringerem Maße Rechtssicherheit gewähren. Die Rechtssicherheit war somit mangels Nennung bestimmter Kriterien, die einen ausreichenden Bezug zu einem Mitgliedstaat begründen, im Rahmen des Art. 25 lit. b EuGVO-E nicht vorrangiges Ziel der Kommission und könnte auf Grund der vorliegenden Regelung auch nicht erreicht werden, so dass sie ein Anknüpfen an die Staatsangehörigkeit nicht rechtfertigt.

Objektiver Zweck könnte jedoch vorliegend das Bestreben sein, für die Fälle der Ausübung der Gerichtsbarkeit einen ausreichenden Bezug zu dem Mitgliedstaat, dessen Gerichte angerufen sind, herzustellen. Der Grund für die Ungleichbehandlung wäre dann die dem Erfordernis für einen ausreichenden Bezug zu Grunde liegenden Erwägungen, weshalb diese zur Ermittlung der Frage, ob mit der Ungleichbehandlung ein legitimer Zweck verfolgt wird, herangezogen werden müssen.

Der BGH hat im Hinblick auf § 23 S. 1 1. Alt. ZPO die Einschränkung des hinreichenden Inlandsbezuges auf Grund des Zwecks der Vorschrift und ihrer Entstehungsgeschichte für notwendig gehalten, da ihre Vorgängerregelung nur auf inländische Kläger abgestellt habe und sie nach den Motiven der CPO von 1877 dazu gedacht gewesen sei, einen Gerichtsstand für im Inland wohnende Kläger zu schaffen, nicht jedoch, um eine Zuständigkeit für Streitigkeiten, welche keinerlei Inlandsbezug aufweisen, zu eröffnen.[386] Diese Erwägungen sind im Rahmen des Art. 25 EuGVO-E nicht weiterführend, da sie sich speziell auf die Entstehungsgeschichte des § 23 S. 1 1. Alt. ZPO beziehen.

Daneben sei eine einschränkende Auslegung des § 23 S. 1 1. Alt. ZPO auch auf Grund der Tendenzen, die Anwendbarkeit des Vermögensgerichtsstandes

---

383 *Hau* weist daher zu Recht darauf hin, dass eine Zuständigkeit auf Grundlage der Wesenseigenheit im RFSR unberechtigt sei, FamRZ 2000, S. 1333 (1336).

384 *Dilger*, S. 311, Rn. 439 spricht davon, dass sich im Rahmen der EuEheVO die Staatsangehörigkeit letztendlich selbst rechtfertigen würde. Dies entspricht den hier gemachten Ausführungen, dass die Rechtfertigung alleine auf Grund der „Wesenseigenheit" nicht zuzulassen ist, sofern die Wesenseigenheit nicht durch andere Gründe gestützt wird.

385 *Hau*, FamRZ 2000, S. 1333 (1336) in Bezug auf die EuEheVO.

386 BGHZ 115, S. 90 (94 f.).

in völkerrechtlichen Verträgen auszuschließen oder jedenfalls einzuschränken, geboten.[387] Daraus ergibt sich, dass der Gerichtsstand, obgleich er nach dem BGH nicht völkerrechtswidrig ist[388], doch jedenfalls von anderen Staaten als unangemessen und unerwünscht empfunden wird. Diese Erwägungen können auf die EuGVO-E übertragen werden, insbesondere da es der Kommission nach ihrem Grünbuch darauf ankam, die völkerrechtliche Courtoisie[389] angemessen

---

387 BGHZ 115, S. 90 (95 ff.).

388 BGHZ 115, S. 90 (92). Unklar sind insoweit allerdings die Ausführungen des Gerichts, dass eine Auslegung des § 23 S. 1 1. Alt. ZPO, die einen hinreichenden Inlandsbezug fordere, die Vorschrift in völkerrechtskonformer Weise begrenze (S. 98). Es wurde daher angemerkt, dass die Auffassung des BGH zu der Frage, ob der Vermögensgerichtsstand nur die völkerrechtliche Courtoisie verletzte oder aber tatsächlich völkerrechtswidrig sei, unklar bleibe, s. *Bertele*, S. 232.

389 Nach *Berteles* Ausführungen hinsichtlich § 23 S. 1 1. Alt. ZPO ginge es vorliegend nicht nur um die Berücksichtigung der völkerrechtlichen Courtoisie, sondern wegen des Erfordernisses des Genuine Link auf Grund der vorangegangenen weiten Auslegung des Art. 25 EuGVO-E in Bezug auf den Vermögensbegriff um die Frage der Völkerrechtsmäßigkeit des Gerichtsstandes. Diese könne (in Bezug auf § 23 S. 1 1. Alt. ZPO) entweder durch eine Vollstreckungsabsicht des Klägers im Inland begründet werden, wobei zur Annahme einer Vollstreckungsabsicht erforderlich sei, dass der Vermögenswert weit höher sei als die Prozesskosten und in das Vermögen überhaupt vollstreckt werden könne, s. *Bertele*, S. 229, oder durch eine neben der Vermögensbelegenheit zu fordernde Inlandsbeziehung, S. 230 f. und S. 266. Da vorliegend im Rahmen des Vermögens nicht auf dessen Pfändbarkeit oder dessen Wert im Verhältnis zu den Prozess- oder Vollstreckungskosten abgestellt wurde, könnte die Völkerrechtsmäßigkeit nur durch den ausreichenden Inlandsbezug nach Art. 25 lit. b EuGVO-E hergestellt werden. Eine Entscheidung, ob es tatsächlich um die Frage der Völkerrechtsmäßigkeit, oder nur um die Berücksichtigung der völkerrechtlichen Courtoisie geht, braucht hier jedoch nicht entschieden werden, da auch die völkerrechtliche Courtoisie eine objektive Erwägung darstellt, die als Rechtfertigungsgrund in Betracht kommt. Eine Rolle würde eine Unterscheidung nur dann spielen, wenn im Rahmen der Verhältnismäßigkeit die Ungleichbehandlung der Unionsbewohner unangemessen erscheint, da es bei der völkerrechtlichen Courtoisie nicht um eine Frage der Rechtmäßigkeit der Vorschrift geht. Ginge es um die Sicherstellung der Völkerrechtsmäßigkeit der Vorschrift, käme dem objektiven Zweck daher ein größeres Gewicht zu. Gegen die Völkerrechtswidrigkeit sind z. B. *Kleinstück*, S. 137 und *Bittighofer*, S. 193, da das Völkerrecht keinen Inlandsbezug zum Gerichtsstaat vorschreibe, S. 143. Selbst das Ausland, welches § 23 S. 1 1. Alt. ZPO scharf kritisiert hat, sprach nur von einer Verletzung der völkerrechtlichen Courtoisie, s. *Juenger*, Rev. crit. int. privé 1983, S. 37 (39).

zu berücksichtigen[390]. Dies stellt im Rahmen der Rechtfertigung eine objektive Erwägung dar. Sie ist auch verhältnismäßig[391], da alle Kriterien, die einen

390 KOM (2009) 175 endg., S. 4. Diese Erwägung dürfte, auch wenn der Gerichtsstand in Art. 25 EuGVO-E letzten Endes anderes ausgefallen ist, als noch im Grünbuch vorgesehen, auch im Verordnungsvorschlag eine Rolle spielen, da die Zuständigkeit jedenfalls durch die Voraussetzungen in lit. a und lit. b beschränkt wurde. Das Erfordernis des ausreichenden Bezuges kann daher neben der Schranke des lit. a aus Ausdruck betrachtet werden, die völkerrechtliche Courtoisie zu berücksichtigen.

391 A. A. *Koch*, der bezogen auf § 23 S. 1 1. Alt. ZPO der Ansicht ist, dass es für den Beklagten gleichgültig sei, ob er von einem Deutschen oder einem EU-Ausländer vor deutschen Gerichten in Anspruch genommen werde, IPRax 1997, S. 229 (232). Dies mag zutreffen. Dennoch wird durch die Forderung eines weitergehenden Inlandsbezuges als der bloßen Vermögensbelegenheit des Beklagten der völkerrechtlichen Courtoisie, die im Übrigen nicht gegenüber dem jeweiligen Beklagten, sondern nur gegenüber anderen Staaten als Völkerrechtssubjekten zu erweisen ist, eine größere Bedeutung beigemessen als ohne diese Einschränkung, da die eigene Zuständigkeit weniger häufig in Anspruch genommen wird. Ferner kann der Beklagte durch diese Einschränkung immerhin seltener vor deutschen Gerichten verklagt werden, als wenn gar kein weiterer Inlandsbezug gefordert würde. Darauf, ob dies zu einer vollständigen politischen Akzeptanz dieses Gerichtsstandes führt, kommt es m. E. im Rahmen der Rechtfertigung nicht an. Es genügt bereits eine Verbesserung, weshalb das Erfordernis eines ausreichenden Bezuges jedenfalls nicht schlechthin ungeeignet ist, sofern man geeignete Kriterien zur Ausfüllung des unbestimmten Rechtsbegriffes verwendet.
Ob die einzelnen Kriterien geeignet sind, die Akzeptanz des Gerichtsstands zu verbessern, ist letzten Endes Wertungsfrage. Teilweise wird sogar davon ausgegangen, dass der Gerichtsstand durch die Einschränkung des hinreichenden Inlandsbezuges möglicherweise gar nicht mehr exorbitant sei und beispielsweise der Wohnsitz des Klägers die Annahme der internationalen Zuständigkeit rechtfertigen könne, *Wollenschläger*, IPRax 2002, S. 96 (97). Das Zusatzprotokoll zur Haager Konvention über die Anerkennung und Vollstreckung ausländischer Entscheidungen in Zivil- und Handelssachen vom 1. Februar 1971 spricht eher dagegen, dass ein Abstellen auf mehrere als exorbitant empfundene Kriterien einen Gerichtsstand als annehmbar erscheinen lassen. Gemäß Art. 4 des Protokolls werden als zu weitgehend empfundene Zuständigkeitsgründe neben der bloßen Vermögensbelegenheit (a) unter anderem auch die Staatsangehörigkeit (b) sowie der Wohnsitz, der gewöhnliche Aufenthalt und der schlichte Aufenthalt des Klägers (c, mit Ausnahmen) genannt. Da gemäß Art. 2 eine Anerkennung und Vollstreckung von Entscheidungen, welche nur auf eine *oder mehrere* solcher Zuständigkeitsvorschriften gestützt hätten werden können, zu versagen ist (Hervorhebung durch die Verf.) und die unterzeichnenden Staaten ein auf diesen Grundlagen urteilendes Gericht grundsätzlich als unzuständig erachten (Art. 8), kann daraus abgeleitet werden, dass auch *eine* Zuständigkeitsvorschrift, welche sich auf mehrere solche Gründe stützt, als unangemessen empfunden werden wird.

Bezug zu einem bestimmten Mitgliedstaat herstellen können, in der Regel typischerweise von Personen anderer Staatsangehörigkeit wesentlich seltener erfüllt werden[392], wobei dies für die besondere Rechts- und Beweisnähe wohl in geringerem Maße als für die an die Person anknüpfenden Kriterien gelten dürfte. So ist es zwar naheliegend, dass die Parteien bei einer Rechtswahl eines der Rechte wählen, die in den Staaten ihres Wohnsitzes oder gewöhnlichen Aufenthalts gelten, zwingend ist dies jedoch nicht. Dies würde bedeuten, dass ein ausreichender Bezug zu einem Mitgliedstaat im Rahmen des Art. 25 lit. b EuGVO-E so gut wie nie in nicht diskriminierender Weise hergestellt werden könnte[393], wodurch letzten Endes eine Streichung des lit. b angezeigt wäre mit der Konsequenz, dass die völkerrechtliche Courtoisie in wesentlich geringerem Maße berücksichtigt würde. Demgegenüber erscheint es zumutbar, dass die Unionsbürger hier eine

---

Demgegenüber erscheinen vor diesem Hintergrund die Kriterien unproblematischer, welche auf eine Rechts- oder Beweisnähe abstellen. Dennoch ist wiederum darauf zu verweisen, dass es hier nicht darum geht, eine vollständige Akzeptanz des Vermögensgerichtsstandes aus Art. 25 EuGVO-E zu begründen, sondern die völkerrechtliche Courtoisie nicht vollständig außer Acht zu lassen. Hierbei ist auch ein Abstellen auf ein zweites Kriterium, welches ebenfalls als unzureichend für die Eröffnung einer Zuständigkeit angesehen wird, geeignet, da es die Wahrscheinlichkeit der Zuständigkeitseröffnung verringert und zugleich einen räumlichen Bezug zu dem betreffenden Mitgliedstaat herstellt. Jedenfalls würden die in der Literatur mit Empörung genannten Beispielsfälle, wann die Zuständigkeit nach § 23 S. 1 1. Alt. ZPO gegeben sei, durch ein Anknüpfen an Kriterien wie den Wohnsitz die Zuständigkeit nicht mehr eröffnen, s. z. B. den Fall, dass ein australischer Kläger gegen einen brasilianischen Beklagten auf Grund eines mexikanischen Vertrages vor deutschen Gerichten klagen könne, nur weil sich dort Vermögen des Beklagten befinde, *Juenger*, Riv. crit. int. privé 1983, S. 37 (39).

Ein Abstellen auf einen Gemeinschafts- statt auf einen Inlandsbezug (vorgeschlagen von *Koch*, IPRax 1997, S. 229 (232)) kommt im Rahmen des Art. 25 EuGVO-E jedenfalls nicht in Betracht, da dieser einen Bezug zu einem bestimmten Mitgliedstaat verlangt. Ferner würde durch ein solches Vorgehen zwar die Ungleichbehandlung zwischen den Unionsbewohner beseitigt, der völkerrechtlichen Courtoisie wäre dies jedoch wiederum abträglich, denn der Bezug zum Gerichtsstaat, der durch das jeweilige Kriterium und dem Rechtsstreit hergestellt worden ist, würde mangels einheitlichen Staatsgebiets der EU wieder aufgelöst. Den Ausführungen von *von Hein*, RIW 2011, S. 1 (Heft 10), wird daher nicht zugestimmt.

392 *Koch*, IPRax 1997, S. 229 (231) insbesondere auch im Hinblick auf die Rechts- oder Beweisnähe.

393 Eine Ausnahme besteht aber dann, wenn der Bezug dadurch hergestellt wird, dass das in dem Staat befindliche Vermögen selbst Klagegegenstand ist.

gewisse Ungleichbehandlung hinnehmen müssen, da die Kriterien neben der Berücksichtigung der völkerrechtlichen Courtoisie zugleich einer Interessenabwägung zwischen den Parteien dienen dürften[394]. Sofern bestimmte Kriterien, die eine Nähe zwischen einem Mitgliedstaat und den Parteien oder dem Rechtsstreit herstellen, vorliegen, ist bei den Parteien ein erhöhtes Interesse bzw. eine höhere Zumutbarkeit anzunehmen, in dem Staat, in welchem das Kriterium erfüllt ist, zu klagen bzw. verklagt zu werden. Jedenfalls hat eine Person, bei der keines der noch zu erörternden Kriterien in Bezug auf einen Rechtsstreit einschlägig ist, ein weitaus geringeres schutzwürdiges Interesse, in dem Staat zu klagen, in dem das Vermögen belegen ist. Auf Grund der mit Art. 25 lit. b EuGVO-E zusätzlich zum Ausdruck kommenden Interessenabwägung der Parteien, ist eine Ungleichbehandlung der Unionsbewohner zu Gunsten der völkerrechtlichen Courtoisie daher vorliegend gerechtfertigt, da die Unionsbewohner die Ungleichbehandlung wegen der mit der Vorschrift ebenfalls erfolgenden Interessenabwägung, welche auch den Rechten aus Art. 47 EGRC Rechnung trägt[395], hinzunehmen haben.

Eine Rechtfertigung ist allerdings nur dann anzunehmen, wenn der ausreichende Bezug nur durch solche Kriterien ausgefüllt wird, die tatsächlich und für jeden Einzelfall geeignet sind, einen spezifischen Bezug zu einem Mitgliedstaat herzustellen. Anderenfalls wäre die Berücksichtigung der völkerrechtlichen Courtoisie nicht durchgehend gewährleistet, wodurch sie auch nicht als Rechtfertigungsgrund herangezogen werden könnte.

Legt man dies zu Grunde muss ein Abstellen auf die Staatsangehörigkeit ausscheiden, da sie nicht sicherstellt, dass immer oder auch nur ganz überwiegend ein tatsächlicher Bezug zu einem Mitgliedstaat besteht.[396] Die den ausreichenden Bezug ausfüllenden Kriterien müssen nämlich nicht nur eine innere Verbundenheit mit dem Staat, dessen Gerichte angerufen sind, herstellen, sondern auch in hohem Maße sicherstellen, dass sich aus ihnen ein verfahrensrechtlich relevantes Interesse des Klägers oder des Beklagten ergibt, in diesem Staat zu klagen bzw. verklagt zu werden, da das internationale Zivilverfahrensrecht allgemein, und damit auch Art. 25 EuGVO-E, die Interessen der Parteien bei der Begründung von

---

394 Der BGH erwähnte ebenfalls, dass die Forderung nach einem hinreichenden Inlandsbezug dazu diene, „die mit dem Vermögensgerichtsstand verbundene Beeinträchtigung der Verteidigungsmöglichkeiten des ausländischen Beklagten“ zu begrenzen, BGHZ 115, S. 90 (98).

395 Dass ein sachlicher Inlandsbezug dem fairen Verfahren dient s. OLG München, IPRax 1993, S. 237 (239).

396 *Dilger*, S. 310, Rn. 438 stellt generell in Frage, ob die Staatsangehörigkeit eine besondere Verbindung zu einem Staat herzustellen vermag.

Gerichtsständen berücksichtigt[397]. Hier müssen jedoch verfahrensrechtliche Interessen gemeint sein. Ein Kläger wie auch ein Beklagter müssen nicht grundsätzlich ein Interesse daran haben, in dem Staat zu klagen oder verklagt zu werden, dessen Staatsangehörigkeit sie besitzen und mit dem sie damit möglicherweise emotional verbunden sind. Dieser Staat muss nämlich nicht regelmäßig das für den Kläger am einfachsten zu erreichende Forum darstellen, da er seinen Wohnsitz oder Aufenthalt in einem anderen Staat haben kann. Auch wird ein Beklagter mit Wohnsitz oder Aufenthalt in einem Drittstaat, der jedoch Staatsangehöriger eines Mitgliedstaats ist, in verfahrensrechtlicher Hinsicht möglicherweise vorziehen, in dem Drittstaat verklagt zu werden. Da viele Menschen keinen räumlichen Bezug zu dem Staat haben, dessen Staatsangehörigkeit sie besitzen, stellt dieses Kriterium nicht in hinreichender Weise sicher, dass ein ausreichender Bezug, welcher ein Interesse des Klägers begründet, in dem entsprechenden Staat zu klagen bzw. es dem Beklagten zumutbar macht, dort verklagt zu werden, besteht. Das Verständnis der Sprache, die bei einem Staatsangehörigen eines Staates in den allermeisten Fällen gegeben sein dürfte, stellt ebenfalls kein ausreichendes Interesse sicher, da es für den Kläger wie auch den Beklagten dennoch häufig aus räumlichen Gründen umständlich sein kann, vor den Gerichten des Mitgliedstaats seiner Staatsangehörigkeit zu klagen oder verklagt zu werden.

Es bestehen damit vorliegend keine Gründe, die die Ungleichbehandlung auf Grund der Staatsangehörigkeit rechtfertigen könnten, so dass ein Anknüpfen an die Staatsangehörigkeit im Rahmen des Art. 25 lit. b EuGVO-E eine Diskriminierung nach Art. 18 AEUV bzw. Art. 20 EGRC[398] darstellen würde. Das Kriterium kommt damit nicht in Betracht.

bb) Wohnsitz und gewöhnlicher Aufenthalt

Der Wohnsitz ist nach den oben gemachten Ausführungen im nationalen Recht als Kriterium, welches einen Inlandsbezug zumindest in Verbindung mit anderen Umständen herstellen kann, weitestgehend anerkannt. Während die deutsche

397 S. dazu, dass das IZPR sich nach den Parteiinteressen ausrichtet *Mankowski*, FS Heldrich, S. 867 (871).

398 In Bezug auf Art. 20 EGRC ergibt sich aus den zu Art. 18 AEUV im Rahmen der Rechtfertigung gemachten Ausführungen, dass das Kriterium der Staatsangehörigkeit nicht herangezogen werden kann, vgl. Kap. 2, S. 127 ff. Denn wenn dieses Kriterium nicht in hinreichender Weise einen ausreichenden Bezug zu einem Mitgliedstaat sicherstellt, können Drittstaatenangehörige nicht auf Grund dieses Kriteriums im Rahmen des Art. 25 lit. b EuGVO-E nachteilig behandelt werden.

Rechtsprechung wie festgestellt[399] bislang offen gelassen hat, ob der Wohnsitz für sich alleine ausreicht, hat der OGH dies bereits bejaht[400].

Der gewöhnliche Aufenthalt wurde vor allem von der Literatur als möglicher Anknüpfungspunkt vorgeschlagen.[401]

Bevor die Frage zu beantworten ist, inwiefern Wohnsitz und allgemeiner Aufenthalt als Kriterien zur Herstellung eines ausreichenden Bezuges nach Art. 25 lit. b EuGVO-E in Betracht kommen, soll zunächst untersucht werden, wie diese Begriffe im Rahmen der Verordnung zu verstehen sind. Zur Beantwortung dieser Frage erscheint es vorzugswürdig, beide Kriterien in einem Abschnitt zu behandeln, da die Abgrenzung, wie zu sehen sein wird, im europäischen Recht Fragen aufwirft. Auf Grund der bestehenden Rechtsprechung zum gewöhnlichen Aufenthalt wird dieser zuerst behandelt und erst anschließend auf den Wohnsitz eingegangen.

(1) Der gewöhnliche Aufenthalt im Rahmen des Art. 25 lit. b EuGVO-E

Der Begriff des gewöhnlichen Aufenthalts taucht zur Begründung eines Gerichtsstands in der EuGVO nur in Art. 5 Nr. 2 in der bis 18.06.2011 geltenden Fassung auf.[402,403] Der gewöhnliche Aufenthalt spielt dagegen in anderen Rechtsakten der Union, beispielsweise in der EuEheVO, eine größere Rolle. Dabei ist man sich einig, dass der Begriff autonom auszulegen ist.[404]

In Erwägung gezogen wurde, ob im Rahmen der EuEheVO die Rechtsprechung des EuGH zum ständigen Wohnsitz herangezogen werden könne[405], was der EuGH inzwischen jedenfalls für den gewöhnlichen Aufenthalt von Kindern

---

399 Kap. 2, S. 111, Fn. 307.

400 Kap. 2, S. 116, Fn. 335.

401 Kap. 2, S. 112 f.

402 Er wird auch in Art. 13 Nr. 3 und 17 Nr. 3 EuGVO genannt, begründet hier jedoch nicht unmittelbar eine Zuständigkeit, sondern regelt nur die Wirksamkeit von Gerichtsstandvereinbarungen.

403 Art. 5 Nr. 2 EuGVO wurde zum 18.06.2011 durch Art. 3 lit. b EuUntVO abgelöst. Zum Verhältnis der EuGVO und der EuUntVO zueinander s. Art. 67 Abs. 1 EuUntVO.

404 *Rauscher*-Rauscher, Art. 3 EuEheVO, Rn. 21; *Schlosser*, Art. 3 EuEheVO, Rn. 2; *Simotta*, FS Geimer, S. 1115 (1155); *Hausmann*, EuLF 2000/01, S. 271 (276); jetzt auch der EuGH in C-523/07, Rn. 34.

405 S. Rauscher-*Rauscher*, Art. 3 EuEheVO, Rn. 22, i. E. verneint.

abgelehnt hat[406]. Wie der Begriff des gewöhnlichen Aufenthalts im Übrigen, also für erwachsene Personen, im Rahmen der EuEheVO auszulegen ist, wurde durch den EuGH hingegen noch nicht entschieden.

In der Literatur hat unter anderem *Dilger* ein Heranziehen der Definition des ständigen Wohnsitzes für den gewöhnlichen Aufenthalt abgelehnt.[407] Er gründet dies auf zwei Umstände: Zum einen würden bei einem Heranziehen der Definition des ständigen Wohnsitzes im Rahmen der EuEheVO zur Auslegung des gewöhnlichen Aufenthalts die beiden Begriffe „verwässert".[408] Diese Kritik bezieht sich seinen Ausführungen zufolge auf die Terminologie, nicht auf den Inhalt der Definition. Bezüglich des Inhalts sei die starke Betonung des Willenselements im Rahmen der Definition zum ständigen Wohnsitz problematisch, da dies zu Schwierigkeiten bei der Bestimmung des gewöhnlichen Aufenthalts von Kindern führe.[409] Dieses Problem hat sich durch das Urteil des EuGH in der Rechtssache *A* bereits gelöst.[410] Des Weiteren wird in der Literatur für eine rein objektive Bestimmung des gewöhnlichen Aufenthalts angeführt, dass nach Möglichkeit ein paralleler Aufenthaltsbegriff zu den Haager Übereinkommen anzustreben sei, diese aber auf den tatsächlichen Lebensmittelpunkt einer Person abstellen, ohne einen Willen zur Begründung des Aufenthalts zu fordern.[411]

Gegen ein Heranziehen der Definition des EuGH zum ständigen Wohnsitz scheint zunächst zu sprechen, dass dies erschweren könnte, den Wohnsitzbegriff im Rahmen des EU-Rechts möglichst einheitlich zu definieren.[412] Würde man die Definition des Wohnsitzes zur Auslegung des gewöhnlichen Aufenthaltes verwenden, würde sich die Frage anschließen, wie beispielsweise der Wohnsitz im

---

406 EuGH, C-523/07 (*A*), Rn. 36. Auch die Ausführungen in dem späteren Urteil des EuGH, C-497/10 (*Mercredi*), Rn. 44 ff. dürften sich nur auf den gewöhnlichen Aufenthalt des Kindes und nicht auf den Begriff des gewöhnlichen Aufenthalts auch von Erwachsenen bezogen haben, da in Rn. 47 ausdrücklich von dem gewöhnlichen Aufenthalt i. S. v. Art. 8 Abs. 1 EuEheVO die Rede ist.

407 *Dilger*, S. 139, Rn. 187; ebenso Rauscher-*Rauscher*, Art. 3 EuEheVO, Rn. 22.

408 *Dilger*, S. 139, Rn. 187.

409 S. hierzu näher *Dilger*, S. 140 f., Rn. 189.

410 EuGH, C-523/07 (*A*).

411 Rauscher-*Rauscher*, Art. 3 EuEheVO, Rn. 22; für eine an den Haager Übereinkommen ausgerichtete Interpretation des gewöhnlichen Aufenthalts im Rahmen des Art. 5 Nr. 2 EuGVO *Kropholler/von Hein*, Art. 5 EuGVO, Rn. 59.

412 *Dilger* ist der Ansicht, dass eine einheitliche Auslegung des Wohnsitzbegriffes auch dadurch erschwert werde, dass dieser Begriff in den einzelnen Mitgliedstaaten sehr unterschiedlich verstanden werde, S. 139 f., Rn. 188.

Rahmen der EuGVO bestimmt werden soll, sofern dieser einmal auf Grund einer einheitlichen Regelung autonom auszulegen sein sollte. Scheinbar würde sich ein Heranziehen der Definition zum ständigen Wohnsitz hier eher anbieten, da die Terminologie dann einheitlich wäre. Es erscheint zunächst wenig verständlich, weshalb der gewöhnliche Aufenthalt nach der Begriffsbestimmung des ständigen Wohnsitzes auszulegen wäre, der Wohnsitz aber nach anderen Kriterien. Würde man für beide Begriffe die Definition zum ständigen Wohnsitz heranziehen, würde dies zu einer Einebnung der Unterschiede zwischen Wohnsitz und gewöhnlichem Aufenthalt führen, wie *Dilger* bereits angemerkt hat. Dass diese Argumentation jedenfalls vor dem Hintergrund der neueren Rechtsprechung des EuGH insgesamt nicht mehr aktuell ist, wird im Folgenden bei der Entwicklung eines Verständnisses des gewöhnlichen Aufenthalts im Rahmen der EuGVO mit aufgezeigt werden.

Zur Herausarbeitung einer solchen Definition für die EuGVO ist bei der systematischen Auslegung vor allem die Rechtsprechung des EuGH zu diesem Begriff im Hinblick auf die EuEheVO zu berücksichtigen.[413] Bei der folgenden Bestimmung des gewöhnlichen Aufenthaltes wird daneben jedoch trotz der Entscheidungen des EuGH zum gewöhnlichen Aufenthalt von Kindern im Rahmen der EuEheVO auch auf die Definitionen des EuGH zum Wohnsitz eingegangen, da der Gerichtshof eine Übertragbarkeit seiner Rechtsprechung auf die EuEheVO zunächst nur in Bezug auf Kinder abgelehnt hat. Es ist daher ebenfalls zu untersuchen, inwiefern eine übergreifende einheitliche Begriffsbestimmung für den gewöhnlichen Aufenthalt in den übrigen Unionsrechtsakten besteht.[414] Ferner dient ein Eingehen auf die Rechtsprechung zum Wohnsitz auch der Erläuterung der Verwendung der Begriffe Wohnsitz und gewöhnlicher Aufenthalt im Rahmen der Unionsrechtsakte. Darüber hinaus ist auf das mögliche Verständnis des gewöhnlichen Aufenthalts in anderen Verordnungen betreffend das internationale Zivilverfahrensrecht einzugehen, auch wenn hierzu noch keine Rechtsprechung besteht.

---

413 S. zu diesem Aspekt der systematischen Auslegung: *Kropholler/von Hein*, Einl. EuGVO, Rn. 74: eine möglichst einheitliche Auslegung sei aus Gründen der Rechtssicherheit geboten.

414 Es geht dabei um die von *Kropholler/von Hein* angesprochene „Relativität der Rechtsbegriffe“, die besagt, dass dem gleichen Begriff im Rahmen unterschiedlicher Regelungswerke nicht inhaltlich die gleiche Bedeutung zukommen muss, s. die Ausführungen in Einl. EuGVO, Rn. 73.

Es sollen nunmehr zunächst einige vom EuGH aufgestellte Definitionen zum Wohnsitz und zum gewöhnlichen Aufenthalt kurz dargestellt und anschließend bewertet werden.

(a) Der Begriff des gewöhnlichen Aufenthalts in den europäischen Verordnungen betreffend das internationale Zivilverfahrensrecht

(aa) Der gewöhnliche Aufenthalt i. S. d. Art. 8 Abs. 1 EuEheVO[415]

Der EuGH stellt zur Bestimmung des gewöhnlichen Aufenthalts von Kindern auf tatsächliche Umstände ab, welche im Rahmen einer Gesamtschau zur Festlegung des gewöhnlichen Aufenthaltes führen sollen.[416] Ein Indiz für einen *Wechsel* des gewöhnlichen Aufenthalts könne unter anderem die Absicht der Eltern sein, sich mit dem Kind auf Dauer in einen anderen Mitgliedstaat zu begeben, sofern sich diese Absicht durch nach außen erkennbare Umstände manifestiere.[417] Im Hinblick auf eine mögliche Verlagerung des gewöhnlichen Aufenthaltes komme es nämlich nicht in erster Linie auf die Dauer[418] des Aufenthalts an, sondern auf den „Wille[n] des Betreffenden, dort den ständigen oder gewöhnlichen Mittelpunkt seiner Interessen in der Absicht zu begründen, ihm Beständigkeit zu verleihen“[419]. Die zuletzt genannten Ausführungen dürften sich auf den gewöhnlichen Aufenthalt allgemein, und nicht nur auf den Aufenthalt von Kindern bezogen haben, da in dem vorangehenden Absatz auf die Absicht der Eltern abgestellt wird, sich mit dem Kind in einem Mitgliedstaat niederzulassen. Insofern beziehen sich auch die Ausführungen in Rn. 51 auf die Eltern. Im Übrigen ist der gewöhnliche Aufenthalt

---

415 Zum Begriff des gewöhnlichen Aufenthalts i. S. d. Art. 8 EuEheVO s. auch ausführlich *Hausmann*, IntEuSchR, B Rn. 67 ff. und hinsichtlich Art. 3 EuEheVO A Rn. 45 ff.

416 EuGH, C-523/07 (*A*), Rn. 37 f. „Neben der körperlichen Anwesenheit des Kindes in einem Mitgliedstaat sind andere Faktoren heranzuziehen, die belegen können, dass es sich nicht nur um eine vorübergehende oder gelegentliche Anwesenheit handelt und dass der Aufenthalt Ausdruck einer gewissen Integration in ein soziales und familiäres Umfeld ist. Zu berücksichtigen sind insbesondere die Dauer, die Regelmäßigkeit und die Umstände des Aufenthalts in einem Mitgliedstaat sowie die Gründe für diesen Aufenthalt und den Umzug der Familie in diesen Staat, die Staatsangehörigkeit des Kindes, Ort und Umstände der Einschulung, die Sprachkenntnisse sowie die familiären und sozialen Bindungen des Kindes in dem betreffenden Staat.“, Rn. 38; s. auch C-497/10 (*Mercredi*), Rn. 47 ff.

417 EuGH, C-523/07 (*A*), Rn. 40; C-497/10 (*Mercredi*), Rn. 50.

418 Diese kann jedoch ein Indiz sein, s. EuGH C-497/10 (*Mercredi*), Rn. 51.

419 EuGH C-497/10 (*Mercredi*), Rn. 51.

in diesen Urteilen speziell unter Berücksichtigung der Ziele der Verordnung im Hinblick auf das Kindeswohl ausgelegt worden.[420]

(bb) Der gewöhnliche Aufenthalt i. S. der EuUntVO[421]

Auch die EuUntVO stellt zur Begründung der Zuständigkeit maßgebend auf den gewöhnlichen Aufenthalt ab (Art. 3 lit. a und lit. b). Sie enthält selbst keine Definition des gewöhnlichen Aufenthaltes. In der Literatur wird eine im Wesentlichen mit der EuEheVO übereinstimmende Bestimmung vorgeschlagen, wobei gewisse Besonderheiten zu beachten seien.[422] Ferner sei eine möglichst parallele Auslegung mit dem Begriff des gewöhnlichen Aufenthalts in den Haager Übereinkommen angezeigt.[423] In diesen wird auf den Daseinsmittelpunkt der betreffenden Person abgestellt, ohne dass sie die Absicht gehabt haben muss, diesen an dem fraglichen Ort zu begründen.[424] Ebenso wie in Art. 8 EuEheVO wird nur bei einem Wechsel des gewöhnlichen Aufenthalts auf subjektive Umstände abgestellt.[425]

(cc) Der gewöhnliche Aufenthalt i. S. der EuErbVO[426]

Die EuErbVO, die zurzeit in weiten Teilen noch nicht anwendbar ist, knüpft ebenfalls sowohl bei der Zuständigkeit (Art. 4) als auch bei der Ermittlung des anwendbaren Rechts (Art. 21) an den gewöhnlichen Aufenthalt an. Sie enthält in ihren Erwägungsgründen ausführliche Leitlinien, wie der gewöhnliche Aufenthalt zu ermitteln ist, obgleich eine Begriffsbestimmung in der Verordnung selbst fehlt. In Erwägungsgrund 23 wird ausgeführt: „Bei der Bestimmung des gewöhnlichen Aufenthalts sollte die mit der Erbsache befasste Behörde eine Gesamtbeurteilung der Lebensumstände des Erblassers in den Jahren vor seinem Tod und

---

420 Dass die Ausführungen des EuGH zu Art. 8 EuEheVO in ihrer Gesamtheit nicht ohne weiteres auf den gewöhnlichen Aufenthalt der Eltern übertragen werden können s. *Hausmann*, IntEuSchR, A Rn. 48.

421 VO (EG) Nr. 4/2009, ABl. EU 2009 Nr. L 7, S. 1 ff.; vgl. *Jayme/Hausmann*, Nr. 161.

422 Rauscher-*Andrae*, Art. 3 EuUntVO, Rn. 27 ff. Für eine Heranziehung des Aufenthaltsbegriffes aus Art. 3 EuEheVO s. auch *Hausmann*, IntEuSchR, C Rn. 88.

423 *Hausmann*, IntEuSchR, C Rn. 88; Rauscher-*Andrae*, Art. 3 EuUntVO, Rn. 24; Rauscher-*Andrae*, Art. 3 HUntStProt 2007, Rn. 8.

424 *Hausmann*, IntEuSchR, C Rn. 89 f.; Rauscher-*Andrae*, Art. 3 HUntStProt 2007, Rn. 9, mit Nachweisen aus der Rspr.; jurisPK-BGB, *Ludwig*, Art. 3 HUntStProt, Rn. 4.

425 S. zum Aufenthaltswechsel Rauscher-*Andrae*, Art. 3 HUntStProt 2007, Rn. 9; jurisPK-BGB, *Ludwig*, Art. 3 HUntStProt, Rn. 6.

426 VO (EU) Nr. 650/2012, ABl. EU 2012 Nr. L 201, S. 107 ff.; vgl. *Jayme/Hausmann*, Nr. 61.

im Zeitpunkt seines Todes vornehmen und dabei alle relevanten Tatsachen berücksichtigen, insbesondere die Dauer und die Regelmäßigkeit des Aufenthalts des Erblassers in dem betreffenden Staat sowie die damit zusammenhängenden Umstände und Gründe. Der so bestimmte gewöhnliche Aufenthalt sollte unter Berücksichtigung der spezifischen Ziele dieser Verordnung eine besonders enge und feste Bindung zu dem betreffenden Staat erkennen lassen." Erwägungsgrund 24 enthält weitere Ausführungen. Insgesamt wird im Rahmen der EuErbVO nur auf tatsächliche Umstände abgestellt, auf den Willen des Erblassers kommt es hingegen nicht ausdrücklich an. Es ist jedoch, im Unterschied zur EuEheVO, bei der nur im Rahmen der Verlagerung des gewöhnlichen Aufenthalts auf den Willen der Person abzustellen ist, unter der EuErbVO anders zu verfahren, da durch diese auch das anwendbare Recht geregelt wird. Auf Grund der Regelungsmaterie ist hier stets darauf abzustellen, ob der Erblasser seinen Aufenthalt in dem entsprechenden Staat freiwillig begründet hat. Es wäre nicht zweckmäßig, die Rechtsnachfolge von Todes wegen nach dem Recht eines Staates zu beurteilen, in dem der Erblasser z. B. über lange Zeit gewaltsam festgehalten wurde. Denn sofern eine letztwillige Verfügung vorhanden ist, wird diese am ehesten in ihren Wirkungen auf das Recht abgestimmt sein, mit welchem der Erblasser eine gewollte Verbindung hatte. Zum einen wird er mit diesem Recht noch am ehesten vertraut sein, zum anderen besteht ggf. bereits eine in diesem Staat unter Hinzuziehung von Rechtsrat errichtete letztwillige Verfügung. Es wäre zwar auch denkbar, diese Fälle nach Art. 21 Abs. 2 EuErbVO zu beurteilen und für den gewöhnlichen Aufenthalt allein auf tatsächliche Gesichtspunkte abzustellen. Der Anwendungsbereich der Vorschrift hat jedoch Ausnahmecharakter und sollte nicht unnötig ausgedehnt werden. Auch erscheint die Berücksichtigung des Willens des Erblassers über die Formulierung der Berücksichtigung der mit dem Aufenthalt „zusammenhängenden Umstände und Gründe" angezeigt.

(dd) Der gewöhnliche Aufenthalt i. S. der Rom III-VO[427]

Der Begriff des gewöhnlichen Aufenthalts, der in der Rom III-VO als primäres Anknüpfungsmerkmal für die Bestimmung des auf die Ehescheidung oder auf die Trennung ohne Auflösung des Ehebandes anzuwendenden Rechts maßgebend ist[428], wird in der Verordnung selbst nicht näher definiert. Auch die Erwägungsgründe enthalten keine weiteren inhaltlichen Ausführungen. In Erwägungsgrund

---

427 VO (EU) Nr. 1259/2010, ABl. EU 2010 Nr. L 343, S. 10 ff.; vgl. *Jayme/Hausmann*, Nr. 34.

428 S. *Hausmann*, IntEuSchR, A Rn. 311.

14 wird jedoch festgehalten, dass das anzuwendende Recht einen „engen Bezug" zu den Parteien aufweisen soll. Durch das primäre Heranziehen des gewöhnlichen Aufenthalts der Parteien in Art. 8 Rom III-VO kommt zum Ausdruck, dass dieses Merkmal nach dem Verordnungsgeber den stärksten Bezug zwischen den Parteien und dem jeweiligen Recht herstellt. Diese Wertung, dass der gewöhnliche Aufenthalt einen stärkeren Bezug zu einem Staatsgebiet und damit zu dessen Recht begründet als die Staatsangehörigkeit, verdient nach den unten näher erfolgenden Ausführungen[429] grundsätzlich Zustimmung. Dieses Ergebnis hängt jedoch auch von der Auslegung des Begriffes des gewöhnlichen Aufenthaltes mit ab. Werden die Ehegatten daher längere Zeit unfreiwillig in einem Staat festgehalten, wird ihre Beziehung zu dem Recht des Staates, dem sie angehören, regelmäßig stärker sein. Der „enge Bezug" verlangt damit auch nach einem inneren Bezug der Parteien zu dem entsprechenden Recht. Dieser Umstand spricht daher dafür, den Willen der Parteien bei der Bestimmung des gewöhnlichen Aufenthalts generell mit zu berücksichtigen.

Dagegen könnte die hieraus resultierende unterschiedliche Auslegung des Begriffs des gewöhnlichen Aufenthalts im Rahmen der Rom III-VO und der EuEheVO sprechen.[430] In erster Linie ist jedoch die Regelungsmaterie der Rom III-VO für die Auslegung heranzuziehen und erst zweitrangig eine rechtsaktübergreifende Interpretation vorzunehmen. Die Einheitlichkeit ist daher zwar erstrebenswert und zu berücksichtigen, aber nicht vorrangig maßgebend.[431]

Weiter lässt sich gegen eine generelle Berücksichtigung des Willens der Parteien anführen, dass auf Grund der hieraus resultierenden fehlenden Einheitlichkeit mit dem Verständnis des Begriffes in der EuEheVO die Gerichte häufiger fremdes materielles Recht anwenden müssen, als dies bei einer einheitlichen Auslegung der Fall wäre. Zum einen dürften jedoch die Fälle, in denen das subjektive Element zu einem unterschiedlichen Ergebnis bei der Bestimmung des gewöhnlichen

---

429 S. Kap. 2, S. 155.

430 Dass möglichst eine einheitliche Begriffsauslegung erfolgen sollte, s. *Hausmann*, IntEuSchR, A Rn. 258.

431 Dass der Begriff des gewöhnlichen Aufenthalts aus Art. 3 EuEheVO nicht unbedingt auf Art. 8 lit. a Rom III-VO übertragbar ist, s. *Hausmann*, IntEuSchR, A Rn. 317. Er stellt dabei zu Recht fest, dass jedenfalls im Rahmen des Art. 8 lit. a Rom III-VO ein mehrfacher gewöhnlicher Aufenthalt nicht in Betracht komme. Ob im Rahmen des Art. 3 lit. a EuEheVO ein gewöhnlicher Aufenthalt in mehreren Mitgliedstaaten denkbar ist, ist freilich nicht unumstritten. Dieser Frage ist hier jedoch nicht näher nachzugehen (dagegen z. B. *Hausmann*, IntEuSchR, A Rn. 49; [2007] EWHC 2047 (Fam), Urteil v. 03.09.2007, Rn. 38–43 (2007 WL 4610488)).

Aufenthalts führt, selten sein. Zum anderen findet eine komplette Abstimmung zwischen den Gerichtsstandregelungen der EuEheVO und dem anwendbaren materiellen Recht nach der Rom III-VO ohnehin nicht statt. Im Übrigen wird auch sonst im Bereich der internationalen Rechtsdurchsetzung den Gerichten zugemutet, fremdes Recht anzuwenden.

Die vorstehenden Ausführungen sprechen damit eher dafür, zur Bestimmung des gewöhnlichen Aufenthalts das Vorliegen eines subjektiven Elements zu verlangen.

Auch im Rahmen der Rom III-VO kommt es daher wie im Fall der EuErbVO bei der Ermittlung des gewöhnlichen Aufenthalts auf den Willen der Parteien mit an.

(b) Der Begriff des ständigen Wohnsitzes

Der Begriff des ständigen Wohnsitzes wurde vom EuGH im Zusammenhang mit der Auslandszulage für Beamte der EG entwickelt. Nach dem Gerichtshof ist ständiger Wohnsitz „der Ort, den der Betroffene als ständigen oder gewöhnlichen Mittelpunkt seiner Lebensinteressen in der Absicht gewählt hat, ihm Dauerhaftigkeit zu verleihen, wobei für die Feststellung des Vorliegens einer solchen Absicht alle hierfür wesentlichen tatsächlichen Gesichtspunkte zu berücksichtigen sind".[432] Dieser Wohnsitz solle einen gewissen Grad der Integration in einem Staat sicherstellen.[433]

(c) Der Begriff des gewöhnlichen Wohnsitzes

Der gewöhnliche Wohnsitz taucht in der Rechtsprechung des EuGH im Zusammenhang mit den Richtlinien über Steuerbefreiung auf. Diese Richtlinien enthalten bereits eine Definition des gewöhnlichen Wohnsitzes. Nach Art. 6 Abs. 1[434] bzw. Art. 7 Abs. 1[435] ist gewöhnlicher Wohnsitz „der Ort, an dem eine Person wegen persönlicher und beruflicher Bindungen oder – im Falle einer Person ohne berufliche Bindungen – wegen persönlicher Bindungen, die enge Beziehungen zwischen der Person und dem Wohnort erkennen lassen, gewöhnlich, d. h. während mindestens 185 Tagen im Kalenderjahr, wohnt." Der EuGH hat diese Definition dahingehend präzisiert, dass der gewöhnliche Wohnsitz der Ort sei, „den der Betroffene als ständigen Mittelpunkt seiner Interessen gewählt ha[be]"[436].

---

432 EuGH, C-452/93 (*Fernández*), Rn. 22.

433 Dies ergibt sich z. B. aus EuGH, C-452/93 (*Fernández*), Rn. 20 f.; C-7/06 (*García*), Rn. 138.

434 Im Falle der Richtlinie 83/183/EWG, ABl. EG 1983 Nr. L 105, S. 64 ff.

435 Im Falle der Richtlinie 83/182/EWG, ABl. EG 1983 Nr. L 105, S. 59 ff.

436 EuGH, C-392/05 (*Alevizos*), Rn. 55, wobei „ständig" das Element der Dauer ausdrücken solle welche mindestens 185 Tage im Kalenderjahr betragen müsse, Rn. 56. Das

(d) Der Begriff des Wohnortes und des Wohnsitzes bzw. des Aufenthalts in anderen Gebieten der Rechtssetzungsakte der Union

Auf die Begriffe des Wohnortes und des Wohnsitzes bzw. des Aufenthalts ist einzugehen, weil der EuGH in seinem ersten Urteil zum gewöhnlichen Aufenthalt im Rahmen der EuEheVO auf die sie behandelnden Urteile Bezug genommen und festgestellt hat, dass es bei diesen Begriffen ebenfalls um den gewöhnliche Aufenthalt der entsprechenden Person gehe.[437]

Der „Wohnort" nach der Verordnung zur Anwendung der Systeme der sozialen Sicherheit[438] sei nach dem EuGH der Ort, an dem sich „der gewöhnliche Mittelpunkt der Interessen befind[e]"[439]. Der Gerichtshof stellt hier auf die tatsächlichen Umstände des Falles ab.[440]

Ob sich der EuGH im Hinblick auf sein Urteil in der Rechtssache Kozłowski[441] zum Rahmenbeschluss 2002/584/JI[442] auf den Begriff des Wohnsitzes oder auf den des Aufenthalts einer Person beziehen wollte, wird aus dem Urteil nicht ganz klar. Gegebenenfalls bezog er sich vielleicht sogar auf beide.[443] Festzuhalten ist jedenfalls, dass beide Begriffe rein objektiv zu bestimmen sind, da in Bezug auf den Wohnsitz festgestellt wird, dass er sich an dem Ort befinde, an dem die Person „ihren tatsächlichen Wohnsitz begründet [habe]"[444], während sich der Aufenthalt dort befinde, wo sich „infolge eines beständigen Verweilens von gewisser Dauer [...] Bindungen zu [dem entsprechenden Mitgliedstaat] von ähnlicher Intensität

---

Urteil enthält Beispiele für Tatsachen, die bei der Bestimmung des Mittelpunktes der Interessen zu berücksichtigen sind, soweit sie „den Willen des Betroffenen zum Ausdruck bringen, dem Ort [...] eine gewisse Beständigkeit zu verleihen", Rn. 57; ebenso C-262/99 (*Louloudakis*), Rn. 51, 55; ohne Beispiele C-297/89 (*Ryborg*), Rn. 19.

437 EuGH, C-523/07 (*A*), Rn. 36.

438 Verordnung (EWG) Nr. 1408/71, ABl. EG 1971 Nr. L 149, S. 2 ff.

439 EuGH, C-372/02 (*Adanez-Vega*), Rn. 37; Rs. 76/76 (*Di Paolo*), Rn. 17 (in der maßgebenden französischen Fassung des Urteils. Für die deutsche Übersetzung s. Rn. 17/20).

440 EuGH, C-372/02 (*Adanez-Vega*), Rn. 37.

441 EuGH C-66/08 (*Kozłowski*).

442 Rahmenbeschluss zum Europäischen Haftbefehl.

443 Die insofern heranzuziehende finnische Fassung des Urteils C-523/07 (*A*) (da die verbindliche Sprache der Entscheidung C-66/08 (*Kozłowksi*) die finnische ist) könnte sich mit seinen Ausführungen unter Rn. 36 vom Wortlaut her im Hinblick auf die in C-66/08 (*Kozłowski*) verwendeten Begriffe „asuu vakinaisesti" (entspricht eher dem Wohnsitzbegriff) und „oleskella" (entspricht eher dem Aufenthalt) auf beide bezogen haben.

444 EuGH, C-66/08 (*Kozłowski*), Rn. 46 und 54.

aufgebaut ha[ben], wie sie sich aus einem Wohnsitz ergeben"[445], wobei „eine Gesamtschau mehrerer objektiver Kriterien [...], die die Situation dieser Person kennzeichnen und zu denen insbesondere die Dauer, die Art und die Bedingungen des Verweilens der gesuchten Person sowie ihre familiären und wirtschaftlichen Bindungen zum Vollstreckungsmitgliedstaat gehören [, zu erfolgen hat]"[446].

(e) Schlussfolgerungen

Aus den oben gemachten Ausführungen lässt sich entnehmen, dass eine rechtsaktübergreifende einheitliche Begriffsbestimmung für den gewöhnlichen Aufenthalt im EU-Recht nicht besteht.[447]

Fast alle Urteile zum gewöhnlichen Aufenthalt[448] stellen bei der Definition des Begriffes auf den gewöhnlichen Mittelpunkt der Interessen einer Person ab. Eine Ausnahme bilden hier die Begriffe des Wohnsitzes und des Aufenthalts im Rahmenbeschluss 2002/584/JI. Inhaltlich dürfte sich dennoch keine Abweichung von diesem Erfordernis ergeben, da der tatsächliche Wohnsitz nach den Ausführungen des Urteils einen Mittelpunkt der Interessen einer Person erfordern dürfte, während der Aufenthalt in seiner Intensität hinsichtlich der Bindung zu einem Mitgliedstaat nicht wesentlich hinter der des Wohnsitzes zurückbleiben darf. Auch der gewöhnliche Aufenthalt nach der EuErbVO bezieht sich, wenn man die Ausführungen der Erwägungsgründe 23 und 24 zu Grunde legt, nicht ausdrücklich auf den gewöhnlichen Interessenmittelpunkt. Es lässt sich den Erwägungsgründen jedoch entnehmen, dass dieser im Ergebnis gemeint ist. Für die Rom III-VO gilt im Ergebnis das gleiche.

Ferner sind nach der Rechtsprechung des EuGH sowohl im Hinblick auf die Urteile zum ständigen und gewöhnlichen Wohnsitz, als auch bezüglich derer zum gewöhnlichen Aufenthalt von Kindern im Rahmen des Art. 8 EuEheVO, zur Feststellung des Mittelpunktes der Interessen alle in Frage kommenden erheblichen Tatsachen im Rahmen einer Gesamtschau heranzuziehen. Bei der Rechtsprechung zum ständigen und gewöhnlichen Wohnsitz ist diese Gesamtschau jedoch subjektiv eingefärbt, da die einzelnen Tatsachen den Willen der betroffenen Person erkennen lassen müssen, dass dem Ort eine gewisse Dauerhaftigkeit

---

445 EuGH, C-66/08 (*Kozłowski*), Rn. 54.

446 EuGH, C-66/08 (*Kozłowski*), Rn. 54.

447 Vgl. auch *Hausmann*, IntEuSchR, B Rn. 68, in Bezug auf Art. 8 Abs. 1 EuEheVO.

448 Der Begriff bezieht sich hier auf alle in den oben gemachten Ausführungen genannten Begriffe in den jeweiligen Rechtsakten, also auch auf die verschiedenen Begriffe des Wohnsitzes und auf den Begriff des Wohnortes.

zukommen soll. Die vom EuGH gemachten Ausführungen zu den Begriffen des ständigen und gewöhnlichen Wohnsitzes decken sich daher eher mit dem Verständnis des Wohnsitzes im deutschen Recht, da die Formulierung bezüglich des ständigen Wohnsitzes, dass eine Person den betreffenden Ort „als ständigen oder gewöhnlichen Mittelpunkt [ihrer Interessen] [...] gewählt ha[ben müsse]“, mehr an die Forderung im deutschen Recht erinnert, dass eine Person ihren Wohnsitz mit Absicht an einem bestimmten Ort begründet[449]. Auch beim gewöhnlichen Wohnsitz wird durch das Wort „gewählt“ zum Ausdruck gebracht, dass die Person den ständigen Mittelpunkt ihrer Interessen mit Absicht bzw. freiwillig begründet haben muss. Es wird hier also auf ein subjektives Kriterium abgestellt, welches bei der Bestimmung des gewöhnlichen Aufenthalts nach den nationalen Rechten der Mitgliedstaaten[450] und auch nach den Empfehlungen des Europarats zur Vereinheitlichung dieses Rechtsbegriffes[451] grundsätzlich keine Rolle spielt. Der Begriff des gewöhnlichen Aufenthalts in der EuErbVO und in der Rom III-VO ist ebenfalls so zu begreifen, dass er ein subjektives Element enthält.[452] Rechtsprechung liegt diesbezüglich zum derzeitigen Zeitpunkt freilich noch nicht vor.

Im Hinblick auf den gewöhnlichen Aufenthalt von Kindern im Rahmen der EuEheVO stellt der EuGH hingegen primär auf rein tatsächliche Kriterien ab. In Bezug auf eine *Verlagerung* des gewöhnlichen Aufenthalts führt der Gerichtshof jedoch aus, dass auf den Willen der Eltern abzustellen sei, an einem Ort „den ständigen oder gewöhnlichen Mittelpunkt [ihrer] Interessen in der Absicht zu begründen, ihm Beständigkeit zu verleihen“[453]. Diese Ausführungen bezogen sich darauf, dass es nicht zwingend auf die Dauer des Aufenthalts ankomme. Ein solcher kann daher auch sofort oder jedenfalls nach einer sehr kurzen Zeitspanne begründet werden, sofern eine entsprechende Absicht der Person gegeben ist, und die „tatsächlichen Umstände des Einzelfalles“ für eine solche Absicht sprechen[454]. Der Wille muss damit nach außen erkennbar sein.

---

449 S. zur Rolle des Willens bei der Wohnsitzbegründung im deutschen Recht *Palandt*, § 7 BGB, Rn. 6.

450 S. die Ausführungen bei *Baetge*, FS Kropholler, S. 77 (80 f., 88); s. zum deutschen Recht *Geimer*, IZPR, S. 152, Rn. 299.

451 ÖJZ 1974, S. 144 (150 f., insbesondere 151 Nr. 10).

452 S. Kap. 2, S. 139 ff.

453 EuGH C-497/10 (*Mercredi*), Rn. 51.

454 Nach C-497/10 (*Mercredi*), Rn. 51 könne „[d]ie Dauer eines Aufenthalts [...] nur als Indiz im Rahmen der Beurteilung seiner Beständigkeit dienen, die im Licht aller besonderen tatsächlichen Umstände des Einzelfalls vorzunehmen ist.“

Im Übrigen ist der gewöhnliche Aufenthalt aber rein nach objektiven Umständen festzustellen, er erfordert damit keine absichtliche bzw. freiwillige Begründung.[455]

Dies deckt sich mit den Ausführungen des Europarats zum Aufenthaltsbegriff, da die Absichten einer Person im Rahmen des Aufenthaltsbegriffes erleichtern könnten, festzustellen, ob diese Person einen Aufenthalt habe und welcher Art er sei.[456] Mit der Ausführung „welcher Art er sei" war sicherlich gemeint, ob er nur vorübergehend oder gewöhnlich sein soll. Im Übrigen sei der Aufenthalt allein nach tatsächlichen Umständen zu bestimmen.[457] Auch in der Literatur wurde festgehalten, dass nach den nationalen Rechten der Mitgliedstaaten bei einer entsprechenden Absicht der Person, dauerhaft an einem Ort zu verbleiben, überwiegend anerkannt sei, dass der gewöhnliche Aufenthalt auch sofort begründet werden könne.[458] Insofern spielen subjektive Elemente beim gewöhnlichen Aufenthalt im Rahmen des Art. 8 EuEheVO nur bei dessen Verlagerung eine Rolle. Auch die EuErbVO stellt nach ihren Erwägungsgründen rein auf tatsächliche Kriterien ab, wobei in deren Rahmen der Wille des Erblassers mit eine Rolle spielt.[459] Ob bei einer Verlagerung des gewöhnlichen Aufenthalts auch auf subjektive Elemente abgestellt werden kann, wird nicht erwähnt. Da ein neuer gewöhnlicher Aufenthalt jedoch auch kurz vor dem Tod des Erblassers begründet werden kann[460], legt dies nahe, wegen des Zeitelements bei der Verlagerung auch auf den Willen des Erblassers abzustellen[461]. Im Rahmen der Rom III-VO ist schon im Hinblick auf eine möglichst einheitliche Auslegung mit der EuEheVO davon auszugehen, dass ein gewöhnlicher Aufenthalt auch sofort begründet werden kann.[462]

Abschließend kann damit festgehalten werden, dass sich aus den verschiedenen Begriffsbestimmungen zum gewöhnlichen Aufenthalt in den verschiedenen

455 S. hierzu auch *Hausmann*, IntEuSchR, A Rn. 49.

456 ÖJZ 1974, S. 144 (151 Nr. 10).

457 ÖJZ 1974, S. 144 (150 Nr. 7).

458 *Baetge*, FS Kropholler, S. 77 (88).

459 S. dazu oben, Kap. 2, S. 139 f.

460 Dies ergibt sich aus Erwägungsgrund 25 der EuErbVO.

461 In diesen Fällen soll das Gericht bei der Bestimmung des anwendbaren Rechts dann jedoch nicht auf den gewöhnlichen Aufenthalt des Erblassers abstellen, wenn sich „aus der Gesamtheit der Umstände ergibt, dass er eine offensichtlich engere Verbindung zu einem anderen Staat hatte".

462 S. zum gewöhnlichen Aufenthalt von Erwachsenen im Rahmen der EuEheVO unten, Kap. 2, Rn. 147.

Unionsrechtsakten kein einheitliches Begriffsverständnis ableiten lässt. Es dürfte jedoch allen Begriffsbestimmungen der Gedanke des Mittelpunktes der Interessen einer Person zu Grunde liegen, auch wenn der EuGH dies nicht in allen Definitionen ausdrücklich erwähnt hat. Nicht einheitlich beantwortet wird hingegen die Frage, inwiefern der Wille einer Person bei der Feststellung des gewöhnlichen Aufenthalts eine Rolle spielt.

(f) Bedeutung der Schlussfolgerungen für den Begriff des gewöhnlichen Aufenthalts von Erwachsenen im Rahmen der EuEheVO

Fraglich ist damit zunächst, ob das Verständnis des EuGH vom gewöhnlichen Aufenthalt von Kindern im Rahmen der EuEheVO auch für Erwachsene gilt, oder ob doch eher der subjektiv eingefärbte Begriff des ständigen Wohnsitzes heranzuziehen ist. Es ist anzunehmen, dass aus den Ausführungen des EuGH zu Art. 8 EuEheVO Rückschlüsse für die Auslegung des gewöhnlichen Aufenthalts im Rahmen der EuEheVO generell gezogen werden können, da eine einheitliche Begriffsbestimmung im Rahmen einer Verordnung vorzugswürdig erscheint, wenn nicht besondere systematische oder teleologische Gründe dagegen sprechen. Nach Erwägungsgrund 12 der EuEheVO ist der gewöhnliche Aufenthalt am besten geeignet, räumliche Nähe zum Forumstaat zu erzeugen, weshalb bei den Zuständigkeitsvorschriften zur elterlichen Verantwortung vorzugsweise auf den gewöhnlichen Aufenthalt abzustellen sei. Es scheint nichts dagegen zu sprechen, auch bei der Bestimmung des gewöhnlichen Aufenthalts in anderen Abschnitten der Verordnung auf die vom EuGH entwickelten Kriterien zum gewöhnlichen Aufenthalt des Kindes abzustellen, soweit diese auf Erwachsene übertragbar sind, da bei Zuständigkeitsvorschriften generell eine räumliche Nähe zum Forumstaat erwünscht sein wird und es dabei keine Rolle spielen muss, ob diese räumliche Nähe freiwillig begründet wurde oder nicht.[463] Für ein solches Verständnis spricht auch die parallele Auslegung des gewöhnlichen Aufenthalts in der EuUntVO und die durch *Andrae* aufgeworfenen Frage, ob jedenfalls Verordnungen, die das Familienrecht betreffen, möglichst einheitlich ausgelegt werden sollten. Letzteres ist zu bejahen, sofern nicht besondere Gründe für eine abweichende Auslegung sprechen.

Die unterschiedliche Begriffsbestimmung des gewöhnlichen Aufenthalts in der Rechtsprechung des EuGH bezüglich des Willens des Betroffenen lässt sich möglicherweise damit erklären, dass zwischen der EuEheVO und den

---

463 Für eine Heranziehung der entsprechenden Umstände auch im Falle des Art. 3 EuEheVO s. auch *Hausmann*, IntEuSchR, A Rn. 47 ff.

Rechtsakten der Union, die den Begriff des ständigen oder gewöhnlichen Wohnsitzes verwenden, vor allem insofern ein Unterschied besteht, als sich bei letzteren Rechtsakten schon aus deren Kontext ergibt, dass die betreffende Person ihren Aufenthalt mit Absicht begründet haben muss. Im Hinblick auf die Auslandszulage gilt dies insofern, als die Person sich freiwillig für den Beamtendienst bei den Gemeinschaften beworben hat und auch, wenn sie sich ihr Dienstland gegebenenfalls nicht aussuchen konnte, sich dennoch freiwillig in dieses begeben hat und auf Grund des Dienstverhältnisses auch die Absicht gehabt haben muss, sich in diesem niederzulassen, da sie das Arbeitsverhältnis sonst gar nicht aufgenommen hätte. Im Hinblick auf die Richtlinien zur Steuervergünstigung ergibt sich die Absicht der Person daraus, dass sie aus persönlichen oder beruflichen Gründen an einem bestimmten Ort verweilt. Das Abstellen auf diese Gründe impliziert bereits eine Freiwilligkeit. Es begründet daher keine wirkliche zusätzliche Voraussetzung.

Im Gegensatz hierzu lässt sich die rein objektive Bestimmung der Begriffe des Wohnsitzes bzw. des Aufenthalts, wie sie im Rahmenbeschluss 2002/584 zum Europäischen Haftbefehl vorkommen, möglicherweise damit erklären, dass es im Rahmen dieses Beschlusses nicht auf die Freiwilligkeit des Wohnsitzes oder des Aufenthalts ankommt, sich diese also nicht bereits aus den Umständen, unter denen sich eine Person in dem betreffenden Land befindet, ergibt.

Die Gewichtigkeit des subjektiven Elements hängt damit möglicherweise mit von der Regelungsmaterie des entsprechenden Rechtsaktes ab. Im Rahmen der EuErbVO und der Rom III-VO ist aus Gründen der Bedeutung des gewöhnlichen Aufenthalts für die Anwendbarkeit des materiellen Rechts das generelle Abstellen auf ein subjektives Element angezeigt.[464] Hingegen ist in der EuEheVO nichts enthalten, was zwingend eine Freiwilligkeit des Aufenthalts einer Person erfordert. Es spricht daher nichts dagegen, zur Ermittlung des gewöhnlichen Aufenthalts nur tatsächliche Gründe heranzuziehen. Zu Gunsten einer einheitlichen Auslegung der Verordnung erscheint dies im Hinblick auf die vom EuGH entwickelten Grundsätze zum gewöhnlichen Aufenthalt des Kindes vielmehr vorzugswürdig, sofern nicht andere Gründe gegen eine Übertragbarkeit der objektiven Bestimmung des gewöhnlichen Aufenthalts auf Art. 3 EuEheVO sprechen. Auf mögliche Aspekte für eine andere Beurteilung ist im Folgenden einzugehen.

464 S. Kap. 2, S. 139 ff.

(aa) Borrás-Bericht

Der Borrás-Bericht spricht nicht gegen ein eher objektives Verständnis des gewöhnlichen Aufenthalts in der EuEheVO. Zum einen bezog sich der Bericht nicht direkt auf die Verordnung, sondern auf die Vorgängerregelung, welche als Vertrag zwischen den Mitgliedstaaten galt.[465] Zum anderen stellt der Bericht nicht fest, dass die Definition des ständigen Wohnsitzes auf das Übereinkommen und damit nunmehr auf die Verordnung zu übertragen sei, sondern nur, dass dem Umstand, dass diese Definition existierte, insofern Rechnung getragen wurde, als man sich gegen das Einfügen einer Kollisionsnorm, welche auf die einzelnen nationalen Rechte verweist, entschieden habe.[466] Natürlich bedeutet dies, dass man davon ausging, dass anders als unter dem EuGVÜ, bei dem man befürchtete, es könne zu einer Vielzahl von Definitionen kommen[467], diese Gefahr bei dem Übereinkommen über Ehesachen nicht bestand und dies deshalb der Fall war, da man annahm, die Vertragsstaaten werden die Definition des ständigen Wohnsitzes bei der Auslegung zu Grunde legen. Dies hindert den EuGH jedoch nicht daran, im Rahmen der EuEheVO eine abweichende Definition vorzunehmen, sofern er der Ansicht ist, dass die Systematik und/oder das Ziel der Verordnung dies erfordern.

(bb) Die Ansicht der Gerichte anderer Mitgliedstaaten

Im Hinblick auf die Rechtsprechung der Gerichte der anderen Mitgliedstaaten ist festzustellen, dass die Cour de Cassation[468] und der High Court[469], welcher sich auf die Court de Cassation und den Borrás-Bericht berief, die bestehende Rechtsprechung des EuGH zum ständigen Wohnsitz auf Art. 3 EuEheVO übertragen haben und zur Feststellung des gewöhnlichen Aufenthalts im Rahmen des Art. 3

---

465 Man wird diesen Bericht dennoch zur Auslegung heranziehen können, soweit die Regelungen der Verordnung mit denjenigen des Übereinkommens ähnlich sind. S. zur Möglichkeit des Heranziehens des Borrás-Berichts zur Auslegung der EuEheVO Rauscher-*Rauscher*, Einl. Brüssel IIa-VO, Rn. 35.

466 Borrás-Bericht, ABl. EG 1998 Nr. C 221/38, Rn. 32.

467 Jenard-Bericht, ABl. EG 1979 Nr. C 59/15.

468 Cass. civ., Urteil v. 14.12.2005, n° 05-10.951: „la résidence habituelle, notion autonome du droit communautaire, se définit comme le lieu où l'intéressé a fixé, avec la volonté de lui conférer un caractère stable, le centre permanent ou habituel de ses intérêts".

469 [2007] EWHC 2047 (Fam), Urteil v. 03.09.2007, Rn. 33 (2007 WL 4610488); Anschluss durch [2007] EWHC 3315 (Fam), Urteil v. 19.12.2007, Rn. 46 (2007 WL 5116833).

EuEheVO auf die Absicht der betreffenden Person zur Begründung des Interessenmittelpunktes abstellen.

Es ist jedoch anzumerken, dass das erste Urteil des EuGH zum gewöhnlichen Aufenthalt von Kindern erst am 02.04.2009 und damit später als die genannten Urteile erging. Sie konnten daher auf die Entscheidungen des EuGH keinen Bezug nehmen und nehmen daher zu der Frage, ob sich nur der Aufenthalt des Kindes nach rein tatsächlichen Kriterien bestimmt oder auch der von Erwachsenen, keine Stellung. Auch der OGH ging in einer Entscheidung zum Verständnis des gewöhnlichen Aufenthalts im Rahmen des Art. 3 EuEheVO nicht auf die Entscheidung des EuGH in der Rechtssache *A* ein, obgleich sein Beschluss erst am 06.07.2009 und damit später erging.[470] Er ließ jedoch auf Grund der geringen Relevanz, die ein unterschiedliches Begriffsverständnis von „ständigem Wohnsitz" und „gewöhnlichem Aufenthalt" aufweisen würde, die Frage offen, ob auch beim gewöhnlichen Aufenthalt stets das Willenselement der betreffenden Person zu berücksichtigen sei oder ob allein oder ganz überwiegend tatsächliche Umstände maßgebend seien, und prüfte daher im Ergebnis nur, ob die Parteien ihren Lebensmittelpunkt in Österreich hatten. Demgegenüber nahm der High Court in einer späteren Entscheidung zu Art. 3 EuEheVO ausdrücklich auf das Urteil des EuGH (C-523/07 (*A*)) Bezug[471], stellte jedoch lediglich fest, dass dieses Urteil zu Art. 8 EuEheVO auf Grund seines von Art. 3 EuEheVO zu unterscheidenden Kontextes nicht auf Art. 3 EuEheVO übertragen werden könne und griff auf die bereits bestehende Rechtsprechung des High Court zum gewöhnlichen Aufenthalt im Rahmen des Art. 3 EuEheVO zurück[472], wodurch er letzten Endes wieder die Definiton des EuGH zum ständigen Wohnsitz heranzog[473]. Das Gericht kommt zu dem Ergebnis, dass es sich bei dem gewöhnlichen Aufenthalt um einen Rechtsbegriff handle, nicht nur um eine Tatsachenfrage.[474]

470 OGH, Beschluss vom 06.07.2009, Az. 1 Ob 115/09g.

471 [2010] 1 F.L.R., 694 (701), Rn. 31.

472 [2010] 1 F.L.R., 694 (701), Rn. 31.

473 [2010] 1 F.L.R., 694 (702), Rn. 35.

474 S. [2010] 1 F.L.R., 694 (703), Rn. 39: "Habitual residence for the purposes of Art 3 of the Regulation is, therefore, a legal concept and not merely a question of fact." *Dilger* hingegen hat gerade den Wohnsitzbegriff als „technischen Rechtsbegriff" bezeichnet, während der gewöhnliche Aufenthalt überwiegend an tatsächliche Kriterien anknüpfe, s. S. 139, Rn. 188. Obgleich es sich bei dem hier vom High Court verwendeten Begriff des ständigen Wohnsitzes um einen, wie von dem Gericht zu Recht festgestellt, technischen Rechtsbegriff handelt, ist dieser aber dennoch im Rahmen des Unionsrechts eine Ausprägung des Begriffs des gewöhnlichen Aufenthalts und nicht des Wohnsitzes, s. die Erläuterungen in Kap. 2, S. 152 f.

Dieses Urteil hat der High Court inzwischen bestätigt[475], wobei er anmerkt, dass der gewöhnliche Aufenthalt nach objektiven Kriterien zu bestimmen sei und die Absicht einer Person nur dazu diene, die Beweggründe für die Handlungsweise der betreffenden Person mit zu berücksichtigen.[476] In jedem Fall verlangt der ständige Wohnsitz jedoch, dass der Aufenthalt freiwillig begründet wurde, da er jedenfalls mit der Absicht begründet worden sein muss, dauerhaft zu sein.[477]

Die Urteile des EuGH zu Art. 8 EuEheVO wurden damit vom OGH, der das Urteil in der Rechtssache *A* jedoch möglicherweise übersehen hat, da er gar keinen Bezug darauf nahm, und vom High Court nicht auf den gewöhnlichen Aufenthalt nach Art. 3 EuEheVO übertragen. Vielmehr lassen diese Gerichte offen, ob der gewöhnliche Aufenthalt freiwillig begründet worden sein muss (OGH) bzw. ziehen weiter die Definition zum ständigen Wohnsitz heran (High Court), nach der dies der Fall ist.

Das Urteil des High Court ist allerdings in der Begründung wenig überzeugend, da er sich lediglich darauf beruft, dass die Rechtsprechung zu Art. 8 EuEheVO schon deshalb nicht auf Art. 3 übertragen werden könne, weil die Kontexte in den beiden Fällen unterschiedlich seien. Dies erscheint als Begründung kaum ausreichend, sind doch die Kontexte von Art. 3 EuEheVO und der Auslandszulage für Beamte, aus deren Anwendungsbereich die Definition des ständigen Wohnsitzes stammt, erst recht unterschiedliche. Letztere Definition zieht der High Court jedoch dennoch zur Begriffsbestimmung des gewöhnlichen Aufenthalts im Rahmen des Art. 3 EuEheVO heran. Ferner kann trotz unterschiedlicher Kontexte die Übertragung einer Begriffsbestimmung geboten sein, wenn dies auf Grund des Inhalts der Regelungen, auch wenn sie in verschiedenen Kontexten stehen, sinnvoll erscheint. Ob die Grundstruktur des Begriffs des gewöhnlichen Aufenthalts, wie sie zu Art. 8 EuEheVO entwickelt wurde, auf Art. 3 EuEheVO übertragen werden kann, wurde vom High Court jedoch nicht unter Nennung konkreter Gründe abgelehnt.

Alle diese Urteile sprechen daher nicht gegen eine Übertragbarkeit des Verständnisses des gewöhnlichen Aufenthalts des Kindes auf Erwachsene.

(g) Ergebnis für Art. 3 EuEheVO und Schlussbemerkungen zum gewöhnlichen Aufenthalt in den Rechtsakten der Union

Abschließend ist damit festzustellen, dass es keine Gründe gibt, den gewöhnlichen Aufenthalt des Kindes im Rahmen der EuEheVO primär nach rein objektiven Kriterien zu bestimmen, bei einem Erwachsenen jedoch zu fordern, dass dieser

475 [2012] I.L.Pr. 3, 71 (79), Rn. 35 ff.

476 [2012] I.L.Pr. 3, 71 (80), Rn. 38.

477 S. EuGH, C-452/93 (*Fernández*), Rn. 22.

auch die Absicht gehabt haben müsse, den Mittelpunkt seiner Lebensinteressen an einem bestimmten Ort zu begründen. Der gewöhnliche Aufenthalt bestimmt sich demnach auch bei Erwachsenen in der EuEheVO zunächst ausschließlich nach objektiven Kriterien. Nur, falls eine Verlagerung des gewöhnlichen Aufenthalts in Betracht kommt, ist auf den Willen der betreffenden Person abzustellen.[478] Auf die vom EuGH in den Entscheidungen zu Art. 8 EuEheVO entwickelten Kriterien kann insoweit zurückgegriffen werden, als sie sich nicht speziell auf die Situation des Kindes beziehen. Dabei sind zur Feststellung des gewöhnlichen Aufenthaltes „[alle] tatsächlichen Umstände des Einzelfalls“ zu berücksichtigen.[479]

Nach den gemachten Ausführungen ist ferner festzuhalten, dass die Befürchtung der Gefahr einer Einebnung der Unterschiede zwischen den Begriffen „Wohnsitz“ und „gewöhnlicher Aufenthalt“ durch Heranziehen der Wohnsitz-Definition(en) im Rahmen von Unionsrechtsakten, die den gewöhnlichen Aufenthalt als Tatbestandsmerkmal aufführen, insofern unbegründet ist, als der EuGH diese Begriffe ohnehin nicht genau trennt.

Aus den deutschen Sprachfassungen ist dies seit dem Verweis des EuGH in C-523/07 (*A*), Rn. 36, ersichtlich geworden. In den vom EuGH hier in Bezug genommenen Entscheidungen ging es nach den deutschen Sprachfassungen nicht um den „gewöhnlichen Aufenthalt“, sondern um den oben erörterten „ständigen Wohnsitz“, den „Wohnort“ und den „Wohnsitz“ allgemein, wie sie sich in anderen Rechtsakten der Union finden. Die Begrifflichkeiten hängen jedoch von der jeweiligen Sprachfassung des Rechtsaktes ab, zu dem die Entscheidungen ergangen sind. So wird in einigen Ländern für den ständigen Wohnsitz und den gewöhnlichen Aufenthalt durchgehend der gleiche Begriff, nämlich der des gewöhnlichen Aufenthalts, verwendet.[480]

Der EuGH setzt damit diese Begriffe in gewisser Weise gleich, da auch in den Rechtsakten nicht immer nach ihnen unterschieden wird. Bei der Auslegung von Unionsrechtsakten sollte daher nicht in den Kategorien „Wohnsitz“ und „gewöhnlicher Aufenthalt“ gedacht werden. Hilfreich wäre möglicherweise

---

478 Nach *Kress* kommt dem Willen, einen gewöhnlichen Aufenthalt zu begründen, generell im Rahmen der Bewertung der objektiven Kriterien Bedeutung zu, S. 108. Er spielt also nicht nur bei der *Verlagerung* des gewöhnlichen Aufenthalts eine Rolle. Zum Zeitpunkt der Verfassung der Arbeit waren allerdings die Entscheidungen des EuGH zur EuEheVO noch nicht ergangen.

479 EuGH, C-523/07 (*A*), Rn. 37.

480 S. z. B. die Sprachfassungen von England, Frankreich, Italien und Spanien, die in beiden Fällen jeweils die Bezeichnungen “habitual residence”, „résidence habituelle“, „residenza abituale“ bzw. „residencia habitual“ verwenden.

zunächst ein Blick in andere Sprachfassungen der Rechtsakte und, insbesondere wenn die Sprachfassungen in ihren Begrifflichkeiten nicht übereinstimmen, eine von den Begriffen losgelöste funktionale Auslegung.[481] Hierfür spricht insbesondere, dass der EuGH in der Regel die Begriffsauslegung, wie auch in anderen Bereichen, nach dem Kontext und dem Ziel des jeweiligen Rechtsaktes vornimmt.[482]

(h) Schlussfolgerungen für die Auslegung des Art. 25 lit. b EuGVO-E

Wie oben angesprochen[483], erscheint systematisch eine identische Interpretation mit dem Verständnis des gewöhnlichen Aufenthalts in der EuEheVO eher angebracht als beispielsweise mit den Urteilen zur Auslandszulage oder zum Steuerrecht, um auf dem Gebiet des Zivilverfahrensrechts eine möglichst einheitliche Definition zu erreichen, sofern nicht besondere Gründe im Rahmen der EuGVO-E gegen eine Übertragbarkeit der Definition sprechen.[484] Derartige Gründe lassen sich nicht feststellen, da keine besseren Argumente dafür sprechen, statt nur auf tatsächliche Umstände auch auf den Willen der betroffenen Person abzustellen. Auch bei einem Abstellen auf rein tatsächliche Gründe ist eine räumliche Nähe zum Forumstaat gesichert. Folglich ist der gewöhnliche Aufenthalt im Rahmen des Art. 25 lit. b EuGVO-E zu verstehen als der Ort, an dem eine Person nach allen tatsächlichen Umständen des Einzelfalls ihren ständigen oder gewöhnlichen Mittelpunkt ihrer Interessen hat.[485] Im Fall einer möglichen Verlagerung

---

481 *Baetge*, FS Kropholler, S. 77 (88) stellt fest, dass sich in den Mitgliedstaaten bezüglich des gewöhnlichen Aufenthalts ein „funktionsgebundenes Begriffsverständnis" herausbilde. Diese Aussage trifft sicher auch auf die Rechtsprechung des EuGH zu. Sie geht hier jedoch insofern noch weiter, als es – jedenfalls nach den deutschen Sprachfassungen der Urteile - nicht nur um den „gewöhnlichen Aufenthalt" geht, sondern auch der „Wohnsitz" mit einbezogen wird.

482 EuGH, C-497/10 (*Mercredi*), Rn. 45; C-523/07, Rn. 35; C-297/89 (*Ryborg*), Rn. 13; nach EuGH, C-262/99 (*Louloudakis*), Rn. 58, ist das Ziel des Rechtsaktes bei der Gesamtwürdigung der Kriterien zu berücksichtigen.

483 Kap. 2, S. 137.

484 Die EuErbVO begründet mit dem hier vorgeschlagenen subjektiv eingefärbten Verständnis des gewöhnlichen Aufenthalts eher eine Ausnahme, wenn man die unterschiedlichen Begriffe zum gewöhnlichen Aufenthalt insgesamt betrachtet. Sie ist daher nicht als Ausgangspunkt heranzuziehen.

485 In Betracht kommen hier neben den Kriterien, die in der Rechtssache *A* genannte wurden, sofern sich diese auf Art. 3 EuEheVO übertragen lassen (z. B. Dauer, Regelmäßigkeit, Umstände und Gründe für den Aufenthalt, Staatsangehörigkeit, Sprachkenntnisse, familiäre und soziale Bindungen, s. EuGH, C-523/07 (*A*), Rn. 38 f.) z. B. auch die für den gewöhnlichen Wohnsitz als Beispiele genannten Tatsachen:

des gewöhnlichen Aufenthalts begründet der Wille der Person, dem Aufenthalt in dem neuen Staat Beständigkeit zu verleihen, ein Indiz der Verlagerung, wobei zur Ermittlung dieses Willens wiederum alle tatsächlichen Umstände des Falles heranzuziehen sind.

(i) Geeignetheit des gewöhnlichen Aufenthalts als Kriterium im Rahmen des Art. 25 lit. b EuGVO-E

(aa) Allgemeine Voraussetzungen, damit ein Kriterium einen ausreichenden Bezug i. S. d. Art. 25 lit. b EuGVO-E begründet

Wann ein Kriterium einen ausreichenden Bezug nach Art. 25 lit. b EuGVO-E begründet, hängt von dem Zweck der Beschränkung des ausreichenden Bezuges ab. Wie oben dargelegt, dient diese Beschränkung zum einen einer gewissen Interessenabwägung der Parteien. Der Beklagte kann daher zumindest in denjenigen Mitgliedstaaten nicht vor Gericht gezogen werden, wo ein berechtigtes Interesse des Klägers an dem Verfahren nicht anzunehmen ist. Ein solches Interesse kann sich aus der Nähe des Streitgegenstandes oder der Person des Klägers ergeben. Da Art. 25 EuGVO-E den Zweck hat, den Umstand auszugleichen, dass Beklagte aus Drittstaaten im Unionsgebiet keinen Wohnsitz und damit keinen allgemeinen Gerichtsstand haben, ist grundsätzlich jedes Kriterium, welches ein Interesse des Klägers erkennen lässt, vor Gerichten eines bestimmten Mitgliedstaates zu klagen, auch ausreichend, um den Gerichtsstand nicht zu eng zu ziehen und damit seiner Wirksamkeit zu berauben. Da dieses Interesse auch im Rahmen der Rechtfertigung einer Ungleichbehandlung zu anderen Unionsbewohnern eine Rolle spielt, stellen Kriterien, welche nicht diskriminierend sind, damit auch gleichzeitig einen ausreichenden Bezug her. Dem Interesse des Klägers wird immerhin dadurch Rechnung getragen, dass es nicht ausreicht, dass der Bezug nur zu irgendeinem Mitgliedstaat der EU bestehen muss. Vielmehr muss er konkret im Hinblick auf denjenigen Mitgliedstaat bestehen, dessen Gerichte angerufen sind. Ein Bezug ist ferner auch dann ausreichend, wenn beim Beklagten Kriterien vorliegen, welche es zumutbar erscheinen lassen, ihn vor den Gerichten eines bestimmten Mitgliedstaates zu belangen.

Körperliche Anwesenheit, Einrichtung einer Wohnung, Ausübung der beruflichen Tätigkeit, Belegenheit der Vermögensinteressen, verwaltungsmäßige Beziehungen zu den staatlichen Stellen, EuGH, C-392/05 (*Alevizos*), Rn. 57; C-262/99 (*Louloudakis*), Rn. 55.

(bb) Geeignetheit des Kriteriums des gewöhnlichen Aufenthalts

Auch bei einem Anknüpfen an den gewöhnlichen Aufenthalt stellt sich zunächst die Frage nach der Vereinbarkeit mit Art. 18 AEUV und Art. 20 EGRC. Das Anknüpfen an den gewöhnlichen Aufenthalt begünstigt mittelbar die eigenen Staatsangehörigen, die dieses Kriterium öfter erfüllen werden, weshalb eine indirekte Ungleichbehandlung nach Art. 18 AEUV gegenüber allen übrigen Unionsbürgern vorliegt. Drittstaatenangehörige sind, soweit sie im Unionsgebiet ansässig sind, in der gleichen Lage wie Unionsbürger, weshalb ihnen gegenüber eine mittelbare Ungleichbehandlung nach Art. 20 EGRC vorliegt. Drittstaatenangehörige mit Wohnsitz außerhalb der Union werden vorliegend nicht gemäß Art. 20 EGRC ungleich behandelt, da keine vergleichbaren Sachverhalte bestehen.[486]

Eine indirekte Ungleichbehandlung ist in jedem Fall einer Rechtfertigung zugänglich.[487] Anders als die Staatsangehörigkeit ist der gewöhnliche Aufenthalt jedoch geeignet, einen ausreichenden Bezug zu einem Mitgliedstaat herzustellen, da er auf Grund der Ermittlung des Mittelpunktes der Interessen einer Person sicherstellt, dass zwischen der betreffenden Person und dem Mitgliedstaat tatsächlich eine Verbindung in Form einer räumlichen Nähe besteht, wodurch einer Partei auch ein grundsätzliches Interesse an der Prozessführung in diesem Staat zuzuerkennen ist. Die Ungleichbehandlung ist damit vorliegend gerechtfertigt. Ferner ist es einem Beklagten mit gewöhnlichem Aufenthalt in einem EU-Staat auch zumutbar, vor den Gerichten dieses Staates verklagt zu werden.

---

486 Dies ergibt sich daraus, dass die Regelung des Art. 25 EuGVO-E den Umstand ausgleichen soll, dass Beklagte aus Drittstaaten keinen Wohnsitz in der EU haben (s. die Verordnungsbegründung KOM (2010) 748 endg., S. 9). Sie dient damit in erster Linie dem Schutz von Klägern, welche sich in der EU aufhalten, wie auch die Erwägungen in der Verordnungsbegründung zeigen, dass die Regelung der Restzuständigkeit zu gleichen Ausgangsbedingungen für Unternehmen führen sollte (KOM (2010) 748 endg., S. 11). Kläger mit gewöhnlichem Aufenthalt in der EU sind daher vorliegend nicht mit Klägern mit gewöhnlichem Aufenthalt außerhalb der EU vergleichbar. Zumindest wäre eine Ungleichbehandlung gerechtfertigt, da bei einer zu engen Auslegung der im Rahmen des Art. 25 lit. b EuGVO-E in Frage kommenden Kriterien der Gerichtsstand immer mehr an Bedeutung verlieren würde, obwohl die betreffende Person ein relevantes Interesse daran hat, in einem bestimmten Staat zu klagen.

487 S. z. B. Grabitz/Hilf/Nettesheim-*von Bogdandy*, Art. 18 AEUV, Rn. 20.

Der gewöhnliche Aufenthalt erscheint daher als geeignetes Kriterium, sowohl auf Kläger-, als auch auf Beklagtenseite, einen ausreichenden Bezug zu einem Mitgliedstaat herzustellen.

(2) Der Wohnsitz im Rahmen des Art. 25 lit. b EuGVO-E

In Betracht kommt nur der Wohnsitz des Klägers, da der Beklagte nach dem Recht des angerufenen Gerichts keinen Wohnsitz im Hoheitsgebiet des entsprechenden Mitgliedstaates haben kann. Anderenfalls könnte Art. 25 EuGVO-E von vorne herein nicht zur Anwendung gelangen.

Wie oben dargestellt, ist die Regelung, dass der Wohnsitz nach dem nationalen Recht zu bestimmen ist, primärrechtswidrig.[488] Der Verordnungsentwurf hält jedoch an dieser Vorschrift fest (Art. 73 EuGVO-E), obwohl das Europäische Parlament die Auffassung vertreten hat, dass eine einheitliche Definition des Wohnsitzes für natürliche Personen erstrebenswert sei[489]. Solange die Vorschrift jedoch nicht durch den EuGH für nichtig erklärt worden ist, gilt für sie die Vermutung der Gültigkeit[490], so dass sie von den Gerichten weiter anzuwenden ist[491]. Konsequenterweise müsste sie auch im Rahmen des Art. 25 lit. b EuGVO-E angewendet werden, sofern der Wohnsitz des Klägers ein geeignetes Kriterium zur Begründung eines ausreichenden Bezuges darstellt, da es inkonsequent wäre, den Wohnsitz im Rahmen des Art. 25 lit. b EuGVO-E autonom bestimmen zu wollen. Der Wohnsitz kann bei entsprechendem Verständnis geeignet sein, ebenso wie der gewöhnliche Aufenthalt einen ausreichenden Bezug zu einem Mitgliedstaat herzustellen, sofern die Wohnsitzbestimmungen sämtlicher Mitgliedstaaten dazu geeignet sind, einen tatsächlichen räumlichen Bezug zu einem Mitgliedstaat zu begründen. Erfüllt eine Wohnsitzbestimmung diese Bedingung nicht, wäre ein Abstellen auf den Wohnsitz insgesamt abzulehnen, da es nicht hinzunehmen ist, dass das Kriterium auch dann zur Ausfüllung des ausreichenden Bezuges herangezogen wird, wenn es im konkreten Fall gar keinen solchen herstellt.[492] In diesem Fall könnte nämlich

---

488 Kap. 1, S. 49 ff.

489 Bericht des Europäischen Parlaments vom 29.06.2012, Nr. A7-0219/2010, S. 11 Nr. 19.

490 S. hierzu EuGH, C-137/92 (*BASF u. a.*), Rn. 48; Lenz/Borchardt-*Borchardt*, Art. 264 AEUV, Rn. 2; *Frenz*, Band V, Rn. 142 f.

491 *Jarass/Beljin*, NVwZ 2004, S. 1 (3).

492 Als problematisch erweist sich in diesem Zusammenhang beispielsweise der Wohnsitzbegriff des zyprischen Rechts. Nach diesem ist Wohnsitz der Ort des "permanent home", also der Ort, an dem eine Person sich dauerhaft aufzuhalten beabsichtigt, wobei es unerheblich ist, ob sie sich im Moment tatsächlich dort aufhält (*Neocleous*, S. 876, Rn. 24–11). Ferner erwirbt jede Person mit Geburt ein "domicile of origin", welches

die bestehende mittelbare Ungleichbehandlung zwischen den Unionsbewohnern nicht mit dem Argument der Berücksichtigung der völkerrechtlichen Courtoisie gerechtfertigt werden. Es ist jedoch nicht angezeigt, nur auf die Wohnsitzbegriffe zurückzugreifen, die einen solchen Bezug begründen, da sich dann einige Unionsbewohner gar nicht auf dieses Kriterium berufen könnten.

Von dieser Problematik abgesehen, würde bei der Annahme, dass der Wohnsitz ein geeignetes Kriterium im Rahmen des Art. 25 lit. b EuGVO-E darstellt, die auf Grund des Art. 73 EuGVO-E bestehende Ungleichbehandlung, die diese Vorschrift bislang unter der Verordnung hervorruft, noch weiter ausdehnen. Denn je weiter der Wohnsitzbegriff eines Staates gefasst ist, umso eher wäre auch der Gerichtsstand des Art. 25 EuGVO-E eröffnet. Geht man von der bestehenden Rechtslage aus, wäre daher unabhängig davon, dass ein Primärrechtsverstoß durch Art. 73 EuGVO-E nur durch den EuGH festgestellt werden könnte, ein Abstellen auf den Wohnsitz im Rahmen des Art. 25 EuGVO-E abzulehnen, um eine möglichst einheitliche Anwendung der Verordnung sicherzustellen.

Bei Gesellschaften und juristischen Personen wird der Wohnsitz hingegen einheitlich bestimmt (Art. 60 EuGVO und Art. 74 EuGVO-E). Da sich das Kriterium des gewöhnlichen Aufenthalts nur auf natürliche Personen bezieht, könnte man

---

auch bei einer Wohnsitzverlagerung nicht verloren geht (*Neocleous*, S. 876, Rn. 24–11). Es wird jedoch durch ein "domicile of choice" ersetzt, wenn sich eine Person in der Absicht, sich dort dauerhaft aufzuhalten, in ein anderes Land begibt (*Neocleous*, S. 876 f., Rn. 24–11). Ein so entstandenes "domicile of choice" endet mit der Aufgabe der dauerhaften Aufenthaltsabsicht einer Person und der tatsächlichen Aufenthaltsverlagerung, wobei das "domicile of origin" bis zur Begründung eines neuen "domicile of choice" wieder auflebt, damit stets das Bestehen eines Wohnsitzes gewährleistet ist, selbst wenn eine Person gerade kein "permanent home" hat (*Neocleous*, S. 877, Rn. 24–11). Dies führt dazu, dass der Wohnsitzbegriff des zyprischen Rechts keine räumliche Nähe zum Forumstaat gewährleistet. Anzumerken ist, dass dieser Wohnsitzbegriff starke Parallelen mit dem des englischen Rechts aufweist (s. zu diesem Geimer/Schütze-*Geimer*, Art. 59 EuGVO, Rn. 13), wobei England damals eigens für das EuGVÜ einen eigenen Wohnsitzbegriff eingeführt hat, s. Geimer/Schütze-*Geimer*, Art. 59 EuGVO, Rn. 14. Ob Zypern im Rahmen der Verordnung indes auf seinen Wohnsitzbegriff vollständig zurückgreift, ist unklar. Im Rahmen der Befragung zur Anwendung der EuGVO in den einzelnen Mitgliedstaaten wurde in Zypern nur auf den Begriff des "permanent home" verwiesen, ohne auf das "domicile of origin" oder das "domicile of choice" einzugehen, s. Studie JLS/C4/2005/03, Evaluation of Questionnaire No. 3, Frage 2.2.1. In der Studie selbst führt *Pfeiffer* aus, dass das "permanent home" der Ort sei, an dem die Person beabsichtige, ihren dauerhaften Aufenthalt zu nehmen, ohne dass es darauf ankomme, ob sich die Person dort gegenwärtig aufhalte, s. S. 87, Rn. 184.

bedenken, für Gesellschaften und juristische Personen auf den Wohnsitz nach Art. 74 EuGVO-E zurückzugreifen. Problematisch ist hieran, dass die Vorschrift mehrere Anknüpfungspunkte für den Wohnnsitz vorsieht. Der gewöhnliche Aufenthalt kann hingegen immer nur in einem Staat begründet sein.[493] Es erscheint daher vorteilhafter, auf ein dem gewöhnlichen Aufenthalt äquivalentes Kriterium zurückzugreifen. In Betracht kommt der Mittelpunkt der hauptsächlichen Interessen, wie er in Art. 3 EuInsVO[494] verwendet wird. Dies hat den Vorteil, dass in beiden Fällen auf den Interessenmittelpunkt abgestellt wird. Auch kommt unter Heranziehung des Interessenmittelpunktes ebenso wie beim gewöhnlichen Aufenthalt nur ein Ort in Betracht.[495] Für die Frage, wie dieser im Rahmen des Art. 3 Abs. 1 EuInsVO zu ermitteln ist, s. die Kommentarliteratur.[496]

cc) Der schlichte Aufenthalt

Der schlichte Aufenthalt wurde von *Schlosser* als mögliches Kriterium zur Herstellung eines hinreichenden Inlandsbezuges im Rahmen des § 23 S. 1 1. Alt. ZPO in Erwägung gezogen, der seine Geeignetheit auf Grund des eher schwachen Bezuges und der Missbrauchsanfälligkeit jedoch ablehnte.[497] Auch der OGH hat dieses Kriterium als nicht ausreichend angesehen.[498] Dem ist beizupflichten. Dem gewöhnlichen Aufenthalt kommt nach der Rechtsprechung des EuGH eine gewisse Beständigkeit zu[499], die eine Integration des Betroffenen in sein soziales Umfeld sicherstellt.[500] Der schlichte Aufenthalt, vom EuGH als „vorübergehende Anwesenheit" bezeichnet, unterscheidet sich von dem gewöhnlichen Aufenthalt gerade dadurch, dass ihm keine Dauerhaftigkeit zukommt.[501] Er ist also auch schon bei nur ganz kurzen Aufenthalten

---

493 Dies wurde in der englischen Rechtsprechung häufiger angesprochen, s. [2007] EWHC 2047 (Fam), Urteil v. 03.09.2007, Rn. 39 ff. (2007 WL 4610488). Der Begründung in diesem Urteil ist zuzustimmen. S. ferner auch [2007] EWHC 3315 (Fam), Urteil v. 19.12.2007, Rn. 47 (2007 WL 5116833); [2012] I.L.Pr. 3, 71 (79), Rn. 36.

494 VO (EG) Nr. 1346/2000, ABl. EG 2000 Nr. L 160, S. 1 ff., vgl. *Jayme/Hausmann*, Nr. 260.

495 So die wohl überwiegende Meinung, s. Rauscher-*Mäsch*, Art. 3 EuInsVO, Rn. 9, mit Nachweisen für die a. A.

496 Z. B. Rauscher-*Mäsch*, Art. 3 EuInsVO, Rn. 6 ff.

497 *Schlosser*, FS Nakamura, S. 491 (510).

498 S. die bereits erwähnte Entscheidung vom 29.10.1992, Az. 6 Ob 609/92.

499 S. die Ausführungen unter.

500 Z. B. EuGH, C-523/07 (*A*), Rn. 38; C-497/10 (*Mercredi*), Rn. 47; EuGH, C-7/06 (*García*), Rn. 43.

501 EuGH, C-497/20 (*Mercredi*), Rn. 51.

in einem anderen Mitgliedstaat gegeben und könnte nur zur Eröffnung des Gerichtsstandes vorübergehend in einem Mitgliedstaat, in dem sich Vermögen des Beklagten befindet, begründet werden. Wegen der nur kurzen Dauer stellt er auch nicht sicher, dass zwischen dem Kläger oder dem Beklagten und dem jeweiligen Mitgliedstaat tatsächlich ein nennenswerter Bezug besteht. Der schlichte Aufenthalt ist damit kein geeignetes Kriterium zur Herstellung des ausreichenden Bezuges.

dd) Besondere Rechts- oder Beweisnähe

(1) Rechtsnähe

Während im Hinblick auf § 23 S. 1 1. Alt. ZPO teilweise angenommen wird, dass die Rechtsnähe einen ausreichenden Bezug zu Deutschland herstellen könne, da deutsches Recht als das sachnächste Recht Anwendung finde[502], wird von anderen angemerkt, dass das Kriterium der Rechtsnähe zu erheblicher Unsicherheit führe, da zunächst das anwendbare materielle Recht ermittelt werden müsse[503]. Es muss damit die Frage, ob die Rechtsnähe überhaupt einen ausreichenden Bezug herstellen kann, von der Frage unterschieden werden, ob das Kriterium darüber hinaus praktikabel ist. Dabei ist festzuhalten, dass es nicht um die generelle Frage geht, ob die Anwendbarkeit eines bestimmten Sachrechts die Eröffnung der internationalen Zuständigkeit zur Folge haben sollte.[504] In diesem Fall wird zur Eröffnung der Zuständigkeit alleine auf die lex causae abgestellt, während sie vorliegend nur ein weiteres Kriterium neben der Vermögensbelegenheit darstellt. Entsprechend muss der Bezug, der durch sie herzustellen ist, weniger stark sein.[505]

---

502 *Mark/Ziegenhain*, NJW 1992, S. 3062, 3065; *Schack*, FS Nakamura, S. 491 (513), spricht sich generell für die Geeignetheit des Kriteriums aus.

503 *Schack*, DWiR 1991, S. 239 (242); *Schack*, S. 88 f., Rn. 246 in Bezug auf ein forum legis; allgemein ablehnend *Geimer*, NJW 1991, S. 3072 (3074).

504 Ablehnend zu einem solchen forum legis *Walchshöfer*, ZZP 1967, S. 165 (198); *Hay*, ICLQ 1979, S. 161 (171), allerdings in Bezug auf das US-amerikanische Recht und im Hinblick darauf, dass nach diesem “minimum contacts” zum Forumstaat vorliegen müssten, diese jedoch von dem Beklagten zwischen sich und dem Forum zweckgerichtet hergestellt worden sein müssten. Sie ergäben sich nicht aus einer bloßen Verbindung zwischen dem Streitgegenstand und dem Forum; allgemein befürwortend noch *Neuhaus*, JZ 1966, S. 239 (241); *Ders.* hielt später das Gericht, welches die engste Beziehung zum Sachverhalt aufweist, in vermögensrechtlichen Angelegenheiten für besser geeignet als ein forum legis, da hier die Rechtssicherheit im Vordergrund stünde, die Anwendung eines bestimmten Rechts hingegen nachrangig sei, s. Grundbegriffe, S. 426.

505 Dies lässt sich auch den Ausführungen in dem Urteil des OGH vom 17.03.1993, Az. 7 Ob 509/93 entnehmen, in dem das Gericht ausführt, dass Art. 99 JN erfordere, dass

Zunächst ist damit zu fragen, ob die Tatsache, dass ein bestimmtes Recht anwendbar ist, einen ausreichenden Bezug zu dem jeweiligen Mitgliedstaat herstellen kann. Da der Bezug im Rahmen des Art. 25 lit. b EuGVO-E eine über das Vermögen hinausgehende Verbindung zu dem Mitgliedstaat, dessen Gerichte angerufen sind, herstellen soll, muss es sich dabei um einen „spezifischen" Bezug handeln, also um einen Bezug, der nicht zu jedem Staat gegeben ist. Anderenfalls wäre die Einschränkung, dass ein solcher Bezug vorhanden sein muss, sinnlos. Hierzu ist festzustellen, dass die Anwendbarkeit eines bestimmten Rechts nicht offensichtlich zu einem spezifischen Bezug in diesem Sinne führt, da anders als bei Kriterien, die an die Parteien anknüpfen, oder bei noch zu behandelnden Kriterien wie der Beweisnähe, die nur in einem oder in einigen wenigen Staaten einen Bezug herstellen, ein bestimmtes Recht von den Gerichten jeden Mitgliedstaats angewendet werden kann. Ein Bezug könnte aber deshalb bestehen, weil die Gerichte des Mitgliedstaates, dessen Recht anwendbar ist, dieses Recht besser anwenden können, da sie mit ihm vertrauter sind als die Gerichte anderer Staaten. Ob dies alleine geeignet ist, einen besonderen Bezug zu einem bestimmten Mitgliedstaat herzustellen, erscheint fraglich, doch spricht die Tatsache, dass im Ausland das entsprechende Recht erst ermittelt werden müsste für eine Annahme, dass die Rechtsnähe einen ausreichenden Bezug begründet. Der Kläger hat nämlich ein berechtigtes Interesse daran, dass über seinen Anspruch auch möglichst schnell entschieden wird, wobei bei einer Anwendung ausländischen Rechts zusätzlich die Gefahr erhöht sein wird, dass das Recht nicht richtig angewandt wird. Eine Abwägung der Interessen der Parteien spricht daher für die Annahme der Eröffnung des Gerichtsstands, wenn Rechtsnähe besteht. Die Interessen des Beklagten werden hier ausreichend dadurch gewahrt, dass die Forderung des Klägers zusätzlich nicht in einem unangemessenen Verhältnis zu seinem im Inland befindlichen Vermögen bestehen darf, Art. 25 lit. a EuGVO-E.

Problematisch könnte das Kriterium der Rechtsnähe insofern sein, als nach der EuGVO eine Rechtswahl nicht zugleich die Wahl eines bestimmten Forums darstellt.[506] Würde man jedoch nun im Rahmen des Art. 25 lit. b EuGVO-E die Rechtsnähe stets als ausreichendes Kriterium ansehen, so würde man ihr doch in gewissen Umfang gerichtsstandbegründende Wirkung beimessen, wenn die

neben der Vermögensbelegenheit „zusätzlich eine anderweitige Inlandsbeziehung, mag sie auch für sich allein noch nicht die inländische Zuständigkeit rechtfertigen, [vorliegen müsse]", damit die Zuständigkeit eröffnet sei. S. auch schon SZ 65/141.

506 Geimer/Schütze-*Geimer*, Art. 23 EuGVO, Rn. 13; *Ders.*, S. 589, Rn. 1674. Dass auf Grund einer Rechtswahl ausnahmsweise auch eine Gerichtsstandvereinbarung angenommen werden kann, s. aber unalexK-*Hausmann*, Art. 23 EuGVO, Rn. 8.

Parteien die Anwendbarkeit eines bestimmten Rechts gewählt haben. Darüber hinaus müssen bei einer Rechtswahl die Formvorschriften des Art. 23 Abs. 1 EuGVO-E nicht eingehalten werden. Das Problem wird aber dadurch relativiert, dass eine Rechtwahl nur dann gerichtsstandbegründend wäre, wenn der Beklagte zugleich Vermögen in diesem Staat besitzt. Es geht damit vorliegend nicht darum, dass den Parteien ein Wille unterstellt wird, den sie möglicherweise nicht gebildet haben, sondern darum, ob die Anwendbarkeit eines bestimmten Rechts einen Bezug zu einem Staat in der Weise herstellen kann, dass sie im Rahmen der in der Zuständigkeitsvorschrift des Art. 25 EuGVO-E ein ausreichendes Interesse des Klägers begründet, in diesem Staat zu klagen.

Da die Rechtsnähe zwar dazu führt, dass zunächst das in der Sache anwendbare Recht ermittelt werden muss, schränkt dies die Praktikabilität dieses Kriteriums ein. Es stellt jedoch keinen Fremdkörper in der Verordnung dar, dass vor Feststellung der Zuständigkeit das materielle Recht zu ermitteln ist. Auch in Art. 5 Nr. 1 lit. a EuGVO erfolgt eine Qualifikation des Erfüllungsortes nach der lex causae.[507] Diese dient hier zwar nicht der Herstellung von Rechtsnähe, es lässt sich jedoch daraus ableiten, dass die Probleme, die sich daraus ergeben, dass ein Tatbestandsmerkmal einer Zuständigkeitsnorm nach der lex causae qualifiziert wird, nicht generell dazu führen, dass eine vorangehende Ermittlung der lex causae zur Eröffnung einer Zuständigkeit zu vermeiden ist. Ein Anknüpfen an das Kriterium der Rechtsnähe erscheint daher trotz des genannten Defizits möglich.

(2) Beweisnähe

Auch die Beweisnähe stellt einen Bezug zwischen dem entsprechenden Mitgliedstaat und der Streitigkeit her, da die Beweise schneller erhoben werden können und damit eine Beschleunigung des Verfahrens gewährleistet ist, was ein legitimes Interesse des Klägers an der Gerichtsstanderöffnung begründet[508]. Sie ist daher ein geeignetes Kriterium zur Herstellung eines ausreichenden Bezuges zu einem Staat.

(3) Intensität der Rechts- oder Beweisnähe

In der Literatur wurde teilweise eine *besondere* Rechts- oder Beweisnähe gefordert.[509] Im Hinblick auf die Rechtssicherheit erscheint es jedoch geboten, dass man jede für

---

507 Geimer/Schütze-*Geimer*, Art. 5 EuGVO, Rn. 84.

508 S. zur Rolle der Beweisnähe im internationalen Zivilverfahrensrecht allgemein *Mankowski*, FS Heldrich, S. 867 (873). Auch bei Geltung der EuBeweisVO sei die Erhebung von Beweisen im Inland wesentlich einfacher.

509 S. *Mark/Ziegenhain*, NJW 1992, S. 3062 (3065).

den konkreten Rechtsstreit relevante Rechts- oder Beweisnähe ausreichen lässt. Andernfalls würde die Frage auftreten, wann diese Kriterien in einem Mitgliedstaat in besonderem Maße gegeben sind, welche teilweise schwer zu beantworten sein kann. Bei der Rechtsnähe dürfte eine besondere Rechtsnähe zwar jedenfalls dann anzunehmen sein, wenn der in Streit stehende Anspruch dem Recht des Mitgliedstaats unterliegt, dessen Gerichte angerufen sind. Zu der Beweisnähe lassen sich aber nur schwer generelle Aussagen treffen, da es schon von jedem einzelnen Rechtsstreit abhängt, inwiefern überhaupt Beweise vorhanden sind. Ob eine besondere Beweisnähe besteht, kann daher eigentlich nur im Hinblick darauf beantwortet werden, welche Beweise in anderen Staaten zu erheben wären, da man sonst auch ein einziges Beweismittel immer ausreichen lassen müsste. Es könnte nämlich sein, dass in anderen Staaten überhaupt keine Beweise vorhanden sind und dieses einzige Beweismittel daher bereits auf den konkreten Fall bezogen eine besondere Beweisnähe ausmacht. Die Beweisnähe würde daher bei einer Forderung nach einer besonderen Intensität zwangsläufig gewissermaßen in Richtung der forum non conveniens-Lehre führen.

ee) Bezug durch das Vermögen selbst

In Rechtsprechung und Literatur wird teilweise vertreten, dass auch das Vermögen selbst unter bestimmten Voraussetzungen einen ausreichenden Bezug zu einem Staat herstellen könne.[510] Der Verordnungstext lässt vom Wortlaut her eine solche Annahme zu, da er nicht ausschließt, dass auch eine bestimmte Beschaffenheit des Vermögens einen Bezug zwischen einem Mitgliedstaat und der Streitigkeit herstellen kann. Die Systematik könnte allerdings dagegen sprechen, dass auch das Vermögen selbst geeignet ist, einen Bezug zu einem Mitgliedstaat herzustellen, da auf die Beschaffenheit des Vermögens schon in lit. a Bezug genommen wird. Im Folgenden sollen die für das nationale Recht gemachten Vorschläge darauf untersucht werden, ob sie vor dem Hintergrund, dass Art. 25 lit. a EuGVO-E bereits auf den Wert des Vermögens abstellt, geeignet sind, einen darüber hinausgehenden Bezug zu einem Mitgliedstaat herzustellen.

(1) Bewusste Investitionsentscheidung

Nach der Literatur soll ein hinreichender Inlandsbezug dadurch begründet werden, dass sich das Vermögen des Beklagten auf Grund einer bewussten Investitionsentscheidung des Beklagten in dem jeweiligen Staat befindet.[511] Fraglich erscheint

510 S. Kap. 2, S. 113, Fn. 318.
511 *Mark/Ziegenhain*, NJW 1992, S. 3062, 3065.

jedoch, ob dies eine zusätzliche Inlandsbeziehung der beklagten Partei begründet, der über das bloße Vorhandensein des Vermögens nennenswerte Bedeutung zukommt. Im Ergebnis ist dies abzulehnen, da lit. b jedenfalls bei höheren Werten der Güter oder Rechte des Beklagten gegenüber lit. a keine Bedeutung mehr zukommen würde. Beträgt beispielsweise der Wert der Güter und Rechte 1 Mio. Euro, wäre lit. a in der Regel wohl erfüllt, da die Forderung des Klägers nach den oben gemachten Ausführungen[512] sonst über 5 Mio. Euro betragen müsste. Derart hohe Vermögenswerte des Beklagten werden sich aber regelmäßig auf Grund einer bewussten Investitionsentscheidung in einem bestimmten Land befinden, so dass lit. b ebenfalls immer erfüllt wäre. Er würde damit bei hohen Vermögenswerten keine wesentliche zusätzliche Beschränkung des Vermögensgerichtsstandes mehr aufstellen. Lit. b stellt jedoch gegenüber lit. a eine gesonderte Schranke dar, die nicht durch eine zu weite Auslegung gegenüber lit. a ihre Bedeutung verlieren darf.

(2) Vermögen erfordert im Inland ausgeübte Verwaltung

Dieses von der Rechtsprechung des OGH entwickelte Kriterium[513] erfordert eine gewisse Art oder einen gewissen Umfang des Vermögens[514]. Wann eine Verwaltung erforderlich ist, hat der OGH jedoch nicht näher bestimmt.[515] Es könnte sich von dem Kriterium der bewussten Investitionsentscheidung insofern unterscheiden, als es einen noch größeren Umfang erfordert. Allerdings dürfte auch bei einer Investitionsentscheidung eine Verwaltung des Vermögens häufig erforderlich sein. Da nicht klar ist, wie der OGH dieses Kriterium verstanden hat, deckt es sich möglicherweise auch weitgehend mit dem Kriterium der bewussten Investitionsentscheidung. Im Übrigen ist festzuhalten, dass nach der Verordnung gerade kein bestimmter Grenzwert besteht, bei dem eine Vermögensbelegenheit die Zuständigkeit stets begründet. Vielmehr stellt Art. 25 lit. a EuGVO-E auf eine Wertrelation zwischen Vermögen und Forderung ab. Es kann daher auch bei besonders hohen Vermögenswerten, die eine Verwaltung erforderlich machen, nicht automatisch das Vorliegen eines ausreichenden Bezuges zu dem entsprechenden Mitgliedstaat angenommen werden, da der Umfang des Vermögens schon nach

512 S. Kap. 2, S. 109 f.

513 S. OGH, Urteil v. 17.03.1993, Az. 7 Ob 509/93; SZ 65/141.

514 SZ 65/141: „Entweder ist das Vermögen von einer solchen Art und einem solchen Umfang, da[ss] es eine im Inland ausgeübte Verwaltung erfordert […]“.

515 Wie groß der Umfang des Vermögens sein muss ist unklar, da der OGH hierzu keine Stellung genommen hat.

lit. a zu berücksichtigen ist. Die Systematik spricht daher eher dagegen, dass der Umfang des Vermögens auch bei lit. b noch einmal eine Rolle spielen soll.

(3) Klage bezieht sich direkt auf das im Inland belegene Vermögen

Sowohl in Deutschland als auch in Österreich findet sich in den entsprechenden Vorschriften (§ 23 S. 1 1. Alt. ZPO bzw. § 99 Abs. 1 JN) neben dem Gerichtsstand des Vermögens noch ein Gerichtsstand des Streitgegenstandes. Ein solcher ist in der Verordnung nicht enthalten. Sofern in den nationalen Rechten der Streitgegenstand jedoch zum Vermögen des Beklagten gehört, ist ohnehin schon der Vermögensgerichtsstand eröffnet.[516] Ferner sei für den Gerichtsstand des Streitgegenstandes keine zusätzliche Inlandsbeziehung zu fordern. Überträgt man dies auf Art. 25 EuGVO-E, würde das bedeuten, dass es bei Klagen, bei denen das Vermögen des Beklagten Gegenstand der Klage ist, keinen weiteren Bezug zu einem Mitgliedstaat erfordern würde. Dies ließe sich nur daraus erklären, dass das Vermögen, da es streitgegenständlich ist, selbst einen ausreichenden Bezug zu dem betreffenden Staat herstellt. Gegen diese Wertung lässt sich nichts einwenden. Sie kann daher auf die Verordnung übertragen werden, so dass ein ausreichender Bezug nach Art. 25 lit. b EuGVO-E auch dann gegeben ist, wenn das Vermögen den Gegenstand des Rechtsstreits bildet.

c) Schlussbemerkungen zum ausreichenden Bezug im Rahmen des Art. 25 lit. b EuGVO-E unter Berücksichtigung weiterer möglicher Kriterien

Im Rahmen des Vermögensgerichtsstandes des Art. 25 EuGVO-E kommen damit als Kriterien zur Herstellung eines ausreichenden Bezuges zu einem Mitgliedstaat der gewöhnliche Aufenthalt mindestens einer Partei sowie insbesondere eine Rechts- oder Beweisnähe in Betracht. Sofern diese Kriterien vorliegen, ist aus Gründen der Rechtssicherheit ein ausreichender Bezug stets zu bejahen. Weiter geht der Vorschlag von *Weber*, der auch den Wohnsitz oder die Staatsangehörigkeit der Parteien in Erwägung zieht.[517] Diese Kriterien werden hier auf Grund der oben gemachten Ausführungen abgelehnt. Bei Gesellschaften und juristischen Personen ist auf den Mittelpunkt der hauptsächlichen Interessen abzustellen. Als Kriterium vorgeschlagen wurde auch die Erfahrung des Gerichts in ähnlich

---

516 Für Österreich implizit: Fasching-*Simotta*, § 99 JN, Rn. 76: der Gerichtsstand solle vor allem solche Fälle erfassen, in denen der Streitgegenstand nicht zum Vermögen des Beklagten gehöre.

517 *Weber*, RabelsZ 2011, S. 619 (640).

gelagerten Fällen.[518] Dieses Kriterium stellt zwar keinen Bezug zwischen dem Rechtsstreit oder der Parteien und dem Mitgliedstaat her, sondern nur zu dem konkret angerufenen Gericht, während ein anderes Gericht in dem gleichen Staat die Entscheidung über die Streitigkeit möglicherweise ablehnen müsste. Unter einer teleologischen Betrachtung des Art. 25 lit. b EuGVO-E könnte man aber annehmen, dass dies ausreichend sei, da bei Erfahrung des Gerichts gegebenenfalls eine schnellere Entscheidung zu erwarten ist, was ein legitimes Interesse des Klägers an einer Entscheidung durch das betreffende Gericht darstellen könnte. Im Grunde wird eine relevante Verfahrensbeschleunigung aber auch nur dann gegeben sein, wenn das entsprechende Gericht in ähnlich gelagerten Fällen auch das gleiche Sachrecht anzuwenden hatte, da der Sachverhalt bei Geltung eines anderen Sachrechts möglicherweise ganz anders zu beurteilen ist. Man wird daher davon ausgehen können, dass diese Fallgruppe bereits durch das Kriterium des anwendbaren Rechts ausreichend berücksichtigt wird und kein davon gesondertes Kriterium darstellt. Im Übrigen berücksichtigt dieses Merkmal nur in sehr geringem Maße die völkerrechtliche Courtoisie, da es im konkreten Fall keinen spezifischen Bezug zu einem Mitgliedstaat herstellt, sondern in jedem Staat gegeben sein kann. Sonst in der Literatur vorgeschlagene Kriterien, wie beispielsweise eine Sachverhaltsnähe auf Grund inlandsbezogener Vorgänge[519] werden vorliegend durch die Kriterien der Beweis- und Rechtsnähe hinreichend abgedeckt. Allein eine Sachverhaltsnähe begründet nämlich noch kein verfahrensrechtlich relevantes Interesse. Hingegen dürften Fälle, in denen der Beklagte eine dauerhafte Geschäftsverbindung zum Inland pflegt, auch von Art. 25 lit. b EuGVO-E umfasst sein, da es dem Beklagten auf Grund seiner Bindungen zum Inland hier zumutbar ist, in diesem Staat in Anspruch genommen zu werden.[520]

518 *Weber*, RabelsZ 2011, S. 619 (640).

519 S. hierzu *Kleinstück*, S. 194 f.

520 In Erwägung gezogen auch von *Weber*, RabelsZ 2011, S. 619 (640); S. zum doing business im Hinblick auf § 23 S. 1 1. Alt. ZPO *Kleinstück*, S. 207 f.

Kapitel 3

Subsidiär zu Art. 25 EuGVO-E sieht der Verordnungsentwurf eine Notzuständigkeit in Art. 26 für Drittstaatenfälle vor. Die Vorschrift lautet wie folgt:

Ergibt sich aus dieser Verordnung keine Zuständigkeit eines mitgliedstaatlichen Gerichts, so kann die Streitigkeit in Ausnahmefällen vor den Gerichten eines Mitgliedstaats verhandelt werden, wenn dies erforderlich ist, um das Recht auf ein faires Verfahren oder das Recht auf gerichtlichen Rechtsschutz zu gewährleisten, vor allem

a) wenn es nicht zumutbar ist oder es sich als unmöglich erweist, ein Verfahren in einem Drittstaat, zu dem die Streitigkeit einen engen Bezug aufweist, einzuleiten oder zu führen, oder
b) wenn eine in einem Drittstaat über die Streitigkeit ergangene Entscheidung in dem Mitgliedstaat nicht anerkannt und vollstreckt werden könnte, in dem das Gericht nach innerstaatlichem Recht befasst wurde, und eine Anerkennung und Vollstreckung für die Durchsetzung der Rechte des Klägers notwendig wären und die Streitigkeit einen ausreichenden Bezug zu dem Mitgliedstaat des angerufenen Gerichts aufweist.

Die Regelung, welche den Vorschlag der Groupe euroopéen de droit international privé (*Gedip*)[521] teilweise wortgleich aufgreift[522], ist in ihrer Formulierung zum Teil an die Notzuständigkeit des Art. 7 EuUntVO angelehnt. Ein Unterschied besteht insofern, als die Zuständigkeit des Art. 7 EuUntVO nach ihrem Wortlaut nur dann eröffnet sein soll, wenn es nicht zumutbar ist oder sich als unmöglich erweist, ein Verfahren in einem Drittstaat, zu dem der Rechtsstreit einen engen Bezug aufweist, einzuleiten oder zu führen.[523] Die Vorschrift ist damit

---

521 Art. 24bis des Vorschlags vom 21.09.2008, Bergen (Dokument Nr. 29), abgedruckt in IPRax 2009, S. 283 (284).

522 S. auch die Bemerkung bei *Magnus/Mankowski*, ZVglRWiss 2011, S. 252 (268 f.)

523 Eine inhaltlich praktisch identische Regelung der Notzuständigkeit findet sich auch in Art. 11 der Verordnung über die Zuständigkeit, das anzuwendende Recht, die Anerkennung und Vollstreckung von Entscheidungen und die Annahme und Vollstreckung öffentlicher Urkunden in Erbsachen sowie zur Einführung eines Europäischen Nachlasszeugnisses, Verordnung Nr. 650/2012, sowie in Art. 7 des Vorschlags für

enger formuliert als die des Art. 26 EuGVO-E, der die Notzuständigkeit allgemein eröffnet, wenn dies erforderlich ist, um das Recht auf ein faires Verfahren oder das Recht auf gerichtlichen Rechtsschutz zu gewährleisten. Ob sich auf Grund der unterschiedlichen Formulierung inhaltliche Abweichungen ergeben, ist an dieser Stelle nicht weiter zu erörtern.

A. Mögliche primärrechtliche Grundlagen zur Auslegung des Art. 26 EuGVO-E

Art. 26 EuGVO-E entspricht zwar mit der Erwähnung des „droit à un procès equitable“ bzw. “right to a fair trial” in der Terminologie der des Art. 6 EMRK in den jeweiligen Sprachfassungen[524], die Kommission bezieht sich in der Verordnungsbegründung jedoch nicht direkt auf die EMRK.[525] Die Regelung dient dazu, ein faires Verfahren sicherzustellen.[526] Sie soll damit die auf Ebene des Unionsrechts durch den EuGH aus Art. 6 Abs. 1 EMRK und den allgemeinen Verfassungstraditionen entwickelten Grundrechte[527] bzw. die nunmehr in Art. 47

eine Verordnung über die Zuständigkeit, das anzuwendende Recht, die Anerkennung und die Vollstreckung von Entscheidungen im Bereich des Güterrechts eingetragener Partnerschaften, KOM (2011) 127/2. Eine Abweichung besteht insofern, als nach letzterer Regelung eine Notzuständigkeit nicht gegeben ist, wenn das Verfahren auch in einem Drittstaat geführt werden kann. Eine Einschränkung, dass der Rechtsstreit einen engen Bezug zu diesem Drittstaat aufweisen muss, besteht insofern nicht.

524 Maßgebend sind insofern die englische und die französische Sprachfassungen der EMRK, da diese nur in diesen Sprachen verbindlich ist.

525 Eine direkte Bezugnahme auf Art. 6 EMRK wäre dogmatisch auch unzutreffend, da die EuGVO als europäisches Sekundärrecht im Lichte des Primärrechts auszulegen ist, nicht jedoch unmittelbar anhand der EMRK, welche für die EU derzeit noch nicht rechtsverbindlich ist. Eine Verbindlichkeit ergibt sich auch nicht aus Art. 6 Abs. 3 EUV. Die Vorschrift verweist nur auf die durch den EuGH auf der Grundlage der EMRK und der gemeinsamen Verfassungstraditionen der Mitgliedstaaten entwickelten Grundrechte, welche Teil des primären Unionsrecht sind, Lenz/Borchardt-*Wolffgang*, Art. 6 EUV, Rn. 11; Geiger/Khan/Kotzur-*Geiger*, Art. 6 EUV, Rn. 2 f.; Calliess/Ruffert-*Kingreen*, Art. 6 EUV, Rn. 1 f.; ausführlich *Brummund*, S. 132 ff. Bezüglich der Notzuständigkeit in Art. 7 EuUntVO wird in der Kommentarliteratur allerdings teilweise Art. 6 Abs. 1 EMRK direkt angeführt, s. Fasching-*Fucik*, Art. 7 EuUntVO, Rn. 1; Rauscher-*Andrae*, Art. 7 EuUntVO, Rn. 1.

526 S. die Verordnungsbegründung KOM (2010) 748 endg., S. 9.

527 S. bezüglich des hier relevanten in der Rechtsprechung entwickelten Grundsatzes auf effektiven gerichtlichen Rechtsschutz u.a. EuGH, C-317/08 bis 320/08

EGRC rechtsverbindlich normierten Rechte diesen Inhalts[528] wahren. Der Inhalt der in Art. 26 EuGVO-E genannten Rechte ist daher, sofern möglich, anhand des europäischen Primärrechts zu ermitteln.

Es stellt sich damit zunächst die Frage, ob Art. 47 EGRC ein Recht auf Eröffnung einer Notzuständigkeit beinhaltet, welches im Rahmen des Art. 26 EuGVO-E zur Auslegung herangezogen werden kann. Sofern das durch den Gerichtshof festgestellte Recht auf effektiven gerichtlichen Rechtsschutz und das Recht auf ein faires Verfahren inhaltlich nicht weiter reichen als Art. 47 EGRC, ist es ferner ausreichend, allein auf das geschriebene Recht der EGRC zurückzugreifen[529], wozu auch der EuGH übergegangen ist[530]. Art. 6 Abs. 1 EMRK empfiehlt sich als Ausgangspunkt der Überlegungen, da Art. 47 EGRC teilweise dieser Vorschrift entspricht[531] und daher insoweit gemäß Art. 52 Abs. 3 EGRC nicht enger als die Regelung der EMRK verstanden werden kann. Es wird deshalb im Folgenden zur Entwicklung des Umfangs eines eventuell bestehenden Rechts auf Eröffnung einer Notzuständigkeit aus Art. 47 EGRC Art. 6 Abs. 1 EMRK hinsichtlich seiner inhaltlichen Reichweite zugrunde gelegt.

(*Rosalba Alessini*), Rn. 61; C-409/06 (*Winner Wetten*), Rn. 58; verb. Rs. C-402/05 und C-415/05 (*Kadi*), Rn. 335; Rs. 222/86 (*Heylens*), Rn. 14; Rs. 222/84 (*Johnston*), Rn. 18. Der EuGH nimmt zur Herleitung dieses Grundsatzes auf Art. 6 und 13 EMRK gemeinsam Bezug.

528 Der Grundsatz auf effektiven gerichtlichen Rechtsschutz wurde durch Art. 47 EGRC bekräftigt, s. z.B. EuGH, C-317/08 bis 320/08 (*Rosalba Alessini*), Rn. 61; verb. Rs. C-402/05 und C-415/05 (*Kadi*), Rn. 335.

529 Nach Streinz-*Streinz*, Art. 6 EUV, Rn. 35 kommt den durch den EuGH entwickelten Grundrechten neben der EGRC keine eigenständige Bedeutung mehr zu, soweit sie inhaltlich mit den geschriebenen Rechten übereinstimmen. Im Ergebnis so auch Grabitz/Hilf/Nettesheim-*Schorkopf*, Art. 6 EUV, Rn. 56. Nach Calliess/Ruffert-*Kingreen*, Art. 6 EUV, Rn. 17 hat aus Gründen der Rechtsstaatlichkeit das geschriebene Recht der EGRC Vorrang, auch soweit einzelne Grundrechte nach dem EuGH einen weiterreichenden Schutzumfang aufweisen, welcher im Widerspruch zum Wortlaut der EGRC steht.

530 In seiner neueren Rechtsprechung bezüglich des Grundsatzes auf effektiven gerichtlichen Rechtsschutz nimmt der EuGH nicht mehr auf Art. 6 und 13 EMRK oder auf die Verfassungsüberlieferungen der Mitgliedstaaten Bezug, sondern greift allein auf Art. 47 EGRC zurück, s. EuGH, C-386/10 (*Chalkor AE Expergasias Metallon*), Rn. 52; C-69/10 (*Samba Diouf*), Rn. 49; C-272/09 (*KME Germany, KME France, KME Italy*), Rn. 92; C-243/09 (*Fuß*), Rn. 66; C-407/08 (*Knauf Gips KG*), Rn. 91.

531 S. die Erläuterungen zur EGRC, ABl. EU C 303/29 f.

Die EU hat zudem durch den Vertrag von Lissabon den Auftrag erhalten, der EMRK beizutreten[532], wobei die offiziellen Gespräche zu diesem Beitritt bereits begonnen haben[533]. Nach dem Beitritt der EU zur EMRK können die Sekundärrechtsakte der Union auch direkt im Lichte der Konvention ausgelegt werden.[534] Inhaltlich ergeben sich dabei keine Änderungen bei der Auslegung des Art. 26 EuGVO-E, da Art. 47 EGRC, soweit er für die Auslegung des Art. 26 EuGVO-E relevant ist[535], ebenso weit reicht wie Art. 6 Abs. 1 EMRK[536].

Bevor nun untersucht wird, inwieweit Art. 47 EGRC die Eröffnung einer Notzuständigkeit gebietet und damit einen Justizgewährungsanspruch beinhaltet, soll zunächst auf die Terminologie in Bezug auf die hier relevanten justiziellen Rechte eingegangen werden, wie sie in der EuGVO-E, der EGRC und der Rechtsprechung des EuGH verwendet wird.

B. Die Terminologie der im Hinblick auf Art. 26 EuGVO-E maßgebenden Justizgrundrechte in der EU

Die Begrifflichkeit der bezüglich Art. 26 EuGVO-E maßgebenden Rechte ist an dieser Stelle darzustellen, da sie im Rahmen des Unionsrechts nicht einheitlich gebraucht wird. Um die für die Auslegung des Art. 26 EuGVO-E relevanten Grundlagen zu ermitteln, muss daher zunächst geprüft werden, wie sich die einzelnen Rechte in der Rechtsprechung und der EGRC zueinander verhalten, inwieweit sich die von der Rechtsprechung anerkannten Rechte mit denen des Art. 47 EGRC inhaltlich decken, und welche Bedeutung sie damit für Art. 26 EuGVO-E haben.

Zunächst soll auf die Rechtsprechung des EuGH eingegangen werden, welcher die Grundrechte als allgemeine Rechtsgrundsätze festgestellt hat[537]. In den

---

532 Durch Art. 6 Abs. 2 EUV, s. Geiger/Khan/Kotzur-*Geiger*, Art. 6 EUV, Rn. 21; Lenz/Borchardt-*Wolffgang*, Art. 6 EUV, Rn. 9.

533 S. IP/10/906.

534 Zur Stellung der EMRK im Rahmen des Unionsrechts nach einem Beitritt der EU s. Calliess/Ruffert-*Kingreen*, Art. 6 EUV, Rn. 27; Grabitz/Hilf/Nettesheim-*Schorkopf*, Art. 6 EUV, Rn. 57. Danach steht die EMRK normhierarchisch über dem Sekundärrecht der Union.

535 S. hierzu unten, Kap. 3, S. 170 ff.

536 S. hierzu Kap. 3, S. 174.

537 S. im Fall des Rechts auf effektiven gerichtlichen Rechtsschutz z. B. EuGH, C-272/09 (*KME Germany, KME France, KME Italy*), Rn. 92.

deutschen Textfassungen der Urteile tauchen dabei die Begriffe des „Rechts auf einen effektiven gerichtlichen Rechtsbehelf" und des „Rechts auf effektiven gerichtlichen Rechtsschutz" auf. Es ist davon auszugehen, dass diese beiden Rechte das Gleiche umschreiben und keinen abweichenden Bedeutungsgehalt haben.[538] Im Folgenden wird daher nur der Begriff des effektiven gerichtlichen Rechtsschutzes verwendet, da dieser vom EuGH weitaus häufiger gebraucht wird. Dieses Recht umfasst sowohl den Zugang zu Gericht[539], als auch Aspekte des Prüfungsumfangs bei der Entscheidung über hoheitliche Handlungen[540,541] Vereinzelt spricht der Gerichtshof auch verfahrensrechtliche Aspekte an, allerdings durch Vermischung des Rechts auf effektiven gerichtlichen Rechtsschutz mit dem Recht auf ein faires Verfahren, wie er es in seiner Rechtsprechung gebraucht[542].

---

538 Dies ergibt sich z. B. aus EuGH, C-69/10 (*Samba Diouf*), Rn. 48 ff. Der EuGH legt hier das in einer Richtlinie gewährte Recht auf wirksamen gerichtlichen Rechtsbehelf im Lichte der Rechtsprechung zum Grundsatz des effektiven gerichtlichen Rechtsschutzes aus, s. Rn. 53 f. Auch hat er festgestellt, dass das Fehlen eines Rechtsbehelfs dem Recht auf effektiven gerichtlichen Rechtsschutz entgegenstehe, s. C-354/04P (*Gestoras Pro Amnistía u. a.*), Rn. 57. Das Recht auf einen effektiven gerichtlichen Rechtsbehelf ist auch nicht nur ein Teilaspekt des Rechts auf effektiven gerichtlichen Rechtsschutz in der Weise, dass es nur den Zugang zu Gericht regelt, wie z. B. aus EuGH, verb. Rs. C-23/04 bis 25/04 (*Sfakianakis AEVE*), Rn. 27 oder C-69/10 (*Samba Diouf*), Rn. 61 ersichtlich ist. In diesen Urteilen stellt der EuGH klar, dass das angerufene Gericht zur Wahrung des Rechts auf einen effektiven Rechtsbehelf bestimmte Tatsachen zu prüfen habe. Es geht daher, ebenfalls wie bei dem Recht auf effektiven gerichtlichen Rechtsschutz, nicht nur um den Zugang als solchen. Da der EuGH bei ihm aber ebenso wie bei dem Recht auf effektiven gerichtlichen Rechtsschutz keine verfahrensrechtlichen Aspekte prüft, sind die beiden Rechte als gleichbedeutend anzusehen. Teilweise bestehen bereits auf Grund der Übersetzungen Unterschiede in der Begriffswahl. So wird in der englischen Fassung des Urteils C-23/04 bis C-25/04 (*Sfakianakis AEVE*), Rn. 27 von einem "right to an effective judicial remedy" gesprochen, während in der deutschen Übersetzung vom „effektiven gerichtlichen Rechtsschutz" die Rede ist.

539 S. z. B. EuGH 69/10 (*Samba Diouf*), Rn. 69; verb. Rs. C-317/08 bis 320/088 (*Rosalba Alessini*), Rn. 62; C-12/07 (*Mono Car Styling*), Rn. 46 ff.; C-47//07 (*Masdar (UK) Ltd*), Rn. 50; C-354/04P (*Gestoras Pro Amnistía u. a.*), Rn. 49 ff.; C-131/03P (*R. J. Reynolds Tobacco Holdings u. a.*), Rn. 79 ff.; C-263/02 (*Jégo-Quéré & Cie*), Rn. 29 ff.

540 C-389/10 (*KME France, KME Germany, KME Italy*), Rn. 118 ff.; 386/10 (*Chalkor AE Epexergesias Metallon*), Rn. 66 f.; C-272/09 (*KME France, KME Germany, KME Italy*), Rn. 91 ff.

541 S. zum Inhalt des Rechts im einzelen Heselhaus/Nowak-*Nowak*, § 51, Rn. 34 ff.

542 S. z. B. bezüglich der angemessenen Verfahrensdauer: C-385/07P (*Der Grüne Punkt*), Rn. 177 ff. In welchen Fällen der Gerichtshof das Recht auf ein faires Verfahren heranzieht, s. die Ausführungen im folgenden Absatz.

Neben dem Recht auf effektiven gerichtlichen Rechtsschutz spielt in der Judikatur des EuGH das eben angesprochene „Recht auf ein faires Verfahren" eine Rolle. Während dieses Recht in der Literatur teilweise – wegen der Trennung der beiden Rechte in der EMRK – von dem Recht auf effektiven gerichtlichen Rechtsschutz vollständig unterschieden wird[543], scheint der EuGH diese beiden Rechte in seiner Rechtsprechung nicht komplett zu trennen[544]. Während der Gerichtshof, wie bereits angeführt, unter dem Recht auf effektiven gerichtlichen Rechtsschutz zwar überwiegend Fragen des Zugangs und des Prüfungsumfangs diskutiert, spricht er das Recht auf ein faires Verfahren in der Regel dann an, wenn es um rein organisatorische oder verfahrensrechtliche Aspekte, wie beispielsweise die Unparteilichkeit und Unabhängigkeit des angerufenen Gerichts[545], eine angemessene Verfahrensdauer[546], oder die Verteidigungsrechte[547] geht.[548]

Diese Überschneidungen lassen sich damit erklären, dass der Gerichtshof das in der EMRK aus dem Recht auf ein faires Verfahren folgende Recht auf Zugang zu Gericht (Art. 6 Abs. 1 EMRK)[549] und das Recht auf wirksame Beschwerde (Art. 13 EMRK) in dem Recht auf effektiven gerichtlichen Rechtsschutz, dessen Herleitung er sowohl auf Art. 13 als auch auf Art. 6 EMRK stützt, zusammengezogen hat. Denn anders als Art. 13 EMRK gilt das Recht auf effektiven gerichtlichen Rechtsschutz auch bei Streitigkeiten zwischen Privaten[550], so dass sich – im Unterschied

543 S. Ehlers-*Gundel*, S. 686, Rn. 2.

544 S. auch die Anmerkungen bei Heselhaus/Nowak-*Nowak*, § 51, Rn. 60, der von „partielle[n] schutzbereichsbezogene[n] Überschneidungen" zwischen den beiden Rechten spricht.

545 EuGH, verb. Rs. C-341/06 und C-342/06 (*Chronopost SA und La Poste*), Rn. 46; verb. Rs. C-174/98 und C-189/98 (*Van der Val*), Rn. 17.

546 EuGH, verb. Rs. C-238/99 (*Limburgse Vinyl Maatschappij NV u. a.*), Rn. 171.

547 EuGH, 197/09RX-II (*M/Europäische Arzneimittel-Agentur*), Rn. 39; C-89/08 (*Europäische Kommission/Irland*), Rn. 50; C-394/07 (*Gambazzi*), Rn. 28.

548 Ausführlich zum Inhalt des Rechts auf ein faires Verfahren Heselhaus/Nowak-*Schorkopf*, § 53, Rn. 21 ff.

549 Zur Systematik des Art. 6 Abs. 1 EMRK s. Kap. 4, S. 278 f.

550 EuGH, C-275/06 (*Productores de Música de España*): Der EuGH hat in diesem Fall das Recht auf einen wirksamen Rechtsbehelf zwischen einer privaten Telefongesellschaft und einer privaten Organisation angewendet.

Auch in der Literatur wird überwiegend angenommen, dass Art. 47 EGRC bei Streitigkeiten zwischen Privatpersonen anzuwenden ist, wenn diese durch das Unionsrecht gebunden sind (s. Calliess/Ruffert-*Blanke*, Art. 47 EGRC, Rn. 7; *Jarass*, Art. 47 EGRC, Rn. 10; *Frenz*, Band IV, S. 1518, Rn. 5004). Unklar sind die Ausführungen

zu dem Verhältnis zwischen Art. 6 Abs. 1 und Art. 13 EMRK – keine verschiedenen Anwendungsbereiche ergeben, sondern nur *ein* Recht auf Zugang besteht[551]. Tatsächlich könnte der EuGH die organisatorischen und verfahrensrechtlichen Aspekte ebenfalls unter dem Recht auf effektiven gerichtlichen Rechtsschutz behandeln. Ohne diese Garantien könnte man ein gerichtliches Verfahren nämlich kaum als effektiv bezeichnen.[552] Ebenso erfordern die verfahrensrechtlichen Garantien die Zurverfügungstellung eines Gerichts, wie der EGMR zu Art. 6 EMRK festgestellt hat.[553] Das Recht auf wirksamen gerichtlichen Rechtsschutz und das Recht auf ein faires Verfahren umfassen somit weitgehend die gleichen Teilrechte und sind damit inhaltlich in diesem Ausmaß identisch, der EuGH erwähnt einzelne Rechte jedoch grundsätzlich nur unter einem der beiden „übergeordneten“ Rechte. Teilweise erscheint dabei mit Blick auf diese beiden Rechte das Recht auf effektiven gerichtlichen Rechtsschutz vorrangig zu sein[554]. Die Rechte stehen jedoch nach der Rechtsprechung des EuGH gleichbedeutend nebeneinander. Sie ergänzen sich allerdings wie festgestellt nicht in der Weise, dass sie gemeinsam die Rechte der Art. 6 und 13 EMRK umfassen, aber unter sich vollständig getrennt werden könnten. Wegen der soeben gemachten Ausführungen wäre dies auch nicht sinnvoll möglich. Es ist somit anzunehmen, dass das Recht auf ein faires Verfahren, wie es in der Rechtsprechung des EuGH verstanden wird, sich inhaltlich mit dem Recht auf effektiven gerichtlichen Rechtsschutz überschneidet, der EuGH die beiden Begriffe aber jeweils in Bezug auf bestimmte Teilrechte aus Art. 6 bzw. 13 EMRK heranzieht und damit bei ihrer Anwendung differenziert. Das Recht auf ein faires Verfahren reicht dabei jedoch insofern weiter als das Recht auf einen effektiven gerichtlichen Rechtsschutz, als es auch die Garantien für das Strafverfahren erfasst. Bei diesem geht es nicht um den Zugang zu Gericht, sondern vor allem um die Gerichtsorganisation und die verfahrensrechtlichen Aspekte. Die

---

bei Heselhaus/Nowak-*Nowak*, § 51, der den Recht wohn nur unter dem Gesichtspunkt behandelt, dass eine Rechtsverletzung durch die öffentliche Gewalt vorliegt, Rn. 1.

551 In der EMRK bestehen auf Grund der beiden Vorschriften des Art. 6 und des Art. 13 zwei zu unterscheidende Rechte auf Gerichtszugang.

552 Dass z. B. der Anspruch auf Zugang zu einem Gericht durch organisatorische Aspekte des fairen Verfahrens berührt wird, s. Heselhaus/Nowak-*Schorkopf*, § 53, Rn. 21.

553 EGMR, *Golder gegen das Vereinigte Königreich*, Urteil v. 21. Feb. 1975, Serie A18.

554 EuGH, C-385/07 (*Der Grüne Punkt*), Rn. 177–179, wo das Recht auf eine angemessene Verfahrensdauer auch als Bestandteil des Rechts auf effektiven gerichtlichen Rechtsschutz behandelt wird. In C-450/06 (*Varec SA*), Rn. 46–52 wird der Zugang zu Informationen als Ausfluss des Grundsatzes des kontradiktorischen Verfahrens ebenfalls an dem Recht des effektiven Rechtsschutzes gemessen.

entsprechenden Rechte des Beklagten werden aber in diesem Bereich durch das Recht auf ein faires Verfahren bereits vollständig abgedeckt. Insgesamt werden damit durch das Recht auf effektiven gerichtlichen Rechtsschutz und das Recht auf ein faires Verfahren alle Teilrechte der Art. 6 und 13 EMRK erfasst.

Nach der Rechtsprechung des EuGH wird der Grundsatz des effektiven gerichtlichen Rechtsschutzes ebenso wie das Recht auf ein faires Verfahren nunmehr in Art. 47 EGRC normiert.[555] Beide Rechte, wie sie sich der Judikatur des EuGH entnehmen lassen, sind damit Bestandteile des Rechts auf einen wirksamen Rechtsbehelf und ein unparteiisches Gericht gemäß Art. 47 EGRC. Die Vorschrift des Art. 47 EGRC umfasst folglich das Recht auf ein faires Verfahren, wie es sich aus Art. 6 Abs. 1 EMRK ergibt, auch wenn sie dessen Begrifflichkeiten nicht genau übernimmt und das Recht in ihrer Überschrift anders bezeichnet.

Die in Art. 26 EuGVO-E genannten Rechte sind somit in erster Linie an Art. 47 EGRC orientiert auszulegen, da die in der Rechtsprechung des EuGH entwickelten Justizgrundrechte nicht weiter reichen und ein Rückgriff auf diese sich damit erübrigt.

C. Die Terminologie des Art. 26 EuGVO-E

Wie festgestellt, soll Art. 26 EuGVO-E das Recht auf ein faires Verfahren sicherstellen. Gemeint ist damit das Recht auf einen wirksamen Rechtsbehelf und ein unparteiisches Gericht gemäß Art. 47 EGRC, welches für die Auslegung maßgebend ist. Hingegen ist das Recht auf ein faires Verfahren, wie der Begriff in der Rechtsprechung des EuGH gebraucht wird, inhaltlich zu eng, da der Zugang zu Gericht an dieser Stelle üblicherweise nicht erörtert wird.

Zur Wahrung der Garantien eines fairen Verfahrens führt die Vorschrift des Art. 26 EuGVO-E zwei Rechte an, die eingehalten werden müssen. Diese werden in den einzelnen Sprachfassungen des Verordnungsentwurfes mit unterschiedlichen Begriffen besetzt. Im Folgenden wird dabei auf die deutsche, englische, französische, italienische und spanische Sprachfassung eingegangen. Während

555 Zum Recht auf ein faires Verfahren: EuGH C-385/07 (*Der Grüne Punkt*), Rn. 179. Zwar spricht der EuGH auch hier davon, dass sich Art. 47 EGRC auf den Grundsatz des effektiven gerichtlichen Rechtsschutzes beziehe. Zuvor ergibt sich jedoch aus dem Zusammenhang, dass es um das Recht auf ein faires Verfahren geht (Rn. 177, 179 des Urteils). Hinsichtlich des Rechts auf einen effektiven gerichtlichen Rechtsschutz s. verb. Rs. C-402/05P und C-415/05P (*Kadi*), Rn. 335; C-263/02 (*Jégo-Quéré & Cie SA*), Rn. 29.

ein Teil der Entwürfe das Recht auf ein faires Verfahren nennt[556], wird in anderen vom Recht auf ein unparteiisches Gericht gesprochen[557], was dem Art. 47 EGRC in den angeführten Sprachfassungen – außer in der englischen – vom Wortlaut her besser entspricht.

In Bezug auf das zweite Recht geht es teilweise um das Recht auf (effektiven) gerichtlichen Rechtsschutz[558], teilweise um das Recht auf Zugang zu Gericht[559].

Dabei bezieht sich im Rahmen des Art. 26 EuGVO-E das zuerst genannte Recht jeweils auf das Verfahren, das zweite auf den Zugang, was sich einer Gesamtschau der verschiedenen Sprachfassungen entnehmen lässt.

Außer in der spanischen Fassung fügt sich die Terminologie des Art. 26 EuGVO-E weder vollständig in die Begrifflichkeiten des Art. 47 EGRC, noch in die Systematik des Art. 6 Abs. 1 EMRK ein. Während im Hinblick auf die EMRK die Nennung des Rechts auf Zugang zu Gericht neben dem Recht auf ein faires Verfahren dogmatisch unstimmig wäre, da das Recht auf Zugang unter Art. 6 Abs. 1 EMRK Bestandteil des Rechts auf ein faires Verfahren ist, verwendet Art. 47 EGRC in den jeweiligen Sprachfassungen der Charta den Begriff des Rechts auf ein faires Verfahren in der Regel nicht direkt. Die deutsche Sprachfassung des Art. 26 EuGVO-E entspricht allerdings der Terminologie der Rechtsprechung des EuGH, der das Recht auf ein faires Verfahren von dem Recht auf gerichtlichen Rechtsschutz trennt und bei letzterem das Recht auf Zugang zu Gericht verortet. Ähnliches gilt für die englische und französische Sprachfassung ("right to a fair trial"/"right of access to justice" bzw. „droit à un procès équitable"/„droit d'accès à la justice"). Auch hier orientieren sich die Bezeichnungen an der Rechtsprechung des EuGH, wobei das Recht auf gerichtlichen Rechtsschutz auf den Zugang verkürzt wird.[560] Vereinzelt sind die Sprachfassungen durch die Wahl der Terminologie der beiden Rechte zu eng. So spricht die italienische Fassung nur von einem Recht auf ein unparteiisches Gericht („diritto a un giudice imparziale") und von einem Recht auf Zugang zu Gericht („diritto di accesso alla giustizia"). Würde man sich hier an den

556 So etwa die deutsche, englische und französische Sprachfassung des Art. 26 in KOM (2010) 748 endg. in der jeweiligen Sprache.

557 S. die spanische und italienische Fassung des Art. 26 in KOM (2010) 748 endg. in der jeweiligen Sprache.

558 S. die deutsche und spanische Fassung des Art. 26 in KOM (2010) 748 endg. in der jeweiligen Sprache.

559 So die englische, französische und italienische Fassung des Art. 26 in KOM (2010) 748 endg. in der jeweiligen Sprache.

560 Der sonst unter dem Recht auf effektiven gerichtlichen Rechtsschutz angesprochene Prüfungsumfang des Gerichts ist im Zusammenhang mit Art. 26 EuGVO-E irrelevant.

Wortlaut der Vorschrift halten, wären andere verfahrensrechtlichen Aspekte, wie beispielsweise eine angemessene Verfahrensdauer, nicht erfasst.

Im Ergebnis ist klar, dass die genannten Rechte die Garantien des Art. 47 EGRC gewährleisten sollen, wobei sowohl der Zugang zu Gericht, als auch das Verfahren vor Gericht erfasst sein müssen. Art. 26 EuGVO-E ist damit so auszulegen, dass er diesen Rechten genügt. Hierbei ist unabhängig von der jeweils verwendeten Terminologie auf Zugang und Verfahren in vollem Umfang Rücksicht zu nehmen. Maßgebend für die Bestimmung der inhaltlichen Reichweite der einzelnen Teilrechte im Rahmen des Zugangs und des Verfahrens ist stets Art. 47 EGRC. Wie bereits angemerkt, erfolgt die Auslegung des Art. 47 EGRC anhand des Art. 6 Abs. 1 EMRK. Für die vorliegend interessierende Frage, ob bzw. wann Art. 47 EGRC ein Recht auf Eröffnung einer Notzuständigkeit gewährt, ist in der Rechtsprechung des EuGH noch nichts entwickelt worden, so dass direkt auf Art. 6 EMRK zurückzugreifen ist.

D. Das Recht auf Zugang zu Gericht in Bezug auf die Eröffnung einer Notzuständigkeit nach Art. 47 EGRC und Art. 6 Abs. 1 EMRK/ das Recht auf gerichtlichen Rechtsschutz nach Art. 26 EuGVO-E

I. Vorbemerkung

Die Regelung des Art. 47 EGRC wirft systematische Fragen auf, insbesondere, wie sich die Absätze 1 und 2[561] zueinander verhalten. Von der Beantwortung dieser Frage hängt auch ab, ob in Art. 47 Abs. 2 EGRC ein von Abs. 1 zu unterscheidendes Recht auf Zugang zu Gericht enthalten ist. Indessen macht es für die Auslegung des Art. 26 EuGVO-E keinen Unterschied, ob man den Inhalt des Rechts auf Zugang zu Gericht im vorliegend interessierenden Zusammenhang anhand des Art. 47 EGRC Abs. 1 oder 2 ermittelt. Die Frage soll daher hier nicht abschließend beantwortet werden. Art. 47 EGRC hat nämlich im Rahmen des Art. 26 EuGVO-E für die Auslegung der inhaltlichen Reichweite des Rechts auf ein faires Verfahren und des Rechts auf gerichtlichen Rechtsschutz uneingeschränkt Bedeutung insofern,

561 Die Absätze des Art. 47 EGRC sind nicht nummeriert. Die Nummerierung wird hier nur zur genaueren Bezeichnung vorgenommen.

als sich aus ihm entwickeln lässt, ob und inwieweit die Vorschrift der EGRC ein Recht auf Notzuständigkeit gibt. Art. 26 EuGVO-E ist damit gemäß dem Primärrecht so auszulegen, dass die dort genannten Rechte mit denen aus Art. 47 EGRC übereinstimmen. Dies gilt auch, wenn ein Recht auf Zugang zu Gericht nur in Art. 47 Abs. 1 EGRC normiert sein sollte und nicht die Verletzung von Unionsrecht geltend gemacht wird, da die Begriffe unabhängig von dem jeweiligen Sachverhalt inhaltlich die gleiche Bedeutung haben müssen.

II. Reichweite des Rechts auf Zugang zu einem Gericht nach Art. 47 Abs. 1 EGRC bei internationalen Sachverhalten

Die Frage nach der internationalen Reichweite des Rechts auf Zugang zu einem Gericht lässt sich als Problem des räumlichen Anwendungsbereichs des Art. 47 Abs. 1 EGRC begreifen, da es darum geht, inwieweit Gerichte eines Mitgliedstaates bei Sachverhalten mit Auslandsbezug überhaupt nach Art. 47 Abs. 1 EGRC verpflichtet sein sollen.

Dabei wird in der Literatur angenommen, dass bei Grundrechten mit Leistungsfunktion in der Person, welche sich auf das entsprechende Grundrecht beruft, eine ausreichende Beziehung zur Union bestehen müsse, wie etwa die Unionsbürgerschaft.[562] Das Recht auf Zugang zu Gericht beinhaltet durch die Zurverfügungstellung eines Gerichtswesens eine Leistungskomponente. In der deutschen Literatur zum GG wird es teilweise sogar als Leistungsgrundrecht bezeichnet.[563]

Die Frage nach der internationalen Reichweite des Rechts auf Zugang zu einem Gericht wurde für das deutsche Recht von *Pfeiffer* eingehend untersucht.[564] Als Ausgangspunkt seiner Überlegungen legte er die Spanier-Entscheidung des BVerfG[565] zugrunde[566], in welcher dieses darüber befand, ob das Grundrecht des Art. 6 Abs. 1 GG bei einem Sachverhalt mit Auslandsbezug Anwendung findet. Das BVerfG führt dabei allgemein aus, dass die internationale Reichweite für das

562 *Jarass*, Art. 51 EGRC, Rn. 28.

563 S. z.B. Mangoldt/Klein/Starck-*Starck*, Art. 1 Abs. 3 GG, Rn. 1; Schmidt-Bleibtreu/Hofmann/Hopfauf-*Müller-Franken*, Vorb. Art. 1 GG, Rn. 13. Die Ausführungen beziehen sich jeweils auf das Recht aus Art. 19 Abs. 4 GG. Für den allgemeinen Justizgewährungsanspruch kann aber insofern nichts anderes gelten.

564 *Pfeiffer*, S. 439 ff.

565 BVerfGE 31, 58 ff.

566 *Pfeiffer*, S. 441.

jeweilige Grundrecht durch Auslegung anhand der üblichen Auslegungsmethoden zu ermitteln sei.[567]

Dieses Vorgehen kann man auf europäischer Ebene auf Art. 47 Abs. 1 EGRC übertragen, da die Feststellung des Bedeutungsgehalts einer Norm durch Auslegung eine allgemein gültige Methode darstellt, welche auch im Rahmen des Unionsrechts anzuwenden ist[568]. Die internationale Reichweite des Art. 47 Abs. 1 EGRC bestimmt sich demnach nach den üblichen Auslegungsregeln. Der Wortlaut des Art. 47 Abs. 1 verlangt danach eine Einschränkung auf Personen mit Bezugspunkten zu der EU nicht. Die Systematik der EGRC spricht auch gegen ein solches Verständnis der Norm, da die EGRC durchaus Grundrechte kennt, deren persönlicher Anwendungsbereich auf Unionsbürger oder auf Unionsbürger und Personen mit Wohnsitz in der EU beschränkt ist[569], während Art. 47 Abs. 1 eine solche Einschränkung gerade nicht kennt. Es ist daher nicht von vorne herein davon auszugehen, dass alle Rechte mit einer leistungsrechtlichen Komponente automatisch nur Unionsbürgern und Personen, die eine anderweitige Verbindung zum Unionsgebiet aufweisen, zustehen sollen. Als Zweck der Vorschrift wird deren Notwendigkeit zur Sicherung der übrigen in der EGRC genannten Rechte angeführt.[570,571] Diese Notwendigkeit ergibt sich aus dem staatlichen Gewaltmonopol.[572] Bei der Annahme, dass Abs. 2 kein von Abs. 1 unabhängiges Recht normiert, sichert Art. 47 EGRC nur die Rechte, die einer Person nach dem Unionsrecht zustehen können. Anderenfalls wäre über Abs. 2 das Recht auf Zugang zu Gericht auch dann eröffnet, wenn es um die Verletzung nationaler Rechte geht. Dabei ist davon auszugehen, dass die Verpflichtung der nationalen Gerichte aus Art. 47 EGRC entsprechend Art. 6 Abs. 1 EMRK so weit reicht, wie der Kläger zumindest vertretbar geltend machen kann, dass ein solches Recht besteht.[573] Im Übrigen ist keine Notwendigkeit gegeben, dem

567 BVerfGE 31, 58 (77).

568 Dass auch im Rahmen des Unionsrechts grundsätzlich die allgemeinen Auslegungsregeln gelten s. z. B. *Streinz*, S. 226 f., Rn. 614.

569 Zu ersteren gehören z. B. Art. 39 und Art. 46 EGRC, zu letzteren Art. 42, 43 und 44 EGRC.

570 *Frenz*, Band IV, S. 1514, Rn. 4988; Heselhaus/Nowak-*Nowak*, § 51, Rn. 1.

571 Gemäß Art. 47 EGRC geht es natürlich nicht nur um den Schutz der durch die EGRC gewährten Rechte, sondern um das gesamte Unionsrecht.

572 Heselhaus/Nowak-*Nowak*, § 51, Rn. 1.

573 Dies entspricht der Rechtsprechung des EGMR zu Art. 6 EMRK, s. z. B. *Markovic u. a. gegen das Vereinigte Königreich*, Urteil v. 14. Dez. 2006 (Große Kammer), Reports 2006-XIV, § 93.

Kläger als Konsequenz des staatlichen Gewaltmonopols eine Klagemöglichkeit einzuräumen, da er auch bei Bestehen eines Selbsthilferechts dieses nur im Rahmen der ihm zustehenden Rechte ausüben dürfte.[574]

Es ist nunmehr danach zu fragen, ob das staatliche Gewaltmonopol eine Differenzierung in der Anwendbarkeit des Art. 47 EGRC gebietet, wenn der Sachverhalt keinerlei Bezug zu dem Mitgliedstaat aufweist, dessen Gerichte angerufen sind. Dies ist abzulehnen, sofern dem Kläger ein Unionsrecht zusteht, da er sich in diesem Fall bezüglich des Gewaltmonopols nicht von einem Kläger unterscheidet, bei welchem Bezugspunkte bestehen. Allerdings setzt die Anwendbarkeit europarechtlicher Vorschriften das Vorliegen eines Bezuges zum Unionsrecht voraus.[575] Bei Bestehen eines subjektiven Unionsrechts ist jedoch zumindest zu der EU als Ganzes ein solcher Bezug gegeben. Geht es um nationale Rechte, ist über Art. 26 EuGVO-E ein Bezug zum Unionsrecht gegeben. Ein Unionsrecht wird einem drittstaatlichen Kläger ohne weitere Anknüpfungspunkte jedoch nur dann zustehen, wenn eine Rechtswahl zugunsten eines mitgliedstaatlichen Rechts vereinbart worden ist und in dem konkreten Fall im Rahmen dieses Rechts europarechtliche Vorschriften zur Anwendung kommen[576]. Solche Fälle dürften in der Praxis kaum vorkommen.

Der Zweck des Art. 47 EGRC verlangt damit jedoch jedenfalls keine Differenzierung bei Sachverhalten mit Auslandsbezug und lässt eine solche auch nicht zu, wenn dem Kläger ein Unionsrecht zusteht.

Da Art. 47 EGRC damit auch auf internationale Sachverhalte anwendbar ist, kann er im Rahmen des Rechts auf Zugang zu Gericht ein Recht auf Eröffnung einer Notzuständigkeit umfassen, welches die gleiche Reichweite aufweisen würde wie Art. 6 Abs. 1 EMRK. Zunächst ist jedoch darzustellen, ob auch Art. 6 Abs. 1 EMRK den Zugang zu Gericht im internationalen Kontext regelt.

---

574 Nach *Pfeiffer*, S. 441 f. ist für den deutschen Justizgewährungsanspruch maßgebend, wie weit der Eingriff durch das staatliche Gewaltmonopol reicht. Dies entspricht den hier gemachten Ausführungen.

575 Allgemein Tettinger/Stern-*Alber*, Art. 47 EGRC, Rn. 26. Auch der EuGH hat zu der Anwendbarkeit des allgemeinen Grundsatzes des Rechts auf einen wirksamen gerichtlichen Rechtsbehelf festgestellt, dass eine Anknüpfung zum Unionsrecht gegeben sein muss, C-457/09 (*Chartry*), Rn. 25.

576 In Privatrechtsverhältnissen kommt insbesondere die Geltendmachung von Rechten in Betracht, die aus der Umsetzung diverser Richtlinien resultieren, z. B. bestimme Rechte des Verbrauchers gemäß der Fernabsatzrichtlinie 97/7/EG (ABl. EG 1997 Nr. L 144, S. 19 ff.).

III. Das Recht auf Zugang zu Gericht nach Art. 6 Abs. 1 EMRK mit Blick auf die Eröffnung einer Notzuständigkeit

Im Folgenden soll untersucht werden, ob Art. 6 Abs. 1 EMRK auch mit Blick auf die internationale Zuständigkeit Regelungen trifft und wann er und damit auch Art. 47 EGRC als Ausfluss des Rechts auf Zugang zu Gericht die Eröffnung einer Notzuständigkeit möglicherweise fordert und insofern ein „Recht auf eine Notzuständigkeit" begründet. Wegen der umfangreicheren Literatur und Rechtsprechung dient Art. 6 Abs. 1 EMRK als Ausgangspunkt. Soweit erforderlich wird auf bestehende Besonderheiten im Rahmen des Art. 47 EGRC eingegangen.

1. Recht auf Eröffnung einer Notzuständigkeit als Bestandteil des Rechts auf Zugang zu einem Gericht im Rahmen des Art. 6 Abs. 1 EMRK

a) Rechtsprechung des EGMR und Literatur

Dass Art. 6 Abs. 1 EMRK ein Recht auf effektiven Zugang zu einem Gericht umfasst, hat der EGMR in seinem *Golder*-Urteil klargestellt.[577] Dieses Urteil bezog sich allerdings auf einen reinen Inlandsfall. Wann bzw. ob das Recht auf Zugang zu einem Gericht zu einer Verpflichtung der Vertragsstaaten führt, eine Zuständigkeit im Sinne eines *forum necessitatis* zu eröffnen, wurde in der Rechtsprechung des EGMR hingegen noch nicht angesprochen. Ob Art. 6 Abs. 1 EMRK auch im internationalen Kontext den Zugang zu Gericht regeln will, lässt sich der Rechtsprechung des EGMR soweit ersichtlich nicht klar entnehmen. Zwar sind zwei Entscheidungen ergangen, in denen die Reichweite der Gerichtsbarkeit angesprochen wurde.[578] Es wurde mit diesen Urteilen jedoch nicht zum Ausdruck gebracht, ob Art. 6 Abs. 1 EMRK auf Fragen der internationalen Zuständigkeit anwendbar ist.

In der Literatur wird teilweise vertreten, dass die Vorschrift Fragen bezüglich der internationalen Zuständigkeit nicht regle.[579] Dies müsste konsequenterweise bedeuten, dass auch Fragen nach der Eröffnung einer Notzuständigkeit im Hinblick auf das Recht auf Zugang zu Gericht nicht von der Vorschrift erfasst werden,

577 *Golder gegen das Vereinigte Königreich*, Urteil v. 21. Feb. 1975, Serie A18, § 36.

578 Digest of Strasbourg Case-Law relating to the European Convention on Human Rights, Vol. 2, S. 269 und DR 33, 247.

579 So *Schack*, ZZP 1984, S. 46 (60) und *Bittighofer*, S. 144.

da es sich hierbei gerade um Fragen im Bereich der internationalen Zuständigkeit handelt. Von anderen wird Art. 6 Abs. 1 EMRK jedoch auch im zuständigkeitsrechtlichen Bereich Bedeutung beigemessen[580], da die Vorschrift als Grundlage für die Eröffnung einer Notzuständigkeit herangezogen wird[581].

b) Stellungnahme

Dass die Vorschrift die Eröffnung einer Notzuständigkeit in bestimmten Fällen gebietet, ist anzunehmen, da Art. 6 Abs. 1 EMRK nicht auf reine Inlandssachverhalte beschränkt sein kann – ein faires Verfahren vor Gericht muss auch bei Verfahren mit Auslandsbezug garantiert sein. Das gleiche gilt für das Recht auf Zugang zu Gericht, welches Bestandteil des Rechts auf ein faires Verfahrens ist und damit die Reichweite der auf das Verfahren an sich bezogenen Rechte insofern teilt, als es ebenfalls auf Auslandssachverhalte anwendbar sein muss. Anderenfalls hätte ein und dasselbe Recht – das Recht auf ein faires Verfahren – eine unterschiedliche Reichweite, je nachdem, ob es um die von ihm umfassten verfahrensbezogenen Rechte oder um das Recht auf Zugang zu Gericht geht. Dies erscheint systematisch fraglich. Auch die Argumentation des EGMR in seinem *Golder*-Urteil spricht für eine Anwendbarkeit auf internationale Sachverhalte. Er entschied, die Konvention sei vor dem Hintergrund auszulegen, dass es den allgemein anerkannten fundamentalen Rechtsgrundsätzen entspreche, dass die Möglichkeit bestehen muss, einen Zivilrechtsfall von einem Richter anhören zu lassen. Ferner verbiete auch das Völkerrecht eine Rechtsverweigerung.[582] Diese Ausführungen legen eine Ausdehnung des Rechts auf Zugang zu einem Gericht auf den internationalen Kontext nahe. Es bestünde hier zwar nicht die Gefahr, dass ein Staat seine Gerichte ganz abschaffen könnte[583], er hätte jedoch die Möglichkeit, eine Zuständigkeit in internationalen Fällen generell abzulehnen. Dies könnte ebenfalls in einem weitreichenden Umfang zu einer Rechtsverweigerung führen, weshalb davon auszugehen ist, dass Art. 6 Abs. 1 EMRK das Recht auf Zugang zu Gericht auch im internationalen Bereich festschreibt. Jedenfalls in

580 Allgemein vor allem Geimer, s. seinen Beitrag in den Berichten der Deutschen Gesellschaft für Völkerrecht, Menschenrechte, S. 213 ff. Auch *Schlosser*, IPRax 1992, S. 140 (141).

581 *Milleker*, S. 69 m. w. N.; *Pfeiffer*, S. 347 f. und 439 f.; *Schorn*, S. 207, Nr. 58 m. w. N.

582 *Golder gegen das Vereinigte Königreich*, Urteil v. 21. Feb. 1975, Serie A18, § 35.

583 So die Argumentation des EGMR in *Golder gegen das Vereinigte Königreich*, Urteil v. 21. Feb. 1975, Serie A18, § 35.

Grenzfällen, in denen sonst eine Rechtsverweigerung drohte, muss Art. 6 Abs. 1 EMRK daher greifen.

Dass Art. 6 Abs. 1 EMRK Grundlage für die Eröffnung einer Notzuständigkeit sei, haben bei der Durchführung der Studie zur Restzuständigkeit[584] auch einige Mitgliedstaaten der EU angeführt[585]. Spanien und Belgien gehen dabei davon aus, dass das aus Art. 6 Abs. 1 EMRK folgende Recht auf Zugang zu einem Gericht die Eröffnung einer Notzuständigkeit in bestimmten Fällen erforderlich mache.[586] Ähnliches gilt auch für Deutschland.[587]

2. Reichweite des Rechts auf Eröffnung einer Notzuständigkeit/ Anspruchsvoraussetzungen

a) Ansichten in der Literatur

In der Literatur wurde die Reichweite des Rechts auf Zugang zu Gericht im Hinblick auf die Eröffnung einer Notzuständigkeit mehrfach umrissen. *Pfeiffer* äußert sich hierzu dahingehend, dass es allein auf die Zumutbarkeit ankomme. Anders ausgedrückt besteht ein Recht auf Eröffnung einer Notzuständigkeit nach ihm in all den Fällen, in denen es dem Gläubiger nicht zumutbar oder möglich ist, in einem anderen Staat Klage zu erheben.[588] Er beruft sich dabei unter anderem auf die Ausführungen bei *Heldrich*. Dieser stellt fest, dass Art. 6 Abs. 1 EMRK nicht dadurch verletzt werde, dass Gerichte eines Vertragsstaates der EMRK ihre internationale Zuständigkeit mit der Begründung ablehnen, dass keine Inlandsbeziehung des Falles zu dem Staat bestehe, in dem sie belegen seien.[589] Eine Verletzung des Art. 6 Abs. 1 EMRK sei jedoch dann anzunehmen, „wenn die Anrufung der Gerichte eines anderen, näher beteiligten Staates aus besonderen Gründen ausgeschlossen oder unzumutbar [sei]".[590] Dies entspricht inhaltlich den Erwägungen bei *Geimer*.[591] *Grolimund* geht bei seinen Ausführungen zur Reichweite der Verpflichtung der Eröffnung einer Notzuständigkeit vom Zweck des Art. 6 Abs. 1 EMRK aus, welcher darin liegt,

584 *Nuyts*, Studie 2007.

585 S. den Bericht für die Niederlande, S. 23, den Bericht für Spanien, S. 13, und den Bericht für Belgien, S. 14, alle zu Frage 16.

586 S. den Bericht für Spanien, S. 13, und den Bericht für Belgien, S. 14, beide zu Frage 16.

587 S. den Bericht für Deutschland, S. 22, Frage 21.

588 *Pfeiffer*, S. 439 f.

589 *Heldrich*, S. 139 f.

590 *Heldrich*, S. 140.

591 *Geimer*, IZPR, S. 400, Rn. 1035.

einen Anspruch auf wirksamen Gerichtszugang zu begründen.[592] Der Anspruch auf Zugang zu Gericht entfalte nach ihm dort keine Wirkung und sei somit wirkungslos, wo der ergehende Titel nicht im Inland wirksam sei[593], etwa weil er als ausländisches Urteil nicht anerkennungs- und vollstreckungsfähig ist. Art. 6 Abs. 1 EMRK enthalte daher ein „Recht auf einen im Inland wirksamen Titel", welches überall dort bestehe, wo dem Gläubiger ein „berechtigtes Rechtsdurchsetzungsinteresse" zukomme.[594] Dieses Rechtsdurchsetzungsinteresse soll in denjenigen Staaten bestehen, „in denen eine Rechtsdurchsetzung notwendig ist bzw. werden kann".[595] Sofern also bei dem Gläubiger ein solches Rechtsdurchsetzungsinteresse bestehe, seien die entsprechenden Staaten dazu verpflichtet, eine Notzuständigkeit zur Verfügung zu stellen, da anderenfalls Rechtsverweigerung drohe.[596]

Matscher hingegen fasst den Justizgewährungsanspruch des Art. 6 Abs. 1 EMRK scheinbar enger, wenn er feststellt, dass im Hinblick auf § 28 Abs. 1 Nr. 2 JN, der auf die Staatsangehörigkeit, den gewöhnlichen Aufenthalt und den Wohnsitz bzw. Sitz des Klägers abstellt, diese Einschränkungen bei der Eröffnung einer Notzuständigkeit zulässig seien, da die EMRK lediglich fordere, dass Streitigkeiten, welche eine ausreichende Inlandsbeziehung aufweisen, vor inländischen Gerichten ausgetragen werden könnten.[597] Er geht damit von einer geringeren inhaltlichen Reichweite des Anspruchs auf Eröffnung einer Notzuständigkeit aus, da er einen engeren Inlandsbezug als das übrige Schrifttum zulässt. Dass ein solcher engerer Inlandsbezug verlangt wird, entspricht der weitgehenden Praxis derjenigen EU-Mitgliedstaaten, die in ihrem Recht ein *forum necessitatis* vorsehen[598].

---

592 *Grolimund*, S. 250 f., Rn. 697.

593 *Grolimund*, S. 251, Rn. 697.

594 *Grolimund*, S. 251, Rn. 697.

595 *Grolimund*, S. 251, Rn. 697.

596 *Grolimund*, S. 251, Rn. 697.

597 Fasching-*Matscher*, § 28 JN, Rn. 45; ebenso *Ders.* in ZÖR 1980, S. 1 (19).

598 S. *Nuyts*, Studie 2007, S. 65, Rn. 85: Allein die Niederlande sehen diese Voraussetzung im Rahmen ihrer Notzuständigkeit nicht vor. Für Luxemburg ist festzuhalten, dass dessen Recht zwar kein *forum necessitatis* kennt, das Tribunal d'arrondissement de Luxembourg jedoch einmal angenommen hat, dass es einen Fall hören könne, wenn der Kläger keine andere Möglichkeit habe, seine Rechte zu wahren, s. den Bericht für Luxemburg, S. 11, zu Frage 16. Es wird nicht ausgeführt, ob das Gericht hier einen weitergehenden Inlandsbezug fordert. Die vorliegenden Ausführungen sprechen eher dagegen.

b) Stellungnahme

Dreh- und Angelpunkt für die Begrenzung der inhaltlichen Reichweite des Justizgewährungsanspruches aus Art. 6 Abs. 1 EMRK ist die Frage, wann zur Eröffnung eines *forum necessitatis* eine Notwendigkeit besteht. Da Art. 6 Abs.1 EMRK den wirksamen Zugang zu Gericht sicherstellen will, muss in diesen Fällen eine Zuständigkeit eröffnet werden. Dabei ist zu unterscheiden, wann generell eine Notwendigkeit gegeben ist (Notwendigkeit i. w. S.) und wann diese gerade im Inland besteht (Notwendigkeit i. e. S.). Wie noch genauer zu erläutern sein wird, bestimmt sich die Frage, wann eine Notwendigkeit i. e. S. gegeben ist, nach dem Bestehen eines Rechtsschutzbedürfnisses in dem betreffenden Staat.[599] Daneben besteht die durch die Ausführungen bei *Matscher* aufgeworfene Frage, wann zur Rechtsdurchsetzung im Inland ein Inlandsbezug, wie etwa ein Wohnsitz oder ein gewöhnlicher Aufenthalt, gefordert werden kann und inwiefern sich das Rechtsschutzbedürfnis mit der Forderung nach einem solchen Inlandsbezug deckt oder weniger streng ausfallen kann.

Der zu fordernde Inlandsbezug könnte dabei entweder bereits die inhaltliche Reichweite des Rechts auf Eröffnung einer Notzuständigkeit mit der Folge beschränken, dass dieses Recht bei Fehlen eines solchen gar nicht besteht, oder erst im Rahmen einer eventuellen Rechtfertigung der Einschränkung dieses Rechts eine Rolle spielen.[600] Letzteres setzt allerdings voraus, dass der Inlandsbezug enger zu verstehen ist als das Rechtsschutzbedürfnis, da ohne Rechtsschutzbedürfnis von vorne herein kein Recht auf Eröffnung einer Zuständigkeit bestehen kann. Es ist daher im Folgenden zunächst die Frage nach der Reichweite des zu fordernden Rechtsschutzbedürfnisses zu stellen.

Bei einem inhaltlichen Abweichen von Rechtsschutzbedürfnis und Inlandsbezug erscheint von den oben gemachten Lösungsansätzen die letztere Option vorzugswürdig, da auf diese Weise das Recht auf Zugang zu Gericht nicht über Gebühr beschränkt wird, indem bereits auf der Ebene seiner inhaltlichen Reichweite zu große Einschränkungen vorgenommen werden. Die Berücksichtigung eventueller Interessen des Beklagten oder des Staates auf Schrankenebene ermöglichen eine flexiblere Handhabung des Rechts, ohne dass dadurch die Interessen einer Partei von vorne herein zu weit beschnitten werden.[601] Ferner entspricht es

---

599 S. Kap. 3, S. 186.

600 S. auch *Pfeiffer*, S. 458.

601 Im Ergebnis so auch *Pfeiffer*, S. 458, im Hinblick auf den aus dem deutschen Verfassungsrechts fließenden Justizanspruch. Er argumentiert mit der Exorbitanz der Notzuständigkeit und stellt dabei fest, dass die Notzuständigkeit erst dann als exorbitant angesehen werden könne, wenn sie überhaupt bestehe. In ähnliche Richtung wie hier

der Rechtsprechung des EGMR zu Art. 6 Abs. 1 EMRK, bei Einschränkungen der Justizgrundrechte eine Rechtfertigungsprüfung durchzuführen, anstatt konkrete Anspruchsvoraussetzungen aufzustellen, wann ein solches Recht gegeben ist.[602] Ausgangspunkt der folgenden Überlegungen ist somit die Frage, wann eine Rechtsdurchsetzung in einem bestimmten Staat notwendig wird.

aa) Fälle der Notwendigkeit i. w. S./Notwendigkeit allgemein

Die Notwendigkeit der Eröffnung einer Notzuständigkeit kann sich nach *Geimer* in zwei Fällen ergeben, nämlich zum einen bei Auftreten von negativen Kompetenzkonflikten[603] und zum anderen bei Nichtanerkennung eines ausländischen Urteils im Inland[604]. *Pfeiffer* spricht von drei Fällen der Notzuständigkeit, da er die Sachverhalte, in denen eine Durchsetzung der Rechte nach dem aus deutscher Sicht gemäß § 328 Abs. 1 Nr. 1 ZPO zuständigen Gericht aus Gründen wie beispielsweise Krieg nicht möglich ist, nicht als negativen Kompetenzkonflikt einstuft.[605] Die genaue Einteilung ist hier nicht weiter erheblich. Konsequenter erscheint die Einteilung bei *Pfeiffer*, da in Fällen der Nichtentscheidung über die Klage wegen Krieges eine Zuständigkeit des ausländischen Staates eigentlich besteht, diese nur derzeit nicht ausgeübt wird. In diesen Fällen von einem Kompetenzkonflikt zu sprechen, erscheint nicht ganz zutreffend[606], da nicht die Kompetenzen zu einer Justizverweigerung oder -erschwerung führen, sondern tatsächliche Umstände, und zwar unabhängig davon, welche Kompetenzen der betroffene Staat vorsieht.[607] Dies läuft natürlich in der konkreten Situation auf das gleiche Ergebnis hinaus, als wenn die Zuständigkeit überhaupt nicht bestehen würde.

---

gehen die folgenden Ausführungen, dass die „unter der unvermeidbaren Erschwerung exorbitanter Reichweite stehende Justiz immer noch besser [sei] als deren völlige Verweigerung", S. 458.

602 EGMR, *Al-Adsani*, Urteil v. 21.11.2001, Reports-2001-XI, § 53; *Lithgow*, Urteil v. 08.07.1986, Serie A209, § 194; *Ashingdane*, Urteil v. 28.05.1985, Serie A93, § 57. Der EuGH hat diese Vorgehensweise für Art. 47 EGRC übernommen, s. C-279/09 (*DEB Deutsche Energiehandels- und Beratungsgesellschaft mbH*), Rn. 60.

603 *Geimer*, IZPR, S. 397, Rn. 1024 ff. mit Beispielen.

604 *Geimer*, IZPR, S. 398, Rn. 1029.

605 S. *Pfeiffer*, S. 451.

606 So aber wohl auch *Schack*, S. 160, Rn. 456, da nach ihm auch tatsächliche Umstände zu einem negativen Kompetenzkonflikt führen.

607 Die wesentlichen Fälle, wann ein negativer Kompetenzkonflikt auftritt, finden sich bei *Milleker*, S. 27–55.

bb) Notwendigkeit i. e. S. /Notwendigkeit der Rechtsdurchsetzung im Inland

(1) Bei Nichtbestehen einer primären Zuständigkeit durch die Gerichte eines anderen Staates

Die Frage nach der Notwendigkeit der Rechtsdurchsetzung in einem bestimmten Staat ist, wie festgestellt, parallel mit derjenigen zu beantworten, wann im Inland ein Rechtsschutzbedürfnis vorliegt. Bei Bestehen eines Inlandsbezuges, wie dem Wohnsitz einer Partei oder dem gewöhnlichen Aufenthalt, ist ein solches Rechtsschutzinteresse zu bejahen, da diese Kriterien ein rechtliches Interesse an einer Rechtsverfolgung im Inland begründen.[608] Darüber hinaus stellt sich die Frage, ob in Fällen der Notwendigkeit i. w. S. ein Rechtsschutzinteresse auch ohne jeden Bezug der Parteien oder des Streitgegenstandes zu einem bestimmten Staat gegeben sein kann. Zu fragen ist damit, wann bei einem Kläger allgemein ein inländisches Rechtsschutzinteresse, von *Grolimund* als „berechtigtes Rechtsdurchsetzungsinteresse" bezeichnet[609], anzunehmen ist. Unter dieser Prämisse hat *Pfeiffer* die Reichweite des aus den deutschen Grundrechten folgenden Justizanspruchs ermittelt.[610] Diese zieht er recht weit und nimmt das Bestehen eines Rechtsschutzbedürfnisses schon dann an, wenn nur irgendein Bezug zwischen Rechtsstreit und Forumstaat gegeben ist, welcher eben nicht in der Person der Parteien oder im Streitgegenstand begründet sein muss, sondern sich auch aus der Präjudizwirkung oder insbesondere aus bestehenden Vollstreckungsmöglichkeiten ergeben kann.[611] Das Bestehen von Vollstreckungsaussichten begründe hierbei auch dann ein Rechtsschutzinteresse, wenn eine Vollstreckung im Inland wenigstens zukünftig möglich sei oder Vollstreckung durch Anerkennung des Urteils im Ausland in Frage komme. Selbst wenn letzteres nicht der Fall sei, könnten ausreichende Inlandsbezüge gegeben sein, die die Gewährung des Justizanspruchs notwendig machen.[612] Diese Ausführungen ziehen den Rahmen der Notzuständigkeit zunächst sehr weit, verdienen im Ergebnis aber Zustimmung, da für den Kläger auch bei Fehlen eines Inlandsbezuges zu dem Staat, dessen Gerichte angerufen sind, keine anderweitige Möglichkeit besteht, seine Rechte durchsetzen zu können, so dass ein Rechtsschutzinteresse allein auf Grund der Notwendigkeit der Eröffnung eines Gerichtsstandes zur Wahrung seiner Rechte anzunehmen ist. Sofern ein Fall der Notwendigkeit i. w. S. gegeben ist, besteht damit grundsätzlich automatisch ein

608 S. oben, Kap. 2, S. 155 ff. (beim Wohnsitz ist dies jedoch nicht zwingend).

609 *Grolimund*, S. 251, Rn. 697.

610 *Pfeiffer*, S. 453 ff.

611 *Pfeiffer*, S. 454 f.

612 *Pfeiffer*, S. 455 ff.

Rechtsschutzinteresse und damit eine Notwendigkeit i. e. S. Die von *Pfeiffer* zum deutschen Justizgewährungsanspruch gemachten Aussagen können somit auf Art. 6 Abs. 1 EMRK übertragen werden.[613] Ob der grundsätzlich bestehende Anspruch wiederum eingeschränkt werden kann, ist später noch zu klären.[614]

Es ist allerdings noch zu untersuchen, wie sich eine etwaige Notzuständigkeit anderer Staaten auf das Bestehen eines Rechtsschutzinteresses im Inland auswirkt.[615] Zunächst soll jedoch auf die Notwendigkeit i. e. S. bei fehlender Anerkennungsfähigkeit oder Vollstreckbarkeit im Inland eingegangen werden.

(2) Bei fehlender Anerkennungsfähigkeit oder Vollstreckbarkeit eines bestehenden Titels im Inland

Die vorstehend gemachten Ausführungen gelten nur für den Fall, dass andere Staaten keine Erkenntniszuständigkeit eröffnen, der Kläger also keine Möglichkeit hat, überhaupt an einen Titel zu gelangen. Anders stellt sich die Lage dar, wenn es nur um die Nichtanerkennung eines ausländischen Urteils geht. Hier hat der Kläger bereits einen Titel erstritten. Dieser ist allerdings entsprechend der von *Grolimund* gemachten Aussagen[616] „wirkungslos". *Grolimund* leitet aus Art. 6 Abs. 1 EMRK wie bereits erwähnt ein Recht auf einen im Inland wirksamen Titel her, weshalb ein Rechtsschutzinteresse nach ihm in diesem Fall in allen Ländern besteht, in denen ein ergangenes Urteil nicht vollstreckt werden kann[617]. Das erscheint zunächst sehr weitgreifend. Art. 6 Abs. 1 EMRK enthält ein Recht auf ein effektives Verfahren. Dieses ist gegebenenfalls auch dann garantiert, wenn ein drittstaatliches Urteil in irgendeinem anderen Staat vollstreckt werden kann. Hingegen gewährt die Konvention möglicherweise nicht, dass ein Kläger seine Rechte in jedem beliebigen Staat durchsetzen kann. Es ist jedoch zu beachten, dass es für den Kläger unmöglich sein wird, zu beweisen, dass sein Urteil in keinem anderen Land anerkannt oder vollstreckt werden kann.[618] Im Übrigen wird er oft nicht wissen, wo Vermögen des Beklagten belegen ist. Es spielen daher auch Gründe der Rechtswegklarheit eine Rolle, die durch einen

---

613 S. auch *Grolimund*, S. 250 f., Rn. 697.

614 S. Kap. 3, S. 209 ff.

615 S. dazu unten, Kap. 3, S. 188 ff.

616 S. Kap. 3, S. 182 f.

617 S. *Grolimund*, S. 251, Rn. 698.

618 Dass im Allgemeinen die Beweislast für die Tatsachen, welche zur Eröffnung einer Zuständigkeit vorliegen müssen, beim Kläger liegt, s. z.B. Rauscher-*Mankowski*, Vorbem. Art. 2 EuGVO, Rn. 7.

effektiven Zugang zu Gericht vorausgesetzt wird[619]. Der Zugang zu Gericht darf nicht übermäßig erschwert werden. Angebracht könnte daher erscheinen, dass der Kläger nur darlegen muss, dass er seine Rechte im Urteilsstaat nicht durchsetzen kann. Die Beweislast, dass eine anderweitige Anerkennungs- und Vollstreckungsmöglichkeit gegeben ist, könnte dann auf den Beklagten übergehen, da er selber am besten weiß, wo sich seine Vermögenwerte befinden. Dies erscheint jedoch deshalb problematisch, da der Kläger damit dennoch nicht verhindern kann, dass er vor einem Gericht Klage erhebt, welches in der Sache nicht entscheiden wird, wenn der Beklagte entsprechende Umstände darlegt, die für den Kläger nicht vorhersehbar sind. Mit Blick auf die Rechtswegklarheit ist ihm dies nicht zuzumuten. Im Ergebnis ist damit *Grolimund* zuzustimmen, dass ein Gerichtsstand im Inland bereits dann eröffnet sein muss, wenn das Urteil im Urteilsstaat nicht vollstreckt werden kann. Zugleich muss das ergehende Urteil jedoch in diesem Staat dann vollstreckbar sein, da der Kläger sonst keine wesentlich bessere Rechtsstellung erlangt als mit dem ersten Urteil. Art. 6 Abs. 1 EMRK gibt damit kein Recht, in sämtlichen Ländern Titel „auf Vorrat" zu erstreiten, falls der Beklagte dort einmal Vermögen haben sollte.

cc) Notwendigkeit i. e. S. bei Justizgewährung anderer Staaten durch Zurverfügungstellung einer Notzuständigkeit

Fraglich ist, ob die Notwendigkeit der Rechtsdurchsetzung und damit das Rechtsschutzinteresse in einem Staat deshalb fehlen, weil auch in anderen Staaten eine Notzuständigkeit eröffnet ist. Dies ist freilich jedenfalls dann nicht der Fall, wenn auch zu den anderen Staaten keinerlei Bezug zwischen der Streitigkeit und dem Forumstaat besteht, da sonst alle Konventionsstaaten ihre Zuständigkeit mit dem Argument ablehnen könnten, dass in den anderen Staaten auch eine Notzuständigkeit eröffnet sei.[620] Relevant wird die Frage erst in Fällen wie dem von *Pfeiffer* angeführten Beispielsfall, dass eine der Parteien zu einem bestimmten Staat einen Bezug aufweist, der dort keine Primärzuständigkeit eröffnet, wie etwa der Wohnsitz des Klägers[621]. In der Literatur wird für das deutsche Recht die Relevanz einer solchen Zuständigkeit für die Eröffnung einer Notzuständigkeit teilweise mit der Begründung der Rechtswegklarheit abgelehnt.[622] Im Hinblick auf

---

619 S. hierzu Kap. 3, S. 189.

620 In solchen Fällen werden freilich die entsprechenden Staaten schon keine Zuständigkeit für ihre Gerichte in Anspruch nehmen, s. zu der Situation in der EU Kap. 3, S. 183.

621 S. *Pfeiffer*, S. 458 f.

622 *Pfeiffer*, S. 459 unter Bezugnahme auf *Schröder*, S. 216.

Art. 47 EGRC ist anzumerken, dass im Rahmen des Unionsrechts die Geltung des Erfordernisses der Rechtswegklarheit noch nicht festgestellt worden ist.[623] *Nowak* will das Gebot der Rechtswegklarheit dem Grundsatz des effektiven Rechtsschutzes entnehmen.[624] In der Literatur zu Art. 19 Abs. 4 GG ist nicht ganz geklärt, ob der Grundsatz der Rechtswegklarheit aus Art. 19 Abs. 4 GG direkt oder aus dem Rechtsstaatsprinzip zu folgern ist.[625]

In Bezug auf Art. 47 EGRC, wird man die Forderung nach Rechtswegklarheit aus dem Recht auf effektiven Zugang herleiten können, weshalb *Nowak* zu Recht auf den Grundsatz des effektiven Rechtsschutzes abstellt. Dieser regelt in erster Linie den Zugang zu Gericht.[626] Dabei gilt der Grundsatz der Rechtswegklarheit nicht nur bezüglich des Rechtsschutzes gegenüber Hoheitsträgern, sondern auch, wenn es um den Zugang zu Gericht bei Streitigkeiten zwischen Privaten geht. Es ist nämlich davon auszugehen, dass einem Kläger nach dem Grundsatz auf effektiven gerichtlichen Rechtsschutz nicht nur die Möglichkeit gegeben werden soll, ein Gericht anzurufen, sondern dass dieses auch über den Rechtsstreit entscheiden können muss, und zwar nicht nur auf Grund einer rügelosen Einlassung des Beklagten, auf die der Kläger keinen Einfluss hat. Sind die Zuständigkeitsvorschriften zu unklar gefasst, ist ungewiss, ob das Gericht überhaupt in der Sache entscheiden wird[627], oder die Klage bereits als unzulässig abweist. Der effektive Zugang zu einem Gericht umfasst daher auch die Klarheit der Zuständigkeitsvorschriften. Der Grundsatz der Rechtswegklarheit ist damit auch Bestandteil des Unionsrechts und im Rahmen des Art. 47 EGRC zu beachten.

Ob dem Kläger in Bezug auf die Notzuständigkeit tatsächlich nicht zugemutet werden kann, in dem Staat, zu dem die Streitigkeit stärkere Bezüge aufweist, zu klagen[628] oder dem angerufenen Gericht nicht auferlegt werden kann, die

---

623 Heselhaus/Nowak-*Nowak*, § 51, Rn. 39.

624 Heselhaus/Nowak-*Nowak*, § 51, Rn. 39.

625 S. hierzu *Bittighofer*, S. 197 und *Windthorst*, S. 537, Fn. 100, jeweils mit Angaben für die jeweiligen Vertreter der beiden Ansichten.

626 S. Kap. 3, S. 171.

627 Weil der Beklagte die fehlende internationale Zuständigkeit rügen könnte. Ansonsten wird das Gericht nach Art. 24 EuGVO-E zuständig.

628 So *Schröder*, S. 216; implizit auch *Geimer*, IZPR, S. 400, Rn. 1035, der eine Notzuständigkeit dann annehmen will, wenn die Gerichte, die nach dem nationalen internationalen Zivilprozessrecht zuständig wären, nicht angerufen werden können. A. A. möglicherweise *Heldrich*, S. 140, der davon ausgeht, dass die Anrufung eines näher beteiligten Staates unmöglich oder unzumutbar sein muss. Ein Staat könnte auch in dem Fall näher beteiligt sein, wenn er zwar keine Primärzuständigkeit eröffnet, der

Notzuständigkeit der in Frage kommenden Staaten zu prüfen[629], ist in der Theorie jedenfalls für die Staaten abzulehnen, die der EMRK angehören und bei denen eine Verpflichtung zur Eröffnung einer Notzuständigkeit aus Art. 6 Abs. 1 EMRK anzunehmen ist. Diese Vorschrift legt allen Konventionsstaaten nämlich die gleiche Verpflichtung auf. Ein Gericht, welches bei sich feststellt, dass ein Fall der Notzuständigkeit vorliegen würde, wenn nicht zu einem anderen Konventionsstaat nähere Bezüge bestehen würden, kann daher theoretisch davon ausgehen, dass eine Notzuständigkeit in diesem anderen Konventionsstaat angenommen wird.[630] Da im Rahmen der EuGVO nur Konventionsstaaten betroffen sind, wäre zumindest denkbar, engere Bezüge zu einem anderen Staat der Union ausreichen zu lassen, um die eigene Notzuständigkeit abzulehnen.

Abgesehen von den sich daraus möglicherweise ergebenden Problemen in der Praxis, würde sich jedoch die Frage anschließen, welche Bezüge vorzuziehen sind, sofern zu mehreren Staaten Bezugspunkte bestehen. Zwar könnte man annehmen, dass beispielsweise bei Zahlungsklagen die Vermögensbelegenheit einen stärkeren Bezug begründet als der Wohnsitz oder der gewöhnliche Aufenthalt des Klägers, da es bei der Eröffnung einer Notzuständigkeit um die Möglichkeit der Rechtsdurchsetzung geht und diese in dem Land erfolgen wird, in dem Vermögen belegen ist. Freilich kann im Einzelfall der Schuldner nach Ergehen des Urteils auch freiwillig zahlen, doch kann man davon nicht sicher ausgehen, so dass bei Zahlungsklagen der Staat der Vermögensbelegenheit den näher beteiligten Staat darstellt. Maßgebend für die Bestimmung, welche Kriterien eine größere Nähe begründen, ist damit die Frage, wo die endgültige Rechtsdurchsetzung erfolgen kann bzw. wird. Zu überprüfen wäre dann jedoch auch, wie bei Feststellungs- oder Gestaltungsklagen zu verfahren ist, da hier eine Vollstreckung in das Vermögen höchstens wegen anfallender Prozesskosten notwendig wird. Die Rechtsdurchsetzung an sich erfolgt jedoch schon mit der Feststellung bzw. Gestaltung. Die Wiedererlangung der Prozesskosten durch

---

Fall jedoch verfahrensrelevante Kriterien, wie den Wohnsitz des Klägers, zu dem entsprechenden Staat aufweist.

629 So *Pfeiffer*, S. 459.

630 In der Praxis könnten dabei allerdings Schwierigkeiten auftreten, da durchaus nicht alle Konventionsstaaten, nicht einmal alle Mitgliedstaaten der EU, eine Notzuständigkeit bereithalten, s. *Nuyts*, Studie 2007, S. 64, Rn. 83. Nach den dort gemachten Ausführungen scheint man jedoch auch in einigen der Länder, die keine Notzuständigkeit vorsehen (geschrieben oder ungeschrieben) davon auszugehen, dass es nicht hinnehmbar sei, einem Kläger den Zugang zu Gericht zu verweigern, wenn die Rechtswegeröffnung zur Sicherung seiner Rechte notwendig ist.

den Kläger ist damit jedenfalls nicht zur Rechtsdurchsetzung im engeren Sinn zu rechnen. Es kann daher nicht ohne weiteres angenommen werden, dass der Staat, in dem Vermögen belegen ist, in Bezug auf die Rechtsdurchsetzung stets der näher beteiligte Staat ist.

Auch wäre, wenn in mehreren Staaten Vermögen belegen ist, fraglich, wo der Kläger seine Rechte am besten durchsetzen kann. Hierzu wäre es bei Zahlungsklagen erforderlich zu berechnen, wie viel Wert das pfändbare Vermögen nach Abzug der Zwangsvollstreckungskosten noch hat, da mit einer freiwilligen Zahlung nicht von vorne herein gerechnet werden kann. Um dies feststellen zu können, müsste das Gericht des Staates, in dem ebenfalls Vermögen belegen ist, sowohl die Pfändungsvorschriften, als auch die Höhe der Zwangsvollstreckungskosten in dem in Frage kommenden Staat ermitteln, um beantworten zu können, ob die Gerichte dieses Staates oder es selbst über den Rechtsstreit entscheiden müssen.

Es stellt sich damit die Frage, ob die soeben dargestellten Schwierigkeiten bei der Feststellung näher beteiligter Staaten dazu führen sollte, allein das Fehlen von Primärzuständigkeiten ausreichen zu lassen, um eine Notwendigkeit zur Eröffnung einer Notzuständigkeit anzunehmen. Im Hinblick auf die Rechtswegklarheit ist anzumerken, dass der Kläger in solchen Fällen möglicherweise keinen Überblick darüber hat, zu welchen Ländern der Beklagte einen Bezug aufweist. Es ist für ihn nämlich kaum feststellbar, wo der Beklagte sein Vermögen angelegt hat. Auch ist zweifelhaft, wie stark der Bezug zu einem Land sein muss, damit er überhaupt als ausreichend angesehen werden kann. Genügen bereits der bloße Aufenthalt oder zehn Euro auf einem Bankkonto, um die Notzuständigkeit in einem anderen Staat auszuschließen? Man wird wohl sagen müssen, dass derartige Fälle nicht die Regel sein werden, die Anknüpfung an Kriterien, die keine Primärzuständigkeit begründen, aber nicht besonders praktikabel erscheint. Der ohnehin von Natur aus offene Gerichtsstand der Notzuständigkeit würde dadurch immer konturenloser. Die Feststellung der Zuständigkeit wird dadurch möglicherweise aufwändiger, als wenn das Gericht direkt über den Rechtsstreit entschieden hätte und für den Kläger ist vorab nicht mit hinreichender Sicherheit ersichtlich, ob seine Klage nicht wegen fehlender Zuständigkeit abgewiesen wird. Es ist der oben genannten Literatur damit darin zuzustimmen, dass die Rechtswegklarheit die Eröffnung einer Notzuständigkeit gebietet, wenn keine Primärzuständigkeiten bestehen. Dies gilt erst recht, wenn nur eine anderweitige Notzuständigkeit derjenigen Staaten in Betracht kommt, die nicht Mitglied der EMRK sind. In diesen Fällen ist noch ungewisser, ob die entsprechenden Staaten überhaupt eine Notzuständigkeit zur Verfügung stellen und unter welchen Voraussetzungen.

IV. Ergebnis

Die Notwendigkeit der Zurverfügungstellung einer Notzuständigkeit ergibt sich nach den soeben gemachten Ausführungen bei Nichtbestehen einer Zuständigkeit der Gerichte eines anderen Staates immer dann, wenn ein Fall der Notwendigkeit i. w. S. vorliegt und der Kläger im Inland ein Rechtsschutzinteresse vorweisen kann, welches allerdings weit zu ziehen ist. Hingegen ist nicht danach zu fragen, ob ein Staat, der Bezugspunkte zu dem Rechtsstreit aufweist, die in dem entsprechenden Staat keine Primärzuständigkeit begründen, eine Notzuständigkeit eröffnet. Das Fehlen einer Notzuständigkeit mit engeren Bezugspunkten zu der Streitigkeit ist nämlich keine Voraussetzung für das Bestehen eines inländischen Rechtsschutzinteresses und damit eines Anspruchs auf Eröffnung einer Notzuständigkeit. Völkerrechtliche Fragen sind im Rahmen der Rechtfertigung einer Einschränkung des Rechts auf Eröffnung einer Notzuständigkeit zu erörtern.[631] Die zu Art. 6 Abs. 1 EMRK gemachten Ausführungen gelten dabei entsprechend für Art. 47 EGRC. Im Folgenden ist die Vorschrift des Art. 26 EuGVO-E unter Berücksichtigung der sobeben gemachten Ausführungen auszulegen.

E. Die Beispielsfälle nach Art. 26 lit. a und b EuGVO-E

I. Art. 26 lit. a EuGVO-E

1. Unzumutbarkeit oder Unmöglichkeit

Die Regelung umfasst die Fälle, in denen der Zugang zu oder das Verfahren vor einem drittstaatlichen Gericht unzumutbar oder unmöglich ist. Geschützt wird damit das Recht aus Art. 47 EGRC. Es ist im Rahmen des Art. 26 lit. a EuGVO-E zu untersuchen, ob ein drittstaatliches Verfahren – gegebenenfalls hypothetisch – den Anforderungen des Art. 47 EGRC genügt. Einige Beispiele zu den jeweiligen Fallgruppen sollen im Folgenden genannt werden, wobei auch auf Art. 6 Abs. 1 Bezug genommen wird, der zur Auslegung des Art. 47 EGRC heranzuziehen ist.

Ob Unzumutbarkeit und Unmöglichkeit zu trennende Tatbestandsmerkmale bilden, wird nicht einheitlich beurteilt.[632] Den Ausführungen zu Art. 7 EuUntVO

---

631 S. Kap. 3, S. 213 ff.

632 Keine klare Trennung erfolgt im Rahmen der EuUntVO bei Fasching-*Fucik*, Art. 7 EuUntVO, Rn. 2. *Hausmann*, IntEuSchR, C Rn. 184 f. und Rauscher-*Andrae*, Art. 7 EuUntVO, Rn. 2 ff. behandeln die beiden Tatbestandsmerkmale hingegen getrennt.

in Erwägungsgrund 16 der EuUntVO lässt sich eher entnehmen, dass eine gewisse Trennung stattfindet, da die Formulierung „wenn ein Verfahren sich [...] als unmöglich erweist, beispielsweise aufgrund eines Bürgerkriegs, oder wenn von dem Kläger vernünftigerweise nicht erwartet werden kann, dass er ein Verfahren in diesem Staat einleitet oder führt [...]" die Unmöglichkeit zu dem, was vom Kläger nicht erwartet werden kann, in Gegensatz setzt („oder"). Letzteres spricht eindeutig die Unzumutbarkeit an. Nach der Satzstruktur ist nur der Bürgerkrieg ein Beispiel für die Unmöglichkeit, nicht hingegen der letzte Satzteil, welcher sich auf die Unzumutbarkeit des Verfahrens für den Kläger bezieht.

Da sich die beiden Tatbestandsmerkmale durchaus trennen lassen, spricht nichts dagegen, sie auch getrennt zu betrachten und unter Unmöglichkeit nur solche Gegebenheiten zu fassen, die zu einer tatsächlichen Unmöglichkeit führen, während die Unzumutbarkeit auch solche Umstände erfasst, in denen eine Rechtsverfolgung vor einem drittstaatlichen Gericht im Prinzip noch möglich, diese jedoch dem Antragsteller nicht zumutbar ist.

Unmöglichkeit besteht damit neben dem bereits genannten Fall des Bürgerkrieges[633] beispielsweise, wenn sich die in Betracht kommenden Gerichte der Drittstaaten für unzuständig halten und daher von vorne herein kein Zugang besteht[634] oder wenn zwar ein Zugang zunächst gegeben war, das Verfahren aber anschließend unmöglich wird[635].

Die Unzumutbarkeit ist im Hinblick auf den konkreten Einzelfall zu ermitteln und muss nicht zwingend, wie beispielsweise bei der Gefahr der politischen

---

Auch die *Gedip* geht in ihrem Vorschlag offenbar davon aus, dass die Fälle der Unmöglichkeit von denen der Unzumutbarkeit unterschieden werden können, da sie jeweils mehrere Beispiele für die beiden Varianten nennt, s. *Gedip*, Commentaire explicatif, Dokument Nr. 30 (dort Art. 24bis).

633 Auch in diesem Fall muss wohl nicht zwingend eine Unmöglichkeit der Rechtsverfolgung gegeben sein, sofern das Gerichtswesen nicht vollständig zum Erliegen gekommen ist. Es ist dann jedoch jedenfalls ein Fall der Unzumutbarkeit anzunehmen.

634 Zur EuUntVO Rauscher-*Andrae*, Art. 7 EuUntVO, Rn. 8; zum deutschen Recht s. *Geimer*, IZPR, S. 397, Rn. 1024 ff. mit Beispielen.

635 Z. B. wegen Krieg, revolutionären Umstürzen etc., s. Rauscher-*Andrae*, Art. 7 EuUntVO, Rn. 8; *Geimer*, IZPR, S. 397, Rn. 1027, welche jedoch beide davon ausgehen, dass deshalb die Gerichte ihre Zuständigkeit von vorne herein ablehnen. Ebenso gut können solche Umstände jedoch während eines laufenden Verfahrens auftreten, so dass die Verfahrensführung erst nachträglich unmöglich wird.

Verfolgung[636], in der Person des Klägers begründet sein.[637] In Betracht kommen hier etwa eine unangemessene Verfahrensdauer[638], welche allerdings nicht abstrakt festgestellt werden kann[639], oder die Nichtleistung von finanzieller Unterstützung durch den Staat des angerufenen Gerichts, wenn ein effektiver Zugang des Klägers zu Gericht ohne diese nicht gewährleistet ist[640].

Im Hinblick auf die Verfahrensdauer wird grundsätzlich nicht vorab feststellbar sein, ob diese unzumutbar sein wird, so dass erst bei Überschreiten einer bestimmten Zeitspanne die Zuständigkeit nach Art. 26 EuGVO-E eröffnet wird. Es handelt sich insofern um einen Fall, in dem sich das Führen eines Rechtsstreits als unzumutbar erwiesen hat, da die Einleitung jedenfalls noch zumutbar war.

2. Enger Bezug zu einem Drittstaat

a) Spiegelbildliches Heranziehen der Zuständigkeiten nach der Verordnung

Die Vorschrift erfordert ferner, dass die Unmöglichkeit oder Unzumutbarkeit des Verfahrens in Bezug auf diejenigen Drittstaaten vorliegen muss, zu denen die Streitigkeit einen engen Bezug aufweist. Zur Ermittlung, wann ein solcher Bezug

---

636 S. zu dieser Fasching-*Fucik*, Art. 7 EuUntVO, Rn. 2; Rauscher-*Andrae*, Art. 7 EuUntVO, Rn. 9.

637 Rauscher-*Andrae*, Art. 7 EuUntVO, Rn. 9 stellt zu Recht fest, dass die Unzumutbarkeit sowohl allgemein, als auch in Bezug auf den konkreten Rechtsstreit bestehen könne. Sofern die Unzumutbarkeit jedoch im Hinblick auf den konkreten Rechtsstreit festgestellt werden kann, ist es unerheblich, ob sie auch allgemein besteht. Es wird daher hier nur auf den konkreten Einzelfall abgestellt.

638 Rauscher-*Andrae*, Art. 7, Rn. 8, fasst diese unter die Unmöglichkeit des Verfahrens. Die Einleitung und Führung eines Verfahrens ist jedoch unabhängig von seiner Dauer möglich. Dieser Fall wird daher hier der Unzumutbarkeit zugeordnet.

639 S. zur EMRK Frowein/Peukert-*Peukert*, Art. 6 EMRK, Rn. 250; Grote/Marauhn-*Grabenwarter/Pabel*, S. 692, Rn. 104. Nach Frowein/Peukert-*Peukert* haben die KOM und der EGMR bei einer Verfahrensdauer von mehr als 10 Jahren in der Regel eine überlange Verfahrensdauer angenommen, Art. 6 EMRK, Rn. 249, mit Rechtsprechungsbeispielen. Zu den Bewertungskriterien, die der EGMR zur Feststellung einer unangemessenen Verfahrensdauer heranzieht s. Grote/Marauhn-*Grabenwarter/Pabel*, S. 692, Rn. 104. S. dort auch die Nachweise zur Rechtsprechung des EGMR.

640 S. den Fall *Airey gegen Irland*, Urteil v. 9. Okt. 1979, Serie A32, Rn. 20ff. Eine kurze Zusammenfassung der Entscheidung findet sich bei Frowein/Peukert-*Peukert*, Art. 6 EMRK, Rn. 54. Art. 6 Abs. 1 EMRK gewährt allerdings keinen generellen Anspruch auf Prozesskostenhilfe, s. Grote/Marauhn-*Grabenwarter/Pabel*, S. 675, Rn. 72. In der EGRC ist dieses Recht ausdrücklich normiert: Art. 47 Abs. 3 EGRC.

vorliegt, wird man zunächst den im Hinblick auf die EuUntVO gemachten Vorschlag *Andraes* heranziehen können, die Zuständigkeitsvorschriften der Verordnung spiegelbildlich anzuwenden[641]. Die Spiegelbildlichkeit gilt im Rahmen der EuGVO-E auch für die Zuständigkeitsvorschriften, die vorwiegend im Interesse einer geordneten Rechtspflege bestehen, wie Art. 6 EuGVO-E[642]. Letzteren liegt zwar nach Erwägungsgrund 13 der EuGVO-E nicht der Gedanke einer engen Verbindung zu einem Staat zu Grunde, der Begriff der „engen Verbindung" muss jedoch nicht zwangsläufig dem des „engen Bezuges" in Art. 26 lit. a EuGVO-E entsprechen. Auch wenn die in Art. 6 EuGVO-E enthaltenen Gerichtsstände dazu dienen, einander widersprechende Entscheidungen zu vermeiden[643], ist bei ihrer Eröffnung eine Rechtsverweigerung nicht zu befürchten. Nur eine solche soll durch Art. 26 EuGVO-E jedoch vermieden werden.

Art. 25 EuGVO-E ist ebenfalls im Rahmen des Spiegelbildprinzips heranzuziehen. Er stellt zwar nur einen ausreichenden Bezug zu einem Mitgliedstaat her, niemals jedoch einen engen. Dies ergibt sich aus einer Zusammenschau der Erwägungsgründe 13 und 17, da in Bezug auf die Zuständigkeit nach Art. 25 EuGVO-E im Unterschied zu den anderen Gerichtsständen nicht davon die Rede ist, dass diese einen enge Verbindung zu einem Mitgliedstaat herstelle. Es würde jedoch einen Wertungswiderspruch darstellen, die Vermögenszuständigkeit in die Verordnung aufzunehmen, sie aber gleichzeitig nicht als ausreichend anzusehen, um einen Bezug zu einem Drittstaat zu begründen, der die Zuständigkeit nach Art. 26 EuGVO-E ausschließt. Art. 25 EuGVO-E geht auch im Gefüge der Verordnung der Zuständigkeit des Art. 26 EuGVO-E vor.

---

641 S. Rauscher-*Andrae*, Art. 7 EuUntVO, Rn. 8. Ebenfalls zustimmend zu diesem Vorschlag *Hausmann*, IntEuSchR, C Rn. 183. Es sei angemerkt, dass auch, wenn die Gerichte eines Drittstaates bei spiegelbildlicher Anwendung des Art. 22 EuGVO-E ausschließlich zuständig wären, eine Zuständigkeit selbst aber nicht vorsehen, eine Notzuständigkeit zu eröffnen ist. Dies gilt auch dann, wenn den einzelnen Zuständigkeitsvorschriften Souveränitätsinteressen zugrunde liegen, was deshalb an dieser Stelle nicht weiter dargestellt werden muss. Dies folgt daraus, dass im vorliegenden Fall der entsprechende Staat mangels Zur-Verfügung-Stellung eines Gerichtsstandes kein derartiges Interesse zum Ausdruck bringt und im Übrigen die Parteiinteressen vorgehen, s. Kap. 3, S. 220 f.

642 Zu den weiteren Fällen s. Rauscher-*Leible*, Art. 6 EuGVO, Rn. 2. Die dort genannten Artikel stimmen mit denen des Kommissionsvorschlags überein.

643 S. z. B. Rauscher-*Leible*, Art. 6 EuGVO, Rn. 1.

b) *Heranziehen sachbezogener Zuständigkeiten von Drittstaaten*

Denkbar wäre in Bezug auf die sachbezogenen Zuständigkeiten auch, alle Gerichtsstände ausländischer Staaten ausreichen zu lassen, die nicht im Hinblick auf die völkerrechtliche Courtoisie als problematisch angesehen werden. Als Ausgangspunkt begründen damit zumindest all diejenigen Gerichtsstände, die denen des nach Art. 4 Abs. 2 EuGVO im Anhang aufgelisteten ähnlich sind, keinen engen Bezug zu einem Staat. Im Übrigen müssten die Gerichtsstände im Einzelnen untersucht werden. Ein solches Vorgehen ist allerdings sehr zeitaufwendig und damit nicht praktikabel. Es ginge auch zu Lasten der Rechtssicherheit des Klägers, da er nicht lediglich auf die Gerichtsstände der Verordnung abstellen könnte. Im Übrigen kann man im Hinblick auf die sachbezogenen Gerichtsstände der EuGVO durchaus davon ausgehen, dass sie eine Wertung des Verordnungsgebers enthalten, wann seiner Ansicht nach aus sachlichen Gründen ein hinreichender Bezug zu einem Staat gegeben ist. Ein spiegelbildliches Heranziehen der in der Verordnung angeführten Zuständigkeiten ist daher ausreichend.

Hält der Drittstaat, dessen Gerichte nach der Verordnung zuständig sind, eine entsprechende Zuständigkeit bereit, muss allerdings für diesen Staat das Verständnis der entsprechenden Begriffe ermittelt werden, um festzustellen, ob der Drittstaat seine Zuständigkeit annimmt.

c) *Sonderfall: Spiegelbildliche Heranziehung des Wohnsitzgerichtsstandes des Beklagten*

Es erscheint fraglich, ob eine spiegelbildliche Anwendung der Wohnsitzzuständigkeit genügt, oder ob der gewöhnliche Aufenthalt des Beklagten neben dem Wohnsitz heranzuziehen ist, da er in einigen Fällen einen engeren Bezug zu dem Verfahren herzustellen vermag als letzterer.[644] Es könnte daher einen Wertungswiderspruch darstellen, für die Eröffnung der Notzuständigkeit ausreichen zu lassen, dass am Wohnsitz des Beklagten eine Klage unmöglich oder unzumutbar ist, während am Ort des gewöhnlichen Aufenthaltes nicht vorrangig vor Art. 26 lit. a EuGVO-E Klage erhoben werden muss. Vorab ist festzustellen, dass der Wohnsitz zwar für sich keinen *engen* Bezug zu der Streitigkeit als solcher begründet, wie sich auch aus den Erwägungsgründen 12 und 13 der EuGVO ergibt. Ein Abstellen auf dieses Kriterium wurde jedoch im Rahmen der Verordnung allgemein deshalb gerechtfertigt, da die Zuständigkeit in den meisten Mitgliedstaaten an den Wohnsitz anknüpft.[645]

---

644 Wenn der Wohnsitz an Kriterien anknüpft, die keine räumliche Nähe zu dem entsprechenden Staat sicherstellen.

645 S. *Jenard*-Bericht, ABl. EU C 59/15. Dass ein Abstellen auf den Wohnsitz allgemein üblich sei s. auch Erwägungsgrund 12 der EuGVO.

Auch bei Art. 26 lit. b EuGVO-E ist der Wohnsitz des Beklagten als „enger Bezug" anzusehen[646], da in vielen Staaten, einschließlich Drittstaaten, ein Gerichtsstand auf dieses Kriterium gestützt wird.[647] Ein Heranziehen des Wohnsitzes ist daher zu befürworten, um zu verhindern, dass von der Notzuständigkeit auch in unangemessenen Fällen Gebrauch gemacht wird, in denen tatsächlich keine Rechtsverweigerung droht.[648] Daneben sollte man aus den genannten Gründen auch den gewöhnlichen Aufenthalt als Kriterium ausreichen lassen.

3. Systematische Einordnung des Art. 26 lit. a EuGVO-E in die Rechte des Art. 47 EGRC

Art. 26 lit. a EuGVO-E betrifft bezüglich des mitgliedstaatlichen Gerichts im vorliegenden Zusammenhang das Recht auf Zugang zu Gericht. Es greift dann ein, wenn durch ein drittstaatliches Gericht entweder das Recht auf ein faires Verfahren oder das Recht auf Zugang zu Gericht und damit – nach der Terminologie des Art. 26 EuGVO-E und der Rechtsprechung des EuGH in der deutschen Fassung – auf gerichtlichen Rechtsschutz verletzt würde.

II. Art. 26 lit. b EuGVO-E

1. Erfasste Fälle

Die Regelung erfasst die Fälle, in denen eine Anerkennung und Vollstreckung eines drittstaatlichen Urteils im Inland nicht möglich, eine solche jedoch zur Durchsetzung der Rechte des Klägers notwendig ist. Dabei ist fraglich, ob es erforderlich

646 Dass im Rahmen der Notzuständigkeit auch der Wohnsitz des Beklagten herangezogen werden sollte s. *Nuyts*, Studie 2007, S. 140, Rn. 179.

647 Dass der Beklagtengerichtsstand weitgehend anerkannt ist, kann man auch an den gescheiterten Verhandlungen zu einem weltweiten Zuständigkeits- und Vollstreckungsübereinkommen im Rahmen der Haager Konferenz sehen, da zumindest über die Aufnahmen eines Beklagtengerichtsstandes in dieses Übereinkommen Einigkeit bestand, s. *Wagner*, IPRax 2001, S. 533 (537). S. für die z.B. USA *Carl*, Int'l. Law. 1974, S. 446.

648 Es besteht hier keine wirkliche Notlage des Klägers, da er in einem völlig angemessenen Forum seine Klage vor Gericht bringen kann. Es gelten die gleichen Erwägungen wie zu Art. 26 EuGVO-E (Kap. 2, S. 156 ff.). Allerdings führt nach den oben gemachten Ausführungen ein Abstellen auf den Wohnsitz zu Diskriminierungen der Bewohner anderer Mitgliedstaaten. Diese haben die Unionsbewohner aus Gründen des Beklagtenschutzes im Rahmen des Art. 26 EuGVO-E ausnahmsweise hinzunehmen. Ein Abstellen auf die Notzuständigkeit erscheint hier nicht angemessen.

ist, dass bereits eine Entscheidung ergangen ist. Der Wortlaut der deutschen Fassung spricht dabei zum einen von einer „ergangene[n] Entscheidung“, zum anderen davon, dass diese „nicht anerkannt und vollstreckt werden *könnte*“[649]. Die Formulierung des Gerichtsstands ist daher widersprüchlich. Während der verwendete Konjunktiv nahelegt, dass eine Entscheidung noch nicht ergangen sein muss, spricht die „ergangene Entscheidung“ gerade für das Gegenteil. Eine Erklärung ergibt sich möglicherweise aus den Ausführungen der *Gedip*, aus denen der Vorschlag beinahe wörtlich übernommen wurde. Dort heißt es:

„Ensuite, le texte vise le cas où la demande a été examinée dans le pays tiers mais où le jugement rendu n'est pas susceptible d'être reconnu dans l'Etat du juge saisi, lorsque, par hypotèse, vu la portée subsidiaire de la règle, cette demande ne pourrait normalement pas être introduite devant un juge de la Communauté sur la base du règlement.“[650]

Hieraus ergibt sich, dass ein Urteil nach Ansicht der *Gedip* bereits ergangen sein muss („[...] où la demande a été examinée dans le pays tiers“). Der Konjunktiv rührt wohl daher, dass die Angelegenheit hypothetisch nicht auf Grundlage der EuGVO-E vor einem mitgliedstaatlichen Gericht gehört werden könnte, wenn es die Notzuständigkeit nicht gäbe. Für die Sichtweise der *Gedip* spricht die Systematik der Vorschrift. Steht bereits vor Einleitung eines Verfahrens fest, dass die ergehende Entscheidung in dem entsprechenden Mitgliedstaat nicht anerkannt und vollstreckt werden könnte, ist dem Kläger nicht zumutbar, in einem Staat zu klagen, in dem eine Durchsetzung seiner Rechte von vorne herein nicht möglich ist. Ein effektiver Zugang zu Gericht i. S. d. Art. 47 EGRC ist daher nicht gegeben. Ist damit schon vor Einreichung einer Klage in einem Drittstaat sicher, dass ein dort ergehendes Urteil nicht in dem Mitgliedstaat des nach Art. 26 EuGVO-E angerufenen Gerichts anerkannt werden könnte, liegt bereits ein Fall des Art. 26 lit. a EuGVO-E vor. In Deutschland kommt beispielsweise in Betracht, dass die Zuständigkeit in einem Drittstaat nur auf einen Gerichtsstand gestützt werden könnte, den das deutsche Recht nicht kennt[651], so dass die Entscheidung gemäß § 328 Abs. 1 Nr. 1 ZPO nicht anzuerkennen wäre. Ein weiterer Anwendungsfall wäre § 328 Abs. 1 Nr. 5 ZPO.

Art. 26 lit. b EuGVO-E ist auf die Fälle zu beschränken, in denen bereits ein Urteil ergangen ist. Er ist damit in Deutschland dann anwendbar, wenn die Anerkennung des Urteils zu einem Ergebnis führen würde, welches den deutschen

649 Hervorhebung durch die Verf.

650 *Gedip*, Commentaire explicatif, Dokument Nr. 30 (Art. 24bis).

651 Etwa eine Zuständigkeit auf Grund des Wohnsitzes des Klägers.

ordre public verletzen würde (§ 328 Abs. 1 Nr. 4 ZPO) oder wenn ein Anerkennungsversagungsgrund nach § 328 Abs. 1 Nr. 2 oder 3 ZPO vorliegt. Diese Anerkennungsversagungsgründe erfordern schon ihrer Natur nach, dass ein Verfahren in einem Drittstaat eingeleitet wurde. Im Fall des § 328 Abs. 1 Nr. 3 ZPO ist allerdings eine Durchsetzungsmöglichkeit der Rechte des Klägers im Inland bereits gewährleistet. Eine Notzuständigkeit ist daher nicht zu eröffnen. Ist von dem Kläger ein Urteil in einem Drittstaat erstritten worden, obwohl es an einer Zumutbarkeit der Anrufung der drittstaatlichen Gerichte gefehlt hat, liegt ebenfalls eine Konstellation vor, in der Art. 26 lit. b EuGVO-E anzuwenden ist, da ein Urteil bereits ergangen ist.

2. Fragestellungen im Rahmen des Art. 26 lit. b EuGVO-E

Die Vorschrift wirft im Hinblick auf ihren Wortlaut verschiedene Fragen auf. Zu klären sind insbesondere, ob nur Entscheidungen, welche einen vollstreckbaren Inhalt haben, also im Fall von Urteilen nur auf Leistungsklagen ergangene Urteile, von der Vorschrift erfasst sind. Ferner ist zu untersuchen, ob die Durchsetzung der Rechte des Klägers in dem Mitgliedstaat erfolgen muss, dessen Gerichte nach Art. 26 EuGVO-E angerufen sind, oder ob es ausreicht, dass der Kläger seine Rechte auf Grund des ergehenden Urteils in einem anderen Mitgliedstaat durchsetzen kann, da die nach Art. 26 EuGVO-E ergangene Entscheidung gemäß Art. 38 EuGVO-E anzuerkennen und zu vollstrecken ist. Schließlich ist zu erörtern was der Zusatz bedeutet, dass das angerufene Gericht nach innerstaatlichem Recht befasst worden sein muss.

Zur Beantwortung dieser Fragen ist die Reichweite des Art. 47 EGRC maßgebend, da das Recht auf ein faires Verfahren im Rahmen des Art. 26 EuGVO-E dieser Vorschrift genügen muss.

a) Nur Erfassung von in der Hauptsache vollstreckbarer Urteile?

Der Wortlaut des Art. 26 lit. b EuGVO-E fordert, anders als Art. 24bis des Entwurfs der *Gedip*[652], dass eine Anerkennung *und* Vollstreckung[653] für die Durchsetzung der Rechte des Klägers notwendig sein müssen. Dies könnte bedeuten, dass Feststellungs- und Gestaltungsurteile im Rahmen des Art. 26 lit. b EuGVO-E nicht

652 Nach diesem ist lediglich eine fehlende Anerkennungsfähigkeit der drittstaatlichen Entscheidung erforderlich, s. Art. 24bis des Vorschlags vom 21.09.2008, Bergen (Dokument Nr. 29), englische Version abgedruckt in IPRax 2009, S. 283 (284).

653 Hervorhebung durch die Verf.

in Betracht zu ziehen sind, da sie keinen vollstreckungsfähigen Inhalt haben.[654] Es muss hier der Zweck der Vorschrift im Auge behalten werden, der darin besteht, den Justizgewährungsanspruch aus Art. 47 EGRC zu gewährleisten. Die Notzuständigkeit ist daher immer dann als gegeben anzusehen, wenn die Rechte des Klägers nicht auf anderem Wege durchgesetzt werden können.

Es ist festzuhalten, dass das Recht, dessen Durchsetzung mit der Klage auf Gestaltung angestrebt wird, durch ein zu Gunsten des Klägers ausfallendes Urteil bereits durchgesetzt wird. Gemeint ist das Recht auf Gestaltung.[655] Einer Feststellungsklage liegt von vorne herein (jedenfalls im deutschen Recht) kein Recht auf Feststellung zu Grunde.[656] Eine Anerkennung dieser Urteile in einem anderen Staat kann daher nur dann für den Kläger von Interesse sein, wenn er auf diese aufbauend irgendwelche Rechte geltend machen kann oder die Wirkungen sonst für seine Rechtsstellung in dem anderen Staat von Belang sind. Für eine auf die Gestaltungs- oder Feststellungswirkung aufbauende Klage in einem anderen Staat ist eine Anerkennung des entsprechenden Urteils jedoch nur dann zur Durchsetzung der Rechte des Klägers notwendig, wenn eine Folgeklage in diesem Staat überhaupt zulässig wäre.

Eine Erfassung von Gestaltungs- und Feststellungsurteilen im Rahmen des Art. 26 EuGVO-E erscheint daher möglich, ein praktischer Anwendungsbereich ist jedoch nicht ersichtlich.

b) *Vollstreckbarkeit direkt in dem Mitgliedstaat des nach Art. 26 EuGVO-E angerufenen Gerichts?*

Weiter ist fraglich, ob eine Entscheidungszuständigkeit nach Art. 26 EuGVO-E nur dann gegeben ist, wenn das Urteil in dem Staat, dessen Gerichte angerufen sind, auch vollstreckt werden kann. Der Wortlaut legt dieses Ergebnis nahe, da er festhält, dass eine Anerkennung *und* Vollstreckung für die Durchsetzung der Rechte des Klägers notwendig sein müssen und eine Anerkennung *und* Vollstreckung in dem Mitgliedstaat, dessen Gerichte angerufen sind, nicht erfolgen kann. Insofern stellt der Wortlaut auf eine Vollstreckungsmöglichkeit des Klägers in dem entsprechenden Staat ab. Die englische und französische Fassung sind dabei in ihrer Formulierung deutlicher, denn sie sprechen von "*such* recognition and

654 S. *Lackmann*, S. 21, Rn. 55. Gemeint ist hier das Urteil in der Hauptsache, nicht mit Blick auf die Kostenentscheidung.

655 Zum Bestehen eines solchen Rechts s. z. B. *Zeiss/Schreiber*, S. 121, Rn. 291.

656 S. *Zeiss/Schreiber*, S. 116, Rn. 278.

enforcement"[657] bzw. „*cette* reconnaissance et *cette* exécution"[658]. Die deutsche Textfassung ist demgegenüber durch Verwendung des unbestimmten Artikels („eine") unklarer. Geht man weiter gemäß der oben gemachen Ausführungen davon aus, dass ein inländisches Rechtsschutzbedürfnis bestehen muss und dies dann der Fall ist, wenn eine Notwendigkeit zur Entscheidung durch die inländischen Gerichte besteht[659], ist im Fall des lit. b anzunehmen, dass die Anerkennung *und* Vollstreckung in dem Mitgliedstaat erfolgen muss, dessen Gerichte nach Art. 26 EuGVO-E angerufen sind. Dies ergibt sich daraus, dass unter Art. 26 lit. b EuGVO-E eine Entscheidung über die Rechte des Klägers durch einen Drittstaat gerade möglich bzw. zumutbar ist. Die Notwendigkeit einer Zuständigkeitseröffnung im Inland resultiert damit nicht daraus, dass sonst kein Gerichtsstand gegeben ist, sondern dass es für die Rechtsdurchsetzung allein an der Anerkennungsfähigkeit und Vollstreckbarkeit der Entscheidung in dem entsprechenden Staat mangelt. Würde man annehmen, dass eine Anerkennung und Vollstreckung nicht gerade in dem Staat des angerufenen Gerichts notwendig sein muss, würde dies dazu führen, dass der Kläger nach Art. 26 lit. b EuGVO-E nur eine weitere Möglichkeit zur Erstreitung eines Urteils eingeräumt bekäme, welche ihm für die Rechtsdurchsetzung unter Umständen nicht weiterhilft. Denn sofern der Kläger das Urteil in einem Drittstaat vollstrecken lassen wollte, ist nicht sicher, ob dieser die Entscheidung überhaupt anerkennen wird. Soweit eine Anerkennung und Vollstreckung in einem Mitgliedstaat der EU angestrebt wird, ist diese zwar nach Art. 38 ff. EuGVO-E sichergestellt, das nach Art. 26 lit. b EuGVO-E angerufene Gericht müsste jedoch prüfen, ob das bei ihm ergehende Urteil in einem anderen Mitgliedstaat vollstreckt werden könnte, da sonst der Kläger kein berechtigtes Interesse daran hätte, ein zweites Urteil neben dem bereits bestehenden drittstaatlichen Urteil zu erlangen. Dies erscheint unpraktikabel. Ferner wird von Art. 47 EGRC auch nur ein im Inland wirksamer Titel verlangt.[660] Sofern aus dem Urteil jedoch im Anschluss nicht vollstreckt werden kann, ist der Titel im Inland nicht wirksam. Der Kläger sollte daher bei fehlender Vollstreckbarkeit direkt auf eine Klage in dem Mitgliedstaat verwiesen werden, in dem eine Vollstreckung möglich ist. Sofern der Kläger zu diesem Mitgliedstaat keinen ausreichenden Bezug aufweist, ist dies eine Frage der Zulässigkeit einer Beschränkung des Rechts auf Notzuständigkeit.[661]

---

657 COM (2010) 748 final, Art. 26 lit. b.
658 COM (2010) 748 final, Art. 26 lit. b.
659 S. Kap. 3, S. 186.
660 Vgl. Kap. 3, S. 186 ff.
661 S. dazu unten, Kap. 3, S. 206 ff.

Es lässt sich damit festhalten, dass Art. 26 lit. b EuGVO-E erfordert, dass neben der Anerkennung auch die Vollstreckung gerade im Inland notwendig sein muss.

c) Notwendigkeit der Anerkennung und Vollstreckung für die Durchsetzung der Rechte des Klägers

aa) Bestehen einer Notwendigkeit

Es stellt sich nunmehr ganz allgemein die Frage, wann eine Anerkennung und Vollstreckung für die Durchsetzung der Rechte des Klägers notwendig i. S. d. Art. 26 lit. b EuGVO-E ist. Wie festgestellt, verlangt Art. 47 EGRC, dass im Inland ein Urteil erlangt werden kann, wenn eine Vollstreckung möglich ist. Auf eine Anerkennungs- und Vollstreckungsfähigkeit des drittstaatlichen Urteils in einem anderen Staat kommt es hingegen nicht an. Insofern enthält der letzte Satzteil der Zuständigkeitsvorschrift nur einen klarstellenden Vermerk.

bb) Durchsetzung der Rechte des Klägers

Nach der Vorschrift muss die Annahme der Zuständigkeit zu einer Durchsetzung der Rechte des Klägers führen. Fraglich ist dabei, ob eine vollständige Durchsetzung möglich sein muss, oder ob auch eine teilweise Durchsetzung genügen kann. Da der Kläger auch an einer nur teilweisen Durchsetzung ein berechtigtes Interesse hat, ist von letzterem auszugehen. Es muss aber zumindest eine solche teilweise Durchsetzungsmöglichkeit gegeben sein. Bei Klagen, welche auf Zahlung gerichtet sind, müssen daher der Pfändung unterliegende Vermögensgegenstände in dem entsprechenden Staat belegen sein, die auch die Kosten der Zwangsvollstreckung übersteigen müssen. Dass der Schuldner freiwillig zahlt, ist nämlich auf Grund der Tatsache, dass bereits ein Urteil in einem anderen Staat ergangen ist, nicht zu erwarten. Dies führt freilich zu einer gewissen Ungleichbehandlung danach, wo in der EU geklagt wird. Diese ist – anders als bei Art. 25 EuGVO-E – im Rahmen des Art. 26 lit. b EuGVO-E jedoch hinzunehmen, da eine andere Sichtweise auf Grund des Zwecks der Vorschrift mit Blick auf Art. 47 EGRC nicht angezeigt ist.

d) Befassung des Gerichts nach innerstaatlichem Recht

aa) Wortlaut

Fraglich ist, was im Rahmen des Art. 26 lit. b EuGVO-E mit der Formulierung gemeint ist, dass „das [mitgliedstaatliche] Gericht nach innerstaatlichem Recht befasst wurde“. Dabei könnte man „befasst“ i. S. v. „angerufen“ verstehen, da beispielsweise in der englischen und in der französischen Sprachfassung die

Wortwahl in Art. 26 EuGVO-E mit der in Art. 30 übereinstimmt.[662] Die Textpassage könnte klarstellen, dass für die Frage, wann ein Gericht als angerufen gilt, nicht auf Art. 33 EuGVO-E zurückzugreifen ist. Allerdings wäre eine derartige Regelung nicht notwendig, da Art. 33 EuGVO-E nach seinem Wortlaut ohnehin nur für Kapitel II Abschnitt 10 des Verordnungsentwurfes gilt.

Ein Blick in andere Sprachfassungen der Verordnung deutet darauf hin, dass Art. 26 lit. b EuGVO-E nicht so zu verstehen ist, dass das mitgliedstaatliche Gericht nach innerstaatlichem Recht befasst i. S. v. „angerufen" worden sein muss, sondern dass die Anerkennung und Vollstreckung des drittstaatlichen Urteils nach dem innerstaatlichen Recht des Mitgliedstaats, dessen Gerichte angerufen sind, nicht möglich ist. Der Satzteil „im Mitgliedstaat des angerufenen Gerichts"[663] ist damit nur ein Einschub in den Hauptsatz, welcher sich auf die Anerkennung und Vollstreckung bezieht.[664] Die Anerkennung und Vollstreckung richtet sich in Drittstaatenfällen auch nach dem Kommissionsentwurf noch nach dem nationalen Recht der Mitgliedstaaten, so dass der Satzteil damit nur deklaratorische Bedeutung hätte.

bb) Systematik und Telos

Dem Satzteil kommt unabhängig von seiner Interpretation keine wesentliche Bedeutung zu, da er in jedem Fall keine konstitutive Regelung enthält. Eine systematische oder teleologische Interpretation ist damit nicht sinnvoll möglich.

cc) Historie

Da Art. 26 lit. b EuGVO-E den Entwurf der *Gedip*[665] fast wortgleich übernommen hat, ist davon auszugehen, dass der Wille der Kommission dahin ging, den

---

662 "Seised" bzw. "saisie".

663 Übersetzung aus der englischen Sprachfassung. Die französische Fassung ist dabei ähnlich formuliert. Aufgrund des abweichenden Sinngehalts der deutschen Fassung findet sich diese Formulierung in der deutschen Version nicht wieder.

664 S. die englische Fassung: "*if a judgment given on the claim in a third State would not be entitled to recognition and enforcement* in the Member State of the court seised *under the law of that state* [...]", sowie die französische Fassung: „*lorsque la decision rendue dans un État tiers ne pourrait faire l'objet d'une reconnaissance et d'une execution* dans l'État membre de la jurisdiction saisie *en vertu du droit de cet État* [...]" (Hervorhebung durch die Verf.). In beiden Fällen bildet der kursiv hervorgehobene Satzteil den Hauptsatz, so dass sich „nach dem Recht dieses Staates" auf die Anerkennung und Vollstreckung bezieht, nicht auf die Anrufung des Gerichts.

665 Dort Art. 24 bis lit. c.

Sinngehalt dieser Vorschrift in Art. 26 lit. b EuGVO-E zu erhalten. Diese ursprüngliche Bedeutung geben die englische und die französische Fassung des Verordnungsentwurfs besser wieder als die deutsche, da die Dokumente der *Gedip* in den zuerst genannten Sprachen abgefasst werden.

dd) Ergebnis

Im Hinblick auf den Willen des Verordnungsgebers ist damit anzunehmen, dass die Passage so zu verstehen ist, dass sich der Satzteil „nach dem Recht dieses Staates“[666] auf die Anerkennung und Vollstreckung beziehen sollte, nicht auf die Anrufung des Gerichts. Es ist dabei anzumerken, dass freilich nicht der Vorschlag der *Gedip* direkt zur Auslegung des Art. 26 lit. b EuGVO-E herangezogen werden kann. Er lässt lediglich Rückschlüsse auf den Willen der Kommission zu, wie die Vorschrift ursprünglich gedacht war. Problematisch ist dabei allerdings, dass sich diese Auslegung nicht mit dem Wortlaut des Art. 26 lit. b EuGVO-E der deutschen Textfassung vereinbaren lässt. Im Ergebnis ist dieses Auseinanderfallen der Bedeutungsinhalte zwar bedauerlich, es würde jedoch bei der Anwendung der Norm keine Schwierigkeiten bereiten, da die Passage nach beiden Möglichkeiten des Verständnisses keinen eigenen Regelungsgehalt beinhaltet.

e) Systematische Einordnung des Art. 26 lit. b EuGVO-E in die Rechte des Art. 47 EGRC

Art. 26 lit. b EuGVO-E betrifft die Wirksamkeit bzw. Vollstreckbarkeit eines Urteils. Ist diese in einem Mitgliedstaat nicht gegeben, aber notwendig, verstößt das angerufene Gericht bei Nichteröffnung einer Zuständigkeit gegen das Recht auf Zugang zu Gericht. Nach der im Rahmen des Art. 47 EGRC zu berücksichtigenden Rechtsprechung des EGMR zu Art. 6 Abs. 1 EMRK wird die Vollstreckbarkeit nämlich von dem Recht auf ein Gericht im Sinne dieser Vorschrift umfasst.[667] Bei Art. 47 EGRC dürfte sich die Notwendigkeit der Vollstreckbarkeit einer Entscheidung aus dem Recht auf effektiven Zugang zu Gericht herleiten lassen. Fehlt die

666 Dieser Wortlaut findet sich in der deutschen Fassung auf Grund der abweichenden Übersetzung nicht wieder. Er lässt sich nur aus einer Übersetzung der englischen und der französischen Fassung entnehmen (“under the law of that State” bzw. „en vertu du droit de cet État“).

667 EGMR *Hornsby gegen Griechenland*, Urteil v. 19. März 1997, Reports 1997-II, § 40: Die Vollstreckbarkeit eines Urteils sei wesentlicher Bestandteil des Verfahrens, da anderenfalls das „Recht auf ein Gericht“ ineffektiv sei. So auch *Burdov gegen Russland (Nr. 2)*, Nr. 33509/04, Urteil v. 15. Jan. 2009, Reports 2009, § 65.

Vollstreckbarkeit, so ist auch keine Effektivität gegeben. Im Rahmen des Art. 26 EuGVO-E ist dessen lit. b damit dem Recht auf gerichtlichen Rechtsschutz zuzuordnen, da dieser das Recht auf Zugang zu Gericht umfasst.

III. Der ausreichende Bezug zu dem Mitgliedstaat des angerufenen Gerichts

1. Vorbemerkungen

Zur Ausfüllung des Tatbestandmerkmals des ausreichenden Bezuges stellt sich die Frage, inwieweit hier auf die zum Vermögensgerichtsstand entwickelten Kriterien oder auf Kriterien, die im Rahmen der Notzuständigkeit in anderen Verordnungen, vor allem der EuUntVO, verwendet werden, zurückgegriffen werden kann.

Zunächst ist festzustellen, dass der ausreichende Bezug in der EuUntVO und der EuGVO-E nicht identisch auszulegen sind, da sein Verständnis von den Anknüpfungspunkten, die im Übrigen in den Verordnungen verwendet werden, abhängig ist. So kommt im Rahmen der EuGVO-E beispielsweise der Wohnsitz der beklagten Partei nicht in Betracht, da er bereits eine primäre Zuständigkeit gemäß Art. 2 begründet, während im Hinblick auf die EuUntVO ein Abstellen auf den Wohnsitz möglich wäre[668]. Als Beispiel für ein mögliches Kriterium zur Ausfüllung des ausreichenden Bezuges wird in den Erwägungsgründen der europäischen Unterhaltsverordnung die Staatsangehörigkeit des Klägers genannt.[669] Diese wurde auf Grund der daraus entstehenden diskriminierenden Wirkung als geeignetes Kriterium im Rahmen des Vermögensgerichtsstandes abgelehnt.[670] Es stellt sich daher die Frage, ob die Staatsangehörigkeit in Bezug auf Art. 26 EuGVO-E eine andere Wertung verdient. Darüber hinaus muss auch hier geklärt werden, ob der ausreichende Bezug stets anhand einzelner Kriterien festzustellen[671], oder ob auch eine Gesamtschau aller in Betracht kommenden Kriterien möglich oder sogar geboten ist.

---

668 Welche Kriterien im Rahmen der EuUntVO in Betracht kommen, s. Rauscher-*Andrae*, Art. 7 EuUntVO, Rn. 12.

669 Erwägungsgrund 16.

670 S. Kap. 2, S. 127 ff.

671 So wohl im Ergebnis Rauscher-*Andrae*, Art. 7 EuUntVO, Rn. 12, die zwar zu dieser Frage keine Stellung nimmt, jedoch den Bezug an einzelnen Kriterien festmachen will.

2. Ermittlung des ausreichenden Bezuges anhand des Zwecks der Vorschrift

Zur Auslegung des Begriffes des ausreichenden Bezuges muss der Zweck der Vorschrift maßgebend sein, den Justizgewährungsanspruch des Klägers aus Art. 47 EGRC sicherzustellen. Es stellt sich damit zunächst die Frage, ob eine weitergehende Beschränkung durch das Erfordernis eines ausreichenden Bezuges zu dem Mitgliedstaat des angerufenen Gerichts mit Art. 47 EGRC überhaupt vereinbar ist, oder ob bei Bestehen einer Notwendigkeit der Eröffnung einer Notzuständigkeit auch stets eine solche zu eröffnen ist. Es geht hier also um die Rechtfertigung einer Einschränkung des Rechts auf Zugang zu Gericht im Rahmen der Notzuständigkeit.

a) Meinungsstand in der Literatur zur Einschränkbarkeit des Art. 6 Abs. 1 EMRK

Wie oben festgestellt, hat sich *Matscher* bezüglich Art. 6 Abs. 1 EMRK dahingehend geäußert, dass im Rahmen der Notzuständigkeit ein Inlandsbezug in der Weise gefordert werden könne, dass an verschiedene Kriterien, wie an die Staatsangehörigkeit oder den gewöhnlichen Aufenthalt der Parteien, angeknüpft werde.[672] Leider begründet er dies nicht weiter, sondern stellt nur fest, dass Art. 6 Abs. 1 EMRK gewiss nichts anderes verlange.[673,674] *Matscher* beruft sich dabei auf *Schorn*. Dieser führt an, dass dem Kläger eine Klagemöglichkeit im Aufenthaltsstaat gegeben werden müsse, wenn die Anrufung ausländischer Gerichte, welche aus der Sicht dieses Staates eigentlich zur Entscheidung zuständig wären, entweder unmöglich oder dem Kläger nicht zumutbar wäre, da anderenfalls Art. 6 Abs. 1 verletzt werde.[675] Ferner bezieht sich *Matscher* auf die Aussagen bei *Pieck*, der ausführt, dass die EMRK „für alle Personen [gelte], die in irgendeiner rechtlich relevanten Weise zu dem Kompetenzbereich der Unterzeichnerstaaten in Beziehung getreten sind".[676] Letztere Feststellung bezieht sich jedoch nicht auf einen etwaigen Inlandsbezug im Rahmen der Notzuständigkeit, sondern auf den räumlichen bzw. persönlichen Anwendungsbereich der Konvention gemäß Art. 1 EMRK, welcher auch dann eröffnet ist, wenn keine

---

672 Kap. 3, S. 183.

673 *Matscher*, ZÖR 1980, S. 1 (19).

674 Das Ergebnis wäre bei seiner Richtigkeit auf Art. 47 EGRC übertragbar, da nicht ersichtlich ist, warum diese Vorschrift in diesem Punkt weiter reichen sollte als Art. 6 Abs. 1 EMRK.

675 *Schorn*, S. 207, Nr. 58.

676 *Pieck*, S. 96.

Bezugspunkte zu einem bestimmten Staat bestehen. Bezüglich Art. 6 Abs. 1 EMRK ist nämlich bereits die Einreichung einer Klage für die Eröffnung des Anwendungsbereichs nach Art. 1 EMRK ausreichend.[677] Die bei *Matscher*

---

677 Der räumliche Anwendungsbereich hängt von dem Verständnis der „Hoheitsgewalt" ab. Hierzu hat der EGMR festgestellt, dass der Begriff der Hoheitsgewalt aus völkerrechtlicher Sicht auszulegen und damit vorrangig territorial zu verstehen sei, *Bankovic u. a. gegen Belgien*, Urteil v. 12. Dez. 2001 (Große Kammer), Reports 2001-XII, §§ 59–61. Bei extraterritorialen Handlungen ist der räumliche Anwendungsbereich der Konvention damit grundsätzlich nicht eröffnet. Um solche geht es bei der Frage nach dem Recht auf Eröffnung einer Notzuständigkeit im Rahmen des Art. 6 Abs. 1 EMRK jedoch nicht, da ein Staat seine Gerichtsgewalt grundsätzlich auch nur auf seinem Territorium ausüben wird. Ausnahmen sind in Fällen von besetzten Staaten denkbar, wenn der Besatzungsstaat in dem besetzten Staat die Gerichtsgewalt an sich nimmt. Geht es um die Eröffnung einer Notzuständigkeit durch die Gerichte eines Konventionsstaates, so ist der räumliche Anwendungsbereich daher eröffnet.

Der persönliche Anwendungsbereich hängt dabei von dem räumlichen insofern ab, als Art. 1 EMRK voraussetzt, dass sich die Person, welche sich auf die Konventionsrechte beruft, zu dem entsprechenden Konventionsstaat in einem Rechtsverhältnis befinden muss (Grote/Marauhn-*Röben*, S. 234, Rn. 10; *Pieck*, S. 96), da sie der Hoheitsgewalt des betreffenden Staates unterstehen muss. Ein Kläger, welcher nicht Staatsangehöriger eines Konventionsstaates ist oder in einem von ihnen seinen Wohnsitz oder gewöhnlichen Aufenthalt hat, dürfte sich in aller Regel zunächst nicht in einem Rechtsverhältnis mit einem der Vertragsstaaten befinden. Fraglich ist damit, ob es ausreicht, dass sich Personen durch einen einmaligen Akt, wie beispielsweise der Einreichung einer Klage, erst der Hoheitsgewalt eines Staates unterwerfen. *Pieck* führt aus, dass die Person, welche sich auf die Rechte der Konvention beruft, in „rechtlich relevanter Weise" zu dem Staat „in Beziehung getreten [sein müsse]" (S. 96). Durch die Einreichung einer Klage könnte man annehmen, dass der Kläger mit dem Staat in eine rechtliche relevante Beziehung getreten ist, so dass er sich ab diesem Zeitpunkt auf Art. 6 Abs. 1 EMRK berufen kann, auch wenn er im Übrigen keine Verbindungen zu dem betreffenden Staat aufweist und daher nicht seiner Hoheitsgewalt insgesamt unterworfen ist.

Der EGMR fordert das Bestehen eines "jurisdictional link" zwischen der Person, welche sich auf die Rechte der Konvention beruft, und dem Staat (EGMR, *Markovic u. a. gegen Italien*, Urteil v. 14. Dez. 2006 (Große Kammer), Reports 2006-XIV, § 54 ff; s. auch *Al-Skeini u. a. gegen Vereinigtes Königreich*, Urteil v. 07. Juli 2011 (Große Kammer), Reports 2011, § 149 f.). Er hat in seiner *Bankovic*-Entscheidung ausgeführt, dass bei den Vorarbeiten zur Konvention der Wortlaut des Art. 1 EMRK weiter gefasst worden sei als ursprünglich vorgesehen und sich nunmehr auf alle Personen erstrecke, die sich auf dem Gebiet eines bestimmten Staates befinden, nicht nur auf solche, die im Hoheitsgebiet des entsprechenden Staates ansässig seien (*Bankovic u. a. gegen Belgien*, Urteil v. 12. Dez. 2001 (Große Kammer), Reports 2001-XII,

gemachten Einschränkungen sind hingegen systematisch der Rechtfertigung einer Begrenzung des Rechts auf Zugang zu Gericht zuzuordnen, auch wenn er selbst deren Verortung nicht anspricht.

---

§ 63). Dies kann jedoch nicht bedeuten, dass für einen Kläger, der sich nicht auf dem Staatsgebiet eines der Konventionsstaaten aufhält, der Anwendungsbereich der Konvention generell nicht eröffnet ist. Zwar unterstehen grundsätzlich nur die sich auf einem bestimmten Staatsgebiet befindlichen Personen der Hoheitsgewalt dieses Staates. Im Rahmen des Art. 6 EMRK ergibt sich jedoch die Besonderheit, dass fremde Staatsangehörige, die sich nicht auf dem Gebiet des urteilenden Staates aufhalten, durch die Einbeziehung in das Verfahren für dieses der Hoheitsgewalt des entsprechenden Staates unterworfen werden. Der EGMR geht selbst davon aus, dass Personen auch nur für einzelne Rechte der Jurisdiktion eines Konventionsstaates unterstehen können und dass diese sich nicht auf dem Staatsgebiet dieses Staates befinden müssen, s. das bei *Jankowska-Gilberg*, S. 163 dargestellte Urteil des EGMR in der Rechtssache *Sejdovic gegen Italien*, Urteil v. 01. März 2006, Reports 2006-II. Der Aufenthaltsort einer Person ist damit bei Art. 6 Abs. 1 EMRK irrelevant. Ein jurisdictional link setzt somit nicht den Aufenthalt einer Person in dem Staat voraus, gegen den sie eine Verletzung der Konventionsrechte geltend macht.

Wann ein "jurisdictional link" in Betracht kommt, wurde in der Literatur bereits näher beleuchtet (s. *Jankowska-Gilberg*, S. 156 f.). *Jankowska-Gilberg* kommt dabei hinsichtlich der Herstellung eines jurisdictional link durch Ausübung der Gerichtsbarkeit eines Staates zu dem Ergebnis, dass nach der Rechtsprechung des EGMR ein solcher nur vorliege, wenn die Klage vor den nationalen Gerichten zulässig sei, S. 164. Geht es also – wie hier – um die Frage nach der Eröffnung einer Zuständigkeit in bestimmten Fallkonstellationen, wäre danach der Anwendungsbereich der Konvention nicht eröffnet, da bei Fehlen einer internationalen Zuständigkeit, zu welcher die Notzuständigkeit zu rechnen ist, eine Klage gerade bereits schon unzulässig wäre. Indessen wird der Schlussfolgerung *Jankowska-Gilbergs* aus dem Urteil *Markovic* hier nicht gefolgt. In der Entscheidung ging es um eine Beschwerde gegen ein Urteil des italienischen Kassationshofs, welcher die Unzuständigkeit des durch die Kläger angerufenen Gerichts festgestellt hatte (EGMR, *Markovic u. a. gegen Italien*, Urteil v. 14. Dez. 2006 (Große Kammer), Reports 2006-XIV, § 18). Die Klage war bereits unzulässig (s. die Ausführungen bei *Markovic u. a. gegen Italien*, Urteil v. 14. Dez. 2006 (Große Kammer), Reports 2006-XIV, § 104), zur Begründetheit erging gar keine Entscheidung mehr, s. § 103 des Urteils. Dennoch nahm der EGMR das Bestehen einer Verknüpfung im Sinne eines jurisdictional link zwischen den Klägern und dem italienischen Staat an (*Markovic u. a. gegen Italien*, Urteil v. 14. Dez. 2006 (Große Kammer), Reports 2006-XIV, § 55). Das Entstehen einer solchen Verknüpfung macht er dabei alleine davon abhängig, dass eine Klage erhoben worden ist (*Markovic u. a. gegen Italien*, Urteil v. 14. Dez. 2006 (Große Kammer), Reports 2006-XIV, § 54 f.: "[…] once a person brings a civil action in the courts or tribunals of a State, there

Eine Einschränkung des Rechts auf Zugang zu Gericht auf Grund fehlender Bezugspunkte zu einem Mitgliedstaat kann auch hinsichtlich Art. 47 EGRC nur im Rahmen der Rechtfertigung erfolgen, da das Recht nicht schon auf Grund seines räumlichen Geltungsbereichs ausgeschlossen ist[678].

b) *Bewertung der Zulässigkeit einer Einschränkung der Reichweite des Rechts auf Eröffnung einer Notzuständigkeit*

Art. 47 EGRC kann in der gleichen Weise wie Art. 6 Abs. 1 ERMR eingeschränkt werden.[679] Die Möglichkeiten der Einschränkung ist ausgehend von Art. 6 Abs. 1 EMRK zu untersuchen. Danach besteht das Recht auf Zugang zu Gericht gemäß Art. 47 EGRC, und damit das Recht auf Eröffnung einer Notzuständigkeit, nicht absolut, sondern kann ebenso wie bei Art. 6 Abs. 1 EMRK eingeschränkt werden, wenn mit der Einschränkung ein legitimes Ziel verfolgt

---

indisputably exists [...] a jurisdictional link for the purposes of Article 1."). Zwar ist zutreffen, dass der EGMR in § 53 des besagten Urteils davon spricht, dass die Verantwortlichkeit eines Staates unter anderem davon abhänge, ob das Recht dieses Staates ein „Klagerecht" ("a right to bring an action"; une „possibilité d'engager une action") anerkenne. Die Ausführungen des EGMR an dieser Stelle sind jedoch unklar, da es in dem Urteil gerade nicht um die Abweisung einer Klage als unbegründet ging. Der Gerichtshof geht später auch gar nicht mehr darauf ein, ob den Beschwerdeführern in Italien ein „Klagerecht" zustand, sondern stellt lediglich fest, dass diese tatsächlich ein Verfahren eingeleitet haben, was einen jurisdictional link begründe (*Markovic u. a. gegen Italien*, Urteil v. 14. Dez. 2006 (Große Kammer), Reports 2006-XIV, § 54). Auch er scheint daher davon auszugehen, dass die Einleitung eines Verfahrens genügt, um den Anwendungsbereich der Konvention zu eröffnen. Für ein solches Verständnis spricht auch, dass die Abweisung einer Klage als unzulässig wegen fehlender internationaler Zuständigkeit einen hoheitlichen Akt darstellt, der gegenüber dem Kläger ergeht. Es ist nicht ersichtlich, warum in diesem Bereich kein rechtlich relevantes Verhältnis zwischen Staat und Kläger angenommen werden sollte. Der Anwendungsbereich der EMRK ist damit für alle Kläger unabhängig davon, welchen Bezug sie zu dem Staat, dessen Gerichte sie anrufen, aufweisen, eröffnet, sobald sie in dem entsprechenden Konventionsstaat ein Verfahren eingeleitet haben. Geht es um die Eröffnung einer Notzuständigkeit, können sich damit alle Kläger auf Art. 6 Abs. 1 EMRK berufen, vorausgesetzt, dass auch der Anwendungsbereich der Vorschrift selbst eröffnet ist.

678 S. oben, Kap. 3, S. 177 ff.

679 Vgl. die Ausführungen in EuGH, C-279/09 (*DEB Deutsche Energiehandels- und Beratungsgesellschaft mbH*), Rn. 59 f. Jedenfalls kommt nach Art. 52 Abs. 3 Satz 1 EGRC keine weiterreichende Einschränkung in Betracht.

wird und die angewandten Mittel im Verhältnis zu dem verfolgten Ziel verhältnismäßig sind.[680] Ein Eingriff in den Wesensgehalt des Rechts ist allerdings unzulässig.[681] Wann ein solcher vorliegt, soll zunächst anhand der Rechtsprechung des EGMR untersucht werden.

aa) Der Wesensgehalt des Rechts auf Zugang zu Gericht nach Art. 6 Abs. 1 EMRK

Soweit ersichtlich, beschäftigen sich die Urteile des EGMR und der Kommission hinsichtlich des Rechts auf Zugang zu Gericht im Hinblick auf Zugangsbeschränkungen durch den Gesetzgeber nicht mit internationalen, sondern ausschließlich mit innerstaatlichen Sachverhalten. Es ist daher zunächst von diesen ausgehend zu entwickeln, wann ein Eingriff in den Wesensgehalt des Rechts auf Zugang zu Gericht anzunehmen ist. Anschließend ist, soweit erforderlich, die Bedeutung des Wesensgehaltes im internationalen Kontext zu erörtern.

Allgemein liegt ein Eingriff in den Wesensgehalt des Rechts auf Zugang zu Gericht vor, wenn der Zugang des Einzelnen zu Gericht in einer bestimmten Weise oder zu einem bestimmten Grad eingeschränkt wird.[682]

Eine Verletzung des Wesensgehalts des Rechts auf Zugang zu Gericht bzw. des in zwei vom EGMR entschiedenen Fällen gegebenen Rechts auf ein Rechtsmittel[683]

---

680 S. zu Art. 47 EGRC EuGH, C-279/09 (*DEB Deutsche Energiehandels- und Beratungsgesellschaft mbH*), Rn. 60; verb. Rs. C-317/08 bis 320/08 (*Rosalba Alessini*), Rn. 63. Zu Art. 6 Abs. 1 EMRK s. z. B. EGMR *Ashingdane gegen Vereinigtes Königreich*, Urteil v. 28. Mai 1985, Serie A93, § 57; *Fayed gegen das Vereinigte Königreich*, Urteil v. 21. Sept. 1994; Serie A294-B, § 65; Grote/Marauhn-*Grabenwarter/Pabel*, S. 674 f., Rn. 71; Frowein/Peukert-*Peukert*, Art. 6 EMRK, Rn. 64.

681 S. zu Art. 47 EGRC EuGH, C-279/09 (*DEB Deutsche Energiehandels- und Beratungsgesellschaft mbH*), Rn. 60; verb. Rs. C-317/08 bis 320/08 (*Rosalba Alessini*), Rn. 63. S. zu Art. 6 EMRK EGMR *Ashingdane gegen Vereinigtes Königreich*, Urteil v. 28. Mai 1985, Serie A93, § 57; *Lithgow u. a. gegen Vereinigtes Königreich*, Urteil v. 8. Juli 1986, Serie A102, § 194; *Fayed gegen das Vereinigte Königreich*, Urteil v. 21. Sept. 1994; Serie A294-B, § 65; Grote/Marauhn-*Grabenwarter/Pabel*, S. 675, Rn. 71; Frowein/Peukert-*Peukert*, Art. 6 EMRK, Rn. 64.

682 EGMR *Ashingdane gegen Vereinigtes Königreich*, Urteil v. 28 Mai 1985, Serie A93, § 57; *Fayed gegen das Vereinigte Königreich*, Urteil v. 21. Sept.1994; Serie A294-B, § 65; *Fürst Hans-Adam II von Liechtenstein gegen Deutschland*, Nr. 42527/98, Urteil v. 12. Juli 2001, Reports 2001-VIII, § 44; *Cudak gegen Litauen*, Urteil v. 23. März 2010 (Große Kammer), Reports 2010, § 55.

683 Ein solches wird durch Art. 6 Abs. 1 EMRK nicht generell gewährleistet. Sofern ein Staat jedoch Rechtsmittelinstanzen schafft, gelten auch für diese die Rechte aus

ist vom EGMR bisher zumindest in drei Urteilen festgestellt worden[684]. In zweien der Fälle waren die Kläger von den französischen Gerichten strafrechtlich verurteilt worden und es wurde gegen sie Haftbefehl erlassen. Da die Kläger sich daraufhin nicht in den Gewahrsam der zuständigen Behörden begaben, war ihnen die Einlegung eines Rechtsmittels zur Cour de Cassation gegen das Urteil, welches den Haftbefehl anordnete, verwehrt. Der EGMR sah darin eine Verletzung des Wesensgehalts des Rechts auf ein Rechtsmittel, da den Klägern eine unverhältnismäßige Bürde auferlegt wurde, um ihr Berufungsrecht zu wahren.[685] In dem anderen Urteil war dem Kläger eine extrem hohe Gerichtsgebühr, welche dem durchschnittlichen Jahresgehalt in dem betreffenden Land entsprach, auferlegt worden, um ein Verfahren einleiten zu können.[686] Auch in diesem Fall entschied der EGMR, dass kein angemessener Ausgleich zwischen den Staatsinteressen und den Interessen des Klägers stattgefunden habe und hielt das Recht auf Zugang zu Gericht in seinem Wesensgehalt für verletzt.[687] In einem anderen Fall, in dem eine Verletzung des Wesensgehalts des Rechts auf Zugang zu Gericht diskutiert, aber abgelehnt wurde, ging es um die Verstaatlichung bestimmter Vermögenswerte von Gesellschaften.[688] Dabei wurden zur Vertretung der Interessen der Aktionäre Interessenvertreter bestellt. Den Aktionären selbst stand kein Recht zu, das bestellte Schiedsgericht oder ein anderes Gericht hinsichtlich der entstehenden Entschädigungsansprüche anzurufen.[689,690]

Art. 6 Abs. 1, s. EGMR *Omar gegen Frankreich*, Urteil v. 29. Juli 1998, Reports 1998-V, § 41; *Guérin gegen Frankreich*, Urteil v. 29. Juli 1998, Reports-V, § 44.

684 *Kreuz gegen Polen*, Urteil v. 19. Juni 2001, Reports 2001-VI; *Omar gegen Frankreich*, Urteil v. 29. Juli 1998, Reports 1998-V und *Guérin gegen Frankreich*, Urteil v. 29. Juli 1998, Reports-V.

685 *Omar gegen Frankreich*, Urteil v. 29. Juli 1998, Reports 1998-V, § 40; *Guérin gegen Frankreich*, Urteil v. 29. Juli 1998, Reports-V, § 43.

686 *Kreuz gegen Polen*, Urteil v. 19. Juni 2001, Reports 2001-VI, §§ 61 ff.

687 *Kreuz gegen Polen*, Urteil v. 19. Juni 2001, Reports 2001-VI, § 66.

688 EGMR *Lithgow u. a. gegen Vereinigtes Königreich*, Urteil v. 8. Juli 1986, Serie A102.

689 Inwieweit ein Zugang des Klägers zum Schiedsgericht bestand, stand zwischen den Parteien des Verfahrens in Streit. Der EGMR nahm jedenfalls als Grundlage für sein Urteil an, dass der Kläger überhaupt keinen Zugang hatte, s. *Lithgow u. a. gegen Vereinigtes Königreich*, Urteil v. 8. Juli 1986, Serie A102, § 195.

690 Die in ihrer Meinung abweichenden Richter Russo und Spielmann nahmen einen Eingriff in den Wesensgehalt des Rechts auf Zugang zu Gericht an, da es nicht nur um eine Beschränkung dieses Rechts gegangen sei und der verfolgte Zweck jedenfalls nicht die Unterdrückung eines fundamentalen Rechts rechtfertige, s. *Lithgow u. a. gegen Vereinigtes Königreich*, Urteil v. 8. Juli 1986, Serie A102.

Es erscheint in den Urteilen, in denen der EGMR eine Verletzung des Wesensgehalts des Rechts auf Zugang zu einem Gericht angenommen hat, zunächst fraglich, dass das Gericht diese damit begründete, das mit der Zugangsbeschränkung verfolgte Ziel sei unverhältnismäßig gewesen, da eine Verhältnismäßigkeitsprüfung bei einem Eingriff in den Wesensgehalt nicht sinnvoll erscheint, wenn man davon ausgeht, dass der Wesensgehalt absolut garantiert werden und ihm gegenüber der Verhältnismäßigkeitsprüfung eigenständige Bedeutung zukommen soll.[691] Im Ergebnis wird sich das Vorgehen des EGMR nur damit erklären lassen, dass er keinen absolut geschützten Bereich des Rechts auf Zugang zu Gericht anerkennt.[692] Vielmehr kann der Zugang zu Gericht im Einzelfall auch ganz ausgeschlossen sein. Denkbar wäre hier im Hinblick auf die Rechtsmittelinstanz zum Beispiel die Einhaltung von Berufungsfristen. Aber auch wenn der Einzelne schon erstinstanzlich keinen Zugang zu Gericht hat, nimmt der EGMR bei Ausschluss des Rechts auf Zugang zu Gericht nicht zwangsläufig einen Eingriff in den Wesensgehalt des Rechts an, wie der genannte Fall *Lithgow* zeigt. Nicht ganz klar wird, weshalb der EGMR in anderen Fällen, in denen das Recht auf Zugang vollständig

691 Der EGMR führt in seinen Urteilen, in denen er nur allgemein erwähnt, dass ein Eingriff in den Wesensgehalt des Rechts auf Zugang zu Gericht unzulässig sei, ohne zu prüfen, ob ein solcher vorliegt, ebenfalls nicht an, dass an dieser Stelle eine Verhältnismäßigkeitsprüfung durchzuführen ist. Vielmehr benennt er diese als weiteres, dem Art. 6 Abs. 1 EMRK zu Grunde liegendes Prinzip, s. z. B. *Fayed gegen das Vereinigte Königreich*, Urteil v. 21. Sept. 1994; Serie A294-B, § 65. Kritisiert wird die Durchführung einer Verhältnismäßigkeitsprüfung zur Feststellung der Frage nach einem Eingriff in den Wesensgehalt auch von Richter Costa in seinen abweichenden Meinungen zu *Fürst Hans-Adam II von Liechtenstein gegen Deutschland*, Nr. 42527/98, Urteil v. 12. Juli 2001, Reports 2001-VIII und *A. gegen Vereinigtes Königreich*, Nr. 35373/97, Urteil v. 17. Dez. 2002, Reports 2002-X. Nach ihm sollen dennoch auch absolute Beschränkungen des Rechts auf Zugang zu Gericht mit Art. 6 Abs. 1 EMRK vereinbar sein können, s. *A. gegen Vereinigtes Königreich*, Nr. 35373/97, Urteil v. 17. Dez. 2002, Reports 2002-X. Im Ergebnis führt dies dazu, dass ein Eingriff in den Wesensgehalt des Rechts damit weniger streng überprüft werden würde als sonstige Beschränkungen, bei denen eine Verhältnismäßigkeitsprüfung durchzuführen ist. Dies erscheint kaum nachvollziehbar. Kritik übten an der Verhältnismäßigkeitsprüfung ebenfalls die Richter Ress und Zupančič in *Fürst Hans-Adam II von Liechtenstein gegen Deutschland*, Nr. 42527/98, Urteil v. 12. Juli 2001, Reports 2001-VIII.

692 Zu den Unterschieden zwischen absolutem und relativen Wesensgehalt mit Blick auf die deutschen Grundrechte s. z. B. *Pieroth/Schlink*, S. 73, Rn. 312–314.

ausgeschlossen wird, wie beispielsweise in Fällen der Staatenimmunität[693] und der Immunität von Abgeordneten[694], nicht einmal anspricht, ob dies das Recht auf Zugang zu einem Gericht in seinem Wesensgehalt verletzt, sondern stets nur eine einfache Verhältnismäßigkeitsprüfung durchführt. Das Art. 6 Abs. 1 EMRK zu Grunde liegende Prinzip, dass in den Wesensgehalt des Rechts auf Zugang zu Gericht nicht eingegriffen werden darf, spielt daher keine wesentliche Rolle, da in jedem Fall eine Verhältnismäßigkeitsprüfung durchzuführen ist. Diese Vorgehensweise hat der EuGH unter Bezugnahme der Rechtsprechung des EGMR auch für Art. 47 EGRC übernommen.[695] Zwar ist nicht ganz geklärt, ob der Wesensgehalt gemäß Art. 52 Abs. 1 Satz 1 EGRC absolut oder relativ zu bestimmen ist.[696] Da im internationalen Kontext, für den Art. 47 EGRC entsprechend Art. 6 Abs. 1 EMRK ebenfalls gilt, der Ausschluss des Rechts auf Zugang zu Gericht im Sinne einer geordneten Rechtspflege jedoch geboten sein kann, ist jedenfalls in Bezug auf das verfahrensrechtliche Grundrecht des Art. 47 EGRC der Wesensgehalt nur relativ zu bestimmen. Im Ergebnis ist damit eine Verhältnismäßigkeitsprüfung durchzuführen.

bb) Verhältnismäßigkeit der Forderung nach einem Inlandsbezug im Hinblick auf das Recht auf Eröffnung einer Notzuständigkeit

Mit der Einschränkung des Rechts auf Eröffnung einer Notzuständigkeit durch die Forderung nach einem hinreichenden Inlandsbezug muss ein legitimes Ziel verfolgt werden. Die angewandten Mittel müssen zur Erreichung des Zieles ferner in einem angemessenen Verhältnis stehen.[697]

---

693 *Al-Adsani gegen das Vereinigte Königreich*, Urteil v. 21.11.2001 (Große Kammer), Reports 2001-XI, § 54 ff.; *Fogarty gegen das Vereinigte Königreich*, Urteil v. 21.11.2001 (Große Kammer), Reports 2001-XI, § 34 ff.

694 *Kart gegen die Türkei*, Urteil v. 03.12.2009 (Große Kammer), Reports 2009, § 81 ff.

695 S. EuGH, C-279/09 (*DEB Deutsche Energiehandels- und Beratungsgesellschaft mbH*), Rn. 60; noch zum Grundsatz des effektiven gerichtlichen Rechtsschutzes verb. Rs. C-317/08 bis 320/08 (*Rosalba Allessini*), Rn. 63. Nach den Ausführungen des EuGH hat immer auch eine Verhältnismäßigkeitsprüfung zu erfolgen. In *DEB Deutsche Energiehandels- und Beratungsgesellschaft mbH* wird zwar nicht ganz deutlich, ob eine Verletzung des Wesensgehalts anhand einer Verhältnismäßigkeitsprüfung festzustellen ist. Da sich der EuGH durchweg auf die Rechtsprechung des EGMR beruft, ist hiervon jedoch auszugehen.

696 S. hierzu Ehlers-*Ehlers*, S. 478, Rn. 70 m. w. N.

697 S. EuGH, C-279/09 (*DEB Deutsche Energiehandels- und Beratungsgesellschaft mbH*), Rn. 60.

(1) Völkerrechtliche Grundsätze

Als legitimes Ziel kommt die Einhaltung völkerrechtlicher Grundsätze in Betracht.[698] Ob das Völkerrecht der Ausübung der Gerichtsgewalt auf dem eigenen Hoheitsgebiet Grenzen setzt, wurde in der Literatur vielfach angesprochen. Teilweise wird angenommen, dass eine Begrenzung durch völkerrechtliche Regeln selbst bei Fehlen auch nur geringster Anknüpfungspunkte nicht erfolge[699], andere halten eine Einschränkung der Gerichtsbarkeit[700] für gegeben[701]. Als Gründe für die Einschränkung werden neben dem Interventionsverbot und dem Rechtsmissbrauchsverbot[702] auch genannt, dass auf Grund der Beschränktheit der Gerichtsbarkeit auf das Territorium eines Staates die Gerichtsbarkeit fehle, wenn ein Ausländer keinerlei Beziehung zu dem entsprechenden Staatsgebiet aufweise.[703] Die einzelnen in Frage kommenden Gründe für eine völkerrechtliche Beschränkung der Gerichtsbarkeit sollen nun erörtert werden.

(a) Interventionsverbot

Die Berufung auf das Interventionsverbot ist an dieser Stelle problematisch und scheint vor allem wegen seiner Wortbedeutung herangezogen zu werden, da die Regelung von Sachverhalten, die keine Berührungspunkte zu einem Staat

---

698 Der EGMR prüft die Einhaltung völkerrechtlicher Grundsätze im Rahmen der Rechtfertigung, s. z. B.; *Cudak gegen Litauen*, Urteil v. 23.03.2010 (Große Kammer), Reports 2010, §§ 55–57; *Al-Adsani gegen das Vereinigte Königreich*, Urteil v. 21.11.2001 (Große Kammer), Reports 2001-XI, §§ 54–56; *Fogarty gegen das Vereinigte Königreich*, Urteil v. 21.11.2001 (Große Kammer), Reports 2001-XI, § 34. Alle Urteile befassen sich mit der Staatenimmunität.

699 Für eine grundsätzliche Unbeschränktheit *Bessenich*, S. 6; *Buchner*, S. 68, da im Zivilprozess die Interessen der Privaten ausschlaggebend seien; gegen eine Beschränkung auch *Habscheid*, S. 159 (166); *Heldrich*, S. 399 f.; *Kralik*, ZZP 1961, S. 2 (12); *Rechberger*, FS Nagel, S. 294 (312); *Schack*, JZ 1992, S. 54 (55).

700 Es geht hier um eine Frage der Einschränkung der Gerichtsbarkeit, nicht der internationalen Zuständigkeit, s. *Bertele*, S. 221; *Heldrich*, S. 141; *Kofmel Ehrenzeller*, S. 314, s. auch die Ausführungen bei *Geimer*, IZPR, S. 182, Rn. 371 f. Teilweise wurde in der älteren Literatur hingegen eine Überschreitung der internationalen Zuständigkeit angenommen, s. z. B. *Schlosser*, ZZP 1966, S. 164 (176) und *Walchshöfer*, ZZP 1967, S. 165 (170 f.) m. w. N.

701 *Bertele*, S. 221; *Geimer*, IZPR, S. 186, Rn. 377; *Georgieff*, S. 23 f.; *Nagel/Gottwald*, S. 163 f.; *Nagel*, ZZP 1962, S. 408 (421); *Nordmann*, S. 79; *Schlosser*, ZZP 1966, S. 164 (176).

702 Zu beiden s. *Georgieff*, S. 24.

703 *Nagel*, ZZP 1962, S. 408 (422).

aufweisen, als „Einmischung“ in die Angelegenheiten anderer Staaten empfunden wird.[704] Indessen erfasst das Interventionsverbot, teilweise auch als Einmischungsverbot bezeichnet, nicht alle Einmischungen im Wortsinn. Zunächst bezieht es sich nur auf die inneren Angelegenheiten eines Staates.[705] Die Bestimmung, was genau unter diesen Begriff fällt, wird auch von der Völkerrechtslehre als schwierig bezeichnet.[706]

In dem vorliegenden Zusammenhang erscheint es fraglich, ob es überhaupt um eine Intervention im maßgebenden Sinne geht.[707] In der Lehre des Völkerrechts wird ausgeführt, dass die Intervention mit der Absicht erfolgen müsse, einen Staat zu einem bestimmten Verhalten zu bewegen.[708] Hierbei ist erforderlich, dass zumindest in gewisser Form Druck auf einen anderen Staat ausgeübt wird.[709] Die Eröffnung einer Notzuständigkeit geschieht jedoch nicht dazu, um auf das Verhalten eines anderen Staates einen wie auch immer gearteten Einfluss auszuüben. Die anderen Staaten sollen damit nicht zu einer Regelung ihrer internationalen Zuständigkeit in eine bestimmte Richtung gelenkt werden. In Einzelfällen, etwa bei Eröffnung einer Notzuständigkeit auf Grund eines Kompetenzkonfliktes wegen einander widersprechender Anknüpfungsmerkmale, ist eine faktische Einflussnahme zwar denkbar, aber unwahrscheinlich. Sie käme nur dann in Betracht,

---

704 Ausdrücklich gegen die Möglichkeit einer Verletzung des Interventionsverbotes *Schack*, S. 133 f., Rn. 373. Das Einmischungsverbot sei „ohnehin […] fragwürdig [geworden]“.

705 *Heintze*, S. 163 (164); *Herdegen*, S. 275, Rn. 1; Vitzthum-*Vitzthum*, S. 32, Rn. 76. Als Schutzgut des Interventionsverbots wird unter anderem auch die Souveränität eines Staates genannt, s. *Dicke*, S. 53, mit Untersuchung des Schutzgutes bei anderen Autoren, S. 18 ff.; *Heintze*, S. 163 (164), sowie die Unabhängigkeit der Staaten, *Heintze*, S. 163 (164).

706 *Heintze*, S. 163 (164); *Herdegen*, S. 275, Rn. 2.

707 Nach *Heintze*, S. 163 (164) besteht auch über den Begriff der Intervention Uneinigkeit. Ausführlich zu diesem Begriff *Dicke*, S. 167 ff.; auch *Kunig*, S. 45 ff. Im Wesentlichen geht es um die Frage, ob die Intervention nur mit Gewalt, oder auch mit anderen Mitteln erfolgen kann, *Dicke*, S. 167 ff.

708 So ausdrücklich *Heintze*, S. 163 (164); Vitzthum-*Vitzthum*, S. 32 f. Rn. 76; s. auch die Interventionsbegriffe bei *Dicke*, S. 167 ff.

709 S. aus der Rechtsprechung des IGH *Nicaragua v. United States of America*, ICJ Reports 1986, S. 14: "[…] A prohibited intervention must accordingly be one bearing on matters in which each State is permitted, by the principle of State sovereignty, to decide freely. […] Intervention is wrongful when it uses methods of coercion in regard to such choices, which must remain free ones. The element of coercion […] is particularly obvious in the case of an intervention which uses force […]".

wenn die entsprechenden Staaten wegen der Eröffnung einer Notzuständigkeit in einem anderen Land ihre Zuständigkeitsvorschriften ändern würden. Da eine Einflussnahme auf die internationalen Gerichtsstandvorschriften anderer Staaten nicht Ziel der Eröffnung einer Notzuständigkeit ist, kommt es daher darauf an, ob eine subjektive Absicht zur Beeinflussung des Verhaltens eines anderen Staates notwendig ist, oder ob bereits eine faktische Einflussnahme ausreicht.[710]

Dies muss jedoch an dieser Stelle nicht weiter untersucht werden. Eine Verletzung des Interventionsverbots kommt jedenfalls nur dann in Betracht, wenn die Eröffnung einer Notzuständigkeit überhaupt einen Eingriff in die inneren Angelegenheiten eines Staates darstellen kann. Ist dies nicht der Fall, erübrigt sich die oben aufgeworfene Frage.

Es wurde bereits erwähnt, dass auch über den Begriff der inneren Angelegenheiten Uneinigkeit herrscht. Im Rahmen der internationalen Zuständigkeit besteht ferner eine Besonderheit. Geht man nämlich davon aus, dass das Aufstellen der Regeln über die internationale Zuständigkeit jedem Staat auf Grund seiner Souveränität zusteht, wäre zunächst jeder Staat befugt, unbegrenzt entsprechende Zuständigkeiten zu bestimmen. Eine Intervention in die Belange eines anderen Staates käme nicht in Betracht, da die Staaten untereinander gleich sind. Da die Vorschriften über die internationale Zuständigkeit aber zwangsläufig nicht nur *einen* Staat betreffen, muss gegebenenfalls eine Einschränkung vorgenommen werden, um die Regelungsgewalt der einzelnen Staaten voneinander abzugrenzen. Soweit einem Staat Regelungsgewalt zukommt, ist ein Eingriff in die inneren Angelegenheiten eines anderen Staates nicht gegeben.[711] Die Reichweite der Regelungsgewalt bei Eröffnung einer Notzuständigkeit soll im Folgenden untersucht werden. Im Unterschied zu *Mark/Ziegenhain* wird hier also davon ausgegangen, dass die Regelungsgewalt der Staaten im Bereich des internationalen Zivilverfahrensrechts

710 Bei *Doehring*, S. 334 f., Rn. 776 wird dies nicht ganz klar, da er allein darauf abstellt, dass in rechtswidriger Weise in die inneren Angelegenheiten eines Staates eingegriffen werden müsse. Nach dieser Formulierung scheint eine subjektive Absicht zur Beeinflussung des Verhaltens eines anderen Staates nicht erforderlich. Unklar insoweit auch *Herdegen*, S. 275 f. Rn. 3. Der IGH, *Nicaragua v. United States of America*, ICJ Reports 1986, S. 14, legt eine subjektive Komponente allerdings nahe, da von dem Gebrauch von Zwangsmitteln die Rede ist ("[i]ntervention is wrongful when it uses methods of coercion in regard to such choices, which must remain free ones. The element of coercion [...] is particularly obvious in the case of an intervention which uses force [...]").

711 S. die Ausführungen bei *Mark/Ziegenhain*, NJW 1992, S. 3062 (3063). Die Autoren beziehen sich hier auf das Vorliegen eines Genuine Link.

zunächst unbeschränkt ist und nur bei einer Beschränkung durch völkerrechtliche Grundsätze entfällt. Die genannten Autoren verlangen hingegen wohl, dass erst das Vorliegen eines Genuine Link die Regelungskompetenz eines Staates zu begründen vermag.[712] Für die Variante, dass die Regelungsbefugnis zunächst keiner Grenze unterliegt, spricht, dass der Genuine Link die Regelungsbefugnis der einzelnen Staaten nur beschränken soll, nicht begründen. Steht die Regelung einer Materie ausnahmsweise einmal nicht im Konflikt mit der Souveränität eines anderen Staates, wäre es nicht sinnvoll, anderen Staaten eine solche dennoch zu versagen, nur weil sie keinen Anknüpfungspunkt zum Regelungsgegenstand aufweisen. Interventionsverbot und Genuine Link greifen somit insofern ineinander, als dass die Forderung nach einem Genuine Link zur Regelung einer Materie nur in Betracht kommt, wenn eine Verletzung des Interventionsverbotes überhaupt möglich ist. Anderenfalls ist eine Beschränkung der Regelungsgewalt eines Staates zur Vermeidung von Eingriffen in die Regelungsgewalt eines anderen Staates gar nicht notwendig. Damit kann eine innere Angelegenheit eines Staates trotz der im Einzelnen bestehenden Unklarheiten über das Verständnis dieses Begriffes jedenfalls dort nicht vorliegen, wo staatliche Interessen gar nicht berührt sind.

Im Folgenden ist daher zunächst darzustellen, ob das Erfordernis eines Genuine Link mit Blick auf die internationale Zuständigkeit überhaupt Anwendung findet und wie sich dies im konkret interessierenden Fall der Eröffnung einer Notzuständigkeit auswirkt.

(b) Genuine Link oder legitimer Anknüpfungspunkt

(aa) Meinungsstand in der Literatur

In der Literatur wir bezüglich der Regelungsgewalt vertreten, dass eine internationale Zuständigkeit nur bei Vorliegen eines Bezugspunktes zu dem entsprechenden Staat eröffnet werden darf. Ein Verstoß gegen dieses Erfordernis stehe im Widerspruch zum Völkergewohnheitsrecht[713].

---

712 Dies ergibt sich aus den Erörterungen bei *Mark/Ziegenhain*, NJW 1992, S. 3062 (3063), auch wenn die Problematik nicht ausdrücklich angesprochen wird.

713 S. *Herdegen*, S. 201, Rn. 1: „Das Völkergewohnheitsrecht verlangt für die Regelung von Sachverhalten [...] einen legitimierenden Anknüpfungspunkt“. Die Ausführungen beziehen sich nur auf die “jurisdiction to prescribe”, also die Unterwerfung eines Sachverhalts unter das eigene materielle Recht. Die “jurisdiction to adjudicate” kann dabei jedoch ebenfalls nur auf Grund des Völkergewohnheitsrechts eingeschränkt sein, wenn sie nicht staatsvertraglich beschränkt wurde. Dass sich die Beschränkungen der

Trotz der Forderung nach einem Anknüpfungspunkt zu dem Forumstaat, führt diese nach einem Teil des Schrifttums zu keiner nennenswerten Einschränkung gegenüber derjenigen Literaturansicht, die überhaupt keinen Bezug zu dem entsprechenden Staat verlangt, da bereits die Einreichung der Klage für ausreichend gehalten wird, die nötige Verbindung herzustellen.[714] Insofern wäre auch die Eröffnung einer Notzuständigkeit, welche keinerlei Bezugspunkte zwischen dem Staat und dem Rechtsstreit fordert, grundsätzlich völkerrechtlich unbedenklich. Nach *Schröder* ist die Grenze des völkerrechtlich noch Zulässigen erst dort erreicht, wo die einzelnen Staaten ohnehin keine Zuständigkeit eröffnen.[715] Mit Blick auf die Notzuständigkeit ist an dieser Stelle jedoch festzuhalten, dass nicht alle EU-Staaten bei deren Eröffnung einen Inlandsbezug voraussetzen.[716] Anzumerken ist freilich, dass die Notzuständigkeit einen Sonderfall darstellt, da sie nur ausnahmsweise eingreift und keine primäre Zuständigkeit begründet.

Die Geltung des Erfordernisses nach einem Genuine Link in Bezug auf die Gerichtsbarkeit wird zumeist nicht begründet. *Bertele* führt an, dass auch durch die Beanspruchung der internationalen Zuständigkeit Interessen eines Staates berührt werden können.[717] Als Beispiel nennt er die nationalen Anerkennungsregeln, durch welche zum Ausdruck komme, dass für den Staat auch die Beziehung zwischen der Rechtsstreitigkeit und dem Forum eine Rolle spiele.[718] *Buchner* kommt hingegen auf der Grundlage, dass es um private Interessen gehe, zu dem Schluss, dass eine Begrenzung der Gerichtsbarkeit durch das Erfordernis eines Genuine Link nicht erfolge.[719,720] *Pfeiffer* führt

inländischen Gerichtsbarkeit nach dem Völkergewohnheitsrecht oder Staatsverträgen ergeben müssten s. auch *Bessenich*, S. 7.

714 *Geimer*, IZPR, S. 186 f., Rn. 377.

715 *Schröder*, S. 766 f.

716 Zu den Ausnahmen s. Kap. 3, S. 183, Fn. 598.

717 *Bertele*, S. 222.

718 *Bertele*, S. 222 unter Bezugnahme auf § 328 Abs. 1 Nr. 1 ZPO.

719 *Buchner*, S. 68 f.

720 Auch *Bertele* ist der Ansicht, dass bei Vorliegen einer gemeinsamen Gerichtsstandwahl die Inanspruchnahme des als zuständig vereinbarten Gerichts nicht als völkerrechtswidrig anzusehen ist, auch wenn die Streitigkeit keinerlei weiteren Bezug zu dem Gerichtsstaat aufweist, da der gemeinsame Wille der Parteien einen Genuine Link herstelle, S. 225. Ein Übergriff in die Belange eines anderen Staates könne im Rahmen eines Zivilverfahrens nämlich nur dadurch erfolgen, dass Staatsangehörige eines Staates in einem anderen Staat gerichtspflichtig gemacht werden, S. 222 f. Andere Möglichkeiten eines Eingriffs in hoheitliche Interessen eines anderen Staates auf

demgegenüber auch staatliche Interessen an, welche nach ihm nicht mit den Parteiinteressen übereinstimmen. Er nennt als solche Interessen im Hinblick auf die Regelung der internationalen Zuständigkeit eine Bevorzugung der eigenen Staatsangehörigen bzw. im Inland befindlichen Personen[721] sowie das Erreichen „materieller Regelungsziele“[722] über die Anwendbarkeit eines bestimmten Sachrechts, welches sich nach der lex fori bestimmt[723].

(bb) Stellungnahme

Bevor gegebenenfalls darauf einzugehen ist, wie weit oder eng ein etwa erforderlicher Anknüpfungspunkt zum Forumstaat ausfallen muss, ist zunächst zu untersuchen, ob ein solcher Anknüpfungspunkt in der vorliegenden Konstellation überhaupt gegeben sein muss.

Den Ausführungen *Berteles* ist dabei zuzugeben, dass den Anerkennungsregeln die Wertung entnommen werden kann, dass dem Staat das Bestehen von Anknüpfungspunkten nicht völlig gleichgültig ist. Er schützt aber dennoch nicht eigene Interessen, sondern die der Bürger, da die Urteile gegen diese ergangen sind. *Buchner* spricht daher zu Recht von dem Staat als Interessenverwalter[724].

Ob die von *Pfeiffer* angeführte Begünstigung der einheimischen Personen bei der Zuständigkeitseröffnung ein über die Interessen der Parteien hinausgehendes Interesse begründet, ist durchaus fraglich. Es ist davon auszugehen, dass die Parteien grundsätzlich, sofern nicht andere Interessen für ein anderes Forum sprechen, einen heimischen Gerichtsstand bevorzugen werden. Ihr Interesse ist daher darauf gerichtet, im Idealfall immer im Inland klagen zu können. Auch die mit der Begünstigung möglicherweise verfolgten politischen Zwecke dienen letzten

---

diesem Gebiet sind nicht erkennbar, da keine auf das Hoheitsgebiet des fremden Staates bezogenen Handlungen vorgenommen werden. Durch den gemeinsamen Willen der Parteien werde das Interesse des Staates, dass seine Angehörigen nicht in anderen Staaten beliebig gerichtspflichtig gemacht werden dürfen, nicht berührt. Das Interesse des Staates, die Gerichtspflichtigkeit seiner eigenen Angehörigen zu regeln, verliere seine Bedeutung dadurch, dass das Zivilverfahren in erster Linie den Interessen der Parteien gelte, S. 225.

721 *Pfeiffer*, S. 86–88.

722 *Pfeiffer*, S. 88 f.

723 Die von ihm weiter genannten politischen Zwecke (S. 89) dürften dabei keine weitere Gruppe der staatlichen Interessen darstellen, da die Politik nicht um ihrer selbst willen betrieben wird, sondern zu Gunsten der eigenen Staatsangehörigen bzw. aller im Inland lebenden Personen.

724 *Buchner*, S. 63.

Endes einer Verbesserung der Zuständigkeitsregelungen der Einwohner eines Staates. Sollte durch die weitreichenden Gerichtsstände ermöglicht werden, andere Staaten dazu zu bewegen, ihre exorbitanten Gerichtsstände gegenüber eigenen Staatsangehörigen nicht anzuwenden, dient auch dies letzten Endes den Interessen der inländischen Personen. Die Begünstigung einheimischer Personen bei der internationalen Zuständigkeit stellt daher kein Interesse dar, welches dem Staat alleine zukommt. Es begründet insbesondere kein Interesse, welches geeignet ist, einen Anknüpfungspunkt zum Gerichtsstaat zu verlangen. Die anderen Staaten können nicht dazu gehalten sein, die Bevorzugung eines Staates seiner eigenen Angehörigen zu respektieren, indem sie keine eigene Zuständigkeit eröffnen.

Anderes könnte bezüglich der Anwendbarkeit des materiellen Rechts gelten. Das materielle Recht enthält Wertungen des Gesetzgebers. Seine Durchsetzung liegt daher teilweise allein im Interesse des Staates. Dies gilt zwar nicht für diejenigen sonderprivatrechtlichen Bestimmungen, von denen auch durch Parteivereinbarung nicht abgewichen werden kann und die dem Schutz der schwächeren Partei dienen[725]. Diese Normen dienen dem Schutz der entsprechenden Partei, weshalb auch hier das Parteiinteresse im Vordergrund steht. Anderes gilt aber für Eingriffsnormen, welche ausweislich des Art. 9 Abs. 1 Rom I-VO dem öffentlichen Interesse des Staates dienen.[726] Der Staat hat hier ein Interesse, sein materielles Recht durchzusetzen, was nur sichergestellt ist, wenn er selbst über den Rechtsstreit zu entscheiden hat. Nimmt ein anderer Staat, welcher keinerlei Bezugspunkte zu dem Rechtsstreit aufweist, seine Zuständigkeit an, ist die Durchsetzung der Eingriffsnormen des Staates, zu dem eine enge Verbindung zu der Streitigkeit besteht, nicht abgesichert. Der Staat ohne Bezug zu dem Rechtsstreit greift daher hier mittelbar in die Interessen des anderen Staates ein.

Da die Eröffnung einer internationalen Zuständigkeit damit zwar ganz überwiegend, aber nicht ausschließlich, den Interessen der Parteien dient, ist davon auszugehen, dass grundsätzlich ein Anknüpfungspunkt zu dem Rechtsstreit zu verlangen ist. Dies ist nur dann nicht der Fall, wenn Interessen eines Staates im konkreten Fall nicht betroffen sind. Da es vorliegend um die Eröffnung einer Notzuständigkeit, nicht um eine primäre Zuständigkeit geht, sind in der Regel Interessen eines anderen Staates grundsätzlich nicht berührt. Liegt ein Fall des Art. 26 lit. a EuGVO-E vor, wird in den in Frage kommenden Drittstaaten entweder gar keine

---

725 Unter der Rom I Verordnung jetzt Art. 6 Abs. 2 Satz 2 für Verbraucher, Art. 8 Abs. 1 Satz 2 für Arbeitnehmer.

726 Wobei zu berücksichtigen ist, dass auch sonderprivatrechtliche Bestimmungen Eingriffsnormen sein können, s. Rauscher-*Thorn*, Art. 9 Rom I-VO, Rn. 11.

Zuständigkeit eröffnet, womit sie offenbar kein Interesse an einer Entscheidung über den Rechtsstreit haben, oder es besteht derzeit keine Möglichkeit für sie, ihre Zuständigkeit wahrzunehmen, etwa auf Grund eines Krieges. In letzterem Fall ist den Interessen des Klägers als Partei der Vorzug zu geben, da die Eröffnung einer Zuständigkeit, wie festgestellt, ganz überwiegend in seinem Interesse liegt und dieses daher den Vorrang vor den staatlichen Interessen haben muss.[727] Es kann von dem Kläger kaum erwartet werden, abzuwarten, bis die Auseinandersetzungen beendet sind. Er könnte in dieser Zeit die Möglichkeit verlieren, seinen Anspruch geltend zu machen. Auch könnte sich die Beweislage verschlechtern. Im Übrigen ist davon auszugehen, dass ein effektiver Gerichtsschutz auch voraussetzt, dass man seinen Anspruch unmittelbar geltend machen kann und nicht – gegebenenfalls Jahre – warten muss, bis die Einforderung der eigenen Rechte möglich ist.

Gleiches gilt in den Fällen, in denen ein Verfahren in einem anderen Staat zwar möglich, dem Kläger jedoch nicht zumutbar ist und in Konstellationen des Art. 26 lit. b EuGVO-E. Auch hier sind Interessen eines anderen Staates betroffen, da dieser eine Zuständigkeit eröffnet. In all diesen Fällen überwiegen jedoch die Interessen des Klägers, der anderenfalls seine Rechte nicht durchsetzen kann.

---

727 Eine generelle Interessenabwägung findet, soweit ersichtlich, im Völkerrecht nicht statt. Möglich ist eine Abwägung bei Grundwerten der Völkerrechtsordnung, s. *Herdegen*, S. 59 f, Rn. 14 f. Eine Abwägung erscheint jedoch auch dann angezeigt, wenn auf beiden Seiten nicht Grundwerte betroffen sind, aber entgegengesetzte Interessen vorliegen, die zum Ausgleich gebracht werden sollten und welche das gleiche Gewicht aufweisen. Eine Abwägung von Grundwerten mit untergeordneten Belangen kommt selbstverständlich nicht in Betracht bzw. muss zwangsläufig zu Gunsten des Grundwertes ausfallen. Vorliegend sind auf beiden Seiten keine Grundwerte betroffen (zu diesen s. *Herdegen*, S. 58, Rn. 13). Dass es sich bei dem Recht auf Eröffnung einer Notzuständigkeit um ein Recht der Völkerrechtsordnung handelt, ergibt sich aus seiner Normierung in Art. 6 Abs. 1 EMRK, an den derzeit freilich nur die Mitgliedstaaten gebunden sind.

Durch die Eröffnung der Möglichkeit einer Pro- bzw. Derogation bringen die einzelnen Staaten bereits selbst zum Ausdruck, dass sie nicht zwingend die Zuständigkeit an sich nehmen wollen. Zwar wird gegebenenfalls eine Derogation im Falle der Anwendbarkeit international zwingenden Rechts für unwirksam erachtet (s. für das deutsche Recht z. B. OLG München, S. 322 (323 f.)). Der Staat, dessen Gerichte derogiert wurden, kann aber nicht verhindern, dass die prorogierten Gerichte ihre Zuständigkeit dennoch annehmen, wenn sie angerufen werden. Eine solche Inanspruchnahme wird aber allgemein nicht unter dem Gesichtspunkt der Völkerrechtswidrigkeit diskutiert, was sich damit erklären lässt, dass die Parteiinteressen Vorrang haben.

(cc) Ergebnis

Sofern es um die Eröffnung einer Notzuständigkeit geht, kann daher auf das Bestehen eines Anknüpfungspunktes zu dem Gerichtsstaat verzichtet werden. Die Interessen der Parteien genießen damit im Rahmen einer Notzuständigkeit den Vorrang vor staatlichen Interessen, sofern solche überhaupt betroffen sind. Da Interessen der entsprechenden Staaten auch dann nicht berührt werden, wenn diese eine Notzuständigkeit zur Verfügung stellen und ein gewisser Bezug zu ihnen besteht, der aber keine Primärzuständigkeit begründet, kommt unter diesem Gesichtspunkt das Erfordernis nach einem Genuine Link nicht in Betracht. Dies folgt daraus, dass diese Staaten eigentlich nicht unbedingt eine Zuständigkeit zur Verfügung stellen wollen, sondern eben nur für den Notfall. Geht man außerdem davon aus, dass die Anwendung von Eingriffsnormen einen gewissen Inlandsbezug zu dem entsprechenden Staat voraussetzt[728], kann dieser in Fällen, in denen die Gerichte ihre Zuständigkeit auf einen Notgerichtstand stützen, fehlen. Denn die Eröffnung eines Gerichtsstandes verlangt selbst bei Regelgerichtsständen einen geringeren Bezug zum Forumstaat als die Anwendbarkeit des Sachrechts.[729] Es ist daher denkbar, dass die Eröffnung einer Notzuständigkeit zwar zulässig, die Anwendbarkeit der Eingriffsnormen eines Staates jedoch aus völkerrechtlicher Sicht untersagt ist. In diesem Fall fehlen eigene Staatsinteressen an der Annahme des Rechtsstreites ganz, da diese nach den obigen Ausführungen sich allein aus der möglichen Anwendbarkeit international zwingender Normen ergibt. Im Übrigen haben die Staaten bei Eröffnung lediglich einer Notzuständigkeit ersichtlich kein Interesse daran, ihre Eingriffsnormen zur Anwendung zu bringen.

Es ist auch kein Interesse erkennbar, dass diese Staaten vorrangig ihre eigene Notzuständigkeit ausüben wollen, wenn zu dem Forumstaat, zu dem keine Bezugspunkte bestehen, ebenfalls eine Notzuständigkeit eröffnet wird. Insbesondere bei der Eröffnung einer Notzuständigkeit geht es einem Staat daher nicht um die Wahrung eigener Interessen, sondern um die Interessen der Parteien. Freilich könnte anderes gelten, wenn einem Staat eine Pflicht zukommt, zu verhindern, dass seine eigenen Angehörigen nicht vor rechtsstreitfernen Gerichten verklagt werden. In Deutschland wird beispielsweise deutschen Staatsangehörigen nach dem GG der Schutz ihrer Interessen gegenüber fremden Staaten durch

---

728 S. zu diesem völkerrechtlichen Erfordernis Rauscher-*Thorn*, Art. 9 Rom I-VO, Rn. 15.

729 S. *Bertele,* S. 223.

die BRD garantiert.[730] Dabei kommt der BRD jedoch ein weiter Ermessensspielraum zu[731] und es ist zu berücksichtigen, dass der Abschluss internationaler Abkommen nicht allein von ihrem Willen abhängen und sie somit die Regelung der internationalen Zuständigkeit auf dieser Ebene nicht vollständig beeinflussen kann[732]. Insbesondere, dass andere Staaten exorbitante Zuständigkeitsvorschriften zur Anwendung bringen, kann sie nur begrenzt verhindern, eben durch den Versuch, staatsvertragliche Regelungen zu treffen. Auch der Vermeidung von weitreichenden Notzuständigkeiten kann nicht anders begegnet werden. Grundsätzlich wäre der BRD daher nicht vorwerfbar, dass ihre Staatsangehörigen an rechtsstreitfernen Foren im Rahmen einer Notzuständigkeit in Anspruch genommen werden. Vorausgesetzt, dass in anderen Staaten ähnliche Regelungen bestehen, ist damit auch nicht aus einer bestehenden Schutzpflicht der Staaten ein Interesse ableitbar. Es wird von einem Staat allgemein nicht etwas verlangt werden können, worauf er keinen Einfluss nehmen kann. Das Fehlen eines Bezugspunktes zum Forumstaat ist damit, wenn es um die Eröffnung einer *Notzuständigkeit* geht, nicht völkerrechtswidrig.[733,734] Die Eröffnung einer Notzuständigkeit ohne

730 S. z.B. BVerfG, NJW 1992, S. 3222 (3223); BVerwGE 62, S. 11(14); OLG Köln, VersR 1992, S. 1260.

731 S. BVerwGE 62, S. 11 (15 f.); OLG Köln, VersR 1992, S. 1260.

732 S. zur begrenzten Einflussnahmemöglichkeit OLG Köln, VersR 1992, S. 1260.

733 A. A. *Gaudemet-Tallon*, S. 173 (179), die ausführt, dass eine solche „universelle Zuständigkeit“ nur in Ausnahmefällen, wie bei schwerwiegenden Verbrechen, bestehe. Diese Einschränkung ist zutreffend, sofern legitime Interessen anderer Staaten berührt sind. Wie festgestellt, ist dies bei der Notzuständigkeit jedoch nicht der Fall. Das Recht eines Klägers auf effektiven Gerichtsschutz ist hier als vorrangig anzusehen. Bei dem von *Gaudemet-Tallon* angesprochenen Universalitätsprinzip (s. zu diesem auch *Herdegen*, S. 207, Rn. 13) geht es hingegen um Sachverhalten, in denen *alle Staaten parallel* ein *legitimes* Interesse an der Regelung haben können, während in Fällen der Notzuständigkeit die Regelung erst eingreift, wenn Interessen anderer Staat entweder nicht berührt sind, oder diese auf Grund der daraus folgenden Rechtsverweigerung für den Kläger nicht legitim sind. Im Übrigen ist das staatliche Interesse bei der Strafverfolgung wesentlich höher zu bewerten als bei Zivilverfahren, die der Durchsetzung privater Rechte dienen.

734 Eine Völkerrechtswidrigkeit ergibt sich auch nicht aus der Aussage von *Nagel*, ZZP 408 (422), dass die Gerichtsbarkeit auf Grund des Territorialitätsprinzips dann nicht gegeben sei, wenn kein Bezugspunkt des Ausländers zu dem Territorium besteht. Der Bezugspunkt muss nicht zwingend durch den Beklagten, sondern kann ebenso durch den Kläger hergestellt werden. Ein Bezugspunkt besteht damit ab dem Zeitpunkt der Einreichung der Klage.

jeglichen Inlandsbezug kommt, wie bereits erwähnt, auch in der EU vor, obgleich sie unüblich ist.[735]

Den Staaten kommt damit ein Recht zu, eine Notzuständigkeit auch ohne Bezugspunkt zu ihrem Staatsgebiet aufzustellen. Aus diesem Grund kommt auch eine Verletzung des Interventionsverbotes nicht in Frage. Eine innere Angelegenheit liegt da nicht vor, wo anderen Staaten Regelungsgewalt besitzen, weil der Sachverhalt nicht nur einen Staat betrifft.

(c) Rechtsmissbrauchsverbot

Es wurde ferner das Rechtsmissbrauchsverbot angesprochen. Dieses kann erst dann maßgebend sein, wenn ein Staat eigentlich das Recht zur Regelung des Sachverhalts hätte. Der Missbrauch eines Rechts setzt das Bestehen eines solchen voraus. Ob das Rechtsmissbrauchsverbot im Völkerrecht überhaupt Eingang gefunden hat, wurde in der älteren Literatur teilweise abgelehnt.[736] In neueren Lehrbüchern wird es, soweit ersichtlich, gar nicht erwähnt. Genannt wird nur der Grundsatz von Treu und Glauben[737]. Auf das Rechtsmissbrauchsverbot ist an dieser Stelle jedoch nicht weiter einzugehen. Auf Grund der oben gemachten Ausführungen[738] kann ein Verstoß gegen das Verbot nicht vorliegen. Wenn ein Kläger sein Recht nicht auf andere Weise geltend machen kann, liegt in der Ausübung der Gerichtsbarkeit, auch wenn kein Anknüpfungspunkt zu dem Forumstaat besteht, kein Missbrauch.

(d) Zwischenergebnis

Völkerrechtliche Grundsätze kommen als legitimes Ziel für die Beschränkung des Zugangs zu Gericht im Rahmen der Notzuständigkeit nicht in Betracht, weil eine Verletzung etwa in Frage kommender Grundsätze nicht droht. Dies trifft bei der

---

735 S. Kap. 3, S. 183, insb. Fn. 598.

736 Eine ausführliche Untersuchung über die Geltung des Rechtsmissbrauchsverbots findet sich in einer Schrift von 1984 von *Neuhaus*. Er gelangt zu dem Ergebnis, dass das Rechtsmissbrauchsverbot keine allgemeine Norm des Völkerrechts sei, s. Rechtsmissbrauchsverbot, S. 183 f. Kritisch bezüglich der Nützlichkeit des Rechtsmissbrauchsverbot im Völkerrecht auf Grund seiner Unbestimmtheit schon *Rudolf*, BerDGV 11, S. 7 (21); für die Geltung des Rechtsmissbrauchsverbots im Völkerrecht *Bleckmann*, S. 253.

737 S. z.B. *Herdegen*, § 17, Rn. 3; Vitzthum-*Vitzthum*, S. 26 f., Rn. 59. Dabei findet allerdings teilweise eine begriffliche Vermischung statt, da die Terminologie in diesem Bereich nicht einheitlich gehandhabt wird. S. zu dieser Problematik *Neuhaus*, Rechtsmissbrauchsverbot, S. 46 ff.

738 Vgl. Kap. 3, S. 219 ff.

Eröffnung internationaler Gerichtsstände nur auf die Notzuständigkeit zu, womit sie eine Ausnahme begründet.

Auch eine Berücksichtigung der völkerrechtlichen Courtoisie kommt damit nicht als legitimes Ziel in Betracht, da Belange anderer Staaten nicht betroffen sind.

(2) Wahrung der Beklagteninteressen

Als weiteres legitimes Ziel kommt die Berücksichtigung der Beklagteninteressen in Betracht, welche ebenfalls durch Art. 47 EGRC geschützt werden. *Geimer* spricht sich für eine Abwägung der beiden gegensätzlichen von Art. 6 Abs. 1 EMRK geschützten Interessen von Kläger und Beklagtem aus.[739] Diese Annahme ist grundsätzlich richtig, doch führt sie in dem Fall, in dem es um die Eröffnung einer Notzuständigkeit geht, zu keinem Ergebnis, welches die Interessen beider Parteien tatsächlich berücksichtigt. Nimmt man die Verpflichtung zur Eröffnung einer Notzuständigkeit an, so können die Interessen des Beklagten an einem fairen Verfahren nicht weiter berücksichtigt werden, da gerade kein Forum zur Verfügung steht, zu welchem er oder der Streitgegenstand einen engen Bezug aufweisen. Lehnt man indessen auf Grund des Beklagtenschutzes die Eröffnung einer Notzuständigkeit ab, versagt man dem Kläger den Rechtsschutz ganz mit dem Ergebnis, dass dieser sein Recht möglicherweise überhaupt nicht mehr durchsetzen kann. Es gebührt hier dem Recht des Klägers auf Justizgewährung der Vorrang. Sofern auch der Kläger keinen Bezug zu dem Forumstaat aufweist, kann man nicht sagen, dass keine Waffengleichheit zwischen den Parteien bestehe, denn der Kläger ist mit dem Gerichtswesen des Staates, dessen Gerichte angerufen sind, ebenso wenig vertraut wie der Beklagte. Er hat insofern im Prozess keinen Vorteil. Sofern sich der Kläger in dem Forumstaat aufhält, etwa weil er dort seinen Wohnsitz hat, kann der Beklagte einen ausreichenden Grad an Waffengleichheit herstellen, indem er einen Rechtsanwalt hinzuzieht. In Anbetracht der sonst erfolgenden Rechtsverweigerung für den Kläger sind dem Beklagten diese Nachteile zumutbar.[740]

(3) Interessen des Staates, der zur Eröffnung einer Notzuständigkeit verpflichtet ist, sowie Allgemeinwohlinteressen

Schließlich sind auch die Interessen des Staates, dem eine Verpflichtung zur Eröffnung einer Notzuständigkeit auferlegt wird, zu berücksichtigen. Hierbei spielt

739 *Geimer*, Menschenrechte, S. 213 (227).

740 Auch *Grolimund* gibt in Fällen der Notzuständigkeit den Interessen des Klägers den Vorrang, s. S. 260, Rn. 719.

zum einen eine Rolle, dass die Staaten nach Art. 47 EGRC dazu verpflichtet sind, eine angemessene Verfahrensdauer einzuhalten, wobei sie sich nicht darauf berufen können, dass sie diese aus Gründen der Organisation nicht einhalten können. Selbst bei einer dauerhaften Überlastung muss eine angemessene Verfahrenszeit eingehalten werden.[741] Das Recht auf eine Notzuständigkeit stellt damit in gewisser Weise ein Leistungsrecht gegenüber dem Staat dar[742] und es erscheint fraglich, dass sich hierauf auch Personen berufen können sollen, wenn die Streitigkeit mit dem betreffenden Staat in keinerlei Zusammenhang steht[743].

Wäre ein Staat dazu verpflichtet, stets eine Notzuständigkeit zu eröffnen, könnte dies zu Lasten derjenigen Personen gehen, die einen Rechtsstreit mit engerem Bezug zu diesem Staat führen, da sich durch den erhöhten Arbeitsaufwand der Gerichte die Verfahrensdauer insgesamt verlängert. Zwar ist nicht damit zu rechnen, dass die Notzuständigkeit allzu häufig in Anspruch genommen wird. Die Interessen der anderen Rechtsstreitführer an einem beschleunigten Verfahren sind aber in jedem Fall zu berücksichtigen.

Für den Staat würde die Verpflichtung zur Eröffnung einer Notzuständigkeit zwar erst dann ein Problem, wenn er dadurch in eine Situation gezwungen würde, in der er eine angemessene Verfahrensdauer in der Regel nicht mehr einhalten kann, da er sein Gerichtswesen, etwa aus finanziellen Gründen, nicht entsprechend organisieren kann. Ein solcher Fall ist eher unwahrscheinlich. Die Ressourcen sind jedoch begrenzt, wobei in Deutschland das Gerichtswesen im Hinblick auf die Verfahrensdauer vor den Amtsgerichten im Allgemeinen gut funktioniert[744]. Auch hier wurden allerdings bereits Verstöße gegen die angemessene Verfahrensdauer gemäß Art. 6 Abs. 1 EMRK vom EGMR

741 S. zu Art. 6 Abs. 1 EMRK EGMR *Klein gegen Deutschland*, Urteil v. 27.07.2000, § 43 (nicht veröffentlicht).

742 Vgl. dazu Kap. 3, S. 177, hinsichtlich des Rechts auf Zugang zu Gericht.

743 Im deutschen Recht wird bereits beim räumlichen Anwendungsbereichs der Grundrechte die Frage aufgeworfen, ob Grundrechte mit einem Leistungsgehalt nur bei bestehendem Inlandsbezug anzuwenden sind, Jarass/Pieroth-*Jarass*, Art. 1 GG, Rn. 44. Aus dem oben gemachten Ausführungen (Kap. 3, S. 177 ff.) ergibt sich aber, dass die verfahrensrechtlichen Garantien des Art. 47 EGRC auch dann Anwendung finden, wenn kein weiterer Inlandsbezug gegeben ist. Es ist kein Bezug zu einem bestimmten Mitgliedstaat erforderlich, da drittstaatliche Kläger in diesem Fall bezüglich des Selbsthilfeverbotes ebenso gestellt sind wie Kläger, die einem Mitgliedstaat der Union angehören. Die Frage, ob ein Inlandsbezug zu einem Staat zu verlangen ist, ist daher hier im Rahmen der Rechtfertigung zu behandeln. Die Justizgrundrechte unterscheiden sich insofern von anderen Grundrechten mit Leistungsgehalt.

744 S. zu der Verfahrensdauer der Amtsgerichte im Jahr 2003 *Busse*, S. R 28.

festgestellt.[745] Insgesamt ist anzunehmen, dass die Tatsache, dass durch die Inanspruchnahme der Gerichte der Staatshaushalt belastet[746] und die Interessen der Parteien anderer Gerichtsverfahren in einem Staat betroffen werden, die Forderung nach einem Bezug zu dem Staat rechtfertigen. Es kann nicht Aufgabe eines Staates sein, für den Notfall für sämtliche Rechtsstreitigkeiten dieser Erde ein Forum bereitzustellen. So weit reicht auch der völkerrechtliche Grundsatz des Verbots der déni de justice nicht.[747]

cc) Schlussfolgerungen für die Auslegung des ausreichenden Bezuges nach Art. 26 EuGVO-E

Aus den oben gemachten Ausführungen ergibt sich damit, dass ein Staat zur Eröffnung einer Notzuständigkeit einen ausreichenden Bezug verlangen kann. Es ist davon auszugehen, dass es dabei grundsätzlich im Ermessen des jeweiligen Staates steht, wann er einen solchen Bezug für gegeben hält. Um Fälle der Justizverweigerung möglichst gering zu halten, sollte der Bezug jedoch nicht zu eng gefasst werden.[748] Das bloße Bestehen eines Rechtsschutzbedürfnisses i. w. S. reicht damit für die Eröffnung einer Notzuständigkeit nach Art. 26 EuGVO-E nicht aus.

---

745 EGMR, *Klein gegen Deutschland*, Urteil v. 27.07.2000, § 48 (nicht veröffentlicht); *Probstmeier gegen Deutschland*, Urteil v. 01.07.1997, Reports 1997-IV, § 68.

746 S. hierzu *Busse*, S. R 27. Zur Belastung des Staatshaushalts in Deutschland und den möglichen Konsequenzen für andere verfassungsrechtliche Belange bei einer zunehmenden Belastung s. *Stilz*, S. R 52-R 56.

747 Eine relativ ausführliche Zusammenfassung über die unterschiedlichen Ansichten, die zum Verständnis der déni de justice bestehen, finden sich bei *Geimer*, FS Nagel, S. 36 (37 f.), Fn. 5. Mit kurzer Erwähnung der Herkunft des Grundsatzes der déni de justice als Inhalt des Fremdenrechts, S. 37. Wenn aus menschenrechtlicher Perspektive, wie von *Geimer* zu Recht angeführt, zwar nunmehr auch die Justizverweigerung gegenüber den eigenen Staatsangehörigen (im Inland) verboten ist, so kann man den Grundsatz der déni de justice nicht so weit ausdehnen, dass er gegenüber sämtlichen Personen bestehen muss, auch wenn diese überhaupt keine Beziehung zu dem entsprechenden Staat aufweisen. Es besteht keine Verantwortlichkeit eines Staates für die Menschen der ganzen Welt. Dass Rechtsverweigerung nicht erfolgt, ist auch dann hinreichend sichergestellt, wenn jeder Staat verpflichtet wird, für seine Einwohner ein Forum zu eröffnen. Geschieht dies nicht, verletzt nur dieser Staat den Grundsatz der déni de justice, nicht hingegen jeder Staat, der keine Notzuständigkeit eröffnet.

748 Für ein nicht zu enges Verständnis des ausreichenden Bezuges im Rahmen einer Notzuständigkeit s. auch *Nuyts*, Studie 2007, S. 140, Rn. 179.

Dabei ist davon auszugehen, dass die typischen Anknüpfungsmerkmale, wie der oben angesprochene gewöhnliche Aufenthalt[749], auch im Rahmen des Art. 26 EuGVO-E einen ausreichenden Bezug zu einem Mitgliedstaat herstellen. Denn der ausreichende Bezug des Art. 26 EuGVO-E kann, da die Vorschrift eine Auffangzuständigkeit bereithält, nicht enger verstanden werden als der in Art. 25 EuGVO-E. All diejenigen Kriterien, die im Rahmen des Art. 25 EuGVO-E herangezogen werden können[750], erfüllen damit auch das gleichnamige Tatbestandsmerkmal in Art. 26 EuGVO-E.

Fraglich ist jedoch, ob der ausreichende Bezug im Rahmen des Art. 26 EuGVO-E gegebenenfalls weiter verstanden werden kann als in Art. 25 EuGVO-E. Zu erörtern sind hier die Anknüpfungskriterien der Staatsangehörigkeit, des schlichten Aufenthalts und des Vermögens. Ferner ist zu untersuchen, ob hinsichtlich Art. 26 EuGVO-E eine Gesamtschau von Anknüpfungspunkten in Betracht kommt, wenn einzelne für sich genommen nicht ausreichend wären.

(1) Das Kriterium der Staatsangehörigkeit

Die Staatsangehörigkeit wurde in den Erwägungsgründen der EuUntVO als mögliche Anknüpfung für den ausreichenden Bezug genannt. Auch in einigen der in den Mitgliedstaatlichen bestehenden Notzuständigkeiten wird an die Staatsangehörigkeit angeknüpft.[751]

(a) Ungleichbehandlungsproblematik des Kriteriums

Es stellt sich hier wiederum die Frage, ob eine solche Anknüpfung zu einer Diskriminierung der Staatsangehörigen der anderen EU-Staaten führt. Der Unionsgesetzgeber lehnt dies, wie sich aus der Nennung der Staatsangehörigkeit als mögliches Kriterium in den Erwägungsgründen der EuUntVO entnehmen lässt, ab. Dies ist aber nicht überraschend, wenn man bedenkt, dass er auch im Rahmen der EuEheVO an die Staatsangehörigkeit anknüpft[752]. Aufgrund der oben gemachten Ausführungen[753] muss auch an dieser Stelle bei Heranziehen der Staatsangehörigkeit eine Ungleichbehandlung angenommen werden, die gerechtfertigt sein müsste.

---

749 Kap. 2, S. 155 f.

750 S. dazu Kap. 2, S. 164 f.

751 S. zu den gängigen Kriterien *Nuyts*, Studie 2007, S. 66, Rn. 85.

752 S. dazu oben, Kap. 2, S. 125 f.

753 Kap. 2, S. 126 f.

(b) Mögliche Rechtfertigung der Ungleichbehandlung

Neben den bereits im Rahmen des Art. 25 EuGVO-E angesprochenen und verworfenen Rechtfertigungsmöglichkeiten[754] kommt an dieser Stelle die Einhaltung des völkerrechtlichen Grundsatzes der déni de justice in Betracht. Dieser könnte ein direktes Anknüpfen an die Staatsangehörigkeit nur dann rechtfertigen, wenn er im Falle der drohenden Rechtsverweigerung den Staaten die Pflicht auferlegt, ihren Angehörigen ein Forum zur Verfügung zu stellen. Entscheidend ist damit, welches Kriterium die Pflicht zur Eröffnung einer Notzuständigkeit auslöst bzw. ob es überhaupt bestimmte Kriterien gibt, bei denen dies der Fall ist. Neben der Staatsangehörigkeit kommt hier der gewöhnliche Aufenthalt in Betracht. Es stellt sich damit die Frage, ob ein Staat zur Eröffnung einer Notzuständigkeit gegenüber Staatsgehörigen stets verpflichtet ist, auch wenn sich diese gar nicht auf seinem Staatsgebiet aufhalten, oder ob es ausreichend ist, im Rahmen der Notzuständigkeit an andere Kriterien, wie den gewöhnlichen Aufenthalt, anzuknüpfen. Hierzu ist festzustellen, dass ein Staat gegenüber seinen eigenen Staatsangehörigen nicht stets für den Notfall ein Forum eröffnen muss, auch wenn diese sich überhaupt nicht in dem entsprechenden Staatsgebiet aufhalten. Insofern stehen diese Staatsangehörigen nämlich, wenn es um die Eröffnung einer Zuständigkeit geht, nicht in einem wesentlich anderen Verhältnis zu dem Staat als Angehörige anderer Staaten. Sie haben sich damit freiwillig in diesem Bereich aus der Verantwortungssphäre ihres Landes herausbegeben. Ein Staat ist nämlich nicht verpflichtet, seinen eigenen Angehörigen, die sich auf fremdem Territorium aufhalten, alle Leistungen zu gewähren, die diejenigen erhalten, die sich auf seinem Gebiet befinden. Als Beispiel wäre hier etwa die Leistung von Sozialhilfe[755] oder von Ausbildungsförderung im Ausland[756] zu nennen. Die Eröffnung eines Rechtsweges ist vom Leistungsgehalt zwar mit den vorangehend genannten finanziellen Unterstützungen nicht vergleichbar, da es nicht um Sozialleistungen geht. Es lässt sich aber aus ihnen ableiten, dass ein Staat auch gegenüber seinen eigenen Staatsangehörigen seine Leistungen einschränken kann, wenn diese sich im Ausland befinden. Es gibt damit keine generelle Fürsorgepflicht eines Staates für seine Angehörigen, wenn diese sein Staatsgebiet verlassen haben.[757]

---

754 Kap. 2, S. 127 ff.

755 Diese erhalten gemäß § 24 Abs. 1 SGB XII Personen mit gewöhnlichem Aufenthalt im Ausland grundsätzlich nicht.

756 Diese steht nur Personen zu, die ihren ständigen Wohnsitz im Inland haben, s. § 5 Abs. 2 BaföG.

757 Nach Oestreicher-*Decker*, § 24 SGB XII, Rn. 4 lässt sich dies dem völkerrechtlichen Territorialitätsprinzip entnehmen. Ferner darf sich der Staat auf Grund dieses Prinzips

(c) Schlussfolgerung

In Bezug auf die Staatsangehörigkeit ist somit festzustellen, dass sie einen Staat nicht verpflichtet, ein Forum zu eröffnen, zumal dieses Kriterium keine verfahrensrelevante Beziehung zu dem entsprechenden Staat garantiert[758]. Ein Staat kommt seinen Verpflichtungen daher auch dann nach, wenn er die Notzuständigkeit auf Grund des gewöhnlichen Aufenthalts eröffnet. Da sich damit aus der Verpflichtung zur Eröffnung einer Notzuständigkeit nicht zugleich die Pflicht ergibt, diese sämtlichen Staatsangehörigen bereitzuhalten, ist ein Anknüpfen an die Staatsangehörigkeit im Rahmen des Art. 26 EuGVO-E unzulässig.

(2) Kriterium des schlichten Aufenthalts

Der schlichte Aufenthalt kommt auch im Rahmen des Art. 26 EuGVO-E nicht als ausreichendes Kriterium in Betracht, da er das Erfordernis nach einem ausreichenden Inlandsbezug praktisch aushebeln würde. Ein entsprechender Bezug könnte viel zu leicht durch den Kläger hergestellt werden und würde damit keine wirkliche Zugangseinschränkung darstellen. Diese war aber offensichtlich gewollt.

(3) Kriterium des Vermögens

Sofern bereits bei den Primärzuständigkeiten auf das Vermögen des Beklagten abgestellt wird, ist ein Heranziehen dieses Kriteriums im Rahmen der Notzuständigkeit nicht mehr sinnvoll möglich.[759] Der Passus des Art. 24bis des Vorschlags der *Gedip*, dass der ausreichende Bezug insbesondere durch die Vermögensbelegenheit in einem Staat hergestellt werden könne[760], wurde somit auch in Art. 26 EuGVO-E, obwohl sich die Vorschrift stark an Art. 24bis anlehnt, gestrichen. Ein Abstellen auf das Vermögen wäre im Rahmen des Art. 26 EuGVO-E insofern auch nur möglich, wenn man geringere Anforderungen als unter Art. 25 EuGVO-E stellen würde. Dies ist aber abzulehnen. Zwar würde es keinen Wertungswiderspruch darstellen, in Art. 25 EuGVO-E einen ausreichenden Bezug neben der Vermögensbelegenheit zu fordern, während im Rahmen des Art. 26 EuGVO-E

---

darauf verlassen, dass in der Regel der Aufenthaltsstaat für entsprechende Leistungen zu sorgen hat, § 24 SGB XII, Rn. 6. In dem vorliegenden Zusammenhang ergibt sich aus dem Fremdenrecht, dass der Aufenthaltsstaat den Gerichtszugang nicht vollständig verweigern darf, da sonst eine déni de justice die Folge wäre.

758 S. hierzu oben, Kap. 2, S. 133 f.

759 S. *Nuyts*, Studie 2007, S. 66, Rn. 85.

760 S. Art. 24 bis des Vorschlags vom 21.09.2008, Bergen (Dokument Nr. 29), abgedruckt in IPRax 2009, S. 283 (284).

bereits die Vermögensbelegenheit für sich einen ausreichenden Bezug herstellt. Dies folgt daraus, dass Art. 25 EuGVO-E eine – wenn auch nicht primäre – besondere Zuständigkeit aufstellt, während Art. 26 EuGVO-E nur im Notfall eingreift. Der ausreichende Bezug kann daher bei der letztgenannten Vorschrift durchaus weiter gefasst werden. Es ist jedoch davon auszugehen, dass die Belegenheit des Vermögens von Art. 25 EuGVO-E dennoch abschließend erfasst wird. Der Grund liegt darin, dass nach der obigen Auslegung Art. 26 lit. b EuGVO-E so zu verstehen ist, dass eine Vollstreckung im Staat, dessen Gerichte angerufen sind, möglich sein muss. Bei auf Zahlung gerichteten Klagen erfordert dies bereits eine Vermögensbelegenheit in dem entsprechenden Staat, da nur die hypothetische Aussicht auf Vollstreckung nicht ausreicht. Anderenfalls könnte der Kläger wiederum in jedem beliebigen Land die Eröffnung einer Notzuständigkeit beantragen, ohne dass ihm auf Grund des bereits vorhandenen Titels ein rechtliches Interesse daran zuzuerkennen wäre. Spielt demnach die Vermögensbelegenheit jedoch schon bei der Vollstreckung eine Rolle, so kann sie nicht zusätzlich auch einen ausreichenden Bezug begründen. Dieser wird nach der Vorschrift eindeutig *neben* den Voraussetzungen der in Art. 26 lit. a und lit. b EuGVO-E genannten Beispiele verlangt.

Das Kriterium des Vermögens wird daher abschließend durch Art. 25 EuGVO-E erfasst.

(4) Zusammenfassung zu dem ausreichenden Bezug i. S. d. Art. 26 EuGVO-E

Abschließend kann damit festgehalten werden, dass der ausreichende Bezug im Rahmen des Art. 26 EuGVO-E mit den gleichen Kriterien hergestellt werden kann, wie den unter Art. 25 EuGVO-E besprochenen. Abweichungen ergeben sich nicht. Da diese Kriterien für sich genommen ausreichen, um einen genügenden Bezug zu einem Mitgliedstaat herzustellen, ist eine Gesamtbetrachtung, die im Rahmen der EuGVO-E ohnehin problematisch, im Hinblick auf die Besonderheiten des forum necessitatis aber gegebenenfalls ausnahmsweise denkbar wäre, gar nicht notwendig.

F. Sonderproblem: Herbeiführung der Notwendigkeit der Eröffnung einer Notzuständigkeit durch die Parteien

Es stellt sich die Frage, ob die Vorschrift des Art. 26 EuGVO-E auch in den Fällen eingreifen soll, in denen die Parteien die Situation, dass die Gerichte keines Mitgliedstaates zuständig sind und eine drittstaatliche Entscheidung nicht anerkannt oder vollstreckt werden kann, durch ausschließliche Gerichtsstandvereinbarung zu

Gunsten eines drittstaatlichen Gerichts selbst herbeigeführt haben.[761,762] *Weber* lehnt die Einschlägigkeit des Art. 26 EuGVO-E ab, sofern ein drittstaatliches Urteil in der EU nicht anerkannt wird und die Parteien dies hätten erkennen müssen. Er macht seine Ansicht daran fest, dass in diesen Fällen kein „Ausnahmefall“ bestehe.[763] Es handelt sich vorliegend jedoch um eine Frage, die nach der Grundrechtecharta zu beantworten ist. Wie gezeigt, dient Art. 26 EuGVO-E dazu, die Rechte des Art. 47 EGRC im Bereich der internationalen Zuständigkeit sicherzustellen. Maßgebend ist damit, ob die Parteien eines Rechtsstreites auf diese Rechte wirksam verzichten können. Auch hier ist zur Auslegung des Art. 47 EGRC auf das Verständnis des EGMR zu Art. 6 Abs. 1 EMRK zurückzugreifen. Der EGMR geht davon aus, dass ein Verzicht auf den durch die EMRK gewährten Schutz grundsätzlich möglich ist.[764] Ein Verzicht auf die in der Konvention gewährten Rechte ist aber nur dann wirksam, wenn dies in Kenntnis aller Umstände geschieht.[765] Es ist kaum vorstellbar, dass die Parteien ein Gericht prorogieren, bei dem sie davon ausgehen, dass ein ergehendes Urteil nicht in der EU anerkannt werden kann, dies aber für die Rechtsdurchsetzung notwendig ist. Auch wenn den Parteien dies bei Beachtung der notwendigen Sorgfalt hätte bewusst sein müssen, darf ihnen der Schutz des Art. 6 Abs. 1 EMRK bzw. des Art. 47 EGRC in diesen Fällen nicht entzogen werden, wenn sie nicht tatsächlich bewusst in Kenntnis aller Umstände auf diesen verzichtet haben.

Es ist damit festzuhalten, dass es grundsätzlich nicht zu einem Ausschluss der Zuständigkeit nach Art. 26 EuGVO-E kommt, wenn die Parteien die „Notlage“ durch Gerichtsstandvereinbarung selbst herbeigeführt haben.

G. Rechtsfolge des Art. 26 EuGVO-E: Ermessensentscheidung des angerufenen Gerichts?

Für die EuUntVO wird vertreten, dass das Tätigwerden des Gerichts bei Vorliegen der tatbestandlichen Voraussetzungen in dessen Ermessen stünde.[766] Die

---

761 S. auch *Weber*, RabelsZ 2011, S. 619 (641).

762 S. allgemein zur Notzuständigkeit bei Vereinbarung einer ausschließlichen Zuständigkeit *Milleker*, S. 48 ff.

763 S. auch *Weber*, RabelsZ 2011, S. 619 (641).

764 S. z. B. *Hermi gegen Italien*, Urteil v. 18.10.2005, Reports 2006-XII, § 73.

765 S. *D. H. u. a. gegen die Tschechische Republik*, Urteil v. 13.11.2007, Reports 2007-IV, § 202; *Pfeifer und Plankl gegen Österreich*, Urteil v. 25.02.1992, A227, § 37–39.

766 *Hausmann*, IntEuSchR, C Rn. 187; Rauscher-*Andrae*, Art. 7 EuUntVO, Rn. 13.

Vorschrift in der EuUntVO ist jedoch anders formuliert als Art. 26 EuGVO-E. Während erstere davon spricht, dass die Gerichte in Ausnahmefällen entscheiden können, setzt letztere fest, dass die Streitigkeit in Ausnahmefällen vor den Gerichten eines Mitgliedstaates verhandelt werden kann. Die deutsche Fassung der EuGVO-E spricht von ihrem Wortlaut her damit nicht dafür, dass den Gerichten ein Ermessen zustehen soll, ob sie die Streitigkeit zur Entscheidung annehmen. Anders ist dies allerdings in der englischen und der französischen Fassung der Vorschrift. Hier bezieht sich das „können" nicht auf die Streitigkeit, sondern tatsächlich auf die Gerichte.[767] Jedenfalls im Rahmen des Art. 26 EuGVO-E ist jedoch davon auszugehen, dass keine Ermessensentscheidung des Gerichts stattfindet, da dieser die Rechte aus Art. 47 EGRC gewährleisten soll. Ein Tätigwerden des Gerichts ist nach Art. 26 EuGVO-E nur dann gestattet, wenn es zur Gewährleistung der genannten Rechte erforderlich ist. Sofern die Eröffnung der Zuständigkeit des angerufenen Gerichts erforderlich ist, kann es jedoch nicht mehr im Ermessen des Gerichts stehen, seine Zuständigkeit dennoch abzulehnen, da dies Art. 47 EGRC verletzten würde und damit stets ein Ermessensfehler vorläge. Die Formulierung „[…] kann die Streitigkeit in Ausnahmefällen vor den Gerichten verhandelt werden" ist daher so zu verstehen, dass die Vorschrift die Befugnis der Gerichte zur Entscheidung über den Rechtsstreit festschreibt, nicht jedoch einen Ermessensspielraum begründet. Es ist daher auch nicht gesondert zu prüfen, ob ein „Ausnahmefall" vorliegt.[768] Vielmehr stellt die Voraussetzung der Erforderlichkeit eines Tätigwerdens des Gerichts zur Gewährleistung der in Art. 26 EuGVO-E genannten Rechte bereits sicher, dass das Gericht nur in Ausnahmefällen seine Zuständigkeit annimmt.

---

767 S. für die englische Fassung: "[…] the courts of a Member State may […] hear the case […]" bzw. für die französische Fassung: „[…] les tribunaux d'un Etat membre peuvent […] connaître du litige […]".

768 Erwägungsgrund 31 der EuErbVO (VO Nr. 650/2012) stützt dieses Ergebnis, denn er enthält eine Erläuterung, was unter einem Ausnahmefall zu verstehen ist. Ein solcher sei z. B. gegeben, „wenn ein Verfahren sich in dem betreffenden Staat als unmöglich erweist, beispielsweise aufgrund eines Bürgerkriegs, oder wenn von einem Berechtigten vernünftigerweise nicht erwartet werden kann, dass er ein Verfahren in diesem Staat einleitet oder führt". Entsprechende Ausführungen finden sich bei Erwägungsgrund 16 der EuUntVO. Sie können auch auf die EuGVO-E übertragen werden. Damit wird klar, dass bereits das Vorliegen der Voraussetzungen des Art. 47 EGRC einen Ausnahmefall begründet.

H. Anwendungsbereich des Art. 26 EuGVO-E neben Art. 25 EuGVO-E und den übrigen Zuständigkeiten der EuGVO-E

Der Anwendungsbereich des Art. 26 EuGVO-E ist verhältnismäßig gering.[769] In der Verordnungsbegründung wurde die Wichtigkeit dieses Gerichtsstandes vor allem im Hinblick auf europäische Unternehmen, welche im Ausland investieren wollen, erwähnt.[770] Sowohl Art. 25 EuGVO-E, als auch Art. 26 EuGVO-E sind hauptsächlich dann anwendbar, wenn sowohl auf der Kläger- als auch auf der Beklagtenseite ein Unternehmen steht. Ein weiteres Anwendungsfeld ist gegeben, wenn in Drittstaatenfällen auf beiden Seiten Privatpersonen beteiligt sind. Im Übrigen werden die meisten Fälle bereits von den Art. 8–21 EuGVO-E erfasst sein.[771]

---

769 S. auch die Einschätzung bei *Magnus/Mankowski*, ZVglRWiss 2011, S. 252 (268) und *Weber*, RabelsZ 2011, S. 619 (641).

770 KOM (2010) 748 endg. S. 9.

771 *Weber* nennt als Anwendungsfälle des Art. 26 EuGVO-E zum einen, wenn sich bei Gerichtsstandvereinbarungen zwischen den Parteien herausstellt, dass vor dem prorogierten Gericht ein faires Verfahren nicht möglich ist, zum anderen die Sicherstellung zwingenden Europarechts, v. a. des Verbraucherschutzrechts, da bei Anwendbarkeit diesen Rechts nicht immer ein Gerichtsstand in der EU garantiert sei, s. RabelsZ 2011, S. 619 (641 f.).

Kapitel 4

In diesem Kapitel sollen eine mögliche Erstreckung der bestehenden Zuständigkeitsordnung der EuGVO auf Drittstaatensachverhalte sowie die Gerichtsstände der Art. 25 und 26 EuGVO-E bewertet werden. Es werden ferner Vorschläge für eine mögliche Abfassung eines Vermögensgerichtsstandes und einer Notzuständigkeit gemacht.

A. Meinungsstand zur Erstreckung der Verordnung in Drittstaatenfällen in der Literatur und Ansichten zum Kommissionsvorschlag

I. Meinungsstand in der Literatur

In der Literatur wurde schon länger eine Ausweitung der Vorschriften der EuGVO bzw. bereits des EuGVÜ befürwortet oder gar gefordert.[772] Grund ist vor allem die unter der EuGVO bestehende Ungleichbehandlung von Personen mit Wohnsitz in einem Drittstaat.[773] *Nuyts* orientiert sich in seiner dem Kommissionsvorschlag vorangehenden Studie vorwiegend an den der Verordnung zu Grunde liegenden Zielen und führt aus, dass eine Erstreckung der Zuständigkeiten auf Drittstaatensachverhalte dem Ziel der Vorhersehbarkeit der Gerichtsstände auf Kläger- und Beklagtenseite förderlich sei[774].

---

772 *Grolimund*, S. 270 f., Rn. 741 ff.; *Kropholler*, FS Ferid, S. 239 (246 f.); *Basedow*, Handbuch des IZVR I, S. 99 (172 f.), Rn. 149 und (180), Rn. 169, beide noch zum EuGVÜ.

773 *Grolimund*, S. 270 f., Rn. 741. S. zur Ungleichbehandlungsproblematik auch unalexK-*Hausmann*, Art. 4 EuGVO, Rn. 10.

774 *Nuyts*, Studie 2007, S. 107 f., Rn. 137. S. zu diesem Aspekt auch unalexK-*Hausmann*, Art. 4 EuGVO, Rn. 10.

Auch der Kommissionsvorschlag selbst ist in der Literatur überwiegend auf positive Resonanz gestoßen.[775] Die Literatur verweist darauf, dass das derzeitige System der Verordnung in sich nicht konsequent sei, da der Wohnsitz als Kriterium stets einen hinreichenden Bezug zur Gemeinschaft für die Anwendbarkeit der Verordnung begründe, die Kriterien der Gerichtsstände der Art. 5 und 6 hingegen nicht[776]. Ferner verbessere eine Erweiterung den Rechtsschutz von in der EU wohnhaften Personen, da Kosten für diesen gesenkt werden.[777] Im Übrigen entspreche eine Erstreckung der Verordnung auf Drittstaatensachverhalte der gegenwärtigen Entwicklung der europäischen Gesetzgebung auf dem Gebiet des internationalen Privat- und Zivilverfahrensrechts, welche dahin gehe, dass auch Drittstaatensachverhalte unter Ausschluss der Geltung nationaler Zuständigkeiten geregelt werden.[778] Auch sei nicht nachvollziehbar, warum die Gerichtsstände zum Schutz der schwächeren Partei in EU-Sachverhalten offen stehen, in Drittstaatenfällen jedoch nicht.[779]

II. Reaktion in den Mitgliedstaaten auf den Kommissionsvorschlag

1. Reaktion der mitgliedstaatlichen Parlamente

Auch in den Mitgliedstaaten wurde der Entwurf der Kommission zur Vereinheitlichung der Restzuständigkeit überwiegend positiv bewertet, jedenfalls was die Frage der Erstreckbarkeit der Art. 5 und 6 EuGVO angeht.[780] Als Vorteile einer Erstreckung der Zuständigkeiten wurden die verbesserte Vorhersehbarkeit[781] und Transparenz[782] der Zuständigkeiten angeführt.

---

775 *Hausmann*, Brussels I, S. 3 (26); *von Hein*, RIW 2011, S. 1 (Heft 10); *Weber*, RabelsZ 2011, S. 619 (623 ff.).

776 *Hausmann*, Brussels I, S. 3 (26); *Weber*, RabelsZ 2011, S. 619 (624 f.).

777 *Hausmann*, Brussels I, S. 3 (26); *Weber*, RabelsZ 2011, S. 619 (624).

778 *Hausmann*, Brussels I, S. 3 (27); *Weber*, RabelsZ 2011, S. 619 (625).

779 S. *Hausmann*, Brussels I, S. 3 (26 f.); *Weber*, RabelsZ 2011, S. 619 (624 f.).

780 Generell zustimmend, auch bezüglich der geplanten besonderen Zuständigkeiten in Drittstaatensachverhalten äußerten sich Griechenland, S. 4 f., Lettland, S. 3 f., Frankreich, S. 6, und Malta, S. 1 f. Zustimmung mit gewissen oder auch größeren Einschränkungen fand der Vorschlag in den Ländern Belgien, S. 3, Bulgarien, S. 4 f., Estland, S. 1 f., Dänemark, S. 3, Finnland, S. 2 f., Italien, S. 2, Polen, S. 2 f., Rumänien, S. 2, Niederlanden, S. 4, Spanien, S. 1 f., Slowakei, S. 2, Tschechien, S. 3 und Ungarn, S. 2 f. In letzterem nur, sofern die Vollstreckbarkeit gewährleistet ist.

781 So Dänemark, S. 3, Lettland, S. 3, Frankreich, S. 7.

782 Lettland, S. 3.

Einige Staaten äußerten sich hingegen eher skeptisch.[783] Gegen eine Erweiterung des Anwendungsbereichs spricht nach Ansicht der Mitgliedstaaten vor allem, dass eine Regelung besser auf staatsvertraglicher Ebene angestrebt werden sollte.[784] Es wird insofern angeführt, dass ein Beitritt anderer Staaten zum LugÜ[785] oder zum Haager Übereinkommen vom 30.06.2005 zu befürworten sei.[786]

Teilweise wird betont, dass die Anerkennung und Vollstreckung einer ergehenden Entscheidung sichergestellt sein müsse, da anderenfalls eine Erweiterung der Zuständigkeit der mitgliedstaatlichen Gerichte keine effektive Lösung sei.[787]

Der ständige Ausschuss in Zivilsachen des schwedischen Parlaments hat in seiner Stellungnahme die Frage der internationalen Zuständigkeit nicht angesprochen. Er hat jedoch die Ansicht vertreten, dass das Hauptaugenmerk einer Revision der EuGVO darauf gerichtet sein sollte, das Verfahren zu vereinfachen, während die Interessen der Parteien durch Sicherheitsvorkehrungen gewahrt werden müssten.[788] Insofern erscheint das Interesse an einer Vereinheitlichung der internationalen Zuständigkeit in Drittstaatensachverhalten eher begrenzt. Sie wurde jedoch auch nicht negativ bewertet.

2. Reaktion einiger sonstiger Stellen der Mitgliedstaaten und der Haager Konferenz für internationales Privatrecht

Der Deutsche Bundesrat befürwortet eine Ausdehnung der Zuständigkeiten grundsätzlich[789], verlangt jedoch nach einer Auseinandersetzung mit der Frage der Folgen einer solchen Erweiterung auf bilaterale Übereinkommen sowie mit der Möglichkeit, im Rahmen der Haager Konferenz zu einer Übereinkunft zu gelangen.[790] Auch die vorgesehenen besonderen Zuständigkeiten in Drittstaatenfällen

783 So Österreich, S. 5, da für die Problemstellung auf Grund ihres Umfangs ein eigenes Projekt vorzugswürdig sei, Litauen, S. 2, das den Vorschlag für kompliziert und ineffektiv hält, Slowenien, S. 3 f., das allein die Einführung eines forum necessitatis für angebracht hält, Deutschland, S. 4 f., und Großbritannien, S. 2.

784 Österreich, S. 4 f., Slowenien, S. 4, Deutschland, S. 4, Niederlande, S. 4 (obgleich letztere einer Erstreckung der EuGVO zugestimmt haben) und Großbritannien, S. 2.

785 Luganer Übereinkommen über die gerichtliche Zuständigkeit und die Vollstreckung gerichtlicher Entscheidungen in Zivil- und Handelssachen, BGBl. 1994 II, S. 2660; vgl. *Jayme/Hausmann*, Nr. 152.

786 Finnland, S. 3, Rumänien, S. 2, Deutschland, S. 5.

787 So Estland, S. 1, Ungarn, S. 2 f.

788 S. die Stellungnahme des ständigen Ausschusses in Zivilsachen, 2008/09:CU35.

789 Ds. BR 833/10, S. 3, Nr. 8.

790 Ds. BR 833/10, S. 3, Nr. 8.

akzeptiert der Bundesrat, wobei er auf deren Unbestimmtheit hinweist.[791] Der Österreichische Rechtsanwaltskammertag hält eine Ausweitung der bestehenden Vorschriften ebenfalls für möglich[792], mahnt jedoch bezüglich der Einführung spezieller Vorschriften in Drittstaatensachverhalten zu einer gründlichen Befassung mit den derzeitigen nationalen Vorschriften und völkerrechtlichen Verträgen an[793]. Auch erwähnt er im Zusammenhang mit dem Vermögensgerichtsstand das Bedürfnis nach einer klaren Regelung im Rahmen der Verordnung.[794]

Kritischer äußert sich der Deutsche Richterbund, da die Regelungskompetenz wegen des möglicherweise fehlenden Binnenmarktbezuges fraglich sei.[795] Diese Bedenken haben sich jedoch mit Geltung des Art. 81 AEUV erledigt.[796] Das Bedürfnis nach weiteren besonderen Zuständigkeiten in Drittstaatenfällen lehnt der Richterbund ab.[797]

Gegen eine Ausweitung der Verordnung spricht sich kategorisch die Bundesrechtsanwaltskammer aus, da die EuGVO auf der „umfassenden Rechtsgemeinschaft" innerhalb der EU gründe, welche in Drittstaatensachverhalten nicht gegeben sei.[798] Die Ausführungen der BRAK und deren geäußerte Bedenken beziehen sich dabei aber wohl vor allem auf eine Erstreckung der Vorschriften über die Anerkennung und Vollstreckung von Urteilen.

Die Haager Konferenz für internationales Privatrecht hat dem Entwurf der Kommision zugestanden, dass er eine größere Transparenz für Kläger aus der EU schaffe. Sie mahnt jedoch an, dass Verhandlungen zur Ausarbeitung eines multilateralen Staatsvertrages auf diesem Gebiet durch die Verordnung nicht überflüssig würde, da die Ziele der Verordnung durch einseitige Regelung der EU nur teilweise erreicht werden könnten.[799]

III. Zusammenfassende Feststellungen

Insgesamt fällt auf, dass eine Vereinheitlichung der Restzuständigkeit zum Großteil befürwortet wird. Während die Literatur eher Gründe anführt, warum eine

791 Ds. BR 833/10, S. 4, Nr. 10.
792 S. dessen Stellungnahme zum Grünbuch, S. 3.
793 S. Stellungnahme zum Grünbuch, S. 3.
794 S. Stellungnahme zum Grünbuch, S. 3.
795 Stellungnahme des Dt. Richterbundes, Nr. 8/09.
796 S. hierzu oben, Kap. 1, S. 37 ff.; dazu auch *Weber*, RabelsZ 2011, S. 619 (622 f.).
797 Stellungnahme des Dt. Richterbundes, Nr. 8/09.
798 BRAK-Stellungnahme Nr. 26/2009, S. 4 f.
799 Dokument Nr. 46010(09)VL/MP, S. 2.

Ausdehnung der Zuständigkeitsordnung auf Drittstaatenfälle erfolgen sollte, werden von den Mitgliedstaaten vor allem Aspekte hervorgehoben, die bei einer Erstreckung der Vorschriften problematisch sein könnten und auf die daher besonders Bedacht genommen werden sollte. Dies lässt sich damit erklären, dass die Literatur den Vorschlag der Kommission überwiegend aus juristischer Sicht beurteilt, die Mitgliedstaaten hingegen überwiegend politisch.

Auf die genannten Bedenken oder Anmahnungen in den einzelnen Stellungnahmen wird ebenso wie auf die befürwortenden Ausführungen in der Literatur im Folgenden an geeigneter Stelle eingegangen.

B. Bewertung einer Erweiterung der EuGVO auf Drittstaaten allgemein

I. Übertragbarkeit der bestehenden Gerichtsstände der EuGVO auf Drittstaatensachverhalte

Nach der Studie von *Nuyts* wurden die Zuständigkeitsvorschriften des EuGVÜ in Italien bereits auf Drittstaatensachverhalte erstreckt.[800,801] Auch in Schottland wurden die Regelungen weitestgehend übernommen.[802] Gemäß der Studie hat diese Erstreckung nicht zu größeren Schwierigkeiten geführt.[803] Im vorliegenden Abschnitt soll nun untersucht werden, ob eine Ausweitung des Anwendungsbereichs der Zuständigkeitsvorschriften Probleme aufwirft oder diese Zuständigkeiten auch in Drittstaatenfällen unverändert herangezogen werden können.

1. Erstreckbarkeit des Art. 5 EuGVO auf Drittstaatensachverhalte

Nuyts hat in seiner Studie zur Restzuständigkeit die Erstreckbarkeit der Vorschriften der EuGVO auf Drittstaatensachverhalte relativ ausführlich untersucht. Es wird daher zu eingangs in Bezug auf die jeweiligen Zuständigkeiten zunächst auf

800 *Nuyts*, Studie 2007, S. 19 f., Rn. 17 und S. 116, Rn. 150.

801 Ob nunmehr die Vorschriften der EuGVO heranzuziehen sind, war nach dem Bericht für Italien zum Zeitpunkt seiner Abfassung noch unklar, s. dort, S. 4.

802 *Nuyts*, Studie 2007, S. 19 f., Rn. 17. Hier allerdings die Vorschriften der EuGVO, s. den Bericht für Schottland, S. 2.

803 *Nuyts*, Studie 2007, S. 116, Rn. 150.

sein Ergebnis eingegangen. Zu Recht legt er für die Frage der Erweiterung des Anwendungsbereichs jeweils den Zweck der einzelnen Zuständigkeitsvorschriften zu Grunde.[804]

Hinsichtlich der Gerichtsstände des Art. 5 EuGVO stellt er dabei unter Bezugnahme auf den Jenard-Bericht fest, dass die Zuständigkeiten auf dem Gedanken der engen Verbindung beruhen[805], wie es sich auch den Erwägungsgründen der Verordnung entnehmen lässt (Erwägungsgrund 12)[806]. Er spricht sich daher für die Möglichkeit einer Erstreckung der Zuständigkeiten nach Art. 5 EuGVO aus.[807]

Die Literatur merkt außerdem berechtigterweise an, dass die Anwendbarkeit des Art. 5 Nr. 1 EuGVO zurzeit davon abhängt, welche der Vertragsparteien die Klage erhebt. Dies erscheint auf Grund der Tatsache, dass die Vorschrift die Zuständigkeit auf Grund einer sachlichen Nähe zum Rechtsstreit eröffnet, nicht gerechtfertigt.[808]

Es ist damit festzuhalten, dass eine Erweiterung der Gerichtsstände des Art. 5 EuGVO sachgerecht möglich ist. Sie ist ferner wegen der angeführten Gründe auch wünschenswert.

2. Erstreckbarkeit des Art. 6 EuGVO auf Drittstaatensachverhalte

Auch bezüglich Art. 6 EuGVO geht *Nuyts* von der Möglichkeit der Anwendung der Gerichtsstandregeln auf Drittstaatensachverhalte aus, da deren Zweck im Interesse einer geordneten Rechtspflege liege.[809]

a) Art. 6 Nr. 1 EuGVO

aa) Problematik bei Beklagten sowohl aus EU- als auch aus Drittstaaten

Die fehlende bzw. umstrittene Anwendbarkeit des Art. 6 Nr. 1 EuGVO auf Parteien mit Wohnsitz in einem Drittstaat wirft Schwierigkeiten auf.

---

804 *Nuyts*, Studie 2007, S. 117 ff., Rn. 153 ff.

805 *Nuyts*, Studie 2007, S. 118, Rn. 153 f.

806 S. zu den Gründen für die Zuständigkeiten des Art. 5 EuGVO ausführlicher Geimer/Schütze-*Geimer*, Art. 5 EuGVO, Rn. 5 ff. (zu Art. 5 Nr. 1), Rn. 201 ff. (zu Art. 5 Nr. 3), Rn. 296 ff. (zu Art. 5 Nr. 5). Allgemein Rauscher-*Leible*, Art. 5 EuGVO, Rn. 2.

807 *Nuyts*, Studie 2007, S. 118, Rn. 154. Zur Auswirkung der Erstreckung hinsichtlich der einzelnen Zuständigkeiten s. S. 119 f., Rn. 156.

808 *Kreuzer*, RabelsZ 2006, S. 1 (71); *Nuyts*, Studie 2007, S. 118 f., Rn. 155; *Weber*, RabelsZ 2011, S. 619 (625).

809 *Nuyts*, Studie 2007, S. 121, Rn. 158.

Nuyts führt aus, dass die derzeitige Regelung dazu führe, dass die Gerichte in Fällen, in denen sowohl Personen mit Wohnsitz in der Union, als auch Personen mit Wohnsitz in Drittstaaten beteiligt seien, die Vorschrift des Art. 6 Nr. 1 EuGVO und die entsprechende Vorschrift des nationalen Rechts, sofern eine solche überhaupt vorhanden sei, kombiniert anwenden müssten.[810] Dies könnte zu dem Ergebnis führen, dass, je nachdem, wie die nationale Zuständigkeitsvorschrift gefasst ist, das Verfahren gegen Personen mit Drittstaatenwohnsitz geführt werden kann, gegen Personen mit Wohnsitz in der EU hingegen nicht.[811]

Gleiches gilt natürlich auch im umgekehrten Fall. Teilweise wird daher unter der geltenden Verordnung angenommen, dass Rechtsstreitigkeiten, in denen wenigstens eine beklagte Person einen Wohnsitz in der Union hat, Art. 6 Nr. 1 EuGVO analog angewendet werden müsse, damit es nicht zu einer Begünstigung von Personen mit Wohnsitz in einem Drittstaat komme.[812] Es wird angeführt, dass es den Wertungen der Verordnung und insbesondere Art. 4 EuGVO widerspreche, Personen mit Wohnsitz in einem Mitgliedstaat zu benachteiligen.[813] Ferner lege auch der Zweck der Vorschrift nahe, sie auch dann anzuwenden, wenn sich die Wohnsitze der verschiedenen Beklagten in Mitglieds- und Drittstaaten befinden.[814] Gegen eine analoge Anwendung wird erwogen, dass sowohl der Wortlaut der Vorschrift[815] als auch der Jenard-Bericht[816] gegen eine solche Auslegung sprechen. Ferner würde ein solches Verständnis eine „europäische Mindestordnung" fordern, da alle in der Verordnung angeführten Zuständigkeiten auf nationaler Ebene

---

810 *Nuyts*, Studie 2007, S. 122, Rn. 159.

811 S. *Nuyts*, Studie 2007, S. 122, Rn. 159 unter Verweis auf die Rechtssache *Roche Nederland.*

812 So Geimer/Schütze-*Geimer*, Art. 6 EuGVO, Rn. 4; MüKo-*Gottwald*, Art. 6 EuGVO, Rn. 3; im Ergebnis auch *Kropholler/von Hein*, Art. 6 EuGVO, Rn. 7; Rauscher-*Leible*, Art. 6 EuGVO, Rn. 7, jeweils m. w. N.; Stein/Jonas-*Wagner*, Art. 6 EuGVO, Rn. 4 f. und 22; *Schack*, S. 146 f., Rn. 411; dafür, dass eine Anwendung auf Beklagte aus Drittstaaten sinnvoll sei, auch unalexK-*Corneloup/Althammer*, Art. 6 EuGVO, Rn. 22; a. A. Staudinger-*Hausmann*, IntVertrVerfR, § 203; *Ders.* in Wieczorek/Schütze, Art. 6 EuGVÜ, Rn. 4; Musielak-*Stadler*, Art. 6 EuGVO, Rn. 3; *Grolimund*, S. 155, Rn. 414 ff.

813 Stein/Jonas-*Wagner*, Art. 6 EuGVO, Rn. 22.

814 Stein/Jonas-*Wagner*, Art. 6 EuGVO, Rn. 22.

815 Wieczorek/Schütze-*Hausmann*, Art. 6 EuGVÜ, Rn. 4; Musielak-*Stadler*, Art. 6 EuGVO, Rn. 3.

816 Wieczorek/Schütze-*Hausmann*, Art. 6 EuGVÜ, Rn. 4.

abgesichert sein müssten.[817] Auch sei die Regelung von Drittstaatensachverhalten in der Verordnung bewusst unterblieben.[818]

bb) Stellungnahme zur Anwendbarkeit des Art. 6 Abs. 1 EuGVO in Drittstaatenfällen

Es ist festzuhalten, dass die besseren Gründe gegen eine analoge Anwendung der Vorschrift sprechen, denn sie müsste gegen ihren eindeutigen Wortlaut ausgelegt werden. Es entspricht der Systematik der Verordnung, dass grundsätzlich nur Personen mit Wohnsitz in einem Mitgliedstaat nach ihren Regelungen vor Gericht gezogen werden können. Auch wäre bei einer analogen Anwendung auf die genannten Fälle zumindest an eine Anwendung der Vorschrift auf sämtliche Sachverhalte von Personen mit Wohnsitz in einem Drittstaat zu denken. Weshalb eine Erstreckung nur in den Fällen erfolgen soll, in denen es sonst zu einer Benachteiligung von Personen mit Wohnsitz in einem Mitgliedstaat kommt, ist nicht recht überzeugend. Art. 6 Abs. 1 EuGVO dient allein der geordneten Rechtspflege in den von ihm genannten Fällen. Es ist unter Berücksichtigung der Systematik der Verordnung nicht ersichtlich, dass er eine Besser- oder Schlechterstellung von Personen mit Unionswohnsitz bezweckt. Eine analoge Anwendung auf Sachverhalte, in denen ein Drittstaatenbewohner vor Gerichten eines anderen Mitgliedstaates als dem Wohnsitzstaat des weiter in der EU wohnhaften Beklagten verklagt wird, hat der EuGH jedoch bereits abgelehnt.[819] Er betonte dabei insbesondere die Rechtssicherheit für den in der EU wohnhaften Beklagten.[820] Wie bereits erläutert, muss der Grundsatz der Rechtssicherheit jedoch auch zu Gunsten von Beklagten aus Drittstaaten gelten.[821] Eine einseitige Erstreckung des Anwendungsbereichs des Art. 6 Nr. 1 EuGVO in Fällen, in denen ein Drittstaatenbeklagter sonst nicht vor Gericht gestellt werden könnte, kommt daher nicht in Betracht.

cc) Bedeutung des Ergebnisses für die Erstreckung der Verordnung auf Drittstaatenfälle

Um die bestehenden Ungleichbehandlungen zu vermeiden ist der einzig sinnvolle Weg eine Erstreckung der Vorschrift auf Drittstaatensachverhalte allgemein. Eine Ausdehnung des Anwendungsbereichs des Art. 6 Nr. 1 EuGVO ist damit nicht nur

---

817 *Grolimund*, S. 155, Rn. 415.
818 *Grolimund*, S. 155, Rn. 416.
819 EuGH C-51/97 (*Réunion européenne SA u. a.*), Rn. 46–52.
820 EuGH C-51/97 (*Réunion Européenne SA u. a.*), Rn. 46.
821 S. Kap. 2, S. 120 f.

möglich, sondern sogar geboten. Dies beseitigt die derzeitigen Ungleichbehandlungen, welche zwar recht-[822] jedoch nicht zweckmäßig sind. Eine Erstreckung der Verordnung führt daher hier wie auch in anderen Fällen, in denen noch auf das nationale Recht der Mitgliedstaaten zurückzugreifen ist, zu einer besseren Vorhersehbarkeit für den Kläger, in welchem Staat er einen Beklagten aus einem Drittstaat belangen kann.

b) Art. 6 Nr. 3 EuGVO

Auch im Rahmen des Art. 6 Nr. 3 EuGVO wird vertreten, dass der Gerichtsstand Anwendung finde, wenn der Widerbeklagte in einem Drittstaat wohnhaft sei.[823] Zwar wird angemerkt, dass die Zuständigkeitsnorm in der Praxis keine Probleme aufwerfe, da alle Mitgliedstaaten eine entsprechende Zuständigkeit bereithielten[824], doch scheint eine Ausdehnung des Gerichtsstandes auf Drittstaatensachverhalte die bessere Lösung, damit Klarheit besteht. Die nationalen Vorschriften könnten nämlich auch geändert werden.

c) Art. 6 Nr. 2 und Nr. 4 EuGVO

Art. 6 Nr. 2 EuGVO wird derzeit in der Literatur nur dann für anwendbar gehalten, wenn der Garantie- bzw. Interventionsbeklagte seinen Wohnsitz in einem Mitgliedstaat hat.[825] Gleichzeitig wird angenommen, dass in denjenigen Staaten, in denen Art. 6 Nr. 2 EuGVO keine Anwendung finde, namentlich Deutschland, Österreich und Ungarn, eine Streitverkündung zurzeit auch gegen Personen mit Wohnsitz in einem Drittstaat möglich sei, wenn das jeweilige nationale Recht dies zulasse[826]. Letzteres ist mit Blick auf den Wortlaut des Art. 65 Abs. 1 EuGVO jedoch abzulehnen. Ein Widerspruch besteht daher in diesem Zusammenhang nicht.

Auch im Hinblick auf Art. 6 Nr. 4 EuGVO ist eine Erstreckung auf Drittstaatensachverhalte zu befürworten. Die Vorschrift bezieht sich auf Art. 22 Nr. 1 EuGVO, welche schon jetzt in diesen Fällen anwendbar ist. Die Regelung des

---

822 Vgl. hierzu Kap. 1, S. 55 und Kap. 1, S. 46 ff.

823 MüKo-*Gottwald*, Art. 6 EuGVO, Rn. 17; *Kropholler/von Hein*, Art. 6 EuGVO, Rn. 37; Rauscher-*Leible*, Art. 6 EuGVO, Rn. 25; Stein/Jonas-*Wagner*, Art. 6 EuGVO, Rn. 71; a. A. wiederum konsequenterweise Staudinger-*Hausmann*, IntVertrVerfR, § 209; *Ders.* in Wieczorek/Schütze, Art. 6 EuGVÜ, Rn. 30; *Grolimund*, S. 155, Rn. 414 ff.

824 Rauscher-*Leible*, Art. 6 EuGVO, Rn. 25.

825 S. Geimer/Schütze-*Geimer*, Art. 6 EuGVO, Rn. 42. Bei anderen Autoren wird das Problem des Beklagtenwohnsitzes bei dieser Vorschrift soweit ersichtlich nicht gesondert angesprochen.

826 Geimer/Schütze-*Geimer*, Art. 6 EuGVO, Rn. 92 und Art. 65 EuGVO, Rn. 7 f.

Art. 6 Nr. 4 EuGVO wurde erst nachträglich in das EuGVÜ aufgenommen, da man in der Aufspaltung des Gerichtsstandes bezüglich der dinglichen und schuldvertraglichen Ansprüche eine Schwäche sah.[827] Es wäre für den Kläger auch in Drittstaatenfällen einfacher, wenn er die Klagen vor demselben Gericht erheben könnte. Freilich setzt Art. 6 Nr. 4 EuGVO eine entsprechende Möglichkeit der Klageverbindung im jeweiligen nationalen Recht voraus.[828]

3. Erstreckbarkeit der Art. 8 bis 21 EuGVO auf Drittstaatensachverhalte

Wegen der möglicherweise unterschiedlichen Wertung von Versicherungssachen einerseits und Verbraucher- und Arbeitssachen andererseits, sollen diese beiden Gruppen im Folgenden getrennt voneinander behandelt werden.

a) Verbraucher- und Arbeitssachen

Auch die Sonderzuständigkeiten in Verbraucher- und Arbeitssachen werden von *Nuyts* für auf Drittstaatensachverhalte ausdehnbar gehalten.[829] Er sieht einen Widerspruch darin, dass sich in Rechtsstreitigkeiten, welche nicht unter die besonderen Zuständigkeiten zu Gunsten der schwächeren Partei fallen, die Wirksamkeit von Zuständigkeitsvereinbarungen, auch wenn der Beklagte seinen Wohnsitz in einem Drittstaat hat, derzeit nach Art. 23 EuGVO richtet, während dies bei den Vorschriften nach den Art. 15–21 EuGVO nicht der Fall sei.[830]

Dieser Einwand ist durchaus gerechtfertigt. Die Vorschrift des Art. 23 EuGVO wurde allseitig, also auch auf Drittstaatenfälle anwendbar formuliert, weil ein Festmachen von Zuständigkeitsvereinbarungen am Wohnsitz des Beklagten problematisch erschien. Der Grund lag darin, dass von der Parteirolle in einem Verfahren abhinge, welches Recht auf die Gerichtsstandvereinbarung anzuwenden ist.[831] Insofern ist es jedoch inkonsequent, dass dieses Argument bei den Vorschriften zum Schutz der schwächeren Partei, die die Wirksamkeit von Gerichtsstandvereinbarungen betreffen (Art. 17 und Art. 21 EuGVO) nicht dazu herangezogen wurde, auch diese allseitig auszugestalten.

827 Geimer/Schütze-*Geimer*, Art. 6 EuGVO, Rn. 87. Allgemein zum Zweck des Art. 6 Nr. 4 EuGVO s. Rauscher-*Leible*, Art. 6 EuGVO, Rn. 33; *Schlosser*, Art. 6 EuGVO, Rn. 13.

828 S. *Schlosser*, Art. 6 EuGVO, Rn. 13.

829 *Nuyts*, Studie 2007, S. 123, Rn. 161.

830 *Nuyts*, Studie 2007, S. 124, Rn. 161.

831 S. die Ausführungen bei Geimer/Schütze-*Geimer*, Art. 23 EuGVO, Rn. 16 und 19 f.

Eine Ausdehnung der besonderen Zuständigkeiten in Verbraucher- und Arbeitssachen ist somit zu befürworten und zur Beseitigung bestehender Widersprüche auch geboten.

b) Versicherungssachen

Mit Blick auf Versicherungssachen wurden einige Gerichtsstände nicht für auf Drittstaatensachverhalte ausdehnbar gehalten bzw. wurde die Erstreckung zumindest nicht angeraten.

aa) Der Gerichtsstand nach Art. 9 Abs. 1 lit. b EuGVO

In Versicherungssachen besteht insofern eine Besonderheit, als dass Art. 9 Abs. 1 lit. b EuGVO ein forum actoris eröffnet, ohne dass zur Eröffnung des Gerichtsstandes weitere Voraussetzungen gegeben sein müssen.[832] Auch können Versicherungsnehmer, Versicherter und Begünstigter ihren Wohnsitz auch in verschiedenen Mitgliedstaaten haben. Für den Versicherungsgeber ist damit möglicherweise bei Vertragsabschluss nicht sicher vorhersehbar, in welchen Staaten er bei später auftretenden Streitigkeiten belangt werden kann. Eine Ausdehnung dieser Vorschrift auf Drittstaatensachverhalte wurde wegen des Fehlens weiterer Anknüpfungspunkte neben dem Wohnsitz des Klägers daher nicht zwingend empfohlen, während die übrigen Gerichtsstände auf dem Gebiet der Versicherungssachen erstreckt werden könnten.[833]

Indessen erscheint auch bezüglich Art. 9 Abs. 1 lit. b EuGVO eine Ausdehnung der Zuständigkeit auf Drittstaatensachverhalte vorzugswürdig, da kein Grund ersichtlich ist, weshalb Versicherer mit Wohnsitz in einem Drittstaat mehr Schutz verdienen als solche mit Wohnsitz in einem Mitgliedstaat. Auf das Vertragsverhältnis bezogen stellen sie in beiden Fällen gegenüber dem Versicherungsnehmer, dem Versicherten oder dem Begünstigten die wirtschaftlich stärkere Partei dar, so dass den

832 Auch in Verbrauchersachen wird ein Gerichtsstand am Wohnsitz des Verbrauchers eröffnet, sofern ein für diesen besonders riskantes Geschäft (Kauf beweglicher Sachen auf Teilzahlung, in Raten zurückzuzahlendes Darlehen) vorliegt. Die Wertungen liegen daher hier etwas anders als in Versicherungssachen. Für sie gilt jedoch im Ergebnis das Gleiche, wie im Folgenden zu den Versicherungssachen ausgeführt wird. Die Regelungen des Art. 15 Abs. 1 lit. a und b EuGVO werden von *Nuyts* ebenfalls als problematisch hinsichtlich einer Erstreckung auf Drittstaatensachverhalte angesprochen, s. Studie 2007, S. 127, Rn. 165. Er geht jedoch im Folgenden auf diese Vorschriften gar nicht mehr ein und streicht nur den Versicherungsgerichtssand als schwierig heraus, S. 128, Rn. 165.

833 *Nuyts*, Studie 2007, S. 127 f., Rn. 165.

genannten Personen unabhängig vom Wohnsitz ihres Vertragspartners der Schutz der Art. 8 ff. EuGVO zukommen sollte. Zwar könnte man argumentieren, dass die entsprechenden Parteien (jedenfalls der Versicherungsnehmer) durch Vertragsschluss mit einer Versicherung außerhalb des EU-Gebietes den Schutz freiwillig aufgeben. Dies spricht aber nicht dagegen, die genannten Vorschriften auf Grund der in ihnen enthaltenen Wertungen auch auf Drittstaatenfälle zu erstrecken. Im Übrigen ist das Schutzbedürfnis der betroffenen Parteien in einen Versicherungsverhältnis bei einem Versicherer mit Wohnsitz in einem Drittstaat möglicherweise sogar höher, da es schwieriger sein könnte, in einem Drittstaat zu klagen als in einem anderen Mitgliedstaat. Wenn also im Rahmen des Art. 9 Abs. 1 lit. b EuGVO eine Partei geschützt werden soll, wenn der Vertragspartner seinen (Wohn)sitz innerhalb der EU hat, ist nicht ersichtlich, weshalb dies eine andere Wertung verdient, wenn der Versicherungsgeber im Ausland ansässig ist. Insgesamt erscheint es daher vorzugswürdig, auch Art. 9 Abs. 1 lit. b EuGVO auf Drittstaatensachverhalte auszudehnen.

bb) Der Gerichtsstand nach Art. 11 Abs. 2 i. V. m. Art. 9 Abs. 1 lit. b EuGVO

Hinsichtlich des Sonderfalles der Direktklage des Geschädigten gemäß Art. 11 Abs. 2 i. V. m. Art. 9 Abs. 1 lit. b EuGVO wird in der Literatur die Ansicht vertreten, dass diese Zuständigkeit nur in den Fällen auf Drittstaatensachverhalte erstreckt werden könne, in denen der Unfallort innerhalb des Unionsgebiets liege.[834] Befinde sich der Unfallort in einem Drittstaat, so sei der räumliche Anwendungsbereich der Richtlinie 2000/26/EG nicht eröffnet.[835] Der EuGH habe jedoch bei seiner Auslegung der genannten Vorschriften der EuGVO in seinem Urteil *Odenbreit*[836] maßgeblich auf diese Richtlinie abgestellt.[837] Hierzu ist anzumerken, dass der Rückgriff auf die entsprechende Richtlinie durch den EuGH nicht unter den Punkt der teleologischen Auslegung der Vorschriften der EuGVO zu fassen ist. Vielmehr ist diese in Rn. 28 des Urteils abgeschlossen und die Erwähnung der Richtlinie dient lediglich der Stützung des Ergebnisses.[838] Es kann

834 *Micha*, IPRax 2011, S. 121 (123 f.).

835 *Micha*, IPRax 2011, S. 121 (123). Sie stellt dabei auf die neue Richtlinie 2009/103/EG, ABl. EU 2009 Nr. L 263, S. 11 ff., ab, da diese die Regelungen der Richtlinie 2000/26/EG, ABl. EG 2000 Nr. L 181, S. 65 ff., auf die sich der EuGH in seinem Urteil noch bezog, kodifiziert.

836 EuGH C-463/06.

837 *Micha*, IPrax 2011, S. 121 (123).

838 Hierfür spricht der Wortlaut der Entscheidung „Diese Auslegung wird durch den Wortlaut der Richtlinie 2000/26 […] bestätigt“, s. EuGH C-463/06 (*Odenbreit*), Rn. 28, 29.

dem Urteil nicht entnommen werden, dass der EuGH möglicherweise zu einem anderen Ergebnis gelangt wäre, würde die genannte Richtlinie nicht existieren. Im Übrigen ändert auch eine erhöhte Schutzbedürftigkeit des Haftpflichtversicherers[839] in Drittstaatensachverhalten nichts an der Tatsache, dass der Geschädigte als Privatperson gegenüber diesem die schwächere Partei darstellt und die Vorschriften über Versicherungssachen zum Schutz eben dieser Parteien aufgestellt wurden. Der Erstreckung der Art. 11 Abs. 2 i. V. m. Art. 9 Abs. 1 lit. b EuGVO auf Drittstaatensachverhalte steht daher nichts entgegen.

c) Ergebnis

Abschließend ist damit festzuhalten, dass nichts gegen eine Ausdehnung der besonderen Vorschriften in Versicherungs-, Verbraucher- und Arbeitssachen auf Drittstaatenfälle spricht. Sie erscheint auf Grund der erhöhten Schutzbedürftigkeit der betroffenen Personengruppen vielmehr geboten.

4. Erstreckbarkeit des Art. 24 EuGVO auf Drittstaatensachverhalte

Bei einer Erstreckung der Verordnung als Ganzes ist auch eine Erweiterung des Anwendungsbereichs des Art. 24 EuGVO unproblematisch, sofern eine solche überhaupt notwendig ist. Wann der persönliche Anwendungsbereich des Art. 24 EuGVO eröffnet ist, ist nämlich umstritten.[840] Gegebenenfalls ist die Vorschrift bereits jetzt auf Sachverhalte anwendbar, in denen entweder der Kläger oder der Beklagte einen Wohnsitz in einem Drittstaat hat bzw. beide Parteien in einem Drittstaat wohnen. Eine Entscheidung ist an dieser Stelle nicht erforderlich, da es lediglich um die Frage der Erstreckbarkeit der Vorschriften der Verordnung geht, nicht um deren Anwendungsbereich im Einzelnen. Sofern Art. 24 EuGVO daher nicht bereits jetzt auf Drittstaatensachverhalte anzuwenden ist, steht seiner Erweiterung auf solche nichts entgegen.

5. Zusammenfassung

Abschließend lässt sich festhalten, dass die Vorschriften der Art. 5 bis 21 EuGVO auf Drittstaatensachverhalte ausgedehnt werden können. Im Rahmen des Art. 6 Nr. 1 und 3 EuGVO bringt dies den Vorteil mit sich, die bestehenden Unsicherheiten bezüglich der Auslegung dieser Vorschrift bei Beteiligten mit Wohnsitz in

839 S. zum Bestehen einer solchen *Micha*, IPRax 2011, S. 121 (123).

840 S. zum Meinungsstand mit Nachweisen Rauscher-*Staudinger*, Art. 24 EuGVO, Rn. 2.

einem Drittstaat zu beseitigen. Auch bei den Zuständigkeiten für schutzbedürftige Personengruppen bereinigt eine Erweiterung des Anwendungsbereichs der Verordnung bestehende Widersprüche. Ebenfalls zweckmäßig erscheint eine Erstreckung der Vorschriften des Art. 5 EuGVO.

Art. 24 EuGVO könnte, sofern dies erforderlich ist, ebenfalls auf Drittstaatensachverhalte ausgedehnt werden. Auch hier würden bestehende Unsicherheiten teilweise wegfallen. Nicht geklärt wäre allerdings weiterhin, ob die Regelung auch dann Anwendung findet, wenn beide Beteiligte ihren Wohnsitz in einem Drittstaat haben. Diese Frage ist jedoch vorliegend nicht relevant.

Die Vorschriften der Art. 22 und 23 gelten bereits allseitig.

II. Angemessenheit der Erstreckung der Gerichtsstände wegen ihrer engen Auslegung durch den EuGH

An dieser Stelle soll betrachtet werden, ob die enge Auslegung der besonderen Zuständigkeiten der EuGVO durch den EuGH in Drittstaatensachverhalten angemessen ist. Der Gerichtshof legt nämlich die Vorschriften der Abschnitte 2 bis 5 des Kapitels II der Verordnung strikt aus und verweist des Öfteren auf das Regel-Ausnahme-Verhältnis der besonderen Zuständigkeiten zu dem allgemeinen Gerichtsstand des Wohnsitzes des Beklagten.[841] Letzterer ist in Drittstaatensachverhalten nicht anwendbar.

1. Das Regel-Ausnahme-Verhältnis nach der Rechtsprechung des EuGH

Trotz der ständigen Erwähnung des Regel-Ausnahme-Verhältnisses von Art. 2 EuGVO zu den übrigen Zuständigkeitsvorschriften der Verordnung folgt der Gerichtshof bei der Feststellung der Reichweite der besonderen Zuständigkeiten den üblichen Auslegungsmethoden.[842] Ferner verweist er immer wieder auf

841 z. B. EuGH C-533/07 (*Falco Privatstiftung*), Rn. 37; C-98/06 (*Freeport*), Rn. 34; C-256/00 (*Besix SA*), Rn. 52 f; C-269/95 (*Benincasa*), Rn. 13; C-89/91 (*Shearson*), Rn. 14 f.; Rs. 32/88 (*Six Constructions*), Rn. 18; Rs. 189/87 (*Kalfelis*), Rn. 19.

842 S. z. B. EuGH C-533/07 (*Falco Privatstiftung*), Rn. 36 f.; C-256/00 (*Besix SA*), Rn. 51: Das Regel – Ausnahme – Verhältnis gehört dabei zu der Systematik des EuGVÜ; C-347/08 (*Vorarlberger Gebietskrankenkasse*), Rn. 41: der EuGH argumentiert hier mit dem Schutzzweck der Zuständigkeiten in Versicherungssachen.

das der Verordnung zugrunde liegende Ziel der Rechtssicherheit.[843] Der EuGH hat, soweit ersichtlich, kein Urteil erlassen, welches ohne Berücksichtigung des Regel-Ausnahme-Verhältnisses der allgemeinen Zuständigkeit zu den besonderen Zuständigkeiten abweichend ausgefallen wäre. Insbesondere erweckt die Rechtsprechung den Eindruck, dass der Gerichtshof die Berücksichtigung dieses Verhältnisses als eine Notwendigkeit der Rechtssicherheit aufzufassen scheint[844], wobei er die Rechtssicherheit und die Systematik der Verordnung dennoch trennt[845]. Teilweise scheint der EuGH nämlich den Wohnsitzgerichtsstand als Ausdruck des anerkannten Prinzips des actor sequitur forum rei als „angemesseneren“ Gerichtsstand als die übrigen Zuständigkeiten anzusehen.[846]

Dennoch legt der EuGH die besonderen Zuständigkeiten manchmal recht weit aus[847], wenn man davon ausgeht, dass er vor allem den Vorrang des Beklagtenwohnsitzes vor Augen hat. So hat er in *Color Drack* entschieden, dass bei mehreren Lieferorten in demselben Mitgliedstaat vor jedem Gericht eines Lieferortes geklagt werden kann, wenn der Ort der Hauptlieferung nicht feststellbar ist.[848] Auch bei Dienstleistungsverträgen ist der Ort der Hauptverpflichtung bzw. Hauptdienstleistung zu ermitteln, selbst wenn diese in mehreren Mitgliedstaaten erfüllt werden.[849] Ist eine Hauptdienstleistung nicht feststellbar, greift der EuGH jedoch

---

843 EuGH C-145/10 (*Painer*), Rn. 75; C-533/07 (*Falco Privatstiftung*), Rn. 21 f. In dieser Entscheidung wird die Rechtssicherheit sogar als „Hauptziel“ der Zuständigkeitsvorschriften bezeichnet, s. Rn. 26; C-386/05 (*Color Drack*), Rn. 19 f.; C-103/05 (*Reisch Montage*), Rn. 24 f.; C-256/00 (*Besix SA*), Rn. 26; C-364/93 (*Marinari*), Rn. 19

844 EuGH C-145/10 (*Painer*), Rn. 74 f.: „Diese besondere Zuständigkeit ist, da mit ihr von der Grundregel des Gerichtsstands des Wohnsitzes des Beklagten in Art. 2 der Verordnung Nr. 44/2001 abgewichen wird, strikt auszulegen. […] Wie sich aus dem elften Erwägungsgrund der Verordnung 44/2001 ergibt, müssen die Zuständigkeitsvorschriften *nämlich* in hohem Maße vorhersehbar sein und sich grundsätzlich nach dem Wohnsitz des Beklagten richten […].“ (Hervorhebung durch die Verf.) Das Abweichen von der Grundregel des Beklagtenwohnsitzes scheint hier auch eine Schlussfolgerung aus dem Erfordernis der Rechtssicherheit zu sein. S. auch das Urteil C-256/00 (*Besix SA*), Rn. 50: „Deshalb lässt sich die Zuständigkeit […] nur gemäß Artikel 2 des Übereinkommens bestimmen, *der einen sicheren und verlässlichen Anknüpfungspunkt bietet*.“

845 S. z. B. EuGH C-103/05 (*Reisch Montage*), Rn. 22 ff; C-256/00 (*Besix SA*), Rn. 50 f.

846 EuGH (*Besix SA*), Rn. 52.

847 S. auch Rauscher-*Leible*, Art. 5 EuGVO, Rn. 3 unter Verweis auf *Kropholler*, m. w. N. für Beispiele der weiten Auslegung.

848 EuGH C-386/05 (*Color Drack*), Rn. 42.

849 EuGH C-19/09 (*Wood Floor Solutions*), Rn. 24 bis 32; C-204/08 (*Rehder*), Rn. 38.

direkt auf den Sitz des Dienstleistenden und damit auf Art. 2 EuGVO zurück.[850] Dies kann sogar zur Folge haben, dass in mehreren Mitgliedstaaten die Zuständigkeit des Art. 5 Nr. 1 lit. b gegeben ist, sofern die Hauptdienstleistung sich auf mehrere Staaten verteilt.[851] Hätte der EuGH in den Fällen mehrerer Lieferorte in einem Mitgliedstaat[852] entschieden, dass der Erfüllungsort nicht feststellbar ist, hätte er zwar gegebenenfalls zunächst auf Art. 5 Nr. 1 lit. a EuGVO zurückgreifen müssen. Es hätte sich die Frage angeschlossen, ob „nicht anwendbar" i. S. d. Art. 5 Nr. 1 lit. c EuGVO bedeutet, dass kein Kaufvertrag vorliegt, oder ob es ausgereicht hätte, dass lit. b der Vorschrift in dem konkreten Fall nicht einschlägig ist, weil kein einheitlicher Erfüllungsort bestimmt werden kann. Letzteres erscheint auf Grund des Wortlautes naheliegender. Bei dieser Annahme geht es vorliegend nicht direkt um Fallkonstellationen, in denen es auf das Regel-Ausnahme-Verhältnis des Wohnsitzgerichtsstandes zu den besonderen Gerichtsständen ankommt. Indirekt ist dies jedoch dennoch der Fall. Geht man nämlich davon aus, dass in den oben genannten Fällen Art. 5 lit. a EuGVO anzuwenden gewesen wäre, so hätte man diesen nur auf die jeweils in Frage stehende Teillieferung als eröffnet ansehen können.[853] „Die Verpflichtung" i. S. d. Art. 5 lit. a EuGVO wäre demgemäß nur die entsprechende Teillieferung. Um nicht in mehreren Staaten oder jedenfalls vor verschiedenen Gerichten innerhalb eines Staates klagen zu müssen, ist es denkbar, dass bei sonst geeigneter Interessenlage des Klägers dieser eher auf den Gerichtsstand des Art. 2 EuGVO zurückgreift. Es lässt sich damit festhalten, dass der EuGH bei der Auslegung der besonderen Gerichtsstände vornehmlich auf sachliche Kriterien abstellt und nicht allein eine weite Anwendbarkeit des Beklagtenwohnsitzes sicherstellen will.[854]

---

850 S. EuGH C-19/09 (*Wood Floor Solutions*), Rn. 43.

851 EuGH C-204/08 (*Rehder*), Rn. 43: im Luftverkehr seien sowohl der Ort der Ankunft, als auch der des Abflugs Orte, an denen die Dienstleistung hauptsächlich erbracht wird. Der EuGH stellt hier insbesondere auf die hinreichenden Nähe des Sachverhalts zum Gericht, als auch auf die Vorhersehbarkeit des Gerichtsstandes für den Beklagten ab, Rn. 44 f.

852 Wie zu entscheiden ist, wenn die Lieferorte in mehreren Mitgliedstaaten liegen, wurde vom EuGH bislang noch nicht entschieden.

853 S. zur Teilung des Vertrages Rauscher-*Leible*, Art. 5 EuGVO, Rn. 55b.

854 Dass diese weiten Auslegungen des EuGH auf Grund deren sachlichen Rechtfertigung dem Grundsatz des Art. 2 EuGVO nicht entgegenstehen s. Rauscher-*Leible*, Art. 5 EuGVO, Rn. 55c. Ferner müsse, um eine akzeptable Anwendung der Verordnung sicherzustellen, das Regel-Ausnahme-Verhältnis der Zuständigkeitsvorschriften teilweise durchbrochen werden, s. Rauscher-*Leible*, Art. 5 EuGVO, Rn. 3.

2. Bewertung der Auslegung des EuGH mit Blick auf eine Erstreckung der Zuständigkeiten

Auch bei der engen Auslegung der Zuständigkeiten durch den EuGH sind keine Entscheidungen ersichtlich, die, wären sie bei hypothetischer Geltung der EuGVO in Drittstaatenfällen ergangen, eine abweichende Wertung verdienten. Zu nennen wäre hier beispielhaft die Entscheidung *Besix SA*, in der der Gerichtshof entschieden hat, dass Unterlassungspflichten nicht unter Art. 5 Nr. 1 EuGVO fallen, wenn sie universal bestehen und sich daher in allen Staaten der Welt realisieren.[855,856] Ferner soll die Nutzungseinräumung von Immaterialgüterrechten nicht unter Art. 5 Nr. 1 EuGVO fallen, da in der Nutzungsgewährung keine Dienstleistung liege.[857] Diese Auslegung verdient im Fall *Besix SA* auch in Drittstaatenfällen Zustimmung, da auch hier für entsprechende Unterlassungspflichten ein Erfüllungsort in jedem Land bestehen würde. Auch in der Rechtssache *Falco Privatstiftung* erscheint die Auslegung angebracht. Der Gerichtshof geht dabei entsprechend dem Vortrag einiger Mitgliedstaaten davon aus, dass der Begriff der Dienstleistung nach der Durchführung einer Tätigkeit gegen Entgelt verlange, die Nutzungseinräumung eines Rechts jedoch keine derartige Tätigkeit darstelle.[858] Gemäß der Systematik der EuGVO sei ein solcher Vertrag nach Art. 5 Nr. 1 lit. a und c zu behandeln.[859] Die Systematik der Verordnung bleibt jedoch auch in Drittstaatenfällen die gleiche.

3. Ergebnis

Es ist damit festzuhalten, dass zwar in Drittstaatenfällen die Zuständigkeit nach Art. 2 EuGVO nicht gegeben wäre, dies aber kein anderes Verständnis der Verordnung rechtfertigt, welche im Hinblick auf den Grundsatz der Rechtssicherheit und ihre Systematik anhand sachlicher Kriterien ausgelegt worden ist. Zu Recht besteht danach nach der Rechtsprechung des EuGH in bestimmten Fällen

---

855 EuGH C-256/00 (*Besix SA*).

856 Der Fall würde auch heute noch die gleiche Wertung verdienen, da die Vereinbarung, ein gemeinsames Angebot für einen öffentlichen Auftrag abzugeben, im Fall des Zuschlags die Vertragsverpflichtungen gemeinsam zu erfüllen und nicht mit anderen Parteien Vereinbarungen zu schließen, keinen Vertrag nach lit. b darstellt, so dass kein einheitlicher Erfüllungsort gegeben ist.

857 EuGH C-533/07 (*Falco Privatstiftung*).

858 EuGH C-533/07 (*Falco Privatstiftung*), Rn. 29 f.

859 EuGH C-533/07 (*Falco Privatstiftung*), Rn. 40.

keine Zuständigkeit in der EU, da nach den Vorschriften der Verordnung keine ausreichenden sachlichen Bezugspunkte zu einem Mitgliedstaat vorliegen und der Beklagte in einem Drittstaat wohnt.

III. Tatsächlicher Regelungsbedarf gemäß dem Grünbuch

Ferner sind zur Bewertung der Erstreckung der Zuständigkeitsvorschriften der EuGVO auf Drittstaatensachverhalte die im Grünbuch genannten Gründe für eine solche Erweiterung des Anwendungsbereichs zu prüfen. Angeführt werden die Verbesserung des Rechtsschutzes für EU-Bürger und Unternehmer sowie die Sicherstellung zwingender EU-Rechtsvorschriften.[860]

1. Verbesserung des Rechtsschutzes für EU-Bürger und Unternehmer

a) Allgemein zur Verbesserung des Rechtsschutzes bei einer Vereinheitlichung der Verordnung

Mit der Vereinheitlichung der Zuständigkeit in Drittstaatenfällen wird eine Verbesserung des Rechtsschutzes für in der Union befindliche Kläger angestrebt.

Eine Verbesserung kann durch eine europäische Regelung zum einen dadurch erfolgen, dass die in Frage kommenden Gerichtsstände für den Kläger einfacher zu ermitteln sind.[861] Er muss sich nicht über das jeweilige nationale Recht informieren, sondern kann allein auf die Verordnung abstellen. Es besteht damit auch bezüglich des Verständnisses des Gerichtsstandes größere Rechtsklarheit für den Kläger, da er bzw. sein Anwalt sich bei Fragen hinsichtlich der Auslegung nicht über die jeweilige nationale Rechtsprechung informieren muss, sondern auf die des EuGH zurückgreifen kann, sofern solche vorhanden ist. Die Entscheidungen dürften vielfach auch leichter zugänglich sein als Literatur oder Entscheidungen zu den nationalen Vorschriften, da sie im Internet veröffentlich sind.[862] Bei einem Abstellen auf nationale Kompetenzvorschriften besteht häufig auch schon eine sprachliche Barriere, die auf Grund der Sprachfassungen der Urteile des EuGH in

860 Europäische Kommission, Dok. Nr. JUSTCIV 109, 9150/09, S. 3.

861 S. *CSES*, Studie 2010, S. 73: eine Vereinheitlichung der Restzuständigkeit unter der EuGVO führe allgemein zu einer verbesserten Vorhersehbarkeit.

862 Freilich wird auch Rechtsprechung aus anderen Ländern der EU im Internet öffentlich zugänglich eingestellt. Jedenfalls ist ein Rückgriff auf die Urteile des EuGH jedoch vielfach einfacher, gerade auf Grund sprachlicher Barrieren.

allen Sprachen der europäischen Mitgliedstaaten[863] nicht gegeben ist. Zwar sind die Urteile grundsätzlich nur in der Verfahrenssprache verbindlich[864], doch dürften in der Regel bei den Übersetzungen nicht so starke Abweichungen bestehen, dass sich hieraus größere Probleme ergeben.

Eine Vereinheitlichung der Zuständigkeitsvorschriften kann damit zu einer Zeitersparnis, und somit auch zu einer Kostenersparnis des Klägers führen[865].

Auch die Tatsache, dass die EuGVO in recht umfangreicher Weise Zuständigkeiten vorsieht, kann zu einer Verbesserung des Rechtsschutzes beitragen.[866]

b) Verbesserung des Rechtsschutzes durch die Art. 25, 26 EuGVO-E im Speziellen

Zum anderen führt eine Vereinheitlichung der Restzuständigkeit auf europäischer Ebene zu einem umfassenderen oder jedenfalls zu einem „abgesicherten" Rechtsschutz. Nach der derzeitigen Fassung ist eine vollständige Rechtsverweigerung ausgeschlossen, da im Notfall ein forum necessitatis (Art. 26 EuGVO-E) zur Verfügung steht.

Hingegen dürfte die subsidiäre Zuständigkeit des Art. 25 EuGVO-E den Rechtsschutz gegenüber den derzeitigen Restzuständigkeiten teilweise verkürzen. Dies deshalb, da die bestehende Restzuständigkeit in einigen nationalen Rechten[867] wesentlich weiter als die im Kommissionsvorschlag vorgesehene Vermögenszuständigkeit reicht[868]. Ist zur Rechtsdurchsetzung eine Anerkennung des ergehenden Urteils in einem Mitgliedstaat der EU nötig, so ist diese bisher über Art. 32 ff. EuGVO abgesichert. Die Vereinheitlichung führt insofern nicht zu einer Verbesserung, da auch an exorbitanten Foren ergangene Urteile derzeit von den anderen Mitgliedstaaten anzuerkennen sind. Ferner dürften die nach Art. 25 EuGVO-E ergangenen Urteile in vielen Drittstaaten nicht anerkennungsfähig sein, was an der jetzt bestehenden Rechtslage bezüglich der Restzuständigkeit ebenfalls zu keiner Änderung führt. Auf der anderen

---

863 Jedenfalls, wenn es um neuere Entscheidungen geht. Ältere Entscheidungen sind freilich nicht in alle Sprachen übersetzt.

864 S. die Verfahrensordnung des EuGH, Art. 31 i. V. m. Art. 29.

865 Vgl. zur Kostenersparnis Hess/Pfeiffer/Schlosser-*Pfeiffer*, S. 76, Rn. 158.

866 S. dazu, dass die EuGVO ggf. mehr Gerichtsstände bereitstellt, als die nationalen Rechte, *Mankowski*, Brüssel-I, S. 31 (40).

867 Beispielhaft sei hier die Zuständigkeit auf Grund der Staatsangehörigkeit in Frankreich genannt, die durch Art. 4 Abs. 2 EuGVO auch auf Personen mit Wohnsitz in Frankreich ausgedehnt wurde.

868 S. *CSES*, Studie 2010, S. 74.

Seite ist zu beachten, dass in einigen Mitgliedstaaten der EU zurzeit keine besondere Zuständigkeit gegenüber Personen mit Wohnsitz in einem Drittstaat besteht, so dass sich in diesen Staaten die Möglichkeit erfolgreich zu klagen erhöhen würde. Die Einschränkung der Klagemöglichkeit auf Grund des Vermögens des Beklagten erscheint dabei für den Kläger das vorteilhafteste Kriterium im Hinblick auf die bestehenden Gerichtsstände der nationalen Rechte, da er jedenfalls zur teilweisen Durchsetzung seiner Rechte die Entscheidung mit höherer Wahrscheinlichkeit nicht in einem anderen Staat – auch Mitgliedstaat – anerkennen lassen muss.

Dass die Einführung eines europäischen Vermögensgerichtsstandes generell zu einer Verbesserung der Rechtstellung europäischer Kläger führt, kann damit nicht festgestellt werden. Sie führt jedoch auch nicht zu einer generellen Verschlechterung, sondern knüpft lediglich an andere Umstände an als die derzeit bestehenden nationalen Regelungen.

c) Ergebnis

Auf Grund der Vereinheitlichung der Zuständigkeiten ist insofern eine Verbesserung des Rechtsschutzes zu verzeichnen, als dass eine größere Rechtssicherheit erreicht wird. Auch könnte es zu einer Senkung der Kosten kommen. Ferner reichen die Vorschriften zum Schutz bestimmter Personengruppen in der Regel weiter als die der nationalen Rechte, sofern in diesen überhaupt derartige Zuständigkeiten vorgesehen sind. Insgesamt ist damit durchaus eine Verbesserung des Rechtsschutzes gegeben. Dies auch dadurch, dass ein forum necessitatis nunmehr ausdrücklich normiert wird.

2. Sicherstellung zwingender EU-Rechtsvorschriften

Bei der Sicherstellung zwingender EU-Rechtsvorschriften sind die in dem Bericht der europäischen Kommission beispielhaft erwähnten Regelungen zu nennen, also unter anderem die Schutzvorschriften im Bereich der Verbrauchersachen oder für Handelsvertreter.[869] Auch Arbeitnehmerschutzvorschriften sind betroffen.

Dabei sind die Ausführungen der Kommission, das Fehlen einer einheitlichen Regelung auf Ebene der EU könne dazu führen, dass diese Vorschriften in einem drittstaatlichen Verfahren keine Anwendung finden, zu überprüfen. Es wurde

869 KOM (2009) 174 endg., S. 5.

bereits oben erörtert[870], inwiefern unter dem jetzigen Zuständigkeitssystem durch das Bestehen einer nationalen Restzuständigkeit Lücken bestehen, in denen Verfahren vor Gerichten eines Mitgliedstaates nicht möglich sind, dies bei Geltung der EuGVO jedoch wären. Insgesamt lässt sich dazu sagen, dass der Notwendigkeit einer Regelung auf diesem Gebiet nicht allzu groß erscheint, da in der Regel Rechtsschutz in der EU nicht versagt wird. Sichergestellt ist dies jedoch nicht. Insofern ist doch ein gewisser Handlungsbedarf zu vermerken.

Zu berücksichtigen bleibt freilich stets, dass auch dann, wenn kein Gerichtsstand in der EU gegeben ist, der Verbraucher nicht zwangsläufig einen niedrigeren Schutz als unter den zwingenden EU-Vorschriften erfahren muss. Gegebenenfalls führt das ausländische IPR zur Anwendung der durch das europäische Recht vorgegebenen nationalen Regelungen oder das sonst anwendbare Recht hält zumindest gleichwertige Schutzvorschriften bereit. Durch die fehlende Eröffnung eines Gerichtsstandes gibt man aber insofern die Möglichkeit der Einflussnahme aus der Hand, da nicht garantiert ist, ob ein drittstaatliches Gericht nach seinem IPR entsprechende Schutzvorschriften anwendet.

Die Sicherstellung zwingender EU-Rechtsvorschriften spricht damit nicht zwangsläufig für eine Erstreckung der Verordnung auf Drittstaatensachverhalte, da sich in der Praxis die Lücken nur geringfügig auswirken. Bei der abschließenden Gesamtbeurteilung ist jedoch der nicht ganz von der Hand zu weisende Handlungsbedarf auf diesem Gebiet zu berücksichtigen.

3. Ergebnis

Abschließend lässt sich festhalten, dass die im Grünbuch angeführten Gründe für eine Erstreckung der Verordnung nicht unberechtigt sind und die genannten Ziele durch den Vorschlag der Kommission auch erreicht werden. Der Vorschlag ist damit im Hinblick auf das Grünbuch positiv zu bewerten.

IV. Regelung durch völkerrechtliche Verträge vorzuziehen?

Es wurde bezüglich Drittstaatensachverhalten angemerkt, dass diese besser durch völkerrechtliche Verträge, insbesondere im Rahmen der Haager Konferenz, geregelt

870 S. für Verbraucherverträge Kap. 1, S. 68 ff., für Arbeitsverträge Kap. 1, S. 73 ff. und für Handelsvertreterverträge Kap. 1, S. 80 ff.

werden sollten.[871] Zu klären ist damit, ob eine Regelung dieser Fälle in der Verordnung zu einer Erschwerung der Verhandlungen solcher Verträge führt, da anderenfalls nichts dagegen spricht, in der Zwischenzeit Vorschriften in der EuGVO betreffend die Zuständigkeit aufzustellen.

Vorab ist festzustellen, dass die EU inzwischen Mitglied der Haager Konferenz für internationales Privatrecht und im Bereich der ihr übertragenen Aufgaben zum Vertragsabschluss berechtigt ist. In Bezug auf die internationale Zuständigkeit wird in der Literatur eine ausschließliche Vertragsschlusskompetenz der EU angenommen, da auch Fälle mit Drittstaatenbezug in der EuGVO bereits geregelt sind.[872] Auch nach der Erklärung des Rates zum Beitritt der – damals noch EG – zur Haager Konferenz dürfte dieser Bereich ausschließlich in die Kompetenz der EU fallen.[873]

Die EU ist gleichermaßen außerhalb der Haager Konferenz gemäß Art. 216 AEUV allgemein ausschließlich berechtigt, mit anderen Staaten bilaterale oder multilaterale Verträge auf dem Gebiet der internationalen Zuständigkeit in Zivil- und Handelssachen zu schließen.

1. Kollisionsfragen bei Regelung von Drittstaatensachverhalten durch die EuGVO

a) Abschluss zeitlich nachfolgender Übereinkommen durch die EU

Wären nun Drittstaatensachverhalte von der EuGVO abschließend geregelt und wird später ein Übereinkommen durch die EU hinsichtlich der internationalen Zuständigkeit geschlossen, würde sich die Frage nach dem Anwendungsbereich der einzelnen Regelwerke stellen. Diese kollisionsrechtliche Frage begründet jedoch kein Hindernis für eine Vereinheitlichung der Zuständigkeit in Drittstaatenfällen im Rahmen der EuGVO. Zwar wird Art. 82 EuGVO-E in solchen Fällen nicht anwendbar sein.[874] Die EuGVO-E regelt damit das Verhältnis zu Verträgen, welche die

---

871 S. Kap. 4, S. 237. In der Studie der *CSES* von 2010 wurde das Problem mit dem Umgang bestehender völkerrechtlicher Verträge ebenfalls gegen eine Erstreckung der Verordnung angeführt, s. S. 74.

872 S. Geimer/Schütze-*Geimer*, Einl. EuGVO, Rn. 22 und Art. 71 EuGVO, Rn. 5; *Schlosser*, Art. 71 EuGVO, Rn. 1; *Wannemacher*, S. 96 ff; *Hess*, EuZPR, S. 66, Rn. 75 unter Bezugnahme auf das Lugano-Gutachten des EuGH.

873 S. ABl. EU L297, S. 1 (4 f.), Anhang II.

874 Dies wäre nur dann der Fall, wenn Art. 71 EuGVO sich auch auf künftige Übereinkommen der Mitgliedstaaten bezieht und die durch die EU abgeschlossenen Verträge auch für ihre einzelnen Mitgliedstaaten unterzeichnet, nicht nur für das Unionsgebiet als Ganzes. Art. 71 EuGVO wird jedoch als abschließend angesehen, s. Geimer/Schütze-

EU in Zukunft abschließt, nicht selber. Es ist jedoch unproblematisch möglich, in das neu geschlossene Übereinkommen eine Kollisionsnorm aufzunehmen, welche die Anwendbarkeit der jeweiligen Rechtsakte bestimmt. Als Beispiel für eine solche Regelung lassen sich das Haager Gerichtsstandsvereinbarungsübereinkommen (HProrogÜbk)[875] oder auch das Luganer Übereinkommen von 2007[876] anführen. Eine Regelung, wie sie in Art. 26 Abs. 6 HProrogÜbk zu finden ist, wäre auch bei Abschluss eines Übereinkommens über die internationale Zuständigkeit denkbar.

Es ist damit festzustellen, dass Kollisionsfragen in diesem Bereich einer Regelung von Drittstaatensachverhalten in der EuGVO nicht entgegenstehen. Diese können einfach gelöst werden und treten zudem auch dann auf, wenn die Verordnung nicht auf solche Sachverhalte erstreckt wird, da sie bereits in Art. 22 und 23 Drittstaatenfälle direkt regelt. Auch unter der bestehenden Regelung treten daher Kollisionen auf, welche gelöst werden müssten, wie dies im Hinblick auf das HProrogÜbk und Art. 23 EuGVO bereits geschehen ist.

b) Bestehende Altverträge der Mitgliedstaaten

aa) Verträge, die derzeit Art. 71 und 72 EuGVO unterfallen

Der Kommissionsvorschlag dürfte hinsichtlich bestehender völkerrechtlicher Verträge, die den genannten Vorschriften unterfallen, kein Konfliktpotenzial bieten. Die Kollision mit solchen Übereinkommen wird wie bisher geregelt.

Die Regelung des Art. 72 EuGVO (Art. 83 EuGVO-E) dürfte mit der Zeit an Bedeutung verlieren, wenn die Zuständigkeiten der EuGVO auf Drittstaatensachverhalte erstreckt werden. Denn in diesem Fall werden in den Gerichtsständen des Art. 3 Abs. 2 EuGVÜ keine Entscheidungen mehr erlassen.

Die entsprechenden Übereinkommen[877] werden insofern für den drittstaatlichen Vertragspartner bedeutungslos. Dennoch führt dies nicht zu einer generellen

---

Geimer, Art. 71 EuGVO, Rn. 75; Rauscher-*Mankowski*, Art. 71 EuGVO, Rn. 3; *Wannemacher*, S. 97 f. Dies ist logische Schlussfolgerung aus der Annahme einer ausschließlichen Abschlusskompetenz der EU auf dem Gebiet der internationalen Zuständigkeit, s. Rauscher-*Mankowski*, Art. 71 EuGVO, Rn. 3. Die Folgen, die der Abschluss eines Übereinkommens durch die EU hat, soll hier nicht weiter dargestellt werden. S. zu den bestehenden Möglichkeiten jedoch Rauscher-*Mankowski*, Art. 71 EuGVO, Rn. 4a.

875 S. zu diesem und der dortigen Regelung Rauscher-*Mankowski*, Art. 71 EuGVO, Rn. 4b.

876 Dieses enthält in Art. 64 im Hinblick auf die EuGVO eine Kollisionsnorm.

877 Als Beispiel ist hier der Vertrag zwischen der Bundesrepublik Deutschland und dem Königreich Norwegen über die gegenseitige Anerkennung und Vollstreckung gerichtlicher Entscheidungen und anderer Schuldtitel in Zivil- und Handelssachen,

Gegenstandslosigkeit der entsprechenden Verträge, da in diesen nicht nur vorgesehen sein wird, dass allein Urteile aus EU-Mitgliedstaaten, die an exorbitanten Foren ergangen sind, nicht anerkannt werden. Vielmehr wird dies in der Regel auch Urteile aus Drittstaaten erfassen[878] oder jedenfalls noch andere Regelungsgegenstände betreffen[879]. Insofern behalten die entsprechenden Übereinkommen ihre Bedeutung. Problematisch könnten Fälle sein, in denen die Mitgliedstaaten mit Drittstaaten Verträge geschlossen haben, in denen sie allgemein die Anerkennung und Vollstreckung von Urteilen ausgeschlossen haben, wenn der Beklagte seinen Wohnsitz oder gewöhnlichen Aufenthalt im Hoheitsgebiet des jeweils anderen Staates hat und das Gericht seine Zuständigkeit auf Grund einer Vermögenszuständigkeit angenommen hat. Dies führt zu Kollisionen, wenn ein mitgliedstaatliches Gericht seine Zuständigkeit auf Art. 25 EuGVO-E stützt und der Kläger das Urteil in einem Mitgliedstaat, der Vertragspartei eines solchen Abkommens ist, anerkennen und vollstrecken lassen möchte. Nach Art. 351 Abs. 1 AEUV hat in einem solchen Fall der völkerrechtliche Vertrag Vorrang.[880] Zu einem Vertragsbruch der Mitgliedstaaten kommt es jedenfalls nicht.

bb) Sonstige Altverträge der Mitgliedstaaten

Der Studie von *Nuyts* lässt sich entnehmen, dass in den Mitgliedstaaten teilweise eine ganze Reihe bi- und/oder multilateraler Verträge mit Drittstaaten besteht[881],

abgedruckt in BGBl. 1981 II 342, zu nennen. Dieser enthält in seinem Art. 23 eine Regelung, wann Urteile nicht anzuerkennen sind.

878 Für eine allgemeine Abfassung s. z. B. Art. 23 des Vertrages zwischen der Bundesrepublik Deutschland und dem Königreich Norwegen über die gegenseitige Anerkennung und Vollstreckung gerichtlicher Entscheidungen und anderer Schuldtitel in Zivil- und Handelssachen, abgedruckt in BGBl. 1981 II 342 (350). Eine nur auf Urteile aus EU-Staaten bezogene Regelung findet sich jedoch in Part IV, Art. IX der Convention between Canada and the United Kingdom of Great Britain and Northern Ireland providing for the reciprocal Recognition and Enforcement of Judgments in Civil and Commercial Matters.

879 Im Fall der Convention between Canada and the United Kingdom of Great Britain and Northern Ireland providing for the reciprocal Recognition and Enforcement of Judgments in Civil and Commercial Matters ist dies auf Grund der Regelungen zur Registration der Fall, s. Part III Art. III ff. des Übereinkommens.

880 Vgl. die Ausführungen zu den übrigen Altverträgen der Mitgliedstaaten, Kap. 4, S. 258 ff. Es besteht auch hier das Problem, dass ggf. Pflichten nach Art. 351 Abs. 2 AEUV ausgelöst werden.

881 *Nuyts*, Studie 2007, S. 146, Rn. 190 und die jeweiligen Berichte der Mitgliedstaaten zu der Studie (Abschnitt B).

welche sich nicht auf besondere Rechtsgebiete i. S. d. Art. 82 EuGVO-E beziehen und die daher nicht von dieser Vorschrift erfasst wären[882]. *Nuyts* hält dies im Hinblick auf Art. 351 AEUV (damals noch Art. 307 EGV) für unproblematisch, da den völkerrechtlichen Verträgen in jedem Fall der Vorrang zukomme.[883] Eine Regelung in der Verordnung hält er nur aus Gründen der Klarstellung für angezeigt.[884]

Hierzu ist festzustellen, dass es zutrifft, dass Art. 351 Abs. 1 AEUV als Kollisionsnorm Altverträgen der Mitgliedstaaten einen Anwendungsvorrang gegenüber entgegenstehendem Unionsrecht einräumt[885]. Er hindert die Union auch nicht daran, Sekundärrecht zu erlassen, welches im Widerspruch zu Altverträgen der Mitgliedstaaten steht.[886] Insofern stellt Art. 351 Abs. 1 AEUV keinen Hinderungsgrund dar, die internationale Zuständigkeit in Drittstaatenfällen im Rahmen der EuGVO zu vereinheitlichen.

Auf Grund der Regelung des Art. 351 Abs. 2 AEUV sind die Mitgliedstaaten im Kollisionsfall jedoch verpflichtet, die Unvereinbarkeit zu beheben, sofern dies irgendwie möglich bzw. völkerrechtlich zulässig ist. Eine Kollision ist im vorliegenden Zusammenhang dabei dann denkbar, wenn in den entsprechenden Altverträgen von der EuGVO-E abweichende Zuständigkeitsvorschriften vorgesehen werden. Enthält die EuGVO-E selbst keine Kollisionsregelung, so liegt in diesen Fällen eine materielle Kollision zwischen der Verordnung und dem entsprechenden Vertrag vor. Mit Blick auf Art. 351 Abs. 2 AEUV kann diese Kollision bei voneinander abweichenden Zuständigkeitsregelungen nur dadurch behoben werden, dass die Regelungen des Altvertrages letzten Endes nicht mehr angewendet werden, da eine Behebung des Konflikts durch Auslegung in der Regel nicht möglich sein wird. Eine Nichtanwendung der vertraglichen Regelungen kommt nur dann in Betracht, wenn der betroffene Mitgliedstaat den Altvertrag entweder entsprechend anpassen oder sich ganz von ihm lösen kann.

Problematisch könnte hierbei sein, dass der EU inzwischen die ausschließliche Vertragsschlusskompetenz auf dem Gebiet des internationalen Zuständigkeitsrechts

---

882 *Nuyts*, Studie 2007, S. 146, Rn. 190.

883 *Nuyts*, Studie 2007, S. 147, Rn. 191.

884 *Nuyts*, Studie 2007, S. 147, Rn. 192.

885 S. hierzu Calliess/Ruffert-*Schmalenbach*, Art. 351 AEUV, Rn. 11; Geiger/Khan/Kotzur-*Khan*, Art. 351 AEUV, Rn. 3; Grabitz/Hilf/Nettesheim-*Lorenzmeier*, Art. 351 AEUV, Rn. 2; Streinz-*Kokott*, Art. 351 AEUV, Rn. 10. Schwarze-*Terhechte*, Art. 307 EGV, Rn. 4 hält den Anwendungsvorrang für zeitlich begrenzt.

886 Calliess/Ruffert-*Schmalenbach*, Art. 351 AEUV, Rn. 21; Grabitz/Hilf/Nettesheim-*Lorenzmeier*, Art. 351 AEUV, Rn. 18; Schwarze-*Terhechte*, Art. 307 EGV, Rn. 4; Streinz-*Kokott*, Art. 351 AEUV, Rn. 20.

im Regelungsbereich der EuGVO zukommt. Fraglich wäre damit, inwiefern die Mitgliedstaaten ihre Altverträge überhaupt noch anpassen könnten. Teilweise wird in Art. 351 Abs. 2 AEUV bei alleiniger Vertragsschlusskompetenz der EU eine Ermächtigung der Mitgliedstaaten gesehen, einen entsprechenden Anpassungsvertrag zu schließen.[887] Andere halten hingegen allein die EU für vertragsschlussberechtigt.[888] Dieses Problem wäre jedoch nur dann näher zu beleuchten, wenn derartige Kollisionsfälle nicht auch auf andere Weise vermieden werden könnten. Auf eventuelle Kündigungspflichten der Mitgliedstaaten wäre dann auch nicht einzugehen.

Es ist im gegebenen Zusammenhang denkbar, dass durch die Aufnahme einer Kollisionsregelung in die EuGVO selbst eine Kollision i. S. d. Art. 351 Abs. 1 AEUV ausscheidet. Dies wäre dann der Fall, wenn die jeweilige Vorschrift nicht nur den Gehalt des Art. 351 Abs. 1 AEUV deklaratorisch wiedergibt, sondern zugleich eine eigenständige Regelung dahingehend enthält, dass die betroffenen Verträge, ohne die Pflichten der Mitgliedstaaten nach Art. 351 Abs. 2 AEUV auszulösen, fortgelten sollen. Mit Blick auf die in Kraft befindliche EuGVO ist hierzu festzustellen, dass Art. 71 EuGVO eine derartige konstitutive Regelung enthält. Zweck der Vorschrift ist es nämlich auch, den spezifischeren Regelungen den Vorrang vor den eher allgemein gehaltenen Zuständigkeiten der EuGVO zu gewähren.[889] Es war daher offensichtlich auch nicht gewollt, dass die betreffenden Verträge von den Mitgliedstaaten, die Parteien dieser Verträge sind, an die Vorschriften der EuGVO angepasst oder notfalls in ihrer Geltung zu ihnen aufgehoben werden müssen. Auch Art. 72 EuGVO ist als konstitutive Regelung zu lesen, da es widersprüchlich wäre, unter dem EuGVÜ den Mitgliedstaaten noch den Abschluss neuer Verträge zu gewähren und anschließend von ihnen zu fordern, diese wieder aufzuheben, soweit sie der Verordnung widersprechen, was jedoch die Folge wäre, wenn Art. 72 EuGVO lediglich den Regelungsgehalt des Art. 351 Abs. 1 AEUV wiedergäbe. Die Verwendung des Wortes „unberührt" ist daher

887 Calliess/Ruffert-*Schmalenbach*, Art. 351 AEUV, Rn. 16; Streinz-*Kokott*, Art. 351 AEUV, Rn. 18.

888 Grabitz/Hilf/Nettesheim-*Lorenzmeier*, Art. 351 AEUV, Rn. 30. Wohl auch Schwarze-*Terhechte*, Art. 307 EGV, Rn. 11.

889 S. den *Jenard*-Bericht, ABl. EG, Nr. C 59/60. Dass die Vorschrift des Art. 57 EuGVÜ in das Übereinkommen aufgenommen wurde, weil die Mitgliedstaaten auf Grund der durch die Altverträge bestehenden Verpflichtungen gegenüber Drittstaaten gebunden waren (*Jenard*-Bericht, ABl. EG, Nr. C 59/60), ändert nichts daran, dass die Vorschrift des Art. 71 EuGVO ein über Art. 351 Abs. 1 AEUV hinausreichender Zweck zuzuerkennen ist, nämlich die Beibehaltung der spezielleren Regelungen. S. zu diesem Zweck des Art. 71 EuGVO auch Rauscher-*Mankowski*, Art. 71 EuGVO, Rn. 1 und *Schlosser*, Art. 71 EuGVO, Rn. 1.

so zu lesen, dass den Mitgliedstaaten durch die entsprechenden Kollisionsnormen der EuGVO auch keine Pflichten aus Art. 351 Abs. 2 AEUV erwachsen. Die Aufnahme einer Kollisionsnorm für Altverträge der Mitgliedstaaten mit Drittstaaten, welche nicht unter Art. 71 EuGVO fallen, würde daher nach der Systematik der Verordnung dafür sprechen, dass auch in diesen Fällen Art. 351 Abs. 2 AEUV nicht anwendbar sein soll. Es wäre auch denkbar, dies ausdrücklich in die Verordnung aufzunehmen.[890] Jedenfalls hat mit Blick auf Art. 351 Abs. 2 AEUV entgegen der Ansicht *Nuyts* die Einfügung einer Kollisionsregel für die hier behandelten Fälle nicht nur klarstellende Funktion. Dass jedoch in beiden Fällen die einschlägigen völkerrechtlichen Verträge und nicht die EuGVO anzuwenden wären, ist zutreffend.[891]

c) Sonderfälle: Auswirkungen auf das LugÜ oder das EuGVÜ

aa) LugÜ

Bezüglich des LugÜ ist festzuhalten, dass dieses seinen Anwendungsbereich in Abgrenzung zur EuGVO in Art. 64 LugÜ selbst bestimmt. Maßgebend ist damit hier Art. 64 Abs. 2 lit. a LugÜ, der dem LugÜ den Vorrang einräumt, sofern der Beklagte seinen Sitz nicht in einem EU-Mitgliedstaat hat bzw. ein ausschließlicher Gerichtsstand nach dem LugÜ gegeben ist oder eine Gerichtsstandvereinbarung zu Gunsten der Gerichte eines Vertragsstaates, der nicht Mitglied der EU ist, geschlossen wurde. Dennoch hält es *Nuyts* für erforderlich, bei einer Erstreckung der EuGVO auf Drittstaatensachverhalte in der Verordnung eine Kollisionsnorm vorzusehen, um den derzeitigen Anwendungsbereich des LugÜ beizubehalten.[892]

Dies ist insofern zu bedenken, als geklärt werden muss, inwiefern die Kollisionsnorm des LugÜ die Mitgliedstaaten von einer Bindung an die EuGVO befreit. Denn möglicherweise kann im Rahmen des LugÜ nicht wirksam der Geltungsanspruch der EuGVO ausgeschlossen werden, so dass die Mitgliedstaaten gegen Unionsrecht verstießen, wenn sie das LugÜ anstelle der EuGVO anwendeten. Ein auch aus Sicht des Unionsrechts wirksamer Anwendungsvorrang ist jedoch

---

890 Die EuUntVO enthält in ihrem Art. 69 Abs. 1 beispielsweise den ausdrücklichen Vermerk, dass für die Mitgliedstaaten trotz der Kollisionsregelung die Verpflichtungen aus Art. 351 AEUV (damals noch Art. 307 EGV) bestehen bleiben. Derartige Formulierungen sind daher in der Rechtssetzungspraxis nicht unüblich.

891 Nach Grabitz/Hilf/Nettesheim-*Lorenzmeier*, Art. 351 AEUV, Rn. 28 sind Abs. 1 und 2 der Vorschrift rechtlich voneinander unabhängig, so dass der Anwendungsvorrang der völkerrechtlichen Verträge durch die Pflicht der Mitgliedstaaten zur Aufhebung des Konflikts zeitlich begrenzt wird.

892 *Nuyts*, Studie 2007, S. 146, Rn. 188.

jedenfalls mit dem inzwischen für alle Unterzeichnerstaaten in Kraft getretenen LugÜ von 2007 gegeben. Die Europäische Gemeinschaft hat dieses Übereinkommen unterzeichnet, es gilt nunmehr für die EU.[893] Die EU selbst hat damit dem LugÜ den Vorrang hinsichtlich der genannten Fragen eingeräumt. Hieran ändert auch eine nachfolgende Revision der EuGVO nichts. Zwar könnte man erwägen, dass die im LugÜ enthaltene Kollisionsnorm bei Änderung der Verordnung und einer vollumfänglichen Regelung von Drittstaatensachverhalten in dieser auf Grund des Grundsatzes lex posterior derogat legi priori keine Anwendung mehr findet, so dass in der EuGVO selbst eine Kollisionsnorm aufgenommen werden müsste, um den Vorrang des LugÜ in den genannten Fällen abzusichern. Zum einen erscheint es jedoch bereits fraglich, ob eine Revision der Verordnung die Kollisionsnorm des LugÜ tatsächlich außer Kraft setzen würde, wenn der lex posterior-Grundsatz heranzuziehen wäre. Zum anderen ist dieser Grundsatz zwischen dem LugÜ und der EuGVO schon nicht anwendbar, da das LugÜ als völkerrechtlicher Vertrag im Rang höher steht als sekundäres Unionsrecht.[894] Bei einer Erstreckung der EuGVO auf Drittstaatensachverhalte wird der Anwendungsbereich des LugÜ daher nicht berührt. Sie ist insofern unproblematisch.[895] Gleichwohl wird eine Klarstellung für wünschenswert gehalten.[896]

bb) Abkommen zwischen Dänemark und der EG/EU (EuGVÜ)

Zwischen Dänemark und der EG/EU besteht ein mit der EuGVO weitestgehend identischer völkerrechtlicher Vertrag.[897] Es stellt sich daher auch hier die Frage,

893 Zur Rechtsnachfolge der EU s. Art. 1 Satz 3 EUV.

894 S. zum Rangverhältnis Calliess/Ruffert-*Schmalenbach*, Art. 216 AEUV, Rn. 50; Geiger/Khan/Kotzur-*Khan*, Art. 216 AEUV, Rn. 22; Grabitz/Hilf/Nettesheim-*Vöneky/ Beylage-Haarmann*, Art. 216 AEUV, Rn. 41; Lenz/Borchardt-*Müller-Ibold*, Art. 216 AEUV, Rn. 5; Streinz-*Mögele*, Art. 216 AEUV, Rn. 52. Dass daher der lex posterior-Grundsatz keine Anwendung findet ausdrücklich Calliess/Ruffert-*Schmalenbach*, Art. 216 AEUV, Rn. 50. Vereinzelt wird vertreten, die völkerrechtlichen Abkommen seien im Rang dem Sekundärrecht der Union gleich, s. *Nettesheim*, EuR 2006, S. 737 (762). Dies ändert jedoch im Ergebnis nichts, da auch in diesem Fall angenommen wird, dass das Völkerrecht vorrangig anzuwenden ist und nicht durch das Unionsrecht derogiert wird, s. *Nettesheim*, EuR 2006, S. 737 (762).

895 S. auch die Stellungnahme des schweizerischen Bundesamts für Justiz zum Grünbuch, S. 3.

896 S. die Stellungnahme des schweizerischen Bundesamts für Justiz zum Grünbuch, S. 3.

897 Dessen Inhalt ist abgedruckt im ABl. der EU, L 299/62 ff. Nach Art. 2 Abs. 1 ist die EuGVO mit den unter Abs. 2 genannten Ausnahmen, welche nicht die Zuständigkeit betreffen, Bestandteil des Abkommens.

wie dieser durch eine Erweiterung der EuGVO auf Drittstaatensachverhalte berührt würde. Entsprechend Art. 64 Abs. 2 lit. a LugÜ enthält das Abkommen in Art. 10 Abs. 2 lit. a eine eigene Regelung seines Verhältnisses zur EuGVO. Danach ist es in jedem Fall anzuwenden, wenn der Beklagte seinen Wohnsitz in Dänemark hat oder gemäß Art. 22 oder 23 EuGVO die Zuständigkeit dänischer Gerichte gegeben ist. Es stellt sich die gleiche Ausgangsfrage wie zum LugÜ, nämlich ob hierdurch die Geltung der EuGVO in diesem Bereich wirksam ausgeschlossen wird, welche ebenso wie unter dem LugÜ zu beantworten ist. Auch hier ist die EG Vertragspartei und somit die EU als deren Rechtsnachfolgerin gebunden. Es würde damit auch dieses Übereinkommen von einer Änderung der EuGVO nicht berührt. Nimmt Dänemark die Änderungen der EuGVO jedoch nicht gemäß Art. 3 des EuGVÜ an, gilt das Abkommen nach seinem Art. 3 Abs. 7 als beendet, wenn die Parteien nicht innerhalb 90 Tagen etwas anderes beschließen. Mit dem Fall, dass eine Beendigung des Abkommens eintritt, ist jedoch nicht ernsthaft zu rechnen. Im Übrigen entfiele mit einer solchen die Kollisionsfrage.

cc) Ergebnis

Es ist damit festzuhalten, dass bei einer Revision der EuGVO eine Kollisionsnorm für eine Beibehaltung des derzeitigen Anwendungsbereichs des LugÜ oder des EuGVÜ nicht notwendig ist.

2. Teilweise Aufgabe der Parallelität zwischen der EuGVO und dem LugÜ

Von Seiten der Schweiz wurde angemerkt, dass eine Ausdehnung der EuGVO die stets angestrebte Parallelität zwischen der Verordnung und dem LugÜ verringere, da eine Erstreckung des LugÜ auf Drittstaatensachverhalte nicht in Betracht komme.[898] Dass eine Revision der EuGVO zu einem gewissen Verlust der Parallelität der beiden Rechtsinstrumente führt, ist zwar richtig, jedoch hinnehmbar. Es ergeben sich hieraus jedenfalls keine Schwierigkeiten für die Anwendung der jeweiligen Rechtsakte. Bei der Auslegung des LugÜ bliebe eine Orientierung an der Rechtsprechung des EuGH weiterhin ohne Einschränkungen möglich. Die Parallelität um ihrer selbst willen erscheint daher nicht als ausreichender Grund, von einer Vereinheitlichung der Restzuständigkeit im Rahmen der EuGVO abzusehen.

898 S. die Stellungnahme des schweizerischen Bundesamts für Justiz zum Grünbuch, S. 4.

3. Verhandlungsposition der EU beim Abschluss völkerrechtlicher Verträge

Das Europäische Parlament hat angemerkt, dass sich die Verhandlungsposition bei einer vereinheitlichten Regelung von Drittstaatensachverhalten „nicht unbedingt verbesser[e]“[899]. Es stellt sich damit die Frage, ob die Verhandlungsposition verschlechtert wird. Dies kommt jedenfalls dann in Betracht, wenn in der Verordnung keine speziellen Gerichtsstände für Drittstaatensachverhalte vorgesehen sind. Das ist nach dem Entwurf der Europäischen Kommission jedoch nicht der Fall, da dieser gemäß Art. 25 EuGVO-E einen Vermögensgerichtsstand bereithält. Die Vorschrift enthält zwar diverse Einschränkungen, dürfte jedoch von Drittstaaten ebenfalls nicht als völlig akzeptabel eingestuft werden, da sie die Zuständigkeit eines Gerichts auf mehrere exorbitante Kriterien stützt[900]. Ob das Bestehen verschiedener exorbitanter Gerichtsständen bezüglich Drittstaatensachverhalten die Verhandlungsposition der EU nennenswert stärkt, erscheint daher zumindest fraglich und ist rein spekulativ. Das Vorbringen des Europäischen Parlaments sollte damit nicht übergewichtet werden.[901] Auch wird in der Literatur zu Recht angemerkt, dass das Bestehen der exorbitanten Zuständigkeiten bislang nicht erfolgreich zur Aushandlung eines weltweiten Gerichtsstand- und Vollstreckungsübereinkommens geführt hat.[902]

4. Ergebnis

Im Ergebnis ist damit festzustellen, dass eine Regelung von Drittstaatenfällen in der EuGVO nicht dazu führt, dass der Abschluss späterer völkerrechtlicher Übereinkommen behindert wird. Auch werden das LugÜ und das EuGVÜ mit Dänemark nicht berührt. Im Übrigen ist eine Kollisionsnorm in die EuGVO aufzunehmen, um nicht Pflichten der Mitgliedstaaten nach Art. 351 Abs. 2 AEUV auszulösen.

---

899 Entwurf eines Berichts des Europäischen Parlaments vom 28.06.2011, 2010/0383(COD), S. 9. S. zu Auswirkungen auf die Verhandlungsposition auch *Mankowski*, Brüssel-I, S. 31 (41) und die Stellungnahme Großbritanniens zum Grünbuch, S. 3.

900 S. dazu, ob ein Abstellen auf mehrere exorbitante Kriterien zu größerer Akzeptanz führt oben, Kap. 2, S. 131 f., Fn. 391.

901 Eher kritisch gegenüber den Äußerungen des Parlaments auch *Hausmann*, Brussels I, S. 1 (26).

902 *Mankowski*, Brüssel-I, S. 31 (41).

V. Mögliche Nachteile einer Vereinheitlichung

An dieser Stelle ist auf mögliche Nachteile einer einheitlichen Regelung von Drittstaatensachverhalten in der EuGVO einzugehen. Neben den bereits angesprochenen Punkten einer potenziell verschlechterten Verhandlungsposition[903] und der Gefahr von Konflikten mit bestehenden Staatsverträgen[904] wurden die möglicherweise erhöhte Anzahl von Parallelverfahren[905] und die Gefahr von Vergeltungsmaßnahmen durch Drittstaaten[906] genannt. Diese Risiken sollen im Folgenden angesprochen werden.

1. Erhöhte Anzahl von Parallelverfahren in Mitglied- und Drittstaaten

Zu einer erhöhten Anzahl von Parallelverfahren kann es im vorliegenden Zusammenhang deshalb kommen, weil Klägern aus der EU in einigen Staaten mehr Möglichkeiten zur Verfügung stehen werden, Beklagte aus Drittstaaten innerhalb der EU vor Gericht zu ziehen. Dies ist vor allem deshalb der Fall, da die Gerichtsstände zum Schutz schwächerer Parteien dann in allen Drittstaatensachverhalten offen stehen. Daneben hatten einige Länder ihre exorbitanten Zuständigkeiten abgeschafft, erhalten nun jedoch durch Art. 25 EuGVO-E ein subsidiäres Forum. Die Gefahr von Parallelverfahren besteht dabei vor allem dann, wenn die Gerichte eines europäischen Mitgliedstaates zuerst angerufen werden, da nicht garantiert ist, dass die drittstaatlichen Gerichte dieses Verfahren anerkennen und das vor ihnen laufende Verfahren aussetzen. In der EU hätte ein später angerufenes Gericht nach Art. 34 EuGVO-E zu verfahren. Die Problematik von Parallelverfahren liegt dabei in erster Linie nicht in dem Verfahren an sich, obwohl es für beide Parteien nicht von Vorteil sein wird, in zwei Prozessen auftreten zu müssen. Schwierigkeiten bereitet vor allem das aus den Parallelverfahren folgende Bestehen zweier Urteile, die sich möglicherweise widersprechen.

Da in der Verordnung die Anerkennung und Vollstreckung drittstaatlicher Urteile weiterhin nicht geregelt werden soll, entscheiden die jeweiligen nationalen Rechte darüber, ob und wie dem drittstaatlichen Urteil in ihrem Staat Wirkung verliehen wird.

903 Kap. 4, S. 264.
904 S. hierzu Kap. 4, S. 257 ff.
905 *CSES*, Studie 2010, S. 73.
906 *CSES*, Studie 2010, S. 73.

Insgesamt handelt es sich um ein Problem, dass im internationalen Rechtsverkehr immer auftreten wird. Dass die Gefahr einander widersprechender Entscheidungen selbst in der EU durch die Vorschriften über die Rechtshängigkeit und im Zusammenhang stehende Verfahren nicht vollständig beseitigt werden kann, zeigt auch die Existenz des Art. 34 Nr. 3 und Nr. 4 EuGVO. Dass sich die Zahl der Fälle einander widersprechender Entscheidungen durch eine Vereinheitlichung der Restzuständigkeit erhöht, ist daher bei der Gesamtbeurteilung mit einzubeziehen. Die Problematik begründet jedoch für sich alleine keinen hinreichenden Grund, um von einer Erstreckung der Verordnung auf Drittstaatensachverhalte abzusehen.

2. Konfliktpotential mit Drittstaaten

Die Befürchtung von Vergeltungsschlägen durch Drittstaaten erscheint weitgehend unbegründet. Die Vorschrift des Art. 25 EuGVO-E ist wesentlich enger gefasst als die meisten Gerichtsstände, die in der Verordnung derzeit als exorbitant bezeichnet werden. Das Entfallen von Zuständigkeiten auf Grund der Staatsangehörigkeit oder des bloßen Aufenthalts kommt letzten Endes Beklagten aus Drittstaaten entgegen. Ferner wurde angemerkt, dass die Zuständigkeiten auch für Drittstaatenbeklagte besser vorhersehbar wären.[907] Als Affront könnte lediglich aufgefasst werden, dass eine der Zuständigkeiten, die gegenüber Beklagten aus der EU nach den Wertungen der EuGVO als völlig unangemessen gilt, nun durch Art. 25 EuGVO-E auf europäischer Ebene gegen Drittstaatenbeklagte normiert wird.[908] Demgegenüber muss jedoch berücksichtigt werden, dass auch Drittstaaten Beklagte an exorbitanten Foren vor Gericht stellen und der Vermögensgerichtsstand gegenüber § 23 S. 1 1. Alt ZPO vor dessen Einschränkungen durch den BGH wesentlich enger ist. Er bietet daher eine weitaus geringere Angriffsfläche. Das Risiko von Vergeltungsschlägen wird hier daher eher als gering eingestuft.

3. Forum Shopping

Die Gefahr exzessiven Forum Shoppings wurde vor allem in dem Fall gesehen, dass sämtliche exorbitanten Gerichtsstände der EU-Mitgliedstaaten in der

907 *CSES*, Studie 2010, S. 73.

908 *Nuyts* sieht hierin in seiner Studie von 2007 großes Konfliktpotential und erwartet noch stärkere Reaktionen aus Drittstaaten, als dies bei der jetzigen Regelung bereits der Fall war, S. 133 f., Rn. 173.

Verordnung aufgenommen werden.[909] Andererseits wurde angemerkt, dass eine Vereinheitlichung der Gerichtsstände den Anreiz zum Forum shopping verringere.[910] Hierzu ist festzustellen, dass eine Aufnahme aller exorbitanten Gerichtsstände in die Verordnung nicht zu einer Klagemöglichkeit an einer Mehrzahl von Foren als bisher führt. Denn es bleibt den Klägern auch unter der bestehenden Rechtslage unbenommen, die entsprechenden Gerichtsstände in Anspruch zu nehmen. Eine Regelung im Rahmen der EuGVO würde lediglich zu einer Verschiebung der Rechtsebene (europäisches statt nationales Recht) führen. Wird hingegen wie im Kommisionsentwurf nur ein Gerichtsstand herausgegriffen, führt dies im Schnitt zunächst weder zu einer Erweiterung, noch zu einer Verringerung der Klagemöglichkeiten, sondern es wird nur an ein anderes Kriterium angeknüpft. Die Gefahr eines verstärkten Forum Shoppings besteht damit jedoch nicht.

C. Bewertung der Art. 25 und 26 EuGVO-E

Nachdem nun allgemein die Möglichkeit der Erstreckung der bestehenden Vorschriften der EuGVO auf Drittstaatensachverhalte besprochen worden ist, befasst sich der folgende Abschnitt mit den für diese Fälle vorgesehenen neuen Zuständigkeiten der Art. 25 und 26 EuGVO-E.

I. Art. 25 EuGVO-E (Vermögensgerichtsstand)

1. Allgemein zu einem Vermögensgerichtsstand in der EuGVO

a) Ausgleich für fehlenden Wohnsitzgerichtsstand des in einem Drittstaat wohnhaften Beklagten

Im Zusammenhang mit der Regelung der Restzuständigkeit wurde darauf verwiesen, dass in Drittstaatenfällen die Wohnsitzzuständigkeit des Art. 2 EuGVO-E nicht gegeben sei.[911] Es sei daher ein Ausgleich für das Fehlen dieser Zuständigkeit erforderlich, auch da die besonderen Gerichtsstände der EuGVO auf Grund des Art. 2 EuGVO eng ausgelegt werden.[912]

909 *Nuyts*, Studie 2007, S. 134, Rn. 173.
910 *CSES*, Studie 2010, S. 84.
911 S. *Nuyts*, Studie 2007, S. 130, Rn. 168.
912 *Nuyts*, Studie 2007, S. 131 f., Rn. 168 f.

Wie oben bereits erläutert, ist die enge Auslegung der bestehenden besonderen Zuständigkeiten auch in Drittstaatenfällen sachgerecht.[913] Es stellt sich daher hier die Frage, ob in den Fällen, in denen der Rechtsstreit keinen klaren Bezug zu einem Mitgliedstaat der EU hat, dennoch eine Zuständigkeit nach der Verordnung eröffnet sein soll. Somit ist nach der Notwendigkeit bzw. dem Zweck einer Auffangzuständigkeit in Form eines Vermögensgerichtsstandes in der Verordnung zu fragen.

Vorab ist festzuhalten, dass Fragen der Rechtmäßigkeit des Vermögensgerichtsstandes unter den Ausführungen zu Art. 25 EuGVO-E im speziellen zu behandeln sind, da diese nicht sinnvoll abstrakt beantwortet werden können, ohne die konkrete Vorschrift zu berücksichtigen. Es sei lediglich angemerkt, dass die Bereithaltung eines Vermögensgerichtsstandes nur in Drittstaatenfällen zu keiner Diskriminierung i. S. d. Art. 20 EGRC von Personen mit Wohnsitz in einem Drittstaat führt.[914] Dies gilt unabhängig von seiner konkreten Ausgestaltung.

b) Zweck des Vermögensgerichtsstandes im Rahmen der Verordnung

Nach der Verordnungsbegründung soll die Vorschrift einen Ausgleich dafür schaffen, dass sich der Wohnsitz der beklagten Partei nicht in der EU befindet.[915] Sie deckt sich insofern mit dem Zweck des deutschen § 23 S. 1 1. Alt. ZPO, dem Kläger die Rechtsverfolgung zu erleichtern oder zu ermöglichen.[916] Daneben wird als Zweck des § 23 S. 1 1. Alt. ZPO auch angeführt, dass Vollstreckungsenklaven verhindert werden sollen.[917] Auch dies könnte nach der Verordnungsbegründung unter den Zweck des Art. 25 EuGVO-E fallen. Denn unabhängig davon, wo geklagt wird, ist durch die Art. 37 ff. EuGVO-E der Verordnung sichergestellt, dass die Vollstreckung unionsweit möglich ist. Dagegen könnte allerdings sprechen, dass andere Mitgliedstaaten der EU keinen Vermögensgerichtsstand kennen und die in den nationalen Regelungen vorgesehenen exorbitanten Gerichtsstände insoweit auch nicht die Vollstreckung in im Inland befindliches Vermögen sicherstellen.

---

913 S. dazu oben, Kap. 4, S. 248 ff.

914 S. zur Diskriminierungsproblematik Kap. 1, S. 48 und S. 55.

915 KOM (2010) 748 endg., S. 9.

916 S. hierzu MüKo-*Patzina*, § 23 ZPO, Rn. 1; Musielak-*Heinrich*, § 23 ZPO, Rn. 1 Prütting/Gehrlein-*Lange*, § 23 ZPO, Rn. 1; Stein/Jonas-*Roth*, § 23 ZPO, Rn. 1; Thomas/Putzo-*Hüßtege*, § 23 ZPO, Rn. 1.

917 Musielak-*Heinrich*, § 23 ZPO, Rn. 1; Prütting/Gehrlein-*Lange*, § 23 ZPO, Rn. 1; Wieczorek/Schütze-*Hausmann*, § 23 ZPO, Rn. 1 unter Verweis auf die Motive der CPO; *Ders.* in Staudinger, IntVertrVerfR, § 216.

Den europäischen Rechtsordnungen liegt daher nicht der Gedanke zu Grunde, Vollstreckungsenklaven zu verhindern, sondern den Zugang zur Justiz abzusichern.[918] Die übrigen im Grünbuch in Erwägung gezogenen Gerichtsstände sprechen auch eher dafür, dass man vor allem die Absicherung des Gerichtszugangs im Auge hatte.[919] Es ist damit festzustellen, dass der Zweck des Art. 25 EuGVO-E darin liegt, dem Kläger den Zugang zur Justiz zu eröffnen, oder, wenn bereits ein drittstaatliches Forum zur Verfügung steht, zu vereinfachen. Dass hierdurch Vollstreckungsenklaven verhindert werden, ist vor dem Hintergrund der Entwicklung des Art. 25 EuGVO-E lediglich als nicht unmittelbar bezweckte Wirkung anzusehen. Inwiefern eine solche Zuständigkeit im Rahmen der Verordnung angemessen erscheint, soll nun untersucht werden.

c) Notwendigkeit/Rechtfertigung eines Vermögensgerichtsstandes im Rahmen der Verordnung

Eine Rechtfertigung des Vermögensgerichtsstandes kann sich insbesondere aus rechtlichen Vorgaben oder aus den Parteiinteressen ergeben, denen im Zivilverfahren in besonderer Weise Rechnung zu tragen ist.

aa) Sicherstellung des Verbraucherschutzes gemäß Art. 38 EGRC, Art. 12, 169 AEUV

Eine Notwendigkeit des Vermögensgerichtsstandes könnte sich unter anderem aus Gründen des Verbraucherschutzes ergeben, welcher in Art. 38 EGRC angeführt wird Auf diesen Artikel nimmt auch die Verordnungsbegründung Bezug.[920] Er könnte gebieten, dass Verbraucher möglichst heimatnah prozessieren können müssen. Hierzu müsste aber zum einen der durch die Vorschriften der Art. 15 ff. EuGVO-E gewährleistete Schutz unzureichend sein. Zum anderen ist bereits strittig, ob Art. 38 EGRC überhaupt den Erlass von Maßnahmen zum Schutz von Verbrauchern fordert[921], oder ob die Vorschrift nur verlangt, dass Schutzmaßnahmen nicht behindert werden bzw. sie bei Maßnahmen, die den Verbraucherschutz

918 S. Europäische Kommission, Dok. Nr. JUSTCIV 109, 9150/09, S. 4.

919 Das Grünbuch nennt insofern noch die Ausübung einer Tätigkeit, wenn der Rechtsstreit mit dieser in Zusammenhang steht bzw. das forum necessitatis, s. Europäische Kommission, Dok. Nr. JUSTCIV 109, 9150/09, S. 4.

920 KOM (2010) 748 endg., S. 12. Allerdings allgemein, nicht im Hinblick auf Art. 25 EuGVO-E.

921 So *Jarass*, Art. 38 EGRC, Rn. 8; a. A. mit ausführlicher Begründung Heselhaus/Nowag-*Cremer*, § 62, Rn. 24–30.

beeinträchtigen können, entsprechend berücksichtigt werden[922]. In jedem Fall dürfte, sofern man eine Handlungspflicht annehmen will, den Organen der EU ein Ermessen zustehen[923], da sich die inhaltliche Reichweite des unbestimmten Begriffes des „hohen Verbraucherschutzniveaus“ auch unter Heranziehung des Art. 169 AEUV, auf den die Vorschrift gestützt ist[924], nicht klar umreißen lässt. Art. 169 AEUV schreibt nur einen Mindeststandard fest, der in Bezug auf die Zuständigkeitsvorschriften der EuGVO nicht betroffen ist, da ein Fall des Art. 169 Abs. 2 AEUV nicht vorliegt. Auch Art. 12 AEUV lässt sich nur eine Berücksichtigungspflicht der Verbraucherinteressen entnehmen, soweit dies bei Durchführung der anderen Politiken möglich ist.[925] Danach ist davon auszugehen, dass die bestehenden Vorschriften zur internationalen Zuständigkeit dem Verbraucherschutz jedenfalls hinreichend Rechnung tragen. Es entspricht einem „gewöhnlichen“ Zuständigkeitssystem, dass die Interessen der Parteien gegeneinander abgewogen werden. Von daher ist es völlig legitim, die besonderen Verbraucherschutzvorschriften nur in den Fällen eingreifen zu lassen, in denen der Verbraucher entweder ein erhöhtes Schutzbedürfnis aufweist, weil das Geschäft für ihn besonders riskant ist, oder wenn der Vertragspartner des Verbrauchers selbst einen Bezug zu dem entsprechenden Staat hergestellt hat. Eine fehlerhafte Ausübung des Ermessens liegt damit, sofern überhaupt eine Handlungspflicht anzunehmen wäre, nicht vor.

bb) Sicherstellung von Arbeitnehmerschutz, Art. 27 ff. EGRC

Auf dem Gebiet des Arbeitnehmerschutzes gibt es keine dem Art. 38 EGRC vergleichbare allgemeine Vorschrift zur Absicherung des Schutzes. Die Art. 27 ff. EGRC enthalten einzelne Bestimmungen zum Schutz der Arbeitnehmerrechte. Demnach könnte es ebenfalls geboten sein, dass bestimmte Streitigkeiten vor

922 Allgemein gegen eine Begründung von Handlungspflichten Schwarze-*van Vormizeele*, Art. 39 EGRC, Rn. 4; dass die EU jedenfalls nicht verpflichtet sei, das höchste auf Ebene der Mitgliedstaaten bestehende Niveau zu garantieren, s. Calliess/Ruffert-*Krebber*, Art. 38 EGRC, Rn. 6.

923 S. Calliess/Ruffert-*Krebber*, Art. 38 EGRC, Rn. 6.

924 S. Calliess/Ruffert-*Krebber*, Art. 38 EGRC, Rn. 2; Streinz-*Streinz*, Art. 38 EGRC, Rn. 1; *Jarass*, Art. 38 EGRC, Rn. 1.

925 Art. 12 AEUV wird dahingehend verstanden, dass der Verbraucherschutz mit den anderen Politiken abzuwägen ist, s. Calliess/Ruffert-*Krebber*, Art. 12 AEUV, Rn. 1. Er spricht sich ausdrücklich gegen das Bestehen eines „Grundsatzes des bestmöglichen Verbraucherschutzes“ aus. Allgemein, dass eine Abwägung stattzufinden habe, auch Streinz-*Lurger*, Art. 12 AEUV, Rn. 4.

den Gerichten der Mitgliedstaaten der EU ausgetragen werden können, um die materiell verbürgten Rechte abzusichern. Auch hier wird jedoch dem Unionsgesetzgeber ein Ermessensspielraum zukommen müssen. Insofern kann ebenfalls nicht festgestellt werden, dass die Vorschriften der Art. 18 ff. EuGVO in dieser Beziehung unzulänglich sind.

cc) Rechtfertigung aus Gründen des Schutzes der schwächeren Partei oder zur Absicherung eines ausreichenden Justizzuganges

Gerechtfertigt (im nichttechnischen Sinn) erscheint der Vermögensgerichtsstand zum einen dann, wenn es allgemein um den Schutz einer schwächeren Partei geht, ohne dass dieser rechtlich vorgeschrieben sein muss.[926] Eine Rechtfertigung in diesem Sinn kann nämlich auch dann vorliegen, wenn das EU-Recht einen entsprechenden Schutz nicht zwingend erfordert. Der Zweck der Vorschrift ist freilich nicht direkt auf den Schutz der schwächeren Partei gerichtet, jedoch könnte auch das Bestehen einer entsprechenden Wirkung ihre Existenz rechtfertigen. Insofern fügt sich § 23 S. 1 1. Alt. ZPO in die übrigen Zuständigkeiten der deutschen ZPO ein, denn diese stellt keinen umfassenden Schutz für z. B. Verbraucher auf. Ein besonderer Gerichtsstand ist lediglich bei Haustürgeschäften (§ 29 c ZPO) und im Bereich des Fernunterrichts (§ 26 FernUSG) vorgesehen. Auch in Österreich existiert kein allgemeiner Verbrauchergerichtsstand, allerdings ist die Derogation einer bestehenden österreichischen Zuständigkeit bei Verbrauchersachen ausgeschlossen.[927] § 99 JN entfaltet daher insoweit ebenfalls schützende Wirkung. Anders ist dies jedoch nach der EuGVO, welche bereits umfassende Vorschriften zum Schutz schwächerer Parteien vorsieht. Ein weitergehender Schutz nach Art. 25 EuGVO-E erscheint daher nur insofern berechtigt, als der Beklagte durch Verbringung von Vermögen in den betreffenden Mitgliedstaat selbst eine Verknüpfung mit diesem hergestellt hat. Insofern wird aber auf ein Kriterium abgestellt, welches unabhängig davon vorliegt, mit wem der Vertrag geschlossen wurde. Art. 25 EuGVO-E ist damit nicht auf Grund einer etwaigen Schutzfunktion für schwächere Parteien gerechtfertigt.

Es lässt sich damit festhalten, dass die subsidiäre Zuständigkeit des Art. 25 EuGVO-E im Zuständigkeitssystem der EuGVO keinen berechtigten Platz aus Gründen der Parteiinteressen einnimmt. Insofern ist festzustellen, dass die

926 S. dazu, dass ein Vermögensgerichtsstand im Rahmen der Verordnung dem Schutz der schwächeren Partei dienen könnte, die Stellungnahme Österreichs zum Grünbuch, S. 4.
927 S. dazu den Bericht für Österreich, S. 7, Frage 13.

Notwendigkeit eines Vermögensgerichtsstandes nicht losgelöst vom Gesamtsystem einer Zuständigkeitsordnung gesehen werden kann.

dd) Rechtfertigung zur Sicherung der Verhandlungsposition der EU beim Abschluss völkerrechtlicher Verträge

Dass auch andere Staaten außerhalb der Europäischen Union exorbitante Gerichtsstände bereithalten, erscheint hingegen als Grund ausreichend, die eigenen Zuständigkeiten, welche sich auf eventuell nicht allgemein anerkannte Kriterien stützten, nicht vollständig abzuschaffen. Dies könnte bei zukünftigen Vertragsverhandlungen sowohl bi- als auch multilateraler Art die eigene Position schwächen. Art. 25 EuGVO-E kann daher berechtigterweise politische Zwecke verfolgen. Diese liegen zum einen darin, die eigene Verhandlungsposition der EU gegenüber Drittstaaten nicht zu stark zu schwächen, zum anderen darin, dass eine Revision der Verordnung überhaupt eine Chance hat, von den Mitgliedstaaten angenommen zu werden. Denn wie bereits England für seinen Teil ausdrücklich verlauten hat lassen[928], werden auch einige andere Staaten nicht bereit sein, eine gewisse Auffangzuständigkeit in Drittstaatenfällen völlig abzuschaffen.

d) Ergebnis

Festzuhalten ist damit, dass der Vermögensgerichtsstand im Rahmen der EuGVO nicht geboten erscheint. Er sichert der EU jedoch für völkerrechtliche Abkommen eine bessere Verhandlungsposition, wenn es darum geht, weitreichende Zuständigkeiten gegenseitig zurückzunehmen. Ferner garantiert er eine höhere Wahrscheinlichkeit, dass eine Erstreckung der Verordnung durch die Mitgliedstaaten akzeptiert wird.

2. Bewertung des Art. 25 EuGVO-E im Speziellen

a) Rechtmäßigkeit des Art. 25 EuGVO-E

aa) Exorbitanz des Gerichtsstandes nach Art. 25 EuGVO-E?

Bevor eine Bewertung des in dem Kommissionsvorschlag vorgesehenen Vermögensgerichtsstandes im Hinblick auf dessen Rechtmäßigkeit erfolgen kann, ist zunächst zu untersuchen, ob die Zuständigkeit in ihrer konkreten Form überhaupt noch exorbitant ist. Fehlende Exorbitanz würde bedeuten, dass der

928 S. die Stellungnahme zum Grünbuch, S. 3.

Gerichtsstand allgemein anerkannt ist. Art. 25 EuGVO-E müsste daher auf Anknüpfungspunkte abstellen, die nicht international allgemein anerkannt sind und daher negativ auffallen.[929] Wie bereits angesprochen, knüpft der Gerichtsstand weiterhin an Kriterien an, welche nicht international akzeptiert sind. Hieran ändern auch die in Art. 25 EuGVO-E gemachten Einschränkungen des Gerichtsstandes nichts.[930] Da der Gerichtsstand damit weiterhin exorbitant bleibt, ist zunächst seine Völkerrechtsmäßigkeit anzusprechen.

bb) Völkerrechtsmäßigkeit

Es geht hier um die Frage, ob der Vermögensgerichtsstand einen Völkerrechtsverstoß begründen kann. In diesem Fall wäre seine Aufnahme in die EuGVO in jedem Fall abzulehnen. Bezüglich § 23 1. S. 1. Alt. ZPO wird dabei mehrfach angenommen, dass die Vorschrift selbst bei einer an ihrem Wortlaut ausgerichteten Auslegung nicht gegen Völkerrecht verstoße.[931] Jedenfalls nach der einschränkenden Auslegung durch den BGH wurde jedoch Völkerrechtsgemäßheit angenommen.[932]

Geht man davon aus, dass das allgemeine Völkerrecht geeignet ist, der Gerichtsbarkeit jenseits von Bereichen der Exemtion und völkerrechtlichen Verträgen Grenzen zu setzen[933], so ist mit *Bertele*[934] festzuhalten, dass die Forderung nach einem ausreichenden Bezug zu einem Mitgliedstaat i. S. d. Art. 25 lit. b EuGVO-E die Voraussetzungen an einen Genuine Link[935] erfüllt. Der in Art. 25

---

929 S. *Scheich*, S. 3 f. mit der vorangehenden Anmerkung, dass es keine allgemein anerkannte Definition für den Begriff der Exorbitanz gebe.

930 Dass der Gerichtsstand durch die gemachten Beschränkungen seine Exorbitanz nicht verliert, vgl. Kap. 2, S. 131 f., Fn. 391.

931 BGHZ 115 ist allerdings widersprüchlich, s. S. 90 (92) bzw. (98); noch eindeutig BGH WM 1989, S. 355 (357); *Bittighofer*, S. 193; *Schack*, JZ 1992, S. 54; *Ders.*, FS Nakamura, S. 491 (505 f.): aus dem Völkerrecht lassen sich keine Schranken für die internationale Zuständigkeit bzw. wohl eher die Gerichtsbarkeit ableiten; ebenso *Lüke*, ZZP 1992, S. 321 (323). A. A. diesbezüglich *Mark/Ziegenhain*, NJW 1992, S. 3062 (3062 f.); auch Prütting/Gehrlein-*Lange*, § 23 ZPO, Rn. 5; Staudinger-*Hausmann*, IntVertrVerfR, Rn. 223, die beide ebenfalls darauf abstellen, dass sich eine Begrenzung der Gerichtsbarkeit aus dem Genuine Link ergebe.

932 *Bertele*, S. 266.

933 S. dazu, dass dies grundsätzlich der Fall ist, s. Kap. 3, S. 217 ff., v. a. S. 220 f.

934 *Bertele*, S. 266.

935 Diese hier erneut herauszuarbeiten würde im Rahmen der vorliegenden Arbeit zu weit führen. Es sei deshalb auf die ausführlichen Untersuchungen bei *Bertele*, insb. S. 184 f., verwiesen, die hier zu Grunde gelegt werden. Er merkt an, dass bei Fragen der

EuGVO-E gemachte Vorschlag ist damit aus Sicht des allgemeinen Völkerrechts unproblematisch.

(1) Völkerrechtsmäßigkeit eines Vermögensgerichtsstandes ohne Beschränkungen nach der Literatur

Fraglich ist damit, wie sich die Sache verhält, wenn eine entsprechende Einschränkung der Zuständigkeit nicht erfolgt. Dies muss aus Gründen der Bewertung der beiden Eingrenzungen des Gerichtsstandes des Art. 25 EuGVO-E ebenfalls beantwortet werden. Zu fragen ist daher danach, ob auch die Vermögensbelegenheit allein einen Genuine Link begründen kann. Dies wurde von *Bertele* bereits eingehend untersucht[936], wobei er im Ergebnis eine Völkerrechtswidrigkeit annahm[937]. Freilich ist es an dieser Stelle eine Wertungsfrage, wann man davon ausgehen möchte, dass eine Beziehung zu einem Staat die Eröffnung einer Zuständigkeit rechtfertigt und damit ein Genuine Link gegeben ist. *Bittighofer* verlangt wie *Bertele*, dass ein sinnvoller Anknüpfungspunkt zwischen der Streitigkeit und dem Staat, der die Zuständigkeit seiner Gerichte in diesem Fall normiert, bestehen muss[938]. Er hält jedoch nach seinen Ausführungen die Vermögensbelegenheit allein für ausreichend.[939] Nimmt man mit *Geimer* an, dass bereits die Klageerhebung einen Genuine Link begründet[940], kommt dieser Voraussetzung im Ergebnis überhaupt keine Bedeutung zu, da sie immer erfüllt ist.

(2) Stellungnahme

Ob die Annahme denkbar ist, dass bereits die Einreichung einer Klage ausreicht, um einen Genuine Link zu begründen, hängt zunächst davon ab, welche staatlichen Interessen überhaupt durch die Bereitstellung einer Zuständigkeit berührt werden

---

Gerichtsbarkeit eine schwächere Beziehung für das Vorliegen eines Genuine Link notwendig sei als bei Fragen, welches materielle Recht auf einen Sachverhalt anwendbar ist, s. S. 223. Für die Zurverfügungstellung einer inländischen Zuständigkeit sei ausreichend, dass die Beziehung die Eröffnung eines Verfahrens rechtfertige, S. 223.

936 *Bertele*, S. 224.

937 *Bertele*, S. 227.

938 *Bittighofer*, S. 193. Er spricht dabei nicht ausdrücklich den Genuine Link an. Im Ergebnis ist aber wohl dieser gemeint.

939 *Bittighofer*, S. 193. Allgemein gegen das Bestehen einer völkerrechtlichen Regel, welche die Normierung einer Zuständigkeit bei nur geringen Inlandsbezügen unzulässig macht, s. *Schack*, S. 133 f., Rn. 373.

940 Dagegen *Bertele*, S. 225.

können. Von diesen ausgehend ist zu untersuchen, ob es möglich erscheint, dass bereits bei Einreichung einer Klage ein Genuine Link gegeben ist.

Genannt wurde in diesem Zusammenhang die möglicherweise vorgesehene Anwendbarkeit der Eingriffsnormen des Staates, dessen Gerichte angerufen sind.[941] Die Einflussnahme des Gerichtsstandes auf das anwendbare materielle Recht spricht daher gegen die Sichtweise, dass bereits die Einreichung der Klage zu Bestehen eines Genuine Link führt. Denn ein Staat, der zu weitreichende Zuständigkeiten für sich in Anspruch nimmt, greift damit indirekt in das Recht eines anderen Staates ein, Sachverhalte, welchen einen engen Bezug zu ihm aufweisen, materiell selbst zu regeln[942].

Es ist damit nach der hier vertretenen Ansicht ausgeschlossen, dass ein Genuine Link bereits durch Klageerhebung gegeben ist. Sein Zweck besteht ebenso wie bei den übrigen Ansätzen der Völkerrechtslehre zur Abgrenzung der Regelungshoheit[943] darin, die Voraussetzungen festzulegen, bei deren Vorliegen es gerechtfertigt erscheint, dass sich ein bestimmter Staat mit einer Sache auseinandersetzt[944]. Maßgebend ist damit, ob der oben entwickelte Vermögensbegriff[945] für sich allein bereits einen ausreichenden Bezug zu einem Mitgliedstaat begründen kann. Es ist festzuhalten, dass nach diesem auch geringwertiges Vermögen zur Klageerhebung genügt, sofern es sich noch um Vermögen im normalen Sprachgebrauch handelt und der Beklagte es nicht nur wegen eines vorübergehenden Aufenthaltes in diesem Staat mit sich führt. Diese Voraussetzungen wären demnach jedenfalls bei 50 Euro auf einem Bankkonto in dem entsprechenden Staat erfüllt. Auf

---

941 Kap. 3, S. 220.

942 Freilich sind die Gerichtsbarkeit, die internationale Zuständigkeit und die Anwendbarkeit des materiellen Rechts zu trennen. Es ergeben sich jedoch gewisse Überschneidungen, die eine vollkommen getrennte Betrachtung vorliegend unangebracht erscheinen lässt. Dass die Anwendbarkeit des materiellen Rechts auf die Zuständigkeit durchschlagen kann, wird in Deutschland angenommen, da eine Derogation eines bestehenden Gerichtsstandes ausgeschlossen ist, wenn zwingendes materielles Recht einschlägig ist, s. hierzu oben, Kap. 1, S. 83. Geht man aber davon aus, dass das Erfordernis des Genuine Link dazu dienen soll, dass nicht in Belange anderer Staaten unangemessen eingegriffen wird, so erscheint auch hier eine Zusammenschau des anwendbaren Rechts und der Gerichtsbarkeit angezeigt, da man durch Gewährung der Gerichtsbarkeit einem Staat die Möglichkeit eröffnet, durch Bereitstellung einer internationalen Zuständigkeit die Anwendbarkeit des zwingenden nationalen Rechts eines anderen Staates auszuschließen.

943 S. hierzu z. B. *Bertele*, S. 112 ff.

944 *Bertele*, S. 112.

945 Kap. 2, S. 93 ff.

Grund dieses Vermögensbegriffes besteht auch einen Genuine Link zu diesem Staat. Dieser wird hier durch den Beklagten begründet, indem er zum Ausdruck bringt, dass er zu dem Staat einen gewissen Bezug aufweist. Anderenfalls würde er in diesem kein Bankkonto führen, auf welchem nicht nur ganz geringwertiges Vermögen vorhanden ist. Auch durch das Bestehen des Bankkontos selbst macht der Beklagte eine Beziehung zu dem entsprechenden Staat deutlich. Insofern erscheint es auch gerechtfertigt, dass dieser Staat den Beklagten bei sich vor Gericht stellt.

(3) Ergebnis

Der Gerichtsstand des Art. 25 EuGVO-E ist damit völkerrechtskonform.

cc) Verstoß gegen Art. 47 EGRC

Da durch exorbitante Gerichtsstände wie den Vermögensgerichtsstand ein Verstoß gegen Rechte des Beklagten denkbar ist, ist zu überprüfen, ob Art. 25 EuGVO-E mit den allgemeinen Grundsätzen des Europarechts, hier mit dem Grundsatz des effektiven gerichtlichen Rechtsschutzes[946], der nunmehr in Art. 47 EGRC verankert ist, vereinbar ist. Vorab ist dabei zu untersuchen, ob Art. 47 EGRC der Gerichtsstanderöffnung Grenzen setzen kann, was von Art. 6 Abs. 1 EMRK ausgehend zu entwickeln ist[947]. Es wird hierbei im Folgenden zur Vereinfachung direkt auf Art. 6 EMRK abgestellt, was nicht bedeuten soll, dass die Vorschrift des Art. 25 EuGVO-E derzeit unmittelbar an Art. 6 EMRK zu prüfen ist.

Es geht somit um die Frage, ob Art. 6 Abs. 1 EMRK in seinem Schutzbereich ein Verbot für die Eröffnung exorbitanter Gerichtsstände erfasst, bzw. ob er gewisse Mindestanforderungen an die Verknüpfung zwischen dem Rechtsstreit und dem Forum stellt.

(1) Meinungsstand in der Rechtsprechung des EGMR und in der Literatur zu Art. 6 Abs. 1 EMRK

Der EGMR hat sich zu der gestellten Frage bislang noch nicht geäußert.[948] Das Urteil *Golder*, in dem er sich mit dem Recht auf Gerichtszugang auseinandersetzte,

---

946 S. zu diesem Kap. 3, S. 170 f.

947 Auf Grund von Art. 52 Abs. 3 EGRC.

948 Entgegen der Ansicht *Pfeiffers* (S. 583) hat der EGMR hierzu noch nicht Stellung genommen. Er führt auch selbst keine Entscheidungen an, die in Bezug auf Art. 6 Abs. 1 EMRK einschlägig sind. In dem von ihm genannten Fall *Vara Cruz u. a. gegen Schweden*, Urteil v. 20. März 1991, Serie A201, ging es um die Möglichkeit eines

bezog sich ausdrücklich nur auf das Recht des Klägers.[949] *Nuyts* und *Grolimund* verweisen zwar auf eine Entscheidung der Europäischen Kommission für Menschenrechte aus dem Jahr 1976[950], in welcher diese zum Ausdruck brachte, dass sie die Möglichkeit eines Verstoßes gegen Art. 6 EMRK durch die übermäßige Inanspruchnahme von Gerichtszuständigkeiten jedenfalls nicht ausschließt. Sie ließ die Frage jedoch letzten Endes offen, da im vorliegenden Fall ein ausreichender Bezug zum Gerichtsstand gegeben war.[951] Ferner erging eine Entscheidung der Kommission im Jahre 1983, in welcher diese darüber entscheiden sollte, ob die britischen Gerichte ihre Zuständigkeit zu Recht auf der Grundlage angenommen hatten, dass der zwischen der britischen Klägerin und dem amerikanischen Beklagten bestehende Vertag englischem Recht unterliege.[952] Da die Beschwerde jedoch verfristet war, entschied die Kommission nicht zur Sache.[953]

In der Literatur wird die vorliegend interessierende Frage vielfach angesprochen, jedoch soweit ersichtlich nicht systematisch durch Auslegung des Art. 6 Abs. 1 EMRK aufgearbeitet. Überwiegend wird vertreten, dass Art. 6 Abs. 1 EMRK der Annahme internationaler Zuständigkeit in irgendeiner Form Grenzen ziehen kann.[954] Teilweise wird auch ausdrücklich ein Verstoß oder jedenfalls die

---

Chilenen, gegen seine Ausweisung aus Schweden effektiv vorzugehen, nachdem er das Land bereits verlassen musste. Zum einen betraf die Entscheidung nicht Art. 6 Abs. 1 EMRK, zum anderen handelt es sich hier um eine Einzelfallbeurteilung. Vorliegend soll aber gerade untersucht werden, ob ein allgemeines Recht des Beklagten auf Gerichtsfreiheit besteht, sofern ein Fall keine Bezugspunkte zu einem bestimmten Staat aufweist. Auch beim Fehlen solcher Bezugspunkte muss ein Beklagter aber nicht zwingend daran gehindert sein, seinen Standpunkt effektiv zu vertreten. Die Ausführungen des Gerichts in der Rechtssache *Vara Cruz* können daher vorliegend nicht nutzbar gemacht werden.

949 *Golder gegen das Vereinigte Königreich*, Urteil v. 21. Feb. 1975, Serie A18, §§ 25 und 36.

950 *Grolimund*, S. 245, Rn. 680 f.; *Nuyts*, International Civil Litigation, S. 157 (177 f.).

951 Digest of Strasbourg Case-Law relating to the European Convention on Human Rights, Vol. 2, S. 269.

952 DR 33, 247 ff., wobei in dieser Entscheidung noch hinzukommt, dass der Beklagte behauptete, dass der in Frage stehende Vertrag gar nicht englischem Recht unterliege. Wäre dies zutreffend, wäre selbst die exorbitante Zuständigkeit nicht eröffnet gewesen.

953 DR 33, 247 (255).

954 *Cohen*, Rev. crit. int. privé 1989, 451 (458), da der EGMR in seinem Urteil in der Rechtssache *Airey* ein solches Recht des Beklagten jedenfalls nicht ausgeschlossen habe und das Recht auf Zugang ein Teil des „Rechts auf ein Gericht" sei, welches beiden Parteien zustehen müsse; *Geimer*, Menschenrechte, S. 213 (227); *Grolimund*, S. 252; *Matscher*, FS Neumayer, S. 459 (466); *Nuyts*, International Civil Litigation,

Möglichkeit eines Verstoßes bestehender exorbitanter Zuständigkeitsvorschriften gegen Art. 6 Abs. 1 EMRK bejaht.[955]

(2) Ermittlung des Bestehens eines Rechts auf Schutz vor exorbitanten Zuständigkeiten unter Art. 6 Abs. 1 EMRK

Im Folgenden soll untersucht werden, ob ein Recht des Beklagten, nicht an exorbitanten Foren vor Gericht gezogen zu werden, existiert, und wo es in der Systematik des Art. 6 Abs. 1 EMRK anzusiedeln wäre. Das Ergebnis ist anschließend auf Art. 47 EGRC zu übertragen. Sofern sich dieses Recht bereits auf eines der dort ausdrücklich aufgezählten oder durch die Rechtsprechung des EGMR bestätigten Rechte stützen lässt, wäre lediglich seine Reichweite zu ermitteln. Wenn hingegen das Recht weder bei den genannten, noch bei den vom EGMR anerkannten Rechten verortet werden kann, wäre durch Auslegung zu ermitteln, ob ein derartiges Recht unter Art. 6 Abs. 1 EMRK überhaupt besteht.

(a) Systematische Einordnung des Rechts des Beklagten auf Justizfreiheit bei den anerkannten Rechten

Systematisch ist Art. 6 EMRK so zu verstehen, dass dieser ein einziges, in der Vorschrift selber nicht definiertes, Recht beinhaltet, welches der EGMR als das „Recht auf ein faires Verfahren" bezeichnet.[956] Dieses „Recht auf ein faires Verfahren" untergliedert sich in die in Art. 6 Abs. 1 EMRK ausdrücklich genannten

---

S. 157 (185); *Pfeiffer*, S. 583; *Schack*, ZZP 1984, S. 46 (60); *Schlosser*, IPrax 1992, S. 140 (141); dagegen jedoch *Bertele*, S. 209 f.; *Scheich*, S. 26.

955 *Cohen*, Rev. crit. int. privé 1989, S. 451 (463) in Bezug auf die Artikel 14 und 15 des französischen CC; allgemein: *Grolimund*, S. 254, Rn. 704; *Schlosser*, FS Heldrich, S. 1007 (1011), der ausführt, dass Urteile, die an exorbitanten Zuständigkeitsorten erlassen wurden, gegen Art. 6 EMRK verstoßen. Dies legt nahe, dass auch die Zuständigkeitsvorschrift an sich schon gegen Art. 6 EMRK verstößt, da an diesen Orten nie ein Urteil erlassen werden könnte, welches mit der Vorschrift konform ist. Deutlicher *Ders.*, IPRax 1992, 140 (141); *Ders.*, Riv. dir. int. 1991, S. 5 (16 f.) mit Vergleich zum US-Recht; dagegen *Hill*, Asserting Jurisdiction, S. 39 (41).

956 *Golder gegen das Vereinigte Königreich*, Urteil v. 21. Feb. 1975, Serie A18, §§ 28, 36: In § 28 der Entscheidung bezeichnet der EGMR das Recht noch nicht, spricht aber davon, dass die in Art. 6 EMRK genannten Rechte der gleichen Grundidee entspringen und sich in einem Recht zusammenfassen lassen. Aus § 36 ergibt sich aber, dass er auch dort schon das „Recht auf ein faires Verfahren" gemeint hat.

Rechte und in das „Recht auf ein Gericht", welches seinerseits das „Recht auf Zugang zu einem Gericht" umfasst.[957]

(aa) Verortung bei den ausdrücklich genannten Rechten

Bei den ausdrücklich in Art. 6 Abs. 1 EMRK genannten Rechten kann ein allgemeines Recht des Beklagten auf Schutz vor exorbitanten Foren nicht verortet werden, da diese allesamt Verfahrensrechte sind, das Recht, um welches es vorliegend geht, aber dem Verfahren vorgelagert ist. Insbesondere kann nicht angenommen werden, dass im Fall eines exorbitanten Forums kein unparteiisches Gericht gegeben ist. Zwar ist es denkbar, dass die Gerichte Staatsangehörige ihres eigenen Landes bevorzugen[958], doch reicht das Vorliegen eines fremden Staatsangehörigkeit des Klägers nicht aus, um das Recht auf ein unparteiisches Gericht als verletzt anzusehen, da sonst Rechtsstreitigkeiten mit Parteien unterschiedlicher Staatsangehörigkeit nie vor Gericht verhandelt werden könnten. Es erscheint zwar möglich, dass sich aus den Verfahrensrechten im Einzelfall ergibt, dass die Klage vor einem exorbitanten Forum unzulässig ist. Dies gründet dann aber nicht auf der Exorbitanz des Forums, denn die in einem solchen Verfahren auftretenden Schwierigkeiten sind in allen Fällen eines internationalen Rechtsstreits denkbar. Der Grund der Einschlägigkeit des Art. 6 Abs. 1 EGMR liegt daher in diesen Fällen in der konkreten Situation, nicht in der Reichweite des Gerichtsstandes.

(bb) Verortung bei dem „Recht auf Zugang zu einem Gericht"

Nuyts will ein entsprechendes Recht direkt auf das „Recht auf Zugang" stützen und bejaht ein „Recht auf effektiven Gerichtszugang" des Beklagten[959]. Es ist anzumerken, dass es sich bei dem effektiven Recht auf Zugang bzw. dem Recht auf effektiven Zugang aus dem Urteil *Airey* und dem Recht auf Zugang aus dem Urteil *Golder* inhaltlich um ein und dasselbe Recht handelt. Der EGMR hat in der Rechtssache *Airey* lediglich festgestellt, dass das Recht auf Zugang auch *effektiv* ausgestaltet sein muss, wie er auch später immer wieder hervorgehoben hat.[960]

---

957 Zu dieser systematischen Einteilung des Art. 6 Abs. 1 EMRK s. EGMR, *Golder gegen das Vereinigte Königreich*, Urteil v. 21. Feb. 1975, Serie A18, § 36.

958 So *Nadelmann*, dessen Ausführungen sich entnehmen lässt, dass das Gericht in diesen Fällen möglicherweise nicht „neutral" ist, s. Col. Law Rev. 1967, S. 995 (1002).

959 *Nuyts*, International Civil Litigation, S. 157 (179), dort "right of effective court access".

960 S. z. B. EGMR, *Gillow gegen das Vereinigte Königreich*, Urteil v. 24. Nov. 1986, Serie A109, § 69.

Der Ansicht, dass auch dem Beklagten ein Recht auf Zugang zukommen muss, ist auch *Grolimund* und bezeichnet dieses Recht als einen „Anspruch des Beklagten auf einen zumutbaren Gerichtsstand“[961]. Zur Begründung stützen sich beide Autoren auf das Urteil des EGMR in der Rechtssache *Airey*[962]. Es ist allerdings zu beachten, dass der EGMR in diesem Urteil von einem „effektiven Recht auf Gerichtszugang“[963] spricht, nicht von einem „Recht auf effektiven Gerichtszugang“. Die Unterscheidung ist deshalb maßgebend, da die erste Alternative auf die Position des Beklagten vom Wortlaut her nicht passt.[964] Der Beklagte will gerade keinen Zugang zum Gericht, sondern gar nicht verklagt werden. Die zweite Alternative erscheint passender, da ein Zugang des Klägers zu Gericht danach möglicherweise schon besteht, aber eben auch für den Beklagten effektiv sein muss. Trotzdem erscheint die Wortwahl „Gerichtszugang“ mit Blick auf die Position des Beklagten problematisch.[965]

Wie sich aus verschiedenen Passagen des Urteils in der Rechtssache *Airey* ergibt, vermischt der EGMR Elemente des Verfahrens mit dem Zugang.[966] In Bezug auf dieses Urteil ist daher davon auszugehen, dass der Gerichtshof letzten Endes wohl ein „Recht auf effektiven Zugang“ gemeint hat[967], wobei der Zugang das Verfahren vor Gericht teilweise mit einbezieht, da in dem dem Urteil zu Grunde liegenden Fall ein Gerichtszugang zwar bestand, der Klägerin das

---

961 *Grolimund*, S. 252, Rn. 696 und 700, der allerdings von einem „wirksamen Gerichtszugang“ spricht, nicht von einem effektiven, was inhaltlich jedoch keinen Unterschied macht.

962 *Airey gegen Irland*, Urteil v. 9. Okt. 1979, Serie A32.

963 *Airey gegen Irland*, Urteil v. 9. Okt. 1979, Serie A32, § 26: “[…] an effective right of access to the courts” bzw. „[…] un droit effectif d’accèss aux tribunaux“; *Hatzimihail* spricht wie *Nuyts* von einem „effektiven Zugang“: S. 595 (623).

964 *Cohen* will das „Recht auf Zugang“ wohl dennoch wie *Nuyts* auf den Beklagten erstrecken, verweist aber zugleich darauf, dass dieses ein Teil des „Rechts auf ein Gericht“ sei, welches für alle Parteien eines Rechtsstreits gelten müsse, Rev. crit. int. privé 1989, 451 (458).

965 S. hierzu näher unten, Kap. 4, S. 282.

966 *Airey gegen Irland*, Urteil v. 9. Okt. 1979, Serie A32 in der englischen Fassung: “it is not realistic […] that […] the applicant could effectively conduct her own case”, § 24; “litigation of this kind […] necessitates proof […]”, § 24, “For these reasons, the Court considers it most improbable that a person in Mrs. Airey’s position […] can effectively present his or her own case”, § 24. All diese Aussagen beziehen sich auf das Verfahren vor Gericht, nicht auf den Zugang als solchen.

967 Das Gericht spricht an einer Stelle selbst von „angemessenen Zugang“: *Airey gegen Irland*, Urteil v. 9. Okt. 1979, Serie A32, § 26.

Verfahren aber ohne anwaltliche Vertretung nicht zumutbar war. Dieses Recht muss ferner auch effektiv sein, also quasi ein „effektives Recht auf effektiven Gerichtszugang“. Da vorliegend nur geklärt werden soll, ob ausgehend von der bestehenden Rechtslage unter Einbeziehung der Rechtsprechung des EGMR ein Recht des Beklagten auf Gerichtsfreiheit aus Art. 6 EMRK folgen kann, wird das Ergebnis des Urteils in der Rechtssache *Airey* hier nicht bewertet, sondern im Folgenden zu Grunde gelegt. Davon ausgehend scheint es damit zunächst möglich, dass auch die Interessen des Beklagten unter das „Recht auf effektiven Gerichtszugang“ fallen können, gerade da Elemente des Verfahrens mit in dieses Recht einbezogen werden.

Nuyts verweist ferner darauf, dass der EGMR das Recht auf Gerichtszugang durch die Verwendung des Wortes „litigants“ beiden Prozessparteien zubillige.[968] Die Wortwahl könnte jedoch zufällig sein und sich auch nur auf den Kläger beziehen. Dafür spricht zum einen der Kontext, da es in dem erwähnten Urteil um das Recht einer Klägerin geht. Es ist nicht ersichtlich, dass der EGMR allgemeine Aussagen zur Reichweite über das Recht auf Gerichtszugang treffen wollte. Jedenfalls lässt sich aus dem Urteil nicht eindeutig ableiten, dass der EGMR das Recht des Beklagten auf negativen Gerichtszugang anerkannt hat.

Gegen eine Verortung des Rechts des Beklagten, nicht an exorbitanten Foren verklagt zu werden, unter dem „Recht auf Zugang zu einem Gericht“, spricht jedenfalls Folgendes: Die Herleitung des Rechts auf Zugang zu einem Gericht im Urteil *Golder* lässt sich nicht auf ein etwaiges Recht des Beklagten übertragen. In seinem *Golder*-Urteil hat der EGMR das Bestehen des Rechts auf Zugang zu einem Gericht nämlich unter anderem damit begründet, dass dieses Recht zu den grundlegenden Prinzipien des Rechtsstaats gehöre und allgemein anerkannt sei.[969] Dies kann man nicht auf die Eröffnung exorbitanter Zuständigkeiten übertragen, denn wenn allgemein anerkannt wäre, dass derartige Zuständigkeiten gegen das Recht verstoßen, wären sie nicht so zahlreich vorhanden. Selbst in den USA bestehen trotz des dort in der Verfassung verankerten due-process-Gebots

968 *Nuyts*, International Civil Litigation, S. 157 (179). Er bezieht sich in seinen Ausführungen auf § 27 des Urteils, wobei jedoch wohl ein Fehler vorliegt, da der EGMR dort keine Ausführungen zum Recht auf Zugang zu einem Gericht macht. Gemeint war § 26 des Urteils. Der Wortlaut stimmt mit der ebenfalls verbindlichen französischen Fassung der Entscheidung überein („plaideurs“).

969 *Golder gegen das Vereinigte Königreich*, Urteil v. 21. Feb. 1975, Serie A18, § 35.

Gerichtsstände, die in anderen Ländern als exorbitant aufgefasst werden.[970] Es wäre jedoch denkbar, dass ein gewisser Minimalstandard insofern anerkannt ist, als ein Beklagter nicht dort vor Gericht gezogen werden darf, wo gar kein Bezug zwischen der Rechtsstreitigkeit und dem Forumstaat besteht. Jedoch ist zumindest das zweite Argument des EGMR zur Herleitung des Rechts auf Zugang zu Gericht nicht auf die Situation des Beklagten passend. Der Gerichtshof hat sich für die Begründung des Bestehens des Rechts auf Zugang zu einem Gericht maßgeblich auf die Überlegung gestützt, dass die in Art. 6 Abs. 1 EMRK enthaltenen Verfahrensrechte wertlos seien, wenn nicht auch der Zugang zu einem Gericht garantiert werde.[971] Dies lässt sich nicht auf den Fall übertragen, dass der Beklagte nicht vor Gerichten verklagt werden können soll, die mit dem Rechtsstreit keinerlei Verbindung aufweisen. In dieser Konstellation ist vielmehr besonders zu beachten, dass die Verfahrensrechte aus Art. 6 Abs. 1 EMRK nicht verletzt werden; sie sind keinesfalls bedeutungslos.

Ferner wäre es auch vom Wortlaut her schwer verständlich, warum das „Recht auf Zugang zu einem Gericht“ auch das Recht umfassen soll, nicht an exorbitanten Foren verklagt zu werden. Der EGMR hält in seiner Rechtsprechung eine Verzerrung der Sprache bei der Auslegung der Rechte der EMRK für unzulässig. So hat er in der Rechtssache *Pretty* festgestellt, dass Art. 2 I EMRK kein „Recht zu sterben“ enthalte.[972] In das „Recht auf Zugang zu einem Gericht“ das Recht des Beklagten auf Schutz vor zu weit gefassten Gerichtsständen hineinzulesen, würde aber eine Verzerrung der Sprache zur Folge haben.

Da sich wesentliche Teile der Begründung des Rechts auf Zugang zu einem Gericht nicht auf den Fall übertragen lassen, dass der Beklagte vor Gerichten verklagt wird, die keinen Bezug zum Rechtsstreit haben, und da der Wortlaut des Rechts nicht auf das in Frage stehende Recht des Beklagten passt, kann es auch nicht ein Recht des Beklagten auf Justizfreiheit umfassen. Es handelt sich somit um zwei unterschiedliche Rechte, sofern letzteres unter der EMRK überhaupt besteht.

---

970 *Grolimund*, S. 645 ff., der die transient jurisdiction nennt.

971 *Golder gegen das Vereinigte Königreich*, Urteil v. 21. Feb. 1975, Serie A18, § 35, mit dem Hinweis, dass andernfalls ein Staat seine Gerichte auch abschaffen könnte, ohne gegen Art. 6 Abs. 1 EMRK zu verstoßen.

972 *Pretty gegen das Vereinigte Königreich*, Urteil v. 29. April 2002, Reports 2002-III, § 39 f.: “Article 2 cannot, without a distortion of language, be interpreted as conferring the diametrically opposite right, namely a right to die [...]. The Court accordingly finds that no right to die [...] can be derived from Article 2 of the Convention”.

(cc) Verortung bei dem „Recht auf ein Gericht"

Anderes könnte für das „Recht auf ein Gericht" gelten. Dieses wurde jedoch ebenfalls durch das Urteil *Golder* anerkannt[973], so dass für das Bestehen dieses Rechts die gleiche Begründung gilt wie für das „Recht auf Zugang zu einem Gericht". Ferner passt die sprachliche Fassung des Rechts nur dann auf die Situation des Beklagten, wenn man diesem ein Recht zuerkennen würde, nur vor einem bestimmten Gericht verklagt zu werden. Ein solches Recht hat der EGMR aber ausdrücklich verneint.[974]

Mangels Übertragbarkeit der Herleitung des „Rechts auf ein Gericht" und auf Grund seiner sprachlichen Formulierung, kann daher auch dieses Recht kein Recht des Beklagten auf Schutz vor bestimmten Gerichtsständen beinhalten.

(dd) Ergebnis

Da sich somit ein allgemeines Recht des Beklagten auf Schutz vor Inanspruchnahme an rechtsstreitfremden Foren nicht an den in Art. 6 Abs. 1 EMRK genannten Rechten oder an den vom EGMR bestätigten Rechten festmachen lässt, kann es sich bei diesem nur um ein eigenständiges Recht handeln, dessen Bestehen erst untersucht werden muss.

(b) Auslegung des Art. 6 Abs. 1 EMRK bezüglich des Rechts des Beklagten auf Justizfreiheit

Im Folgenden soll ermittelt werden, ob „das Recht auf ein faires Verfahren" aus Art. 6 Abs. 1 EMRK neben den in der Vorschrift aufgezählten Rechten und dem Recht auf ein Gericht auch ein Recht des Beklagten enthält, an sach- und parteifremden Foren nicht verklagt zu werden. Dieses Recht wird in den folgenden Ausführungen als das „Recht auf Justizfreiheit" bezeichnet.

Bei der Auslegung muss beachtet werden, dass die EMRK anders als das Grundgesetz keinen umfassenden Rechtsschutz vor staatlichen Hoheitsakten bietet, sondern bewusst nur lückenhaft Rechte und Freiheiten gewährt.[975]

---

973 *Golder gegen das Vereinigte Königreich*, Urteil v. 21. Feb.1975, Serie A18, § 36.

974 Digest of Strasbourg Case-Law relating to the European Convention on Human Rights, Vol. 2, S. 269.

975 *Golder gegen das Vereinigte Königreich*, Urteil v. 21. Feb. 1975, Serie A18, § 34; Grote/Marauhn-*Richter*, S. 404, Rn. 2 mit Verweis auf die Präambel der EMRK.

Der EGMR legt zur Auslegung der EMRK als völkerrechtlichem Vertrag die Wiener Vertragsrechtskonvention zu Grunde.[976] Maßgebend sind damit die Art. 31–33 WVK. Bei der Auslegung ist auf die englische und die französische Fassung abzustellen, da diese die beiden authentischen Sprachfassungen sind.[977]

(aa) Wortlaut

Nach seinem Wortlaut verbietet Art. 6 Abs. 1 EMRK das Aufstellen exorbitanter Gerichtsstände nicht ausdrücklich. *Hill* ist daher der Meinung, dass Art. 6 EMRK überwiegend verfahrensrechtliche Garantien enthalte und somit im vorliegenden Fall nicht einschlägig sei.[978] Dem hält *Nuyts* jedoch zu Recht entgegen, dass dieses Argument für sich nicht ausreiche, um den Anwendungsbereich des Art. 6 Abs. 1 EMRK zu verneinen, da der EGMR den Schutzbereich weiter fasse und aus dem Wortlaut der authentischen Sprachfassungen abgeleitet habe[979], dass das „faire Verfahren" nicht nur das Verfahren vor Gericht schütze, sondern bereits den Zugang des Klägers zu einem Gericht[980]. Wenn also auch dem eigentlichen Gerichtsverfahren vorgelagerte Elemente von Art. 6 EMRK erfasst sein können, kommt es daher in Frage, dass die Vorschrift auch gewisse Mindestanforderungen an die Eröffnung von Gerichtsständen stellt und somit den Gerichtszugang des Beklagten schützt. Der Wortlaut ist daher zunächst neutral.

(bb) Die Bestimmungen des Art. 6 Abs. 1 EMRK in ihrem Zusammenhang (Systematik)

Der Schutz des Beklagten vor exorbitanten Gerichtsständen könnte sich jedoch aus dem Zusammenhang ergeben, wobei sich der Zusammenhang gemäß Art. 31 Abs. 2 WVK nicht nur aus der Vertragsurkunde selbst ergibt.

---

976 *Golder gegen das Vereinigte Königreich*, Urteil v. 21. Feb. 1975, Serie A18, § 29: zum Zeitpunkt des Urteils war diese allerdings noch nicht in Kraft. Das Gericht war jedoch der Ansicht, dass die Konvention allgemein anerkannte Grundsätze enthalte.

977 Dies ergibt sich aus der Schlussklausel der EMRK.

978 *Hill*, Asserting Jurisdiction, S. 39 (41).

979 Insbesondere die französische Fassung („Toute personne a droit à ce que sa cause soit entendue […] par un tribunal indépendant et impartial") deute nicht darauf hin, dass ein Verfahren bereits eingeleitet sein müsse, s. *Golder gegen das Vereinigte Königreich*, Urteil v. 21. Feb. 1975, Serie A18, § 32.

980 *Nuyts*, International Civil Litigation, S. 157 (184); *Golder gegen das Vereinigte Königreich*, Urteil v. 21. Feb. 1975, Serie A18, § 32.

(α) Systematik des Art. 6 Abs. 1 EMRK

Nach dem Wortlaut der beiden maßgebenden Sprachfassungen schützt Art. 6 Abs. 1 EMRK nicht nur den Kläger. Dies ergibt sich aus den Formulierungen „everyone is entitled [...]“ und „Toute personne a droit [...]“, die nicht nur auf den Kläger abstellen. Die nachfolgend in Art. 6 I EMRK genannten Rechte sind für beide Parteien eines Rechtsstreits von Interesse. Wenn die Vorschrift daher gleichermaßen die Interessen von Kläger und Beklagtem schützt und das Recht des Klägers auf Gerichtszugang erfasst, könnte sie daher auch das Recht des Beklagten auf Justizfreiheit umfassen.[981] Dabei muss allerdings beachtet werden, dass es sich bei dem Recht auf Zugang des Klägers und dem Recht auf Justizfreiheit des Beklagten um zwei unterschiedliche Rechte handelt, die jeweils nur einer der beiden Parteien dienen, während die übrigen Rechte für beide Parteien gleichermaßen gelten. Eine Unterscheidung zwischen den Verfahrensrechten, die in einem fairen Verfahren schon denklogisch beiden Parteien zustehen müssen, und den dem Verfahren vorgelagerten Rechten wäre durchaus denkbar. Dies ergibt sich beispielsweise aus dem Argument des EGMR, dass die Verfahrensrechte ihre Bedeutung ohne das Bestehen eines Rechts des Klägers auf Zugang zum Gericht verlieren könnten.[982] In dieser Hinsicht könnte man Art. 6 Abs. 1 EMRK so verstehen, dass er in erster Linie Verfahrensrechte gewährleistet, jedoch auch andere Rechte mit in seinen Schutzbereich einbezieht, wenn diese für die Sicherstellung der Verfahrensrechte notwendig sind. Da dies auf das Recht des Beklagten auf Justizfreiheit nicht zutrifft, könnte es sein, dass dieses Recht nicht vom Schutzbereich umfasst ist. Eindeutige systematische Schlussfolgerungen sind jedenfalls auf dieser Grundlage nicht möglich.

(β) Systematik der Konvention im Ganzen

Der EGMR hat in seinem Urteil *Golder* auch auf die Präambel zurückgegriffen, in welcher die Rechtsstaatlichkeit erwähnt wird. Er lässt zwar offen, ob diese als eines der Ziele der Konvention anzusehen ist, hält ihre Berücksichtigung bei der Auslegung jedoch für notwendig.[983] Dies auch deshalb, da sie im Statut

---

981 So auf Grund der allgemeinen Formulierung des Art. 6 EMRK *Cohen*, Rev. crit. int. Privé 1989, 451 (458), der allerdings das Recht des Beklagten auf Justizfreiheit direkt auf das im *Golder*-Urteil anerkannte „Recht auf Zugang zu einem Gericht“ stützen will.

982 *Golder gegen das Vereinigte Königreich*, Urteil v. 21. Feb.1975, Serie A18, § 35.

983 *Golder gegen das Vereinigte Königreich*, Urteil v. 21. Feb.1975, Serie A18, § 34.

des Europarates, welches nach Art. 31 WVK mit zu berücksichtigen ist, erwähnt wird.[984] Fraglich ist daher, ob das Rechtsstaatsprinzip ein Verbot exorbitanter Gerichtsstände beinhaltet. Hierzu ist festzustellen, dass dieses Prinzip seine Geltung nur auf *ein* bestimmtes Staatsgebiet bezogen entfaltet. Es kann daher einem Staat auftragen, überhaupt Gerichte für die Beilegung von zivilrechtlichen Streitigkeiten bereitzustellen, wie dies im Urteil *Golder* dargestellt wurde.

(αα) Das Rechtsstaatsprinzip als Schranke der internationalen Zuständigkeit in der Literatur

Von *Pfeiffer* wurde eingehend untersucht, ob der deutsche Anspruch auf effektiven Rechtsschutz, der im Rechtsstaatsprinzip fußt[985], der Gerichtspflicht des Beklagten eine Grenze setzen kann.[986] Er kommt zu dem Ergebnis, dass dies der Fall sei.[987] Dies werde durch die Rechtsprechung des BVerfG in seinen Entscheidungen Eurocontrol I[988] und II[989] sowie Solange II[990] gestützt, aus denen er herleitet, dass die Klage gegen einen nicht im Gerichtsstaat wohnhaften Beklagten für diesen zumutbar sein müsse[991]. Auch *Schlosser* ist der Ansicht, dass sich aus der Verfassung eine Art due-process-Beschränkung für das Aufstellen von Gerichtszuständigkeiten herleiten lasse.[992]

(ββ) Bewertung

Die aus der Eurocontrol I gezogene Schlussfolgerung, dass bei einer „umgekehrten Anwendung" der Argumentation des Bundesverfassungsgerichts anzunehmen sei, dass in bestimmten Fällen aus Gründen der Zumutbarkeit Gerichtsfreiheit des Beklagten bestehen müsse, erscheint zwar möglich, jedoch nicht zwingend. In dieser Entscheidung hat das BVerfG darüber entschieden, dass kein Verstoß gegen Art. 19 IV bzw. Art. 24 I vorliege, wenn die deutschen Gerichte keinen Rechtsschutz gegen Akte einer internationalen Organisation gewähren, welche in ihren

984 *Golder gegen das Vereinigte Königreich*, Urteil v. 21. Feb.1975, Serie A18, § 34.
985 BVerfGE 58, S. 1 (30); *Maurer*, S. 219, Rn. 35; *Pfeiffer*, S. 581.
986 *Pfeiffer*, S. 577 ff.
987 S. hierzu *Pfeiffer*, S. 579 ff.
988 BVerfGE 58, S. 1 ff.
989 BVerfGE 59, S. 63 ff.
990 BVerfGE 73, S. 339 ff.
991 S. *Pfeiffer*, S. 579–581.
992 *Schlosser*, FS Kralik, S. 287 (295).

Regelungswerken die Zuständigkeit der Gerichte eines anderen Mitgliedstaates der EU vorsehe, die ihre Zuständigkeit auch tatsächlich annehmen[993].

Man kann aus der Entscheidung des BVerfG wie *Pfeiffer* durchaus folgern, dass der internationalen Zuständigkeit allgemein der Gedanke der Zumutbarkeit zu Grunde liegt. Die Schlussfolgerung, dass dem Beklagten aus Gründen der Zumutbarkeit ein Anspruch auf Justizfreiheit zukommen müsse, ist jedoch systematisch nicht ganz zutreffend. Denn der Justizgewährungsanspruch des Klägers besteht nicht auf Grund der Zumutbarkeit, sondern in erster Linie wegen des Gewaltmonopols des Staates.[994] Die Zumutbarkeit steckt nur den äußeren Rahmen dieses Anspruchs ab. Freilich könnte man nun sagen, dass dem Beklagten daher ebenfalls ein zumutbarer Gerichtsstand zur Verfügung gestellt werden muss. Es ist jedoch nicht ersichtlich, weshalb ein Gerichtsstand, der als exorbitant angesehen wird oder generell keine Anknüpfungspunkte zu der Streitigkeit aufweist, schon alleine deshalb für den Beklagten unzumutbar sein soll. Die Schwierigkeiten, die sich für den Beklagten in einem solchen Forum stellen, wie sprachliche Barrieren etc., können in gleicher Intensität bei einer Klage vor einem ausländischen Gericht auftreten, das seine Zuständigkeit auf einen allgemein anerkannten Gerichtsstand gestützt hat.[995] Das Kriterium der Zumutbarkeit vermag daher keinen allgemeinen Anspruch des Beklagten zu begründen, dass er an bestimmten Foren nicht verklagt werden darf. Es ist auch keine andere Begründung, die im entgegengesetzten Anspruch des Klägers im Gewaltmonopol des Staates besteht, ersichtlich.

Auch enthält die Rechtsprechung des Bundesverfassungsgerichts entgegen der Ansicht *Schlossers* keine due-process-Elemente, was die Eröffnung von Zuständigkeiten anbelangt. Das Gericht hat zwar aus dem Rechtsstaatsprinzip ein Recht auf ein faires Verfahren hergeleitet.[996] Es geht jedoch vor allem um die Waffengleichheit der Parteien.[997] Der Zugang zu Gericht wird jedenfalls durch die Rechtsprechung ausdrücklich nicht beschränkt, noch lassen sich aus dieser Schranken entnehmen.

Damit ist festzuhalten, dass aus dem Rechtsstaatsprinzip kein allgemeiner Anspruch des Beklagten auf Justizfreiheit hergeleitet werden kann. Auch in anderen Vertragsstaaten der EMRK deutet die Tatsache, dass zahlreiche, teilweise sehr weitreichende exorbitante Gerichtsstände bestehen, darauf hin, dass die Staaten

993 BVerfGE 58, S. 1 (26 ff.).
994 S. Kap. 3, S. 178.
995 Vgl. *Bertele*, S. 209 f.
996 S. z. B. BVerfGE 46, S. 325 (334 f.); 49, S. 220 (225); 51, S. 150 (156); 52 (144 f.).
997 S. BVerfGE 52, S. 150 (144).

keine Begrenzung der Gerichtsbarkeit aus dem Rechtsstaatsprinzip herleiten. Sofern es um den konkreten Einzelfall geht, sind die Verfahrensrechte des Art. 6 Abs. 1 EMRK ausreichend, um den Schutz des Beklagten sicherzustellen.

(γγ) Ergebnis

Aus der Konvention als Ganzes lässt sich damit nichts herleiten, was für einen Anspruch des Beklagten auf Justizfreiheit sprechen würde.

(γ) Systematik unter Berücksichtigung der allgemeinen Regeln des Völkerrechts

In Bezug auf die Berücksichtigung der allgemeinen Regeln des Völkerrechts ist anzumerken, dass Entscheidungen des Bundesverfassungsgerichts diesbezüglich nicht vorliegen. Auch aus BVerfGE 64, 1 ff. lässt sich nichts ableiten, da das Gericht sich hier nur zur Vollstreckungsimmunität von Staaten Stellung nimmt, nicht hingegen zur Immunität im Erkenntnisverfahren.[998,999]

Denkbar ist vorliegend ein Abstellen auf das Erfordernis nach einem Genuine Link zur Eröffnung einer Zuständigkeit. Dieses stellt jedoch vorliegend keinen Völkerrechtssatz i. S. d. Art. 31 Nr. 3 lit. c WVK dar[1000], denn dieser Grundsatz ist dazu gedacht, die Interessen der Staaten untereinander zu schützen, während die EMRK den Einzelnen schützt. Dieser Völkerrechtssatz ist somit in dem gegebenen Kontext nicht „einschlägig" i. S. d. Art. 31 Nr. 3 lit. c WVK.[1001] Diese Vorschrift war dazu gedacht, Interpretationen auszuschließen, welche zu einem Widerspruch mit bestehenden Völkerrechtssätzen zwischen den Parteien führen.[1002] Ein solcher Widerspruch ist vorliegend jedoch angesichts der unterschiedlichen geschützten Parteien nicht denkbar. Auch wenn dem einzelnen im Rahmen der EMRK kein Recht zugestanden wird, nicht an exorbitanten Foren verklagt zu werden, stellt dies keinen Verstoß gegen den Grundsatz des Genuine Link dar, da dieser eben gerade nicht den einzelnen schützt. Demnach ist eine „Einschlägigkeit" dieses

---

998 S. die Ausführungen in BVerfGE 64, S. 1 (16–46).

999 S. auch die Ausführungen bei *Pfeiffer*, S. 582 f.

1000 S. im Einzelnen, wie der Begriff des Völkerrechtssatzes in Art. 31 Nr. 3 lit. c WVK auszulegen ist *Lindenfalk*, S. 177 f.

1001 Nach *Lindenfalk* ist ein Völkerrechtssatz „einschlägig" bzw. in der englischen Fassung „relevant", "[…] if (and only if) it governs the state of affairs, in relation to which the interpreted treaty is examined", S. 178.

1002 *Lindenfalk*, S. 178.

Grundsatzes nicht gegeben. Es kann daher nicht aus der Forderung nach einem Genuine Link ein Recht des Beklagten auf Gerichtsfreiheit abgeleitet werden.[1003]

(cc) Die Bestimmungen des Art. 6 Abs. 1 EMRK im Lichte des Ziels und Zwecks der Konvention (Telos)

Bezüglich des Ziels und Zwecks der EMRK lässt sich ebenfalls nicht ableiten, dass ein Recht des Beklagten auf Gerichtsfreiheit besteht. Für Ziel und Zweck ist auf die Präambel der EMRK zurückzugreifen. Diese führt als Zweck ausdrücklich die Anerkennung und Einhaltung der in ihr genannten Rechte an, was für die Auslegung der einzelnen Rechte nicht weiterhilft. Auch aus den übrigen Ausführungen in der Präambel lassen sich keine Anhaltspunkte für die vorliegende Frage entnehmen. Der EGMR hat offen gelassen, ob die Rechtsstaatlichkeit vom Ziel und Zweck der Verordnung erfasst wird.[1004] Dieser Aspekt wurde hier jedoch bereits im Rahmen der vorangehenden systematischen Auslegung berücksichtigt[1005] und hat nicht dazu geführt, ein entsprechendes Recht des Beklagten zu begründen.

(dd) Ergebnis

Im Ergebnis ist damit festzuhalten, dass Art. 6 Abs. 1 EMRK kein eigenständiges Recht auf Gerichtsfreiheit gewährt, wenn die Streitigkeit zu einem Staat keine Bezugspunkte aufweist. Dies bedeutet freilich nicht, dass nicht im konkreten Fall in der Vorschrift genannte Einzelrechte berührt sein können. Insofern unterscheidet sich ein Verfahren an einem exorbitanten Gerichtsstand aber nicht von jedem anderen Verfahren mit Auslandsbezug, bei dem der Beklagte vor fremden Gerichten belangt wird. Zu diesem Ergebnis gelangt auch *Bertele*[1006] mit anschließenden Erwägungen zur Verhältnismäßigkeit[1007].

1003 Freilich kann die Inanspruchnahme von Gerichtszuständigkeit bei Verstoß gegen das Erfordernis nach einem Genuine Link einen Verstoß gegen das allgemeine Völkerrecht begründen. Dies gibt aber dem Einzelnen somit noch kein subjektives Recht, selbst geltend zu machen, dass *seine* Rechte verletzt seien.

1004 *Golder gegen das Vereinigte Königreich*, Urteil v. 21. Feb. 1975, Serie A18, § 34.

1005 S. Kap. 4, S. 285 ff.

1006 *Bertele*, S. 209 f. bezüglich exorbitanter Gerichtsstände: „Um den effektiven Rechtsschutz geht es dann erst, wenn dieser durch den Auslandsproze[ss] nicht mehr gesichert ist. Die fremde Sprache, das fremde Verfahren, die Entfernung zwischen Wohnsitz und Forum können Gefahren für den Rechtsschutz mit sich bringen, treffen aber einen Ausländer in seinem Rechtsschutz in gleicher Weise, ob nun ein gewichtiger Inlandsbezug des Sachverhalts besteht oder nicht.“.

1007 *Bertele*, S. 210.

(3) Ergebnis für das Recht auf effektiven gerichtlichen Rechtsschutz

Es ist folglich festzuhalten, dass Art. 47 EGRC kein gesondertes Recht auf Gerichtsfreiheit von sachverhaltsfernen Foren gewährt. Ob Verfahrensverstöße vorliegen, kann daher nur im Einzelfall beurteilt werden und beruht nicht auf der Exorbitanz der Zuständigkeit des angerufenen Gerichts beruhen. Art. 25 EuGVO-E ist daher im Hinblick auf Art. 47 EGRC unproblematisch, da er nicht gegen ihn verstößt, obgleich er ein exorbitantes Forum darstellt.

dd) Gesamtergebnis des Abschnitts

Die Vorschrift des Art. 25 EuGVO-E ist damit unter allen Gesichtspunkten rechtmäßig.

b) Ausdehnung des Vermögensgerichtsstandes durch Streichung der Einschränkungen?

Durch Streichung einer oder beider durch Art. 25 lit. a und b EuGVO-E gegebenen Einschränkungen könnte der Vermögensgerichtsstand an Präzision gewinnen und würde von den Mitgliedstaaten, die derzeit sehr weite Zuständigkeiten bereithalten, möglicherweise eher akzeptiert. Völkerrechtlich wäre dies nach dem oben bestimmten Vermögensbegriff nach hier vertretener Ansicht zulässig.[1008]

aa) Art. 25 lit. a EuGVO-E

Wie bereits erwähnt, wurde aus Österreich eine klare Fassung der subsidiären Zuständigkeit angemahnt. Eine solche wird mit Art. 25 EuGVO-E insbesondere wegen der Einschränkungen des Gerichtsstandes durch lit. a und lit. b nicht erreicht. Die Vorschrift lässt die Unklarheiten, die bereits in den nationalen Rechten bestanden, unberührt. Es stellt sich daher die Frage, ob auf die Einschränkungen verzichtet werden kann.

Dabei ist zunächst der Zweck des lit. a und des lit. b zu betrachten. Hinsichtlich Art. 25 lit. a EuGVO-E ist diesbezüglich festzustellen, dass im österreichischen Recht der Zweck der Einschränkung darin gesehen wurde, dass der Gläubiger eine gewisse Befriedigungsmöglichkeit hat bzw. zumindest die Prozess- bzw. Vollstreckungskosten abgedeckt sind.[1009] Dieser Zweck kann nach der hier erfolgten Auslegung dem Art. 25 lit. a EuGVO-E nicht zu Grunde liegen, da es auf die Pfändbarkeit des Vermögens oder die Abdeckung der Prozesskosten grundsätzlich

1008 S. Kap. 4, S. 275 f.
1009 S. Kap. 2, S. 95.

gerade nicht ankommt.[1010] Nach Auslegung der Systematik des Art. 25 EuGVO-E kommt als Zweck des lit. a nur in Betracht, dass er eine Interessenabwägung zwischen den Parteien sicherstellt.[1011] Zum einen hat der Gläubiger bei Vorhandensein entsprechender Vermögenswerte ein Interesse an einem Verfahren im Inland, da er gegebenenfalls einen nicht unbeachtlichen Teil seiner Forderung befriedigen kann. Da es bei dem Vermögen jedoch nicht konkret auf die Vollstreckungsmöglichkeit des Gläubigers ankommt[1012], ist die Wertgrenze des Art. 25 lit. a EuGVO-E auch so zu verstehen, dass der Schuldner selbst durch Verbringung eines entsprechenden Vermögens in den jeweiligen Mitgliedstaat einen Bezug zu diesem begründet. In Deutschland wurde dies im Hinblick auf § 23 S. 1 1. Alt. ZPO als Affinität bezeichnet.[1013] Dass ein Urteil gegen ihn ergehen kann, ist ihm damit zumutbar. In erster Linie kommt es jedoch auf das berechtigte Interesse des Gläubigers an, im Inland einen Rechtsstreit zu führen. Denn der durch den Beklagten durch inländische Vermögenswerte begründete Bezug kann je nach Höhe der Forderung stärker oder auch geringer sein. Nach dem hier vertretenen Vermögensbegriff darf er nur nicht völlig unbedeutend sein. Ein Interesse des Gläubigers ist im Rahmen des Art. 25 lit. a EuGVO-E insofern gegeben, als er ein Urteil erstreiten kann.[1014]

Die Beibehaltung der Einschränkung ist Wertungssache. Das Interesse des Beklagten, nicht in einem beliebigen Mitgliedstaat vor Gericht gezogen zu werden, wird schon durch Art. 25 lit. b EuGVO-E teilweise sichergestellt. Dass der Beklagte einen jedenfalls nicht völlig unbedeutenden Bezug zu dem entsprechenden Staat hergestellt haben muss, ergibt sich aus dem Vermögensbegriff. Art. 25 lit. a EuGVO-E verstärkt nur die jeweiligen Bezüge, da er ein höheres Interesse des Gläubigers verlangt und gleichzeitig einen stärkeren durch den Beklagten begründeten Bezug. Auf Grund der vielgeübten Kritik an dem Vermögensgerichtsstand in den nationalen Rechten spricht mehr für die Beibehaltung einer Regelung zur Wertrelation, zumal diese durch eine festgelegte Wertgrenze hinreichend klar

1010 S. Kap. 2, S. 100 f.

1011 Dem widerspricht nicht, dass oben festgehalten wurde, der Zweck des Art. 25 lit. a EuGVO-E könne nicht eindeutig festgestellt werden. Dies ergab sich daraus, dass er ohne feststehenden Vermögensbegriff nicht zu dessen Auslegung herangezogen werden konnte. Nachdem der Vermögensbegriff hier nun feststeht, ist der Zweck des Art. 25 lit. a EuGVO-E ebenfalls klar.

1012 Kap. 2, S. 100 f.

1013 BAG, Urteil v. 17.07.1997, Az. 8 AZR 328/95, Rn. 27 (Juris) und BGH, NJW 1991, S. 3092 (30949). Das Bestehen einer Affinität wurde in beiden Fällen abgelehnt.

1014 S. Kap. 2, S. 95.

ausgestaltet werden kann.[1015] Dem Zweck des Art. 25 lit. a EuGVO-E steht eine solche starre Wertgrenze nämlich nicht entgegen. Der gemachte Kommissionsvorschlag erreicht diese Klarheit freilich nicht.

bb) Art. 25 lit. b EuGVO-E

Der Zweck des Art. 25 lit. b deckt sich mit dem des lit. a teilweise, überwiegend hat er jedoch allein ein Interesse des Gläubigers, in einem bestimmten Staat ein Verfahren einzuleiten, vor Augen. So ist beispielsweise schon der gewöhnliche Aufenthalt des Klägers ausreichend, um einen entsprechenden Bezug herzustellen, ohne dass der Beklagte irgendeine Beziehung zu dem Staat zum Ausdruck gebracht haben muss. Anders kann die Sache bei einer bestehenden Rechtsnähe, etwa auf Grund einer Rechtswahl, liegen. Hier hat der Beklagte der Rechtswahl zugestimmt und damit selbst einen Bezug zu dem jeweiligen Staat begründet. Es spielen damit auch Aspekte der Sachnähe eine Rolle.

Die Einschränkung des Art. 25 lit. b EuGVO-E ist in jedem Fall beizubehalten. Das sich aus Art. 25 lit. a EuGVO-E ergebende Interesse des Klägers kann nämlich recht schwach sein, wenn eine Vollstreckungsmöglichkeit gerade nicht besteht. Durch lit. b wird in diesen Fällen ein weiterer Bezugspunkt des Klägers zu dem Mitgliedstaat verlangt, was sein Interesse verstärkt und die Führung eines Rechtsstreit damit gerechtfertigter erscheinen lässt. Dem Beklagten können dadurch freilich Nachteile entstehen, wenn der Kläger im Staat seines gewöhnlichen Aufenthalts klagt und die Führung des Verfahrens damit für ihn leichter ist. Der Beklagte hat jedoch durch sein Vermögen selbst einen Bezug zu diesem Staat hergestellt. Er kann daher nicht völlig ohne sein Zutun verklagt werden. Nach der hier vorgeschlagenen Lösung ist durch Festlegung klarer Bezugspunkte gerade keine Rechtsunsicherheit gegeben, die in Deutschland oft kritisiert wurde[1016]. Der Kommissionsvorschlag ist hingegen recht unbestimmt gefasst.

c) Alternative Formulierungsmöglichkeit eines Vermögensgerichtsstandes

In der Literatur wurde vorgeschlagen, auf die Einschränkung des Art. 25 lit. b EuGVO-E wegen ihrer Unbestimmtheit zu verzichten und dafür ein Verhältnis zwischen dem Wert des Vermögens und der Höhe der Forderung von 1:1 zu verlangen.[1017] Dies erscheint ein gangbarer Weg und hat den Vorteil, dass der Kläger

1015 Positiv hinsichtlich der Einschränkung des Art. 25 lit. a EuGVO-E äußert sich auch *von Hein*, RIW 2011, S. 1 (Heft 10).

1016 S. zur Kritik Kap. 2, S. 114.

1017 *Weber*, RabelsZ 2011, S. 619 (640).

voraussichtlich einen größeren Teil seiner Forderung auch befriedigen kann.[1018] Auf der anderen Seite könnte der Kläger, wenn man bei einem ausreichenden Bezug bleibt, das Urteil notfalls in anderen Mitgliedstaaten der EU anerkennen und vollstrecken lassen, sofern der Beklagte auch dort Vermögen besitzt. Maßgebend ist insoweit, ob man der Vorhersehbarkeit des Gerichtsstandes den Vorzug geben will oder dem Interesse des Klägers an ein Urteil zu gelangen. Vor dem Hintergrund, dass auch im Rahmen der Notzuständigkeit zwangsläufig in gewissem Maße der Grundsatz der Rechtssicherheit gelockert wird, erscheint es jedenfalls mit den Grundsätzen der Verordnung keinen Wertungswiderspruch darzustellen, wenn die Rechtssicherheit teilweise zurückgenommen wird. Dies darf jedoch nicht dazu führen, dass der Gerichtsstand insgesamt unvorhersehbar wird. Legt man jedoch die oben entwickelten Kriterien zugrunde, ist dies nicht der Fall. Beide Möglichkeiten sind daher denkbare Lösungen. Für die Beibehaltung des Art. 25 lit. b EuGVO-E spricht, dass er die Kriterien anderer Staaten, die eine exorbitante Zuständigkeit vorsehen, bei entsprechender Abfassung der Zuständigkeit besser berücksichtigt[1019] und insofern möglicherweise eher Zustimmung findet. In Bezug auf den Vermögensgerichtsstand im Entwurf der Kommision soll im Folgenden ein Formulierungsvorschlag gemacht werden.

d) Formulierungsvorschlag für einen Vermögensgerichtsstandes

Da auf die Beschränkungen des Vermögensgerichtsstandes nach den oben gemachten ausführunge nicht verzichtet werden kann, ist zu fragen, ob die beiden Einschränkungen des Art. 25 lit. a und lit. b EuGVO-E auch eindeutig abgefasst werden könnten. Nach der oben erfolgten Auslegung der Vorschrift ist dies der Fall. Denkbar wäre damit folgende Formulierung:

(1) Soweit sich aus den Artikeln 2 bis 24 keine Zuständigkeit eines mitgliedstaatlichen Gerichts ergibt, sind die Gerichte des Mitgliedstaats zuständig, in dem sich Vermögen des Beklagten befindet, sofern
   a) der Wert des Vermögens mindestens 20 Prozent der Höhe der Forderung beträgt und
   b) die Streitigkeit einen ausreichenden Bezug zu dem Mitgliedstaat aufweist, dessen Gerichte angerufen sind. Ein solcher Bezug wird durch den gewöhnlichen Aufenthalt wenigstens einer der Parteien oder durch eine dauerhafte

1018 Nach den hier gemachten Ausführungen zum Vermögensbegriff ist nicht zwangsläufig eine vollständige Befriedigungsmöglichkeit gegeben.

1019 S. die folgenden Ausführungen, Kap. 4, S. 294.

Geschäftsverbindung des Beklagten in diesem Mitgliedstaat oder durch eine bestehende Rechts- oder Beweisnähe zu diesem Mitgliedstaat begründet.

(2) Vermögen im Sinne dieser Vorschrift sind alle beweglichen und unbeweglichen wirtschaftlich verwertbaren Güter und Rechte ohne dass es darauf ankommt, ob sie in ihrem Wert die Prozesskosten oder die Kosten der Zwangsvollstreckung übersteigen oder ob sie pfändbar sind. Güter und Rechte, deren Unpfändbarkeit sich aus völkerrechtlicher Immunität ergibt, sind kein Vermögen nach Abs. 1.

Im Hinblick auf den oben gemachten Vorschlag lässt sich feststellen, dass der gewöhnliche Aufenthalt im Rahmen des Art. 25 lit. b EuGVO-E vor allem dann eine Rolle spielen dürfte, wenn es um den gewöhnlichen Aufenthalt des Klägers geht. Hat der Beklagte seinen gewöhnlichen Aufenthalt in einem Mitgliedstaat, wird er dort in der Regel auch seinen Wohnsitz haben, so dass bereits Art. 2 EuGVO-E einschlägig ist. Das Abstellen auf den gewöhnlichen Aufenthalt kommt damit in gewisser Weise den Staaten entgegen, die bei ihrer internationalen Zuständigkeit auf die Staatsangehörigkeit des Klägers abstellen, da diese und der gewöhnliche Aufenthalt in den meisten Fällen im selben Mitgliedstaat gegeben sein werden. Freilich reicht der gewöhnliche Aufenthalt für sich alleine nicht aus, um die Zuständigkeit zu begründen, was i. S. der völkerrechtlichen Courtoisie angebracht ist. Die Rechtsnähe kommt wiederum den Engländern zugute, da diese ihre Zuständigkeit derzeit unter anderem dann annehmen, wenn ein Vertrag dem englischen Recht unterliegt. Auch hier muss zusätzlich das Kriterium des Vermögens mit den hieran gestellten Anforderungen erfüllt sein. Berücksichtigt werden auch die Interessen der Staaten, die auf eine Tätigkeit des Beklagten in dem jeweiligen Staat abstellen.[1020] Für eine Beibehaltung einer reinen Staatsangehörigkeitszuständigke it hat sich ausdrücklich Bulgarien ausgesprochen.[1021] Jedenfalls stellt die Zuständigkeit nach Art. 25 EuGVO-E gewissermaßen einen Kompromiss dar, da auch auf Aspekte, die in anderen exorbitanten Foren eine Rolle spielen, abgestellt wird.

II. Art. 26 EuGVO-E (forum necessitatis)

1. Allgemein zu einem forum necessitatis in der EuGVO

Bei Erweiterung der EuGVO auf Drittstaatensachverhalte erscheint die Aufnahme einer Notzuständigkeit in die Verordnung notwendig.[1022] Dies ist sowohl auf

1020 S. zu diesen *Nuyts*, Studie 2007, S. 60, Rn. 78.

1021 Bulgarien, S. 4 f.

1022 Eher verhalten: *Mankowski*, Brüssel-I, S. 31 (42).

Grund des Art. 47 EGRC, als auch wegen Art. 6 Abs. 1 EMRK geboten, da die EU der EMRK in absehbarer Zeit beitreten wird.

2. Bewertung des Art. 26 EuGVO-E im Speziellen

Zu Art. 26 EuGVO-E ist festzuhalten, dass er teilweise weniger präzise formuliert ist als der Vorschlag der *Gedip* für eine Notzuständigkeit[1023]. So ist beispielsweise die Einfügung der scheinbaren Einschränkung der Zuständigkeit „in Ausnahmefällen“ überflüssig und sollte gestrichen werden, da sie die zwangsläufig offen gefasste Notzuständigkeit noch unklarer macht. Auch ist zu überlegen, die Sprachfassungen so anzupassen, dass nicht der Eindruck entstehen könnte, die Vorschrift würde dem Gericht ein Ermessen geben. Die deutsche Fassung erscheint hier gegenüber der englischen und der französischen vorteilhafter formuliert.

Richtigerweise wird in dem Kommissionsvorschlag die Terminologie der europäischen Verfahrensgrundrechte verwendet. Der Vorschlag der *Gedip* orientiert sich mit seiner Formulierung “right to a fair trial” an der EMRK, die diesen Begriff weiter versteht, als er in der Union gebraucht wird[1024]. Allerdings wäre es im Rahmen des Art. 26 EuGVO-E besser gewesen, entweder die Terminologie der in der Rechtsprechung entwickelten Grundrechte oder idealerweise die des Art. 47 EGRC heranzuziehen, wie es die spanische Fassung tut. Auf diese Weise wäre es auch nicht zu inhaltlichen Lücken im Hinblick auf die beiden in der Rechtsprechung des EuGH entwickelten Rechte gekommen, wie es in der italienischen Version des Verordnungsvorschlags der Fall ist.

Bezüglich der genannten Beispielsfälle ist anzumerken, dass lit. a und b des Vorschlags der *Gedip* in Art. 26 lit. a EuGVO-E zusammengezogen wurden. Beide Möglichkeiten sind passend, da es jeweils um Fälle geht, in denen eine

---

1023 Dieser lautet wie folgt:
“Where no court of a Member State has jurisdiction under this Regulation, a person may be sued before the courts of a Member State with which the claim has a sufficient connection, especially by reason of the presence of property in the territory of that State, if the right to a fair trial so requires, in particular:
(a) if proceedings in a non-Member State are shown to be impossible; or
(b) if it could not reasonably be required that the claim should be brought before a court of a non-Member State; or
(c) if a judgment given on the claim in a non-Member State would not be entitled to recognition in the State of the court seised under the law of that State and such recognition is necessary to ensure that the rights of the claimant are satisfied.”

1024 S. die Ausführungen in Kap. 3, S. 170 ff.

Entscheidung in einem anderen Land gar nicht oder nicht zumutbar herbeigeführt werden kann. Der Vorschlag der *Gedip* unterscheidet insofern lediglich genauer zwischen der Unmöglichkeit und der Unzumutbarkeit.

Mit Blick auf die Fälle, in denen eine Entscheidung durch ein drittstaatliches Gericht zwar vorliegt oder eine solche erwirkt werden könnte, sie aber nicht anerkannt und/oder vollstreckt werden könnte, dies aber für die Durchsetzung der Rechte des Klägers notwendig wäre, erscheint die Formulierung der *Gedip* allerdings vorzugswürdig, da nicht in jedem Fall auch eine Vollstreckung erforderlich sein muss. Im Übrigen werden die Fälle, in denen eine solche notwendig ist, durch den Vorschlag der *Gedip* ebenfalls erfasst, da die Anerkennung in diesen Fällen sonst nicht erforderlich ist. Würde man den Vorschlag der *Gedip* leicht abgewandelt zugrunde legen, so müsste man die Vorschrift nicht mit Beispielen versehen, da man sie so formulieren könnte, dass sie abschließend alle in Betracht kommenden Fälle der Notwendigkeit einer Notzuständigkeit umfasst. Eine solche kann sich nämlich nicht aus anderen Gründen als der fehlenden Klagemöglichkeit bzw. der fehlenden Zumutbarkeit, in einem anderen Land zu klagen oder als der fehlenden Anerkennungsfähigkeit bzw. Vollstreckbarkeit eines ergangenen Urteils ergeben. Durch den Zugang, das Verfahren an sich und die Anerkennung und Vollstreckung sind sämtliche Verfahrensabschnitte erfasst. Die beispielhafte Aufzählung wäre daher nur insofern sinnvoll, als man ausschließen will, in der Formulierung der Beispiele etwas ausgelassen zu haben. Es wird an dieser Stelle folgender Vorschlag für die Formulierung einer Notzuständigkeit im Rahmen der EuGVO gemacht:

(1) Ergibt sich aus dieser Verordnung keine Zuständigkeit eines mitgliedstaatlichen Gerichts, so kann die Streitigkeit vor den Gerichten eines Mitgliedstaats verhandelt werden, wenn sie einen ausreichenden Bezug zu diesem Mitgliedstaat aufweist und wenn eine solche Verhandlung erforderlich ist, um das Recht auf einen wirksamen Rechtsbehelf und ein unparteiisches Gericht zu gewährleisten, nämlich wenn
   a) es nicht zumutbar ist oder es sich als unmöglich erweist, ein Verfahren in einem Drittstaat, zu dem die Streitigkeit einen engen Bezug aufweist, einzuleiten oder zu führen, oder
   b) wenn eine in einem Drittstaat über die Streitigkeit ergangene Entscheidung in dem Mitgliedstaat nicht anerkannt werden kann, in dem das Gericht angerufen wurde, und eine Anerkennung für die Durchsetzung der Rechte des Klägers notwendig ist.

(2) Ein ausreichender Bezug zu einem Mitgliedstaat besteht, wenn
   a) sich der gewöhnliche Aufenthalt einer der Parteien in diesem befindet,

b) der Beklagte eine dauerhafte Geschäftsverbindung in diesem Land unterhält, oder
c) eine Rechts- oder Beweisnähe im Hinblick auf das angerufene Gericht besteht.

(3) Ein enger Bezug gemäß Abs. 1 lit. a liegt vor, wenn ein drittstaatliches Gericht bei spiegelbildlicher Anwendung der Verordnung international zuständig ist.

Zusammenfassung und abschließende Bewertung

A. Bewertung einer Vereinheitlichung der Restzuständigkeit allgemein

Im Rahmen der abschließenden Bewertung ist festzuhalten, dass eine Erstreckung der EuGVO auf Drittstaatensachverhalte zwar nicht rechtlich geboten ist, die im Grünbuch genannten Gründe für eine solche Ausdehnung des Anwendungsbereichs jedoch durchaus nicht von der Hand zu weisen sind. Insbesondere im Hinblick auf die Rechtsklarheit und Transparenz würde eine Vereinheitlichung der Restzuständigkeit Vorteile mit sich bringen. Gegebenenfalls sind hieran auch ein schnellerer Rechtsschutz und Kostenersparnisse gekoppelt. Zur Sicherstellung zwingenden EU-Rechts ist eine Revision der Verordnung im zuständigkeitsrechtlichen Bereich nicht zwingend geboten, da die Fälle, in denen Rechtsschutz in der Union nicht gewährt wurde, tatsächlich sehr gering sind. Dennoch liegen einzelne Urteile vor, in denen bei Anwendbarkeit der EuGVO eine Zuständigkeit in einem Mitgliedstaat gegeben gewesen wäre. Auch dies spricht daher für eine Erweiterung der EuGVO auf Drittstaatensachverhalte.[1025]

Für eine Revision lässt sich ferner anführen, dass diese bestehende Widersprüche innerhalb der Verordnung beseitigen würde und auch Unsicherheiten bei der Auslegung einiger Vorschriften, wie bei Art. 6 Nr. 1 und 3 EuGVO entfielen. Es liegen ferner keine Gründe vor, weshalb die Anwendung der Zuständigkeitsvorschriften in ihrer Auslegung durch den EuGH in Drittstaatensachverhalten problematisch sein könnte.

Mit Blick auf bestehende Staatsverträge der Mitgliedstaaten lässt sich festhalten, dass eine Regelung von Drittstaatenfällen im Rahmen der Verordnung in vielen Staaten zu einer Kollision mit bestehenden völkerrechtlichen Verpflichtungen führt. Dies hat jedoch nicht zur Folge, dass die betreffenden Staaten nun etwa vertragsbrüchig werden müssten, da sie nach Art. 351 Abs. 1 AEUV ihre Staatsverträge weiter anwenden könnten, ohne gegen Unionsrecht zu verstoßen. Eine Vereinheitlichung der Gerichtsstandregeln würde jedoch eine Pflicht der

1025 Vgl. auch die Kritik an der derzeitigen Regelung des Art. 4 EuGVO unalexK-*Hausmann*, Art. 4 EuGVO, Rn. 10.

Mitgliedstaaten auslösen, Maßnahmen nach Art. 351 Abs. 2 AEUV zu ergreifen, sofern in der revidierten Verordnung keine Kollisionsnorm aufgenommen wird, dass die entsprechenden völkerrechtlichen Verträge von der Verordnung nicht berührt werden. Eine solche Kollisionsnorm würde die bestehende Unvereinbarkeit beseitigen, so dass auch die Pflichten aus Art. 351 Abs. 2 AEUV entfallen.

Bezüglich der Verträge, bei denen die EG Vertragspartei war und an die nunmehr die EU gebunden ist, namentlich das LugÜ und das EuGVÜ mit Dänemark, ist festzuhalten, dass diese selbst in wirksamer Weise die Kollision mit der EuGVO regeln, so dass sich hier keine Probleme ergeben.

Die Abschlusskompetenz neuer völkerrechtlicher Verträge, sei es im Rahmen der Haager Konferenz oder allgemein, liegt ausschließlich bei der EU. Die Möglichkeit zu Vertragsschlüssen wird jedoch durch eine zwischenzeitliche Vereinheitlichung der Gerichtsstände in Drittstaatenfällen im Rahmen der Verordnung nicht behindert oder erschwert.

Ein verstärktes Forum Shopping ist durch eine Erstreckung der EuGVO auf Drittstaatensachverhalte nicht zu erwarten.

Gegen eine Vereinheitlichung der Gerichtsstände in Drittstaatenfällen spricht die möglicherweise erhöhte Zahl von Parallelverfahren in einem Mitgliedstaat und einem Drittstaat. Dass drittstaatliche Gerichte ihre Zuständigkeit annehmen, obgleich die Gerichte eines Mitgliedstaates zuerst angerufen worden sind, kann im Rahmen der Verordnung auch nicht verhindert werden. Dies erscheint jedoch kein hinreichender Grund, um von einer Vereinheitlichung der Zuständigkeit abzusehen, da die Vorteile überwiegen. Das Bestreben der Kommission, Drittstaatenfälle in der EuGVO aufzunehmen und zu vereinheitlichen, verdient daher Zustimmung.

B. Bewertung der besonderen Zuständigkeiten in Drittstaatenfällen

Es erscheint vorteilhaft, auch im Rahmen der Verordnung einen Gerichtsstand aufzunehmen, welcher als „exorbitant" aufgefasst wird. Dies zum einen deshalb, da eine Zustimmung der Mitgliedstaaten zu dem Vorschlag einer Aufhebung der Restzuständigkeit sonst wesentlich unwahrscheinlicher ist. Andererseits sichert ein solcher Gerichtsstand auch die Verhandlungspostition der EU bei künftig abzuschließenden Verträgen. Es erscheint auf Grund der Vollstreckungsmöglichkeiten, die bei einem Vermögensgerichtsstand am ehesten gegeben sind, am empfehlenswertesten, eben einen solchen Gerichtsstand aufzunehmen. Eine Normierung weiterer exorbitanter Gerichtsstände wird nicht für erforderlich gehalten, da auf Grund der oftmals fehlenden Vollstreckungsmöglichkeit diese dem Kläger keinen tatsächlichen Nutzen bringen.[1026] Aus rechtlicher Sicht kann der Vermögensgerichtsstand nur aus Gründen des Erfordernisses nach einem Genuine Link Schwierigkeiten bereiten. Bei einer Beschaffenheit des Vermögens, wie sie hier vorgeschlagen wird, liegt ein Genuine Link jedoch vor. Der Gerichtsstand des Vermögens nach Art. 25 EuGVO-E ist allerdings zu vage gefasst und löst die Probleme, die derzeit in den nationalen Rechten bestehen, nicht. Es ist insofern auf den oben gemachten Vorschlag zu verweisen.[1027]

Ein forum necessitatis sollte bei einer Vereinheitlichung der Zuständigkeit in Drittstaatenangelegenheiten auf jeden Fall in die Verordnung aufgenommen werden. Wie festgestellt, sollte sich dieses jedoch an der Terminologie der Rechte aus der EGRC orientieren. Auch wäre eine konkretere Abfassung des Gerichtsstandes als unter Art. 26 EuGVO-E wünschenswert, s. hierzu den obigen Vorschlag.[1028]

C. Ausblick

Nachdem nun festgestellt worden ist, dass eine Vereinheitlichung der Zuständigkeit in Drittstaatenfällen in der EuGVO Zuspruch verdient, sei angemerkt, dass der im Rahmen dieser Arbeit diskutierte Kommissionsvorschlag, wie bereits in der Einleitung erwähnt[1029], inzwischen gescheitert ist. Der Kompromissvorschlag des Rates der Europäischen Union erhielt die bisherige Restzuständigkeit der Mitgliedstaaten in weiten Teilen aufrecht[1030]. Der Vorschlag wurde, wie eingangs angemerkt[1031], in der endgültigen Neufassung der EuGVO[1032] übernommen. Eine Ausdehnung der Verordnung auf Drittstaatenfälle ist nur noch in Verbraucher- und Arbeitssachen in der Weise vorgesehen, dass Verbraucher sich auch gegenüber Beklagten mit Wohnsitz in einem Drittstaat auf den jetzigen Art. 16 Abs. 1 EuGVO berufen können sollen;[1033] Arbeitnehmern soll ebenfalls generell die Möglichkeit

1026 S. auch die Bemerkung von *Cachina*, ELMR 2011, S. 69 (76 f.).

1027 Kap. 4, S. 293 f.

1028 Kap. 4, S. 296 f.

1029 Einleitung, S. 2.

1030 S. Art. 4a EuGVO-E des Dokuments 2010/0383 (COD). Der Rat hat dieses Dokument in seiner Tagung vom 7.–8. Juni 2012 gebilligt, s. die entsprechende Mitteilung an die Presse, 10760/12, S. 17.

1031 S. Einl., S. 30.

1032 Verordnung (EU) 1215/2012, ABl. EU 2012 Nr. L 351, S. 1 ff.

1033 S. Art. 18 Abs. 1 der Verordnung (EU) 1215/2012, ABl. EU 2012 Nr. L 351, S. 1 (9).

offen stehen, Arbeitgeber mit Wohnsitz in einem Drittstaat zu belangen.[1034] Im Übrigen ist die Verordnung (EU) 1215/2012 so zu lesen, dass in diesen Bereichen die Zuständigkeit auch nicht zu Gunsten drittstaatlicher Gerichte derogiert werden kann. Die Verordnung gewährleistet damit immerhin, dass zwingendes Unionsrecht in den genannten Rechtsgebieten auf jeden Fall zur Anwendung gelangt.

Die Zuständigkeiten in Versicherungssachen werden hingegen nicht auf Drittstaatensachverhalte ausgedehnt. Ein möglicher Grund ist darin zu sehen, dass es auf diesem Gebiet nicht in der Weise wie in Verbraucher- und Arbeitssachen Regelungen der EU gibt, die nicht zu Gunsten der schwächeren Partei abbedungen werden dürfen. Ferner sehen die Mitgliedstaaten üblicherweise keine besonderen Zuständigkeiten für Versicherungssachen vor.[1035] Fraglich ist in diesen Fällen, wie nach der neuen Verordnung zu verfahren ist, wenn eine Versicherungs- und zugleich eine Verbrauchersache vorliegt. Man könnte in Erwägung ziehen, dass in diesen Fällen auf die Zuständigkeit in Verbrauchersachen zurückgegriffen werden kann, wenn der Beklagte seinen (Wohn)sitz in einem Drittstaat hat. Dies ist jedoch abzulehnen, da die Vorschriften in Versicherungssachen für ihren Bereich als Spezialregelungen gegenüber den Verbrauchersachen anzusehen sind. Auch führt Art. 10 der Verordnung (EU) 1215/2012 an, dass lediglich die Artikel 6 und 7 Nr. 5 dieser Verordnung durch die Zuständigkeiten in Versicherungssachen nicht verdrängt werden. Die Vorschriften in Verbrauchersachen sind demnach auch für die Fälle ausgeschlossen, in denen sich aus den Versicherungsvorschriften keine Zuständigkeit eines mitgliedstaatlichen Gerichts ergibt, etwa weil der Beklagte keinen (Wohn)sitz innerhalb der EU hat. Freilich führt dies dazu, dass in Versicherungssachen nach wie vor nicht sichergestellt ist, dass zwingendes Verbraucherschutzrecht der EU angewendet wird.

Die übrigen Probleme, die für eine Vereinheitlichung der EuGVO sprechen, wie die Beseitigung bestehender Widersprüche oder die Schaffung größerer Rechtsklarheit, werden nach der Neufassung der Verordnung nicht gelöst. Sie waren allerdings auch keine Anliegen, die im Grünbuch vorgebracht wurden. Darüber hinaus wird jedoch das in der Verordnungsbegründung der Kommission erwähnte Defizit, dass innerhalb der EU kein einheitlicher Rechtsschutz bestehe[1036], ebenfalls aufrechterhalten.

Die neue Verordnung geht damit nur den halben Weg in die richtige Richtung. Die Frage der Aufhebung der Restzuständigkeit in Drittstaatenfällen und der Er-

---

1034 S. Art. 21 Abs. 1 der Verordnung (EU) 1215/2012, ABl. EU 2012 Nr. L 351, S. 1 (10).

1035 *Nuyts*, Studie 2007, S. 47 f., Rn. 60 f.

1036 KOM (2010)748 endg., S. 3.

streckung der Zuständigkeiten der EuGVO wird damit weiterhin aktuell bleiben. Es ist allerdings nicht sicher, dass dieser Schritt in naher Zukunft erfolgen wird, da die nationalen Parlamente diesen Bereich gemäß den Stellungnahmen zum Grünbuch offensichtlich ungern an die EU abgeben wollen. Zumindest wird eine ausführlichere Debatte über die damit zusammenhängenden Fragen zu erfolgen haben, damit das Europäische Parlament einem solchen Vorschlag zustimmt.[1037]

1037 S. die Bemerkungen des Parlaments in seiner Entschließung P7_TA (2010) 0304, Rn. 15.

Literaturverzeichnis

Anton, Michael — Internationales Kulturgüter-, Privat- und Zivilverfahrensrecht, Berlin 2010

Bader, Peter (Hrsg.) — Gemeinschaftskommentar zum Arbeitsgerichts-Gesetz, Band 2, Loseblattsammlung, Stand Juli 2012 Neuwied (zit. Bader-*Bearbeiter*)

Baetge, Dietmar — Auf dem Weg zu einem gemeinsamen europäischen Verständnis des gewöhnlichen Aufenthalts, in: Die richtige Ordnung, Festschrift für Jan Kropholler, Tübingen 2008

Basedow, Jürgen — Allgemeine Fragen des Gerichtsstands- und Vollstreckungsübereinkommens (GVÜ), in: Handbuch des Internationalen Zivilverfahrensrechts, Band 1, Tübingen 1982 (zit. *Basedow*, Handbuch d. IZVR I)

Basedow, Jürgen — The Communitarization of the Conflict of Laws under the Treaty of Amsterdam, CMLR 2000, S. 687

Basedow, Jürgen — Die Vergemeinschaftung des Kollisionsrechts nach dem Vertrag von Amsterdam, in: Jürgen Baur/Heinz-Peter Mansel (Hrsg.); Systemwechsel im europäischen Kollisionsrecht, S. 1, München 2002 (zit. *Basedow*, Systemwechsel)

Bergwitz, Christoph — Der besondere Gerichtsstand des Arbeitsortes (§ 48 I a ArbGG), NZA 2008, 443

Bertele, Joachim — Souveränität und Verfahrensrecht, Tübingen 1998

Bittighofer, Andreas — Der international Gerichtsstand des Vermögens, Frankfurt a. M. 1994

Bleckmann, Albert — Grundprobleme und Methoden des Völkerrechts, Freiburg 1982

Brödermann, Eckard/ *Iversen*, Holger — Europäisches Gemeinschaftsrecht und Internationales Privatrecht, Tübingen 1994

Brummund, Fabian — Kohärenter Grundrechtsschutz im Raum der Freiheit, der Sicherheit und des Rechts, Baden-Baden 2011

Buchner, Benedikt — Kläger- und Beklagtenschutz im Recht der internationalen Zuständigkeit, Tübingen 1998

Burke, John — Jowitt's Dictionary of English Law, Band 2, 2. Auflage, London 1977

Busse, Felix — Gute Rechtsprechung – Ressourcengarantie und Leistungsverpflichtung, S. R 21, in: Verhandlungen des 66. Deutschen Juristentages, Ständige Deputation des Deutschen Juristentages (Hrsg.), Band II/1, München 2006

Cachina, Paul — Recent Developments in the Sphere of Jurisdiction in Civil and Commercial Matters, EMLR 2011, S. 69

Calliess, Christian/ *Ruffert*, Matthias — EUV/EGV, Kommentar, 3. Auflage, München 2007 und 4. Auflage, München 2011 (zit.: Calliess/Ruffert-*Bearbeiter*)

Calliess, Gralf-Peter — Grenzüberschreitende Verbraucherverträge, Tübingen 2006 (zit. *Calliess*, Verbraucherverträge)

Carl, Beverly May — The Common Market Judgments Convention – Its Threat and Challenge to Americans, Int'l. Law. 1974, S. 446

Cheshire, Geoffrey/*North*,Peter/*Fawcett*, James — Private International Law, 14. Auflage, Oxford 2008

Cohen, Dany — La Convention européenne des droits de l'homme et le droit international privé français, Rev. crit. int. privé 1989, S. 451

Dicke, Detlev Christian — Die Intervention mit wirtschaftlichen Mitteln im Völkerrecht, Baden-Baden 1978

Dilger, Jörg — Die Regelungen zur internationalen Zuständigkeit in Ehesachen in der Verordnung (EG) Nr. 2201/2003, Tübingen 2004

Doehring, Karl — Völkerrecht, 2. Auflage, Heidelberg 2004

Domröse, Ronny — Der gewöhnliche Arbeitsort des Arbeitnehmers als besonderer Gerichtstand im arbeitsgerichtlichen Urteilsverfahren, DB 2008, S. 1626

Dormann Bessenich, Agnes — Der ausländische Staat als Kläger, Frankfurt a. M. 1993

Ehlers, Dirk — Europäische Grundrechte und Grundfreiheiten, 3. Auflage, Berlin 2009 (zit. Ehlers-*Bearbeiter*)

Fasching, Hans — Kommentar zu den Zivilprozessgesetzen, Band I, 2. Auflage, Wien 2000 und Band V/2, 2. Auflage, Wien 2011 (zit. Fasching-*Bearbeiter*)

Fischer, Klaus — Zum „hinreichenden Inlandsbezug eines Rechtsstreits“ nach § 23 ZPO, RIW 1992, S. 57

Francken, Johannes Peter/*Natter*, Eberhard/*Rieker*, Bettina — Die Novellierung des Arbeitsgerichtsgesetzes und des § 5 KSchG durch das SGGArbGG-Änderungsgesetz, NZA 2008, S. 377

Frenz, Walter	Handbuch Europarecht, Band I, Heidelberg 2004; Band IV, Heidelberg 2009; Band V, Heidelberg 2010 (zit. *Frenz*, Band …)
Fricke, Martin	Der Gerichtsstand des Vermögens – eine unendliche Geschichte?, IPRax 1991, S. 159
Frowein, Jochen/ *Peukert*, Wolfgang	Europäische Menschenrechtskonvention, EMRK-Kommentar, 3. Auflage, Kehl am Rhein 2009 (zit. Frowein/Peukert-*Bearbeiter*)
Gaudemet-Tallon, Helene	Le „droit au juge“ à l`épreuve des règles judiciaire de compétence judiciaire intérnationale, in: Melanges en l‘honneur de Philippe Léger, Paris 2006, S. 173
Geiger, Rudolf/*Khan*, Daniel-Erasmus/*Kotzur*, Markus	EUV/AEUV, Kommentar, 5. Auflage, Münch 2010, (zit.: Geiger/Khan/Kotzur-*Bearbeiter*)
Geimer, Reinhold	Zur Rechtfertigung des Vermögensgerichtsstandes, JZ 1984, S. 979
Geimer, Reinhold	Internationalrechtliches zum Justizgewährungsanspruch, in: Festschrift für Heinrich Nagel zum 75. Geburtstag, Münster 1987
Geimer, Reinhold	Rechtsschutz in Deutschland künftig nur bei Inlands-Bezug?, NJW 1991, S. 3072
Geimer, Reinhold	Menschenrechte im internationalen Zivilverfahrensrecht, in: Aktuelle Probleme des Menschenrechtsschutzes, Heidelberg 1994 (zit. *Geimer*, Menschenrechte)
Geimer, Reinhold	Internationales Zivilprozessrecht, 6. Auflage, Köln 2009 (zit. *Geimer*, IZPR)
Geimer, Reinhold/*Schütze*, Rolf	Europäisches Zivilverfahrensrecht, Kommentar, 3. Auflage, München 2010 (zit.: Geimer/Schütze-*Bearbeiter*)

Georgieff, Alexander — Kollisionen durch extraterritoriale staatliche Regelungen im internationalen Wirtschaftsrecht, Köln 1989

Grabitz, Eberhard/*Hilf*, Meinhard/*Nettesheim*, Martin — Das Recht der Europäischen Union, Kommentar, Loseblattsammlung, Stand August 2011, München (zit.: Grabitz/Hilf/Nettesheim-*Bearbeiter*)

Grolimund, Pascal — Drittstaatenproblematik des europäischen Zivilverfahrensrechts, Tübingen 2000

Grote, Rainer/*Marauhn*, Thilo — EMRK/GG Konkordanzkommentar, Tübingen 2006 (zit.: Grote/Marauhn-*Bearbeiter*)

Habscheid, Walther — Die Immunität ausländischer Staaten nach deutschem Zivilprozessrecht, BerDGV 8 (1968), S. 159

Saenger, Ingo (Hrsg.) — Handkommentar ZPO, 3. Auflage, Baden-Baden 2009, (zit. Hk-ZPO-*Bearbeiter*)

Hatzimihail, Nikitas — General Report: Transnational Civil Litigation between European Integration and Global Aspirations, in: Arnaud Nuyts/Nadine Watté (Hrsg.), International Civil Litigation in Europe and Relations with Third States (S. 595), Brüssel 2005

Hau, Wolfgang — Das System der internationalen Entscheidungszuständigkeit im europäischen Eheverfahrensrecht, FamRZ 2000, S. 1333

Hausmann, Rainer — Die Revision des Brüsseler Übereinkommens von 1968, EuLF 2000/01, S. 40

Hausmann, Rainer — Neues internationales Eheverfahrensrecht in der Europäischen Union, EuLF 2000/01, S. 271

Hausmann, Rainer | Neues internationales Eheverfahrensrecht in der Europäischen Union, EuLF 2000/01, S. 345

Hausmann, Rainer | The Scope of Application of the Brussel I Regulation, in: Recasting Brussels I, Fausto Pocar, Ilaria Viarengo, Francesca C. Villata (Hrsg.), Padova 2012 (zit.: *Hausmann*, Brussels I)

Hausmann, Rainer | Internationales und Europäisches Ehescheidungsrecht, München 2013 (zit. *Hausmann*, IntEuSchR)

Hay, Peter | The interrelation of jurisdiction and choice-of-law in United States conflicts law, ICLQ 1979, S. 161

von Hein, Jan | Die Europäisierung des Vermögensgerichtsstandes, RIW 2011, S. 1 (Heft 10)

Heintze, Hans-Joachim | Interventionsverbot, Interventionsrecht und Interventionspflicht im Völkerrecht, in: Maßnahmen zur internationalen Friedenssicherung (Erich Reiter, Hrsg.), Graz 1998

Heiss, Helmut/*Mayr*, Peter | Neuerungen im österreichischen internationalen Verfahrens- und Vertragsrecht, IPRax 1999, S. 305

Heldrich, Andreas | Internationale Zuständigkeit und anwendbares Recht, Berlin 1969

Helms, Tobias | Internationales Verfahrensrecht für Familiensachen In der Europäischen Union, FamRZ 2002, S. 1593

Herdegen, Matthias | Völkerrecht, 9. Auflage, München 2010

Heselhaus, Sebastian/ *Nowak*, Carsten | Handbuch der Europäischen Grundrechte, München 2006 (zit.: Heselhaus/Nowak-*Bearbeiter*)

Hess, Burkhard — Die Integrationsfunktion des Europäischen Zivilverfahrensrechts, IPRax 2001, S. 389

Hess, Burkhard — Europäisches Zivilprozessrecht, Heidelberg 2010, (zit. *Hess*, EuZPR)

Hill, Jonathan — The Exercise of Jurisdiction in Private International Law, in: Asserting Jurisdiction, International and European Legal Perspectives, Patrick Capps/Malcolm Evans/Stratos Konstatinidis (Hrsg.), Oregon 2003 (zit.: *Hill*, Asserting Jurisdiction)

von Hoffmann, Bernd — European Private International Law, Nijmegen 1998

Israël, Jona — Conflicts of Law and the EC after Amsterdam – A Change for the Worse?, MJ 2000, 81

Jankowska-Gilberg, Magdalena — Extraterritorialität der Menschenrechte, Baden-Baden 2008

Jarass, Hans — Charta der Grundrechte der Europäischen Union, Kommentar, München 2010

Jarass, Hans/ *Beljin*, Sasa — Die Bedeutung von Vorrang und Durchführung des EG-Rechts für die nationale Rechtsetzung und Rechtsanwendung, NVwZ 2004, S. 1

Jarass, Hans/*Pieroth*, Bodo — Grundgesetz, Kommentar, 11. Auflage, München 2011 (zit. Jarass/Pieroth-*Bearbeiter*)

Jayme, Erik/*Hausmann*, Rainer (Hrsg.) — Internationales Privat- und Verfahrensrecht, 16. Auflage, München 2012 (Textausgabe)

Jayme, Erik/*Kohler*, Christian — Europäisches Kollisionsrecht 2000: Interlokales Privatrecht oder universelles Gemeinschaftsrecht?, IPRax 2000, S. 454

Jayme, Erik/*Kohler*, Christian — Europäisches Kollissionsrecht 2007: Windstille im Erntefeld der Integration, IPRax 2007, S. 493

Juenger, Friedrich — La Convention de Bruxelles du 27 septembre 1968 et la courtoisie internationale, Rev. crit. int. privé 1983, S. 37

Kleinstück, Till — Due Process-Beschränkungen des Vermögensgerichtsstandes durch hinreichenden Inlandsbezug und Minimum Contacts, München 1994

Koch, Robert — Zur Vereinbarkeit des Erfordernisses „hinreichender Inlandsbezug des Rechtsstreits" gemäß § 23 ZPO mit dem Gemeinschaftsrecht, IPRax 1997, S. 229

König, Monika — Die Anwendbarkeit des *forum non conveniens* im deutschen und europäischen Zivilverfahrensrecht, Frankfurt a. M. 2012

Kofmel Ehrenzeller, Sabine — Der vorläufige Rechtsschutz im internationalen Verhältnis, Tübingen 2005

Kohler, Christian — Internationales Verfahrensrecht für Ehesachen in der Europäischen Union: Die Verordnung „Brüssel II", NJW 2001, S. 10

Kohler, Christian — Der Europäische Justizraum für Zivilsachen und das Gemeinschaftskollisionsrecht, Bonn 2003 (zit. *Kohler*, Europäischer Justizraum)

Kralik, Winfried — Die internationale Zuständigkeit, ZZP 1961, S. 2

Krasshöfer-Pidde, Horst-Dieter/ *Molkenbur*, Josef — Zur örtlichen Zuständigkeit der Gerichte für Arbeitssachen, NZA 1988, S. 236

Kress, Viktoria — Internationale Zuständigkeit für elterliche Verantwortung in der Europäischen Union, Frankfurt a. M. 2006

Kreuzer, Karl — Zu Stand und Perspektiven des Europäischen Internationalen Privatrechts, RabelsZ 2006, S. 1

Kropholler, Jan	Problematische Schranken der europäischen Zuständigkeitsordnung gegenüber Drittstaaten, in: Festschrift für Murad Ferid, Frankfurt a. M. 1988
Kropholler, Jan	Möglichkeiten einer Reform des Vermögensgerichtsstandes, ZfRV 1982, S. 1
Kropholler, Jan/*von Hein*, Jan	Europäisches Zivilprozessrecht, Kommentar, 9. Auflage, Frankfurt a. M. 2011
Kruger, Thalia	Civil Jurisdiction Rules of the EU and their Impact on Third States, Oxford 2010
Kunig, Philip	Das völkerrechtliche Nichteinmischungsprinzip, Baden-Baden 1981
Lackmann, Rolf	Zwangsvollstreckungsrecht, 10. Auflage, München 2013
Leible, Stefan	Die Angleichung der nationalen Zivilprozessrechte – Vom „Binnenmarktprozess" zu einer europäischen ZPO?, in: Der Raum der Freiheit, der Sicherheit und des Rechts, Peter-Christian Müller-Graff (Hrsg.), S. 55, Baden-Baden 2005 (zit.: *Leible*, RFSR)
Leible Stefan/*Staudinger*, Ansgar	Article 65 of the EC Treaty in the EC System of Competences, EuLF 2000/01, S. 225
Lenz, Carl Otto/ *Borchardt*, Klaus-Dieter	EU-Verträge, Kommentar, 4. Auflage, Köln 2006 und 5. Auflage, Köln 2010, (zit.: Lenz/ Borchardt-*Bearbeiter*)
Lindenfalk, Ulf	On the Interpretation of Treaties, Dordrecht 2007
Lüke, Wolfgang	Anmerkung, ZZP 1992, S. 321
Magnus, Ulrich/	The Proposal for the Reform of Brussels I,

Mankowski, Peter	ZVglRWiss 2011, S. 252
Mangoldt, Hermann v./ *Klein*, Friedrich/*Starck*, Christian	Kommentar zum Grundgesetz, Band 1, 6. Auflage, München 2010 (zit. Mangoldt/Klein/Starck-*Bearbeiter*)
Mankowski, Peter	Internationale Zuständigkeit und anwendbares Recht – Parallelen und Divergenzen, in: Festschrift für Andreas Heldrich, München 2005, S. 867 (zit. *Mankowski*, FS Heldrich)
Mankowski, Peter	Die Brüssel-I Verordnung vor der Reform, in: Interdisziplinäre Studien zur Komparatistik und zum Kollisionsrecht, Band 1, Wien 2010 (zit. *Mankowski*, Brüssel-I)
Mark, Jürgen/*Ziegenhain,* Jörg	Der Gerichtsstand des Vermögens im Spannungsfeld zwischen Völkerrecht und deutschem internationalen Prozessrecht, NJW 1992, S. 3062
Matscher, Franz	Die Verfahrensgarantien der EMRK in Zivilrechtssachen, ZÖR 1980, S. 1
Matscher, Franz	IPR und IZVR vor den Organen der EMRK – Eine Skizze – , in: Festschrift für Karl H. Neumayer, Baden-Baden 1986, S. 459
Matscher, Franz	Die Indikationentheorie an der Schwelle der Integration des österreichischen in das europäische Zivilprozessrecht, JBl. 1996, S. 277
Maurer, Hartmut	Staatsrecht I, 6. Auflage, München 2010
Mayer, Pierre/*Heuzé*, Vincent	Droit International Privé, 9. Auflage, Montchrestien 2007
Mayr, Peter	Die Reform des internationalen Zivilprozessrechts in Österreich, JBl. 2001, S. 144

Micha, Marianne — Der Klägergerichtsstand des Geschädigten bei versicherungsrechtlichen Direktklagen in der Revision der EuGVVO, IPRax 2011, S. 121

Milleker, Erich — Der negative internationale Kompetenzkonflikt, Bielefeld 1975

Müller-Graff, Peter-Christian — Die ziviljustizielle Zusammenarbeit im „Raum der Freiheit, der Sicherheit und des Rechts" im System des Europäischen Verfassungsvertrages, in: Festschrift für Erik Jayme, Band 2, München 2004, S. 1323

Müller-Graff, Peter-Christian — Der Raum der Freiheit, der Sicherheit und des Rechts – Der primärrechtliche Rahmen, in: Peter-Christian Müller-Graff (Hrsg.), Der Raum der Freiheit, der Sicherheit und des Rechts, Baden-Baden 2005 (zit. Müller-Graff, RFSR)

Münchener Kommentar zur Zivilprozessordnung — Band 1 und Band 3, jeweils 3. Auflage, München 2008 (zit. MüKo-*Bearbeiter*)

Musielak, Hans-Joachim — Kommentar zur Zivilprozessordnung, 8. Auflage, München 2011

Munz, Martin — Der Gerichtsstand des Vermögens bei der Vollstreckungsklage, IPRax 1996, S. 89

Nadelmann, Kurt — Jurisdictionally Improper Fora in Treaties on Recognition of Judgments: The Common Market Draft, Col. Law Rev. 1967, S. 995

Nadelmann, Kurt — The Common Market Judgments Convention and a Hague Conference Recommendation: What Steps Next?, Harv. Law Rev. 1968, Band II, S. 1282

Nagel, Heinrich — Die Begrenzung des internationalen Zivilprozessrechts durch das Völkerrecht ZZP 1962, S. 408

Nagel, Heinrich/*Gottwald*, Peter	Internationales Zivilprozessrecht, 6. Auflage, Köln 2007
Natter, Eberhard/*Gross*, Roland	Arbeitsgerichtsgesetz, Handkommentar, Baden-Baden 2010 (zit. Natter/Gross-*Bearbeiter*)
Neocleous, Andreas	Introduction to Cyprus Law, New York 2000
Nettesheim, Martin	Normenhierarchien im EU-Recht, EuR 2006, S. 737
Neuhaus, Paul Heinrich	Anmerkung, JZ 1966, S. 239
Neuhaus, Paul Heinrich	Die Grundbegriffe des internationalen Privatrechts, 2. Auflage, Tübingen 1976 (zit. *Neuhaus*, Grundbegriffe)
Neuhaus, Rupert Klaus	Das Rechtsmissbrauchsverbot im heutigen Völkerrecht, Berlin 1984 (zit. *Neuhaus*, Rechtsmissbrauchsverbot)
Neumann, Georg	Kommentar zu den Zivilprozessgesetzen, 1. Band, 4. Auflage, Wien 1927
Niedobitek, Matthias	Das Recht der grenzüberschreitenden Verträge, Tübingen 2001
Nordmann, Eberhard	Die Beschaffung von Beweismitteln aus dem Ausland durch staatliche Stellen, Berlin 1979
Nuyts, Arnaud	Due Process and Fair Trial: Jurisdiction in the United States and in Europe Compared, in: Arnaud Nuyts/ Nadine Watté (Hrsg.), International Civil Litigation in Europe and Relations with Third States, Brüssel 2005, S. 157, (zit. *Nuyts*, International Civil Litigation)
Oestreicher, Ernst	Sozialgesetzbuch II/XII, Kommentar, Loseblattwerk, Stand Juni 2010, München (zit: Oestreicher-*Bearbeiter*)

Pieck, Werner — Der Anspruch auf ein rechtsstaatliches Gerichtsverfahren, Berlin 1966

Pfeiffer, Thomas — Internationale Zuständigkeit und prozessuale Gerechtigkeit, Frankfurt am Main 1995

Pieroth, Bodo/*Schlink*, Bernhard — Grundrechte, Staatsrecht II, 25. Auflage, Heidelberg 2009

Prütting, Hanns/*Gehrlein*, Markus — ZPO Kommentar, 3. Auflage, Köln 2011 (zit. Prütting/Gehrlein-*Bearbeiter*)

Rauscher, Thomas — Internationales Privatrecht, 3. Auflage, Heidelberg 2009 (zit.: Rauscher, IPR)

Rauscher, Thomas — Europäischen Zivilprozess- und Kollisionsrecht EuZPR, EuIPR, Kommentar, München, Bearbeitung 2010 (zit.: Rauscher-*Bearbeiter*)

Rauscher, Thomas — Europäischen Zivilprozess- und Kollisionsrecht EuZPR, EuIPR, Kommentar zur Brüssel I-VO und zum LugÜbk. 2007, München, Bearbeitung 2011 (zit.: Rauscher-*Bearbeiter*)

Rechberger, Walter — Gibt es eine „internationale Zuständigkeit“ der österreichischen Gerichte?, in: Beiträge zum internationalen Verfahrensrecht und zur Schiedsgerichtsbarkeit, Festschrift für Heinrich Nagel zum 75. Geburtstag, Münster 1987

Rechberger, Walter — Kommentar zur ZPO, 3. Auflage, Wien 2006

Rechberger, Walter/*Simotta*, Daphne-Ariane — Grundriss des österreichischen Zivilprozessrechts, 6. Auflage, Wien 2003

Reinhard, Barbara/*Böggemann*, Stephen — Gesetz zur Änderung des Sozialgerichtsgesetzes und des Arbeitsgerichtsgesetzes – Änderungen des ArbGG, NJW 2008, S. 1263

Remien, Oliver — European Private International Law, the European Community and its Emerging Area of Freedom, Security and Justice, CMLR 2001, S. 53

Rudolf, Walter — Territoriale Grenzen der staatlichen Rechtsetzung, in: Berichte der deutschen Gesellschaft für Völkerrecht (Heft 11), Walther Habscheid, Walter Rudolf (Hrsg.), Karlsruhe 1973 (zit. *Rudolf*, BerDGV 11)

Schack, Haimo — Vermögensbelegenheit als Zuständigkeitsgrund – Exorbitant oder sinnvoll?, ZZP 1984, S. 46

Schack, Haimo — Anmerkung, JZ 1992, S. 54

Schack, Haimo — Internationale Zuständigkeit und Inlandsbeziehung, in: Festschrift für Hideo Nakamura zum 70. Geburtstag, Tokyo 1996 (zit. *Schack*, FS Nakamura)

Schack, Haimo — Die EG-Kommission auf dem Holzweg von Amsterdam, ZEuP 1999, S. 805

Schack, Haimo — Das neue internationale Eheverfahrensrecht in Europa, RabelsZ 2001, S. 613

Schack, Haimo — Internationales Zivilverfahrensrecht, 5. Auflage, München 2010

Schauer, Hugo — Zivilprozessordnung und Jurisdiktionsnorm, Kommentar, 3. Auflage, Wien 1902

Scheich, Thomas — Exorbitante Gerichtsstände im Lichte des EuGVÜ, München 1994

Schlosser, Peter — Das völkerrechtswidrige Urteil nach deutschem Prozessrecht, ZZP 1966, S. 164

Schlosser, Peter — Das internationale Zivilprozessrecht der Europäischen Wirtschaftsgemeinschaft und Österreich, in: Fest-Schrift für Winfried Kralik zum 65. Geburtstag, Wien 1986 (zit.: *Schlosser*, FS Kralik)

Schlosser, Peter — Jurisdiction in International Litigation – the Issue of Human Rights in Relation to National Law and to the Brussels Convention, Riv. dir. int. 1991, S. 5

Schlosser, Peter — Einschränkung des Vermögensgerichtsstandes, IPRax 1992, S. 140

Schlosser, Peter — Unzulässige Diskriminierung nach Bestehen oder Fehlen eines EG-Wohnsitzes im europäischen Zivilprozessrecht, in: Festschrift für Andreas Heldrich zum 70. Geburtstag, München 2005 (zit.: *Schlosser*, FS Heldrich)

Schlosser, Peter — EU-Zivilprozessrecht, Kommentar, 3. Auflage, München 2009

Schmidt-Bleibtreu, Bruno/ *Hofmann*, Hans/*Hopfauf*, Axel — Kommentar zum Grundgesetz, 12. Auflage, Köln 2011 (zit. Schmidt-Bleibtrau/Hofmann/ Hopfauf-*Bearbeiter*)

Schorn, Hubert — Die europäische Konvention zum Schutze der Menschenrechte und Grundfreiheiten, Frankfurt a. M. 1965

Schröder, Jochen — Internationale Zuständigkeit, Opladen 1971

Schütze, Rolf — Zum Vermögensgerichtsstand des § 23 ZPO, DWiR 1991, S. 239

Schumann, Ekkehard — Der internationale Gerichtsstand des Vermögens und seine Einschränkungen, in: Festschrift für Enrico Tullio Liebman, Band 2, Mailand 1979

Schwab, Norbert/ *Weth*, Stephan — Arbeitsgerichtsgesetz, Kommentar, 3. Auflage, Köln 2011 (zit. Schwab/Weth-*Bearbeiter*)

Schwarze, Jürgen — EU-Kommentar, 2. Auflage, Baden-Baden 2009, (zit.: Schwarze-*Bearbeiter*)

Simons, Thomas/*Hausmann*, Rainer (Hrsg.) — unalex Kommentar Brüssel I-Verordnung, Kommentar zur VO (EG) 44/2001 und zum Übereinkommen von Lugano, München 2012 (zit. unalexK-*Bearbeiter*)

Simotta, Daphne-Ariane — Die internationale Zuständigkeit Österreichs in Eherechtlichen Angelegenheiten – Ein Vergleich zwischen der EheVO und dem autonomenösterreichischen Recht, in: Festschrift für Reinhold Geimer, München 2002, S. 1115

Simotta, Daphne-Ariane — Die Neuregelung der internationalen Zuständigkeit durch die Wertgrenzen-Novelle 1997, in: Festschrift für Rolf Schütze, München 1999, S. 831

Spellenberg, Ulrich — Die Zuständigkeit für Eheklagen nach der EheGVO, in: Festschrift für Reinhold Geimer, München 2002, S. 1257

von Staudinger, Julius — Kommentar zum Bürgerlichen Gesetzbuch mit Ein-Führungsgesetz und Nebengesetzen, Art. 11-29 Rom I-VO; Art. 46 b, c EGBGB, Neubearbeitung, Berlin 2011 (zit. Staudinger-*Bearbeiter*)

Stein, Friedrich/ *Jonas*, Martin — Kommentar zur Zivilprozessordnung, 22. Auflage, Tübingen 2003 (zit.: Stein/Jonas-*Bearbeiter*)

Stilz, Eberhard — Das Justizgewährungsdefizit, S. R 43, in: Verhandlungen des 66. Deutschen Juristentages, Ständige Deputation des Deutschen Juristentages (Hrsg.), Band II/1, München 2006

Streinz, Rudolf — EUV/EGV, Kommentar, München 2003 und 2. Auflage, München 2012 (zit.: Streinz-*Bearbeiter*)

Streinz, Rudolf — Europarecht, 9. Auflage, Heidelberg 2012

Tettinger, Peter/*Stern*, Klaus — Kölner Gemeinschaftskommentar zur Europäischen Grundrechtecharta, München 2006 (zit.: Tettinger/Stern-*Bearbeiter*)

Thode, Reinhold — Anmerkung zu BHG, Urteil v.02.07.1991, Az. XI ZR 206/90, WuB VII A § 23 ZPO 2.91

Thomas, Heinz/*Putzo*, Hans — Zivilprozessordnung, Kommentar, 32. Auflage, München 2011

Trenner, Claus — Internationale Gerichtsstände in grenzüberschreitenden Arbeitsvertragsstreitigkeiten, Konstanz 2001

Vitzthum, Wolfgang — Völkerrecht, 5. Auflange, Berlin 2010 (zit.: Vitzthum-*Bearbeiter*)

Völker, Christian — Zur Dogmatik des ordre public, Berlin 1998

von Mehren, Arthur Taylor — Recognition and Enforcement of Foreign Judgments – General Theory and the Role of Jurisdictional Requirements, RdC 1980 II, S. 9

Wagner, Rolf — Die Bemühungen der Haager Konferenz für Internationales Privatrecht um ein Übereinkommen über die gerichtliche Zuständigkeit und ausländische Entscheidungen in Zivil- und Handelssachen, IPRax 2001, S. 533

Walchshöfer, Alfred — Die deutsche internationale Zuständigkeit in der streitigen Gerichtsbarkeit, ZZP 1967, S. 165

Wannemacher, Katrin — Die Außenkompetenzen der EG im Bereich des Internationalen Zivilverfahrensrechts, Frankfurt am Main 2003

Weber, Johannes — Universal Jurisdiction and Third States in the Reform of the Brussels I Regulation, RabelsZ 2011, S. 619

Wieczorek, Bernhard/ *Schütze*, Rolf — Zivilprozessordnung und Nebengesetze, Kommentar, 3. Auflage, Berlin 1994

Windthorst, Kay — Der verwaltungsgerichtliche einstweilige Rechtsschutz, Tübingen 2009

Wollenschläger, Peter — Nehmen die Erfolgsaussichten der Zwangs-voll-Streckung Einfluss auf die Auslegung des Vermögensbegriffs in § 23 ZPO?, IPRax 2001, S. 320

Wollenschläger, Peter — Zum Merkmal des hinreichenden Inlandsbezuges in § 23 ZPO – Auslegungsdifferenzen in den verschiedenen Verfahrensarten der Zivilprozessordnung?, IPRax 2002, S. 96

Zeiss, Walter/*Schreiber*, Klaus — Zivilprozessrecht, 10. Auflage, Tübingen 2003

Ziegenhain, Hans-Jörg — Extraterritoriale Rechtsanwendung und die Bedeutung des Genuine-Link-Erfordernisses, München 1992

Zöller, Richard — Zivilprozessordnung, Kommentar, 28. Auflage, Köln 2010 (zit. Zöller-*Bearbeiter*)

Sonstige Arbeitsmaterialien

CSES — Data Collection and Impact Analysis – Certain Aspects of a Possible Revision of Council Regulation No. 44/2001 on Jurisdiction and the Recognition and Enforcement of Judgments in Civil and Commercial Matters ('Brussels I') (zit.: *CSES*, Studie 2010) http://ec.europa.eu/justice/civil/files/study_cses_brussels_i_final_17_12_10_en.pdf

Hess, Burkhard/*Pfeiffer*, Thomas/*Schlosser*, Peter — Report on the Application of Regulation Brussels I in the Member States (zit. Hess/Pfeiffer/Schlosser-Bearbeiter) http://ec.europa.eu/civiljustice/news/docs/study_application_brussels_1_en.pdf

Juris Praxiskommentar — 6. Auflage, Band 6, Onlineresource, abrufbar in juris (zit. jurisPK-BGB-*Bearbeiter*)

Nuyts, Arnaud — Study on Residual Jurisdiction, General Report (zit.: *Nuyts*, Studie 2007) http://ec.europa.eu/civiljustice/news/docs/study_residual_jurisdiction_en.pdf

National Reports (zit.: Bericht …)

http://ec.europa.eu/civiljustice/news/docs/study_resid_jurisd_austria_en.pdf
http://ec.europa.eu/civiljustice/news/docs/study_resid_jurisd_belgium_en.pdf
http://ec.europa.eu/civiljustice/news/docs/study_resid_jurisd_bulgaria_en.pdf
http://ec.europa.eu/civiljustice/news/docs/study_resid_jurisd_cyprus_en.pdf
http://ec.europa.eu/civiljustice/news/docs/study_resid_jurisd_czech_republic_en.pdf
http://ec.europa.eu/civiljustice/news/docs/study_resid_jurisd_denmark_en.pdf
http://ec.europa.eu/civiljustice/news/docs/study_resid_jurisd_england_en.pdf
http://ec.europa.eu/civiljustice/news/docs/study_resid_jurisd_estonia_en.pdf
http://ec.europa.eu/civiljustice/news/docs/study_resid_jurisd_finland_en.pdf

http://ec.europa.eu/civiljustice/news/docs/study_resid_jurisd_france_en.pdf
http://ec.europa.eu/civiljustice/news/docs/study_resid_jurisd_germany_en.pdf
http://ec.europa.eu/civiljustice/news/docs/study_resid_jurisd_greece_en.pdf
http://ec.europa.eu/civiljustice/news/docs/study_resid_jurisd_hungary_en.pdf
http://ec.europa.eu/civiljustice/news/docs/study_resid_jurisd_ireland_en.pdf
http://ec.europa.eu/civiljustice/news/docs/study_resid_jurisd_italy_en.pdf
http://ec.europa.eu/civiljustice/news/docs/study_resid_jurisd_latvia_en.pdf
http://ec.europa.eu/civiljustice/news/docs/study_resid_jurisd_lithuania_en.pdf
http://ec.europa.eu/civiljustice/news/docs/study_resid_jurisd_luxembourg_en.pdf
http://ec.europa.eu/civiljustice/news/docs/study_resid_jurisd_malta_en.pdf
http://ec.europa.eu/civiljustice/news/docs/study_resid_jurisd_netherlands_en.pdf
http://ec.europa.eu/civiljustice/news/docs/study_resid_jurisd_poland_en.pdf
http://ec.europa.eu/civiljustice/news/docs/study_resid_jurisd_portugal_en.pdf
http://ec.europa.eu/civiljustice/news/docs/study_resid_jurisd_romania_en.pdf
http://ec.europa.eu/civiljustice/news/docs/study_resid_jurisd_scotland_en.pdf
http://ec.europa.eu/civiljustice/news/docs/study_resid_jurisd_slovakia_en.pdf
http://ec.europa.eu/civiljustice/news/docs/study_resid_jurisd_slovenia_en.pdf
http://ec.europa.eu/civiljustice/news/docs/study_resid_jurisd_spain_en.pdf
http://ec.europa.eu/civiljustice/news/docs/study_resid_jurisd_sweden_en.pdf

Dokumente der Groupe européen de droit international privé abrufbar unter:

http://www.gedip-egpil.eu/documents/gedip-documents-18c.htm
http://www.gedip-egpil.eu/documents/gedip-documents-18pe.htm

Stellungnahmen zum Grünbuch Nr. 9150/09 der Europäischen Kommission (KOM (2009) 175 endg.) abrufbar unter: http://ec.europa.eu/justice/news/consulting_public/news_consulting_0002_en.htm

Österreichische Entscheidungen, die in der Arbeit mit ihrem Aktenzeichen zitiert werden, im RIS (Rechtsinformationssystem) des österreichischen Bundeskanzleramtes abrufbar unter: http://www.ris.bka.gv.at/Jus/

Schriften zum internationalen Privat- und Verfahrensrecht

Herausgegeben von Rainer Hausmann und Astrid Stadler

Band 1 Frederike Schwenke: Factoring im deutsch-französischen Rechtsverkehr. 2006.

Band 2 Sinja Rüberg: Auf dem Weg zu einem europäischen Scheidungskollisionsrecht. 2006.

Band 3 Hava Erdem: Ehescheidung im deutsch-türkischen Rechtsverkehr. 2007.

Band 4 Nadja Probst: Die internationale Zuständigkeit zur Eröffnung von Insolvenzverfahren im europäischen Insolvenzrecht. Autonome Bestimmung der Eröffnungszuständigkeit, insbesondere für Konzerninsolvenzen, und Anforderungen für die gemeinschaftsweite Anerkennung grenzüberschreitender Insolvenzen nach der EuInsVO. 2008.

Band 5 Maximiliane-Stephanie Wild: Die anwaltliche Verschwiegenheitspflicht in Deutschland und Frankreich. Unter besonderer Beachtung der sich aus dem grenzüberschreitenden Rechtsverkehr ergebenden Kollisionsfälle. 2008.

Band 6 Catharina Klumpp: Die Zustellungsformen der Verordnung (EG) Nr. 805/2004 zur Einführung eines Europäischen Vollstreckungstitels. Vergleich mit den Zustellungsordnungen Deutschlands und Frankreichs. 2009.

Band 7 Daniel Wied: Zivilprozessuale Qualifikationsprobleme im Spannungsfeld von Vertrag und Delikt. Ein Beitrag zur Auslegung nationalen Zivilprozessrechts in europäischer Perspektive. 2010.

Band 8 Gerald Gräfe: Gläubigerschutz bei der englischen Limited mit Verwaltungssitz in Deutschland. Eine europarechtliche Untersuchung. 2010.

Band 9 Martin Bläsi: Das Haager Übereinkommen über Gerichtsstandsvereinbarungen. Unter besonderer Berücksichtigung seiner zu erwartenden Auswirkungen auf den deutsch-amerikanischen Rechtsverkehr. 2010.

Band 10 Christian Groß: Die internationale Durchsetzung wettbewerbsrechtlicher Unterlassungsansprüche im Wege des vorläufigen Rechtsschutzes. Vor dem Hintergrund der EuGVO und des Lugano-Übereinkommens. Unter Berücksichtigung der Rechtslage in der Bundesrepublik Deutschland, Österreich und der Schweiz. 2010.

Band 11 Daniel Schäuble: Die Einweisung der Erben in die Erbschaft nach österreichischem Recht durch deutsche Nachlassgerichte. Eine Untersuchung auf Grundlage des FamFG und der Erbrechtsverordnung. 2011.

Band 12 Lara Puñal García: Eigentumsvorbehalt und reserva de dominio als Sicherungsmittel im deutsch-spanischen Warenverkehr. 2012.

Band 13 Monika König: Die Anwendbarkeit des *forum non conveniens* im deutschen und europäischen Zivilverfahrensrecht. 2012.

Band 14 Alexander Baumann: Die *hypothèque rechargeable* – eine wiederaufladbare Hypothek als Grundschuld *à la française*? Eine Analyse der französischen *hypothèque rechargeable* durch Vergleich mit den deutschen Grundpfandrechten. 2012.

Band 15 Marian Majer: Die Praxis der Anerkennung und Vollstreckung ausländischer Schiedssprüche nach dem New Yorker Abkommen vom 10. Juni 1958 in der Republik Singapur. Eine rechtsvergleichende Analyse gegenüber der international herrschenden Auslegung des Abkommens. 2013.

Band 16 Daniela Bidell: Die Erstreckung der Zuständigkeiten der EuGVO auf Drittstaatensachverhalte. Unter besonderer Berücksichtigung des Kommissionsvorschlags KOM (2010) 748 endg. 2014.

www.peterlang.com

www.ingramcontent.com/pod-product-compliance
Ingram Content Group UK Ltd.
Pitfield, Milton Keynes, MK11 3LW, UK
UKHW041447071026
15587UKWH00010B/528

9 783631 647066